Jonas Grutzpalk
Erkenntnis und Engagement

Forschung
Soziologie

Band 177

Jonas Grutzpalk

Erkenntnis und Engagement

Wissenssoziologie als Methode
eines Kulturvergleichs deutscher
und französischer Intellektueller

Springer Fachmedien Wiesbaden GmbH 2003

Dissertation an der Philosophischen Fakultät
der Rheinischen Friedrich-Wilhelms-Universität Bonn

UB 5

Die Deutsche Bibliothek – CIP-Einheitsaufnahme

ISBN 978-3-8100-3704-6   ISBN 978-3-663-09973-4 (eBook)
DOI 10.1007/978-3-663-09973-4

© 2003 Springer Fachmedien Wiesbaden
Ursprünglich erschienen bei Leske + Budrich, Opladen 2003

Umschlaggestaltung: disegno, Wuppertal

Inhalt

5

Vorwort

Die vorliegende Arbeit wurde zwischen 1998 und 2001 als soziologische Dissertationsschrift in Bonn verfasst. In den ersten Wochen des Jahres 2002 wurde das Promotionsverfahren abgeschlossen und am 13. Februar 2002, einem Aschermittwoch, war alles vorbei. Dieses karnevaleske Datum, dessen Bedeutung sich im Rheinland ja besonders deutlich erschließt, steht sehr symbolträchtig für das mitunter närrische Schicksal dieser Arbeit. So war sie z.B. ursprünglich gänzlich anders angelegt. Schon allein als die zu vergleichenden intellektuellen Kulturen waren anfangs die italienische und die französische anvisiert. Auch hatte ich an andere Charaktere gedacht, deren intellektuelle Biographie ich verwerten wollte.

Nun ist das sicherlich der Gang einer Dissertation, dass sich an der Ausrichtung, Zielsetzung und Gestaltung der Arbeit im Laufe der Zeit einiges ändert und dass bereits beschrittene Wege wieder verlassen werden müssen. Insofern ist mein Fall nicht einzigartig. Dennoch haben mich die Brüche, Neubeginne und ständigen Zweifel auf die Dauer doch recht genervt. Als besondere Misslichkeit überrannte mich im Frühjahr 2001 dann auch noch das Schicksal, den Doktorvater wechseln und auch ansonsten einige menschliche Enttäuschungen einstecken zu müssen. Insbesondere in den letzten Monaten der Produktion dieser Arbeit ging mir deswegen immer wieder durch den Kopf: „Ich promoviere nie wieder!"

Jetzt, wo alles überstanden ist, geht es mir aber wie dem Schwimmer im Lied von Georg Kreisler, von dem dieser singt: *„Ein blasser Nasser starrt ins Wasser, das er längst schon nicht mehr liebt und weicht vom Mittelmeer kein Drittel mehr zurück."* Letztlich, so denke ich jetzt, hat es doch Spaß gemacht! Und dass das so ist, verdanke ich einigen Menschen, denen ich an dieser Stelle danken möchte:

Mein Dank geht also insbesondere an

- meinen Doktorvater, Herrn Prof. Dr. Dr. Friedrich Fürstenberg und den Zweitgutachter, Herrn Prof. Dr. Hans–Helmuth Knütter, für effektive und zielorientierte Beratung,
- Prof. Dr. Werner Gephart für die Möglichkeit als Wissenschaftlicher Angestellter bei und von ihm zu lernen,

- Anja Berbuir, Erik Bethkenhagen, Daniel Braunschweig, Nicola Ernst, Klaus Gier, Benedikt Giesing, Peter Graeff, Stefan Hense, Siegfried Hermes, Bernd Krause, Lydia Mannke, Fritjof Möckel, Dierk Streng und Björn Troll für Kritik und Korrektur,
- Jocelyne Benchetrit vom Grasset–Verlag, Paris, für ihr zähes, letztlich aber leider vergebliches Bemühen um einen Interviewtermin mit Bernard–Henri Lévy,
- Jens Reich für das autorisierte Interview,
- das Personal der Universitätsbibliotheken Bonn (hier insbesondere Kirsten Görtz) und Dresden, das der Bibliotheken der *Instituts français* in Bonn und Dresden und der Buchhandlung *L'écrit vint* in St. Gilles/Brüssel für Freundlichkeit und Hilfe,
- meine Trainer Kai Schottelius und Edouard Pompat für die entspannende Schönheit des Boxsports,
- die Teilnehmer meiner Proseminare zur „Soziologie der Gewalt" im Wintersemester 1999/2000 und zur „Soziologie der Polizei" im Sommersemester 2000 für die lehrreichen Debatten,
- Thomas Heumüller und Jan Pfeil für die schön–anstrengende gemeinsame Zeit in der Wohngemeinschaft Endenich I,
- Marc Schütrumpf für die inspirierende Wohngemeinschaft in Köln.

Die innerfamiliäre Solidarität hat mir besonders den Rücken gestärkt. Meiner Nichte Ursula widme ich deswegen diese Arbeit, auch weil wohl davon auszugehen ist, dass sie das erste Kind im Rotkopf–Görg–Kindergarten in Freital war, das jemals eine Dissertation aktiv mitgestaltete.

Ursula Möckel

„Prends ton temps, la vie n'est qu'un moment."
(Claude Mc☆Solaar)

0 Einleitung. Lassen sich systematische Unterschiede zwischen Intellektuellen verschiedener Kulturen finden und beschreiben?

„Den europäischen Intellektuellen suchen wir vergeblich, schreibt der Soziologe Richard Münch (1993a: 97) und begründet diese Feststellung mit unterschiedlichen nationalen Kulturen, die eine Einheitlichkeit des europäischen Intellektualismus verhinderten. Umgekehrt behauptet der Sozialhistoriker Christophe Charle (1997: 19), Intellektuelle agierten *„innerhalb eines geschichtlichen Horizontes, der europäisch"* sei. Intellektuelle seien *„weniger stark als der Durchschnitt im kulturellen Raum des jeweiligen Landes verankert"* und deswegen weit eher ein europäisches als ein nationales Phänomen. Diese beiden Beobachtungen sind wiederholt gemacht worden. Ein systematischer Versuch, das soziale Phänomen der Intellektuellen auf die Frage hin zu untersuchen, ob eher kulturelle Unterschiede oder Gemeinsamkeiten das Bild des Intellektuellen prägen, fehlt aber bislang.

Den europäischen Intellektuellen wird diese Arbeit nicht „erfinden" können, aber sie kann sich auf die Suche nach Gemeinsamkeiten und Unterschieden machen, die kennzeichnend für europäische intellektuelle Kulturen sind. Und sie kann, wenn sie vor allem die Unterschiede erst einmal aufgezeigt hat, daran gehen, sie auch soziologisch zu erklären. Das soll in dieser Arbeit am Beispiel deutscher und französischer Intellektueller versucht werden. In einer qualitativen Textanalyse soll ermittelt werden, wie sich Intellektuelle in Frankreich und Deutschland selbst sehen und wie sie ihr gesellschaftliches Engagement begründen.

Intellektuelle Kulturen entlang der Grenzen von Nationalstaaten zu unterscheiden ist ein Verfahren, das kritisiert werden kann. Gerade wenn man, wie Christophe Charle, mit dem übernationalen Charakter der Intellektuellen argumentiert, ist eine solche Vorgehensweise fraglich. Doch hat sich die These, dass sich die Moderne in Europa nicht nur auf dem Niveau politischer und ökonomischer Verfahren, sondern auch in der Etablierung nationaler Staaten und deren Kulturen niederschlägt, in der Sozialforschung wiederholt bestätigen lassen (Ashford/Timms 1992, Schiller 1997, Grutzpalk 2000). Es kann also angenommen werden, dass nationale Grenzen in Europa durchaus auch kulturelle Grenzen beschreiben. Inwieweit sich Intellektuelle innerhalb dieser kulturellen Grenzen bewegen und inwieweit sie sie überschreiten ist nun also die

Frage, die diese Arbeit anhand des französischen und deutschen Beispieles untersucht.

Für Intellektuelle ist sowohl ihre erkennende Distanz zur Gesellschaft kennzeichnend als auch ihr gesellschaftliches Engagement. Engagement bedeutet, ein Urteil zu fällen, Distanz aufzugeben und Partei zu ergreifen, während soziale Erkenntnis genau umgekehrt Werturteilsfreiheit, Distanz und Unbeteiligtheit voraussetzt. Dem Intellektuellen wird ein gesellschaftliches Engagement abverlangt (Altenburg 1999) bzw. er fühlt sich zu einem Engagement gedrängt (Fürstenberg 1999: 58f.), das ihn von anderen Formen der Gelehrsamkeit unterscheidet. An dieser Stelle setzt der Intellektuellenvergleich an, indem Erkenntnis und Engagement gleichermaßen thematisiert und zum Vergleich herangezogen werden.

0.1 Fragestellungen soziologischer Intellektuellenforschung

Ein spezifisch soziologischer Ansatz, der sich mit dem Phänomen der Intellektuellen beschäftigt, ist traditionell der der Wissenssoziologie (Krüger 1981: 14, Coser 1968: 433). Es geht der Wissenssoziologie um den Zusammenhang von Erkenntnis und Gesellschaft, also einerseits die Beeinflussung einer Erkenntnis durch Gesellschaft, aber andererseits auch um die Beeinflussbarkeit der Gesellschaft durch Erkenntnis. Damit sind zwar in erster Linie gesellschaftswissenschaftliche Wissensfelder angesprochen, doch gehört z.B. der Streit um die soziale Dimension mathematischer Erkenntnis durchaus auch in den Bereich wissenssoziologischer Fragestellung (Hersh 2001). Die Soziologie des Wissens ist in erster Linie eine Soziologie der soziologischen Forschung. Wenn sie aber über die Grenzen der Selbstreflexion hinausgeht und sich die Frage nach Erkenntnis und deren Folgen stellt, ist die wissenssoziologische Fragestellung überaus geeignet, sich dem Phänomen der Intellektuellen inhaltlich zu nähern.

0.1.1 *Wissenssoziologie als die Frage nach dem Zusammenhang von Erkenntnis und Engagement*

Den frühmodernen Sozialforschern der Aufklärung stellt sich die Frage nach der sozialen Beeinflussung des Denkens in erster Linie als ein Problem der Vorurteilsbelastetheit des Menschen dar. Wahre Erkenntnis, so z.B. Francis Bacon (1870/1964: 66), gelinge nur, wenn man sich von Vorurteilen frei mache. Als einer der Faktoren menschlicher Selbstblendung wird schon bald die Religion ausgemacht. „Priestertrugtheorien" (Grünewald 1967: 5) unterstellen der religiösen Priesterschaft sogar, „unsichtbare Mächte" erfunden zu haben, um das Volk nach ihrem Willen zu führen (Holbach 1964: 73). Irrtum und Vorurteil können also diesen Theorien zufolge gezielt zur Verblendung der Menschen eingesetzt werden.

Die besonders im Zusammenhang mit marxistischer Theorie aufkommenden wissenssoziologischen Untersuchungen beobachten einen Zusammenhang zwischen materiellem Interesse und sozialer Erkenntnis (Habermas 1973: 82). Marx (1964: 109) selbst nimmt für sich in Anspruch, seine Gesellschaftsanalyse aus der interessenfreien Perspektive der „menschlichen Gesellschaft" zu betreiben.

Karl Mannheim hat nun die Marx widersprechende Beobachtung gemacht, dass eine Idee, die sich unbeeinflusst von ihrer sozialen Sphäre wähnt, sich in der historischen Retrospektive als an gesellschaftliche Umstände gekoppelte Ideologie entpuppt. Diese Erkenntnis, „*daß wir die Fähigkeit besitzen, (nachträglich rückblickend), einen gewesenen geistigen Inhalt (Idee) als Ideologie zu fassen*", lässt Mannheim (1926: 432ff.) die Frage stellen, inwieweit sich das Verhältnis zwischen Idee und Ideologie soziologisch erforschen lasse. Eine „*Soziologie des Wissens*" müsse dieser Frage nachgehen und dabei überprüfen, „*ob denn zwischen den immanent herausgearbeiteten Denkstandorten und den sozialen Strömungen (sozialen Standorten) eine Korrelation, eine Entsprechung, besteht*" (Mannheim 1925: 639). Die Wissenssoziologie Mannheims, so fasst Karl Popper (1980: 261) sie zusammen, behauptet also, „*daß das wissenschaftliche Denken und insbesondere das Denken über soziale und politische Angelegenheiten nicht in einem Vakuum vor sich geht, sondern in einer sozial bedingten Atmosphäre.*" Popper lehnt solch eine Sichtweise ab. Das Problem gesellschaftlicher Gebundenheit sozialer Erkenntnis schätzt er zwar ähnlich wie Mannheim ein, doch sieht er in der Öffentlichkeit wissenschaftlicher Auseinandersetzung einen hinreichenden Schutz vor ideologischer Einfärbung sozialen Wissens (Popper 1980: 272). Auch Niklas Luhmann (1981a: 113) sieht keine Notwendigkeit, die Fragestellung der Mannheimschen Wissenssoziologie weiterzuverfolgen. Die Soziologie, so Luhmann, beschäftige sich mit sozialen Systemen, die sich einer Umwelt gegenüber abschlössen. Das erübrige für den Soziologen die Frage nach seinem gesellschaftlichen Standpunkt, da sich sein Beobachtungsgegenstand selbst beschreibe (Luhmann 1999: 180).

Solche Überzeugungen, es lasse sich eine Sozialwissenschaft denken, die unengagierte Erkenntnis liefere, ist vielfach bezweifelt worden. Anders als in seinem Verhältnis zur Natur, von der der Mensch sich mit Hilfe der Wissenschaft distanzieren könne, so argumentieren z.B. Peter Berger und Thomas Luckmann (1970: 14), gelingt das im sozialen Leben nicht; nicht zuletzt auch deswegen, weil jeder Beobachter zugleich auch Akteur ist. Die Natur habe sich, so Norbert Elias (1983: 21), als durch Erkenntnis beherrschbar erwiesen, die menschliche Gesellschaft dagegen als zunehmend durch das Individuum unkontrollierbar. Die naturwissenschaftlich umgesetzte Erfahrung der Distanz zwischen Mensch und Natur kann also nicht auf die Gesellschaft der Menschen übertragen werden. Thomas Luckmann (1999a: 21f.) sieht aus diesem Grund den Forschungsbereich der Soziologie in der „zweiten Natur", in der sozialen Natur des Menschen.[1]

Luckmann (1999b: 318) zufolge gibt es in den Sozialwissenschaften zwei Forschungsrichtungen. Die eine versuche, den Rationalismus naturwissenschaftlicher Erkenntnis auf die menschliche Gesellschaft zu übertragen, während die andere metaphysisch argumentiere. Beide extremen Ansätze sieht er kritisch. Denn wenn sich sozialwissenschaftliche Forschung als exakte Wissenschaft verstehen möchte, muss sie auf einen sozialen Standpunkt verzichten und sich nach ihren Methoden befragen lassen. Wenn sie allerdings der menschlichen Kultur Erkenntnis abgewinnen will, muss sich Sozialforschung immer wieder nach ihrem eigenen kulturellen Standpunkt befragen, der eben nicht der gleiche sein kann, wie ihn eine exakte Wissenschaft gegenüber der Natur distanziert einnimmt. Soziologische Forschung stehe, so Luckmann, also immer prinzipiell vor dem Problem ihrer gesellschaftlichen Prägung.

Für diese Arbeit stellt sich natürlich auch die Frage nach der kulturellen Einbindung des Beobachters. Die wissenschaftliche Verwertbarkeit einer qualitativen Textanalyse ist vielleicht umstritten, aber als Methode soziologischer Erkenntnisgewinnung hat sie sich durchsetzen können (Gläser 2002, Wernet 2000). Aber über die technische Seite dieses Untersuchungsansatzes hinaus stellt sich die Frage, ist eine neutrale Beobachtung intellektueller Erkenntnis überhaupt möglich ob. Reflexive Wissenssoziologie, so Jo Reichertz (1999: 334), ist mit diesem Dilemma, *„sehr genau um die eigene Perspektivengebundenheit zu wissen und gleichzeitig dem Gültigkeitsanspruch nicht abschwören zu wollen"* in unterschiedlichster Weise umgegangen. Die drei unterschiedlichen Großstrategien, die er ausmacht, (Begründung durch Charisma, Verfahren oder Diskurs) *„versuchen mit dem Problem umzugehen, dass eine über sich selbst aufgeklärte Wissenssoziologie nicht mehr problemlos von der Gültigkeit ihrer Aussagen sprechen kann, insbesondere dann nicht, wenn sie für die Gesellschaft Planungswissen zur Verfügung stellen will"* (Reichertz 1999: 337). Eine „Ethnologie der eigenen Kultur" (Engler 1992: 33–40) jedenfalls ist schwer denkbar, weil sich, wie sich zeigte, eine Außenperspektive auf die eigene Lebenswelt als wissenschaftlich unglaubwürdig erwiesen hat. Reichertz (1999: 338) schlägt dem qualitative Sozialforschung betreibenden Wissenschaftler vor, sich *„mit einem gewissen Maß an Vagheit"* zufrieden zu geben. Das löst das Problem nicht, aber Reichertz führt somit vor Augen, dass eine Arbeit wie diese, die sich mit der Erforschung sozialer Erkenntnis und intellektuellen Engagements beschäftigt, keinen Anspruch auf abschließende Gültigkeit ihrer Ergebnisse erheben kann. Es können kulturelle Tendenzen sichtbar gemacht werden, ohne dass dabei der zwingende Charakter dieser Tendenzen bewertet werden kann.

---

1   Wie schwer allerdings soziale und natürliche Natur des Menschen auseinanderzuhalten sind, hat Dieter Zimmer (1982: 246) mit folgenden Worten beschrieben: *„Die Kultur, die wir zu unserer Vervollständigung brauchen und die uns von unserer Natur nicht mitgegeben ist, hat Bedürfnisse zu befriedigen, die unsere Natur sehr wohl definiert."*

0.1.2 Einsatzmöglichkeiten der Wissenssoziologie als Methode vergleichender Intellektuellenforschung

Um der Frage nach dem Unterschied zwischen Intellektuellen in Frankreich und Deutschland wissenssoziologisch adäquat nachgehen zu können, muss eine qualitative Diskursanalyse sowohl Erkenntnis als auch Engagement berücksichtigen und begrifflich wie inhaltlich auseinander halten. Allerdings kann nicht nach irgendeiner Erkenntnis und irgendeinem Engagement gefragt werden. Das Diskursfeld muss eingeengt werden, um eine überschaubare Vergleichbarkeit zu ermöglichen. Aus Gründen, die noch darzulegen sind, ist das für diese Arbeit gewählte Diskursfeld das der Intellektuellen-und Erkenntnistheorie einerseits und das des theoretischen wie engagierten Gewaltdiskurses andererseits.

Es geht darum, eine Ebene der Vergleichbarkeit zu schaffen, auf der dann nach Unterschieden gesucht werden kann. Deswegen werden unterschiedliche Niveaus der Vergleichbarkeit hergestellt. Eine abschließende Gegenüberstellung der Diskursinhalte auf den verschiedenen Niveaus wird dann erweisen, ob und in welchem Diskursbereich von grundlegenden Unterschieden zwischen französischen und deutschen Intellektuellen gesprochen werden kann. Abschließend kann dann der Frage nachgegangen werden, welche kulturellen Entwicklungen wohl dazu beigetragen haben, solche Unterschiede zu ermöglichen.

0.1.3 Erkenntnis und Engagement in der Person des Intellektuellen. Intellektuellen- und Erkenntnistheorie als Vergleichsmoment.

„Intellectuals are not in the habit of submitting their activities to sociological scrutiny,“ schreibt Pierre Bourdieu (1989: 99). Damit macht er deutlich, dass sie sich dem soziologischen Blick entziehen. Intellektuelle sind für soziologische Forschung auch insofern ein Problem als sie nicht durch äußerliche und wiederholbare Mechanismen zu Intellektuellen „auserlesen" werden, und somit nicht einer gesellschaftlichen „Elite" zugeschrieben werden können. Intellektuelle rekrutieren sich selbst und sind selten einer Organisation zuzurechnen. „'Kleine Gruppen und Zirkel' sind das Äußerste, wozu es kommen kann" stellt Alfred von Martin (1965: 302) zur sozialen Organisation von Intellektuellen fest. Organisation, so von Martin weiter, sei „überhaupt untypisch (...) für Intellektuelle." Sie sind also, obwohl sie sich gesellschaftlich engagieren, soziologisch gesehen Einzelerscheinungen. „In ihrem Selbstverständnis stellen sich die Intellektuellen als unorganisierte Individuen dar, die, nur ihrem Gewissen verpflichtet, jenseits sozialer Interessen im Dienste humanitärer Ideale stehen" (Lepsius 1997: 77).

Diese mangelnde soziologische Griffigkeit des Phänomens der Intellektuellen macht interkulturelle Vergleiche schwierig. Da es oft schwer genug ist, intellektuelle Gruppendynamik über Lehrmeinungen zu belegen (Demirovic

1999) sollen hier die Diskurse unterschiedlicher Individuen miteinander verglichen werden, die als Intellektuelle aufgetreten sind.

Die Intellektuellentheorie jedes einzelnen hier vertretenen Intellektuellen wird rekonstruiert. Damit soll ermöglicht werden, die prinzipielle Frage nach der Rolle des Intellektuellen in der Gesellschaft in den Worten jedes Einzelnen selbst zu beschreiben.

Es ist wichtig zu erfahren, wie diese Intellektuellen ihre Rolle in der Gesellschaft verstehen, um sich ein Bild davon zu machen, wie wohl der Intellektuelle selbst den Zusammenhang zwischen Erkenntnis und Engagement sieht.

Daneben muss auch nachvollzogen werden, wie soziale Erkenntnis des Intellektuellen für denkbar gehalten wird. Doch um hier nicht das weite Feld der Erkenntnistheorien im Allgemeinen zu öffnen, beschränken sich diese Diskursanalysen auf die rein technischen Aspekte sozialer Erkenntnis.

0.1.4 Der erkennende und der engagierte Gewaltdiskurs als Vergleichsmoment

Im Unterzeichnen von Petitionen ist oftmals die prinzipielle Form intellektuellen Engagements verortet worden (Beileke/Dunkel 1997: 93–97, Winock/Juillard 1996: 14), doch ist dieses Moment ein ungeeignetes Mittel für einen Vergleich intellektuellen Engagements. Zum einen zeichnen sich die fraglichen Intellektuellen nicht in jedem Fall für die Formulierung einer Petition verantwortlich, zum anderen lassen sich genug Beispielfälle von Intellektuellen finden, die nie eine Petition unterzeichnet haben. Wenn also intellektuelles Engagement untersucht werden möchte, muss eine andere Vergleichsebene gefunden werden. Es zeigt sich aber, dass es schwer ist, intellektuelles Engagement in seiner Ausformung zu vergleichen. Hemingways kriegerischer Einsatz im spanischen Bürgerkrieg ist kaum mit der Unterzeichnung des „Manifestes der Intellektuellen" durch Georges Sorel gleichzusetzen. Was hier allerdings passiert, ist in jedem Fall, dass ein Intellektueller sich eines gesellschaftlichen Problems annimmt und sich als Intellektueller für die Lösung dieses Problems einsetzt.

Leichter als die Formen des Engagements lassen sich also die Problemfelder vergleichen, in denen sich Intellektuelle engagieren. Hier wird der Themenbereich der Gewalt als Vergleichsmoment gewählt. Als ein Vergleichsmoment zwischen Intellektuellen eignet sich Gewalt aus folgenden Gründen:

1. Gewalt macht eine eindeutige Stellungnahme erforderlich. In Gewaltsituationen ist der Betrachter gezwungen, sich zum Geschehen zu äußern und zu beziehen.
2. Dieses dezisionistische Element intellektuellen Engagements wird dadurch noch verschärft, dass sie den Handelnden unter Zeitdruck setzt.

3. Ein Engagement, das sich auf Gewalt bezieht, ist deutlicher als Engagement zu erkennen als ein Engagement in friedlicheren Zusammenhängen.

4. Gewalt rührt ein Wertproblem an. Intellektuelle berufen sich auf ihre kulturellen Wertbezüge, die ihnen die Einnahme einer Position im Moment der Gewalt ermöglichen.

Der Begriff der Gewalt als solcher ist freilich dehnbar. Der Prozess der Zivilisierung, wie ihn Norbert Elias (1981: 99–121) beschrieben hat, hat seit der frühen Neuzeit dazu beigetragen, dass die Sprache dem Phänomen der Gewalt gegenüber immer empfindlicher geworden ist. Der Gewaltbegriff ist also stetem Wandel unterworfen. Außerdem ist er kulturell variabel (Brettschneider/Gabriel 1994: 550).

Dennoch bietet sich die Gewalt als Vergleichsmoment an, um dem Phänomen des intellektuellen Engagements näher zu kommen. Zwar wandelt sich der Gewaltbegriff, doch wäre es irrig zu glauben, es ließe sich ein Vergleichsmoment finden, das nicht ähnlichen Bedeutungskonjunkturen unterworfen wäre. Gewalt ist ein „Phänomen der Macht" (Popitz: 1992). Sich für Gewaltdiskurse zu interessieren, bedeutet also auch, sich für die Haltung von Intellektuellen gegenüber der Macht zu interessieren.

In dieser Arbeit werden sowohl Gewalttheorien als auch die Formen und die Begründungen für ein Engagement der Intellektuellen in Momenten gesellschaftlich relevanter Gewalt untersucht. Dabei fällt die Analyse der Gewalttheorien noch in den Bereich der Erkenntnis. Im Engagement im Moment realer Gewalt wird die Form und Begründung des Engagements gesucht, das hier als Vergleichsmoment nutzbar gemacht werden soll.

Die Gewaltmomente können unterschiedliche Formen annehmen. Es geht zumeist um Kriege, aber auch um Volksaufstände oder besonders angespannte historische Augenblicke, die leicht in Gewalt umschlagen können und erwartungsgemäß eigentlich auch müssten. Die eindeutige Vergleichbarkeit der Momente der Gewalt ist dabei freilich nicht garantierbar.

0.1.5 Zur Begründung der Auswahl der hier besprochenen Intellektuellen

Wie auch immer man aber die Anzahl der gesellschaftlich irgendwie relevanten Intellektuellen beziffern möchte: für die hier vorliegende vergleichende Diskursanalyse muss eine Auswahl unter den in Frage kommenden Intellektuellen getroffen werden. In dieser Arbeit sind vier Intellektuelle pro Nation vertreten, weil genauso viele französische wie deutsche Intellektuelle zur Sprache kommen sollten.

Die Wahl fiel auf die Soziologen Max Weber und Émile Durkheim, die Schriftsteller Ernst Jünger, André Malraux, Bertolt Brecht und Jean-Paul Sartre, den Molekularbiologen Jens Reich und den „Berufsintellektuellen" Bernard–Henri Lévy. Es versteht sich von selbst, dass andere Schriftsteller, Professoren, Gelehrte oder politisch auftretende Nicht–Politiker genauso gute, Untersuchungspersönlichkeiten dieser Arbeit hätten sein können. Da aber aus Gründen der Handhabbarkeit einer solchen Arbeit eine Auswahl getroffen werden musste, wurde bei der Zusammenstellung der oben genannten Intellektuellen auf Notorität, gesellschaftliche Relevanz und eine gewisse politische Breite geachtet. Nicht nur linke oder rechte, nicht nur liberale oder marxistisch inspirierte Intellektuelle sollten untersucht werden, sondern ein möglichst breites Spektrum intellektueller Erscheinung. Ebenso wurde darauf geachtet, Intellektuelle möglichst unterschiedlicher Berufssparten zusammenzuführen, um einen fachlich breiten Raum der Intellektualität abzudecken.

Der Beobachtungszeitraum ist relativ breit und beginnt mit dem Jahr 1898, in dem das Substantiv „Intellektueller" nachweisbar zum ersten Mal aufkommt. Diese Arbeit konzentriert sich nicht auf eine Epoche, sondern geht dem Phänomen der Intellektuellen bis in die 90er Jahre des 20 Jahrhunderts nach. Hinter der Entscheidung zu solch einem großen Zeitrahmen der Diskursanalyse steht die Überlegung, möglichst auszuschließen, dass intellektuelle Moden im Vergleich zwischen Deutschland und Frankreich zu sehr ins Gewicht fallen. Dass ein intellektueller Stil seine öffentliche Attraktivität verlieren kann, hat sich immer wieder gezeigt. Ironisch zeigt das Gerhard Henschel (1996: 785) am Beispiel deutscher Intellektueller der 80er Jahre auf, die ein gutes Jahrzehnt später als *démodé* gelten: „*Nein, sie sind nicht mehr gefragt, die Theologen mit der hohen Stirn und die kritischen ChristInnen, die Denkschablonenverbieger und die Strukturenaufbrecher. ... [D]er Boom ist vorüber.*" Es geht aber in dieser Arbeit darum festzustellen, ob sich auf Dauer und nicht nur zu bestimmten Zeiten Tendenzen ausfindig machen lassen, Intellektualität in Frankreich und Deutschland je unterschiedlich zu gestalten.

0.2 Arbeitsschritte

In dieser Arbeit sollen die Diskurse von vier deutschen und vier französischen Intellektuellen miteinander verglichen werden. Sie sollen erstens nach sozialer Erkenntnis und zweitens nach ihrem gesellschaftlichen Engagement und danach, wie sie im konkreten Falle diskursiv zusammenfinden untersucht werden.

Die Frage nach intellektueller Erkenntnis des Sozialen wird in drei konkrete Fragestellungen übersetzt. Die erste Frage richtet sich an das Personal sozialer Erkenntnis, den Intellektuellen selbst also. Hier soll herausgefunden werden, wie Intellektuelle die Rolle des Intellektuellen in der Gesellschaft reflektieren und wie intellektuelle Erkenntnis den Intellektuellen zufolge auf Gesellschaft wirkt. Die zweite Frage zielt auf den Erkenntnisprozess ab. Sie soll klären, welche

Formen der Erkenntnistheorie vertreten werden. Dabei soll nicht die Gesamtheit der Überlegungen zum Problem der Erkenntnis beleuchtet, sondern vielmehr der Weg nachskizziert werden, den Erkenntnis den Intellektuellen zufolge nehmen kann. Die dritte Frage geht der der Erkenntnis des sozialen Problemfeldes der Gewalt nach. Diese Frage leitet in den Bereich des Engagements über, das hier in Momenten gesellschaftlicher Gewalt gesucht wird. Engagement wird hier als das verstanden, was dem Intellektuellen eine eindeutige, öffentliche Stellungnahme abverlangt.

Es ergeben sich also zwei grundsätzliche Vergleichsniveaus: das der Erkenntnis und das des Engagements. Verbindungsglied zwischen den beiden ist der theoretische und der engagierte Gewaltdiskurs. Das Problemfeld der Erkenntnis untergliedert sich in die Abteilungen: Intellektuellentheorie, Erkenntnistheorie und Gewalttheorie, während die Struktur der Kapitel zum Engagement weniger konkret vorgegeben ist, um den unterschiedlichen Formen und Diskursen des Engagements Raum zur Selbstdarstellung zu lassen.

Für den Aufbau der Arbeit haben die oben aufgeführten methodologischen Überlegungen folgende Bedeutung:

1. Die Begriffe des „Intellektuellen" und der „Gewalt" werden ausführlich definiert.

2. Die hier zur Sprache kommenden Intellektuellen werden jeder einzeln besprochen. Damit wird berücksichtigt, dass sie als Einzelerscheinungen eine jeweils unterschiedliche Selbstwahrnehmung als Intellektuelle vertreten.

3. Die Einzelkapitel zu den Intellektuellen zergliedern sich in sechs untergeordnete Kapitel: Im ersten wird dargelegt, wie der Intellektuelle persönlich seine Intellektualität zum Ausdruck gebracht hat und wie sich die Wahl dieser besonderen Persönlichkeit in den Kreis der hier Untersuchten begründet. Der zweite Abschnitt beschäftigt sich mit der Intellektuellentheorie, der dritte mit der Erkenntnis-und der vierte mit der Gewalttheorie. Im fünften Abschnitt wird das jeweilige Engagement in einer Situation gesellschaftlicher Gewalt beschrieben und der darin getätigte Gewaltdiskurs analysiert. Im letzten Kapitel werden die Ergebnisse zum betreffenden Intellektuellen zusammengetragen.

4. In der Endauswertung findet der eigentliche Vergleich statt. Hier werden die Kernaussagen der Diskurse miteinander in Beziehung gesetzt. In einem Raster werden die Diskursinhalte holzschnittartig so miteinander in Beziehung gesetzt, dass letztlich die gesuchten Unterschiede, aber auch Gemeinsamkeiten sichtbar werden. Es zeigt sich dann, ob das hier vorgeschlagenen Muster des Vergleichs geeignet ist, Unterschiede sichtbar zu machen.

5. In einem letzten Arbeitsschritt wird der Versuch unternommen, soziologisch denkbare Gründe für das Ergebnis der Untersuchung aufzuführen.

1 Begriffsdefinitionen: Intellektuelle und Gewalt

Die Geschichte des Verdachts gegen Intellektuelle, sie übten einen Einfluss aus, der in Gewalt münden könne, ist sehr alt und geht bis in unsere Zeit. Schon Julius Cäsar (1980: 163ff.) befürchtete die Macht gallischer Druiden offenbar sehr. Er behauptet zumindest, das gallische Druidentum zu zerschlagen sei ein zentrales Anliegen seines Britannien–Feldzuges. Das Wort vom „Schreibtischtäter" ist ein Hinweis darauf, wie hoch die intellektuelle Verantwortung für politische Gewaltakte auch in der heutigen Zeit eingeschätzt wird. Hans Dieter Zimmermann (1992) geht in seinem Buch zur „Verantwortung der Schriftsteller in der Politik" richtiggehend davon aus, dass Intellektuelle allein durch intellektuelle Produktion zu Gewalt und Unterdrückung beitragen. Und André Glucksmann (1983: 108) behauptet, dass gesellschaftliche Gewalt ohne ihre Vorbereitung durch Intellektuelle gar nicht denkbar sei. Intellektuelle selbst haben nicht selten ihren Einfluss auf gesellschaftliche Gewalt als sehr groß eingeschätzt.

Die patriotische Ansicht, dass die geistigen Elite einer Nation nicht schweigen könne, wenn sie in Gefahr ist, ist immer wieder und in unterschiedlichen Zusammenhängen vertreten worden. Die propagandistische Vortragstätigkeit deutscher Soziologen während des ersten Weltkrieges (Barrelmeyer 1994: 166) zum Beispiel ist ein Aspekt dieser Art von intellektueller Stellungnahme gegenüber der Gewalt im Kriege, die von Christophe Prochasson (1993) auch für die französische Seite untersucht worden ist. Die Kritik an deutschen Intellektuellen, sie vernachlässigten ihre Aufgabe, Stellung zum Krieg im Kosovo 1999 zu beziehen, macht deutlich, wie groß die Erwartungshaltung gegenüber Intellektuellen in gewaltsamen Konfliktsituationen ist (Boedecker 1999: 33). Krieg und Gewalt im Kriege scheinen Themen zu sein, zu denen sich Intellektuelle äußern, aber auch äußern sollen. Nicht ohne Grund hat das französische „Magazine littéraire" 1999 ein ganzes Heft dem Thema „*écrire la guerre*" gewidmet.

Dabei wird den Intellektuellen immer wieder nachgesagt, sie seien an Gewalt als Thema nur aus ästhetischen Gründen interessiert, die soziale Wirklichkeit einer Konfliktsituation berühre sie hingegen nicht (Barbusse 1922: 35). Intellektuelle Ansätze, das soziale Phänomen der Gewalt zu verstehen, fehlen allerdings nicht. Eine Ästhetisierung der Gewalt wird man Hannah Arendts Studie zu „Macht und Gewalt" (1995) ebensowenig vorwerfen können, wie

21

Jürgen Habermas (1990: 180–188) Verschriftlichung seiner „Ersten Eindrücke bei der Lektüre des ‚Endgutachtens' der Gewaltkommission" der Bundesregierung. Frantz Fanons Studie zur „Soziologie einer Revolution" (1968) beschäftigt sich mit den sozialen Gründen der Gewalt des Algerienkrieges, ist aber an Werturteilsfreiheit nicht interessiert, sondern stellt sich auf die Seite der Algerier. So neigt Fanon zu einer Verherrlichung revolutionärer Gewalt, die auch anderen Intellektuellen öfters vorgeworfen wurde. Die von Wolfgang J. Mommsen und Gerhard Hirschfeld (1982) beobachtete tatsächliche Nähe zwischen Intellektuellen und gewalttätigen politischen Bewegungen in der Neuzeit hat diesen Vorwurf immer wieder bestätigt.

1.1 Begriffsdefinition: Intellektuelle

„Intellektueller" ist ein Substantiv, das eine wechselvolle Geschichte erlebt hat und das an sehr unterschiedliche Wertvorstellungen gekoppelt ist. Jutta Schlich (2000: 1–114) hat deswegen ihre Begriffsdefinition bewusst flexibel angelegt und in „Geschichten des Begriffes ‚Intellektuelle'", zerlegt. Damit trägt sie der Tatsache Rechnung, dass die soziale Figur der Intellektuellen zu unterschiedlichen Zeiten sehr unterschiedlich beschrieben worden ist. Soziologisch gesehen kann das wohl auch mit der geringen sozialen Stabilität ihrer Erscheinung erklärt werden. Nicht zu Unrecht spricht der Soziologe Jean–Claude Deschamps (1990: 11–20) von Intellektuellen als einem sozialen *„ensemble flou et polymorphe"*.

Die Begriffsdefinition dieser Arbeit kann dieses Problem der ungenauen sozialen Verortung nicht lösen, aber doch die Eckdaten festlegen, mit denen wohl die meisten anderen gängigen Definitionen im Gleichklang sind, so sie sich um Werturteilsfreiheit bemühen. Dem Problem der Wertgebundenheit des Begriffes wird dadurch Rechnung getragen, dass die hier besprochenen Intellektuellen ihre eigenen Wertvorstellungen, die sie mit dem Begriff des Intellektuellen verbinden, selbst darstellen.

1.1.1 „Intellektuelle" allgemein

Unbestritten allgemeingültig dürfte sein, dass Intellektuelle Menschen sind, die eine hauptsächlich gedankliche Leistung erbringen. Insofern hat es wahrscheinlich schon immer und fast überall Intellektuelle gegeben (Aron 1957: 249). Zwar ist Vorsicht geboten, Intellektuelle vormoderner Gesellschaften mit denen der Moderne zu vergleichen (Redfield 1969: 33–49), doch ist zu beobachten, dass unterschiedliche Formen der Gelehrtheit und besonders gelehrter Personen in allen Kulturen zu finden sind. Es ist überall ein Privileg z.B. von Schriftgelehrten gewesen, überhaupt Zugang zu Quellen des als kulturell relevant erachteten Wissens zu haben (Gramsci 1992: 593f.).

Bereiche gesellschaftlichen kulturellen Interesses verbergen sich oft hinter solch plakativen Schlagworten wie „Nation", „Religion" oder auch „Kultur" und der Intellektuelle ist an der Formulierung des gesellschaftlichen Selbstverständnisses mitbeteiligt. Zwar unterscheidet Talcott Parsons (1969: 7) zwischen Intellektuellen und Propheten, doch sind z.B. jüdische Propheten durchaus als in der Tradition geschulte Intellektuelle anzusehen (Johnson 1987: 66–68, 81–94). Den etruskischen *Haruspices* lieferten die ihnen heiligen *Libri Tagetici* eine intellektuelle Grundlage für Orakelsprüche, aus denen sich wiederum auf den Zustand ihrer Gesellschaft schließen ließ (Pfiffig 1975: 44–49). Die *Qurrà* als des Lesens mächtige arabische Intellektuellenschicht stand, so der arabische Historiker Ibn Khaldun (1968,3: 932f.), am Anfang der Entwicklung einer islamischen intellektuellen Kultur. Ihr Charisma ging jedoch verloren als die Kunst des Lesens Verbreitung fand. Nicht immer ist das Wissen, zu dem Intellektuelle Zugang haben, religiöser Natur. Im Falle der vorsokratischen Philosophie Griechenlands z.B. ist die Dichtung Homers die geistige Grundlage, die allen Denkern gemein ist. „*Jedermann hat ja von Anfang her an Homer sich geschult*", beschreibt der vorsokratische Philosoph Xenophanes diesen Sachverhalt (Fuhrmann 1991: 88).

In jedem Fall haben Intellektuelle Zugriff auf gesellschaftlich bedeutungsvolle Wissensquellen und es ist immer ihre Aufgabe gewesen, eine auf die augenblickliche Lage der Gesellschaft zutreffende „*Ortsbestimmungen der Gegenwart*" (Rüstow 1950–1957) zu liefern. Über die gesellschaftliche Ortsbestimmung hinaus, aber auch im Zusammenhang damit, sagt der Intellektuelle nicht nur etwas über den augenblicklichen Zustand seiner Gesellschaft; er macht mitunter auch Aussagen darüber, wie sie sein sollte oder welche Werte ihr wichtig sein sollten.

Insofern ist für den Intellektuellen kennzeichnend, dass er Zugriff auf ein - für seine Gesellschaft relevantes - Wissen hat, dass er Zeit und Muße findet, sich dieses Wissen überhaupt anzueignen und dass er zu diesem Zweck sich nicht mit der gleichen Hingabe dem Erwerb eines Lebensunterhaltes widmen kann, wie seine Zeitgenossen. So kommt es zu einer für die meisten Intellektuellen typischen Zurückgezogenheit gegenüber den alltäglichen Belangen einer Gesellschaft, was allerdings nicht in jedem Fall eine totale Abwendung vom Irdischen bedeuten muss, wie sie Julien Benda (1983: 111ff.) postuliert. Im Gegenteil kann der Intellektuelle sich nur auf der Basis einer gefestigten materiellen Position überhaupt Gehör verschaffen, wie auch das alttestamentarische Buch Kohelet (9,16) lehrt: „*Das Wissen des Armen gilt nichts, und niemand will seine Worte hören.*"

Der Zwang, der materiellen Welt anzugehören und die kulturell variierende Berufung, es nicht in der gleichen Konsequenz zu tun, wie die Zeitgenossen, führt dazu, dass der Intellektuelle, wie es Flaubert über den „Homme de lettres" sagt, „*sein Leben in zwei Hälften teil[t]*: *Leben wie ein Bourgeois und denken wie ein Halb-*

gott" (zit. n. Charle 1990: 19). Denn „leben wie ein Bourgeois" kann der Intellektuelle nur, wenn er gesellschaftliche Anerkennung erfährt und deswegen auch materielle Unterstützung durch seine Mitmenschen. Das Streben nach materieller Unabhängigkeit führt oft zu dem Eindruck, Intellektuelle seien „Schmarotzer", die von der Arbeitsleitung anderer lebten (Schelsky 1975). In der Tat beschreibt das Wort „Parasit" ursprünglich einen Priester, also einen Intellektuellen im weitesten Sinne, *„der die Aufsicht über die Getreideopfer hatte und für diese Mühe einen Teil des Opfers erhielt"* (Röhrich 1994: 1374).

„Denken wie ein Halbgott" kann der Intellektuelle nur, wenn ihm die zum guten Leben notwendigen Mittel zur Verfügung stehen. Er ist also auf eine relative materielle Unabhängigkeit angewiesen, um überhaupt Intellektueller sein zu können, doch oft genug ist diese Unabhängigkeit nur in den Fällen garantiert, in denen die Gesellschaft oder Teile derselben wie auch immer gearteten Nutzen aus seinem Wissen ziehen kann (Allison 1984: 9).

So schwebt der Intellektuelle zwischen Wissenstradition und materieller Abhängigkeit und ähnelt, um es mit den Worten Voltaires zu sagen *„einem fliegenden Fisch: fliegt er zu hoch, verschlingen ihn die Vögel, taucht er, fressen ihn die Fische"* (zit. N. Charle 1990: 21). So ist die gesellschaftliche Position eines Intellektuellen oft eine materiell ungewisse. Typisch sind eine Spannung zwischen gesellschaftlicher Relevanz intellektueller Erkenntnis und die Distanz zum Alltag seiner Zeitgenossen.

Die Zurückhaltung gegenüber z.B. dem politischen Alltagsgeschäft kann aber auch in einen eigenen Machtanspruch umschlagen: oft genug haben sich Intellektuelle der politischen Macht gegenüber als dermaßen ungeduldig gezeigt, dass sie sich wünschten, selbst das Ruder in die Hand zu nehmen. *„Der Intellektuelle"*, so Wolf Lepenies (1992: 13f.) zu diesem Phänomen, *„ist der Reisende durch die Zeit, der die Dinge besser verstehen möchte. ... [Er] ist ein Reisender, aber gelegentlich möchte er Zugführer sein."*

Intellektuelle haben sich auch eine ihnen eigentümliche Macht zugesprochen, die sich durchaus mit der der staatlichen Verwaltung messen lassen könne. So schreibt Charles Duclos 1751: *„Der Mächtige befielt, die Menschen des Geistes herrschen, weil sie auf lange Sicht die öffentliche Meinung beeinflussen"* (zit. n. Gipper 1992: 32). Die Entstehung einer öffentlichen Meinung hat also mit dem spezifischen Auftreten des modernen Intellektuellen zu tun. Jürgen Habermas (1996: 1123) hat den Zusammenhang zwischen Intellektuellen und Öffentlicher Meinung analysiert und festgestellt, dass der Intellektuelle im modernen Wortsinn erst mit der Entstehung von Öffentlichkeit überhaupt erst auftritt. In vormodernen Gesellschaften sind Intellektuelle tatsächlich weit weniger an der Gestaltung einer öffentlichen Meinung beteiligt als das für moderne Intellektuelle gilt. Das hängt zum einen mit dem Bewusstsein für Öffentlichkeit zusammen, das erst in der frühen Neuzeit entsteht, zum anderen aber auch mit den technischen Möglichkeiten derer Beeinflussung. Noch der als Propagandist berühmte und berüchtigte Volkstribun Roms Cola di Rienzo (1313–1354) z.B.

griff auf Wandmalereien zurück, um seinen politischen Standpunkt zu illustrieren (Sonnay 1982: 35–43). Die unmittelbare Macht dieser Vorform intellektueller Beeinflussung der öffentlichen Meinung ist schon wegen der geringen Streubreite ihres Effekts und ihrer symbolischen Langlebigkeit gering.

Elisabeth Noelle–Neumann (1998: 5) behauptete nach der Bundestagswahl 1998, gesellschaftliche „Meinungsführer" ausfindig gemacht zu haben, deren Einfluss sich beschreiben lasse. Bei genauerem Hinsehen zeigt sich aber, dass auch sie nur eine Annahme vertritt, dass es „Meinungsmacher" gebe, sie aber nicht belegen kann. Solange sich aber keine Aussagen über die intellektuelle Beeinflussbarkeit großer sozialer und kultureller Einheiten machen lassen, ist auch der Einfluss der Meinungsführer nicht messbar. Vielleicht ist ja die von Wolf Lepenies (1992: 14) für den Intellektuellen als kennzeichnend unterstellte Melancholie darin begründet, dass sich das „Output" intellektueller Tätigkeit letztlich nicht bemessen und beweisen lässt.

1.1.2 Der Begriff „Intellektuelle" zur Beschreibung eines Phänomens der Moderne

Obwohl sich a posteriori von Intellektuellen auch in antiken und außereuropäischen Gesellschaften reden lässt, ist ein Sammelbegriff für dieses soziale Phänomen erst Mitte des 19. Jahrhunderts in Europa entstanden. Zu dieser Zeit scheint ein Bedarf an begrifflicher Erfassung einer als neu empfundenen Gebildetenschicht vorzuherrschen, was zu einer ganzen Reihe von Neologismen führt. Während z.B. in Deutschland seit ca. 1850 von der „Intelligenz" als Bildungsschicht die Rede ist (Müller 1971: 86f.), spricht man in England zur etwa gleichen Zeit von der „clerisy" als einem neuartigen Bildungsstand (Charle 1997: 64).

Es lassen sich zwei Richtungen der Wortentwicklung ausmachen, die das Mitte des 19. Jahrhunderts als neuartig empfundene gesellschaftliche Phänomen der Intellektuellen zum Ausdruck bringen. Die eine Richtung ist an einer Schichtzugehörigkeit der Intellektuellen interessiert und verortet sie sozial, während die andere eher das gesellschaftliche Engagement in den Mittelpunkt einer begrifflichen Erfassung stellt.

Das russische Kollektivum *Intelligentsija* ist spätestens seit Beginn des 20. Jahrhunderts ein Begriff, der eine weder klerikale noch administrative Bildungsschicht beschreibt. Der Begriff entsteht vor dem Hintergrund russischer Gesellschaftsgliederung in Ränge, die eine eindeutige soziale Verortung kultureller Berufe ermöglicht (Rötzel 1917: 131–137). Die finnische Lehnübersetzung *Älymystö* des russischen Begriffes ist dermaßen an dem *Schicht*charakter der Intelligenz interessiert, dass eine inhaltliche Aussage über die dem Intellektuellen eigentümliche Fähigkeit der Wissensakkumulation, die in „Intelligenz" mitschwingt - nämlich die Beherrschung der Schrift - dahinter zurücksteht.[2] Eine soziologische Verortung der Intelligenz in einer Schicht oder sozial klar erkennbaren Gruppe scheint also - mit Blick auf die Lage in Russland und Finnland - tatsächlich ein Phänomen von *„countries where modernity was not an unplanned outcome of social change but a consciously embraced goal"* zu sein, wie Zygmunt Baumann (1992: 83) behauptet.

Die Wahrnehmung des Intellektuellen als engagierte Einzelpersönlichkeit ist eine Sichtweise, die vor allen Dingen in Frankreich vertreten wird, wie Jacques Leenhardt (1989: 209–225) in seiner „Soziologie der französischen Intellektuellen" erläutert. Zwar trete, so Leenhardt, der Intellektuelle stets in Gruppen auf, doch lasse sich daraus nicht eine *„geschlossene soziale Formation"* schlussfolgern. *„Alle Versuche, eine Partei der Intellektuellen zu schaffen, mit denen das 20. Jahrhundert gespickt ist, sind ... gescheitert,"* stellt Leenhardt (1989: 210) fest. Er begründet das mit der Strukturlosigkeit intellektueller Bindung: *„Der Intellektuelle ist unus inter pares."*

Bei der Erforschung der Entstehungsgeschichte des Intellektuellenbildes zeichnet sich also ein Spannungsverhältnis zwischen der Betonung eines gesellschaftlichen Engagements auf der einen und einer Schichtzugehörigkeit auf der anderen Seite ab. Zwar interessiert sich diese Arbeit für den explizit als Intellektuellen auftretenden Intellektuellen und orientiert sich deswegen an seinem Engagement, doch wird hier zuerst einmal die Geschichte des Intellektuellenbegriffes beschrieben, um die Voraussetzungen unterschiedlicher Sichtweisen zu erläutern. Denn in jedem Fall besteht in Europa seit ca. der Jahrhundertwende vom 18. ins 19. Jahrhundert ein Bedarf an einer begrifflichen Erfassung des sozialen Phänomens der Intellektuellen.

Sicherlich stecken dahinter sowohl ein technischer wie auch ein sozialer Wandel, der sich in vielerlei Aspekten und eben auch in der Entstehung der Intellektuellen als Phänomen der Moderne offenbart. So bietet die Herausbildung einer zusehends gebildeten öffentlichen Meinung dem modernen Intellektuellen eine Wirkungssphäre, die seinen antiken und mittelalterlichen Vorgängern nur sehr bedingt zur Verfügung stand. Damit zusammenhängend ist sicherlich die technische Weiterentwicklung z.B. des Presse-und Medienwesens (Bartsch 1993: 261f.) genauso für eine sich von anderen Bildungsschichten differenzierenden Intellektuellengruppe verantwortlich, wie auch die Entstehung komplexer und zunehmend rationalen Produktionsverfahren angepasster Bildungssysteme (Parsons 1969: 18f.). Welche Umstände es sind, die in Frankreich (denn hier entsteht das Substantiv) zu einer Herausprägung des Hauptwortes „Intellektueller" führen, soll nun interessieren.

Das Substantiv „Intellektueller" kommt gegen Ende des 19. Jahrhunderts in Frankreich in allgemeinen Sprachgebrauch (Delporte 1996: 9). Das französische Adjektiv „intellectuel" hatte, genau wie das italienische „intellettuale", eine eher

---

2 Ich danke Maaria Irmeli Kemppainen und Eeva Vaskio für die freundliche Erläuterung des finnischen Begriffes.

vage Bedeutung. z.B. spricht Dante Alighieri in seiner „Göttlichen Komödie" (XXX, 40) von *„luce intellettual, piena d'amore."* Mit dem liebevollen Licht ist Gott selbst gemeint, mit „intelletual" wird die Qualität dieses Lichtes bezeichnet: es ist nicht materiellen Ursprungs (Grande dizionario 1977: 184). In diesem Sinne, nämlich als Gegensatz zu „materiell", wurde und wird das Adjektiv bis in unsere Zeit in romanischen Sprachen verwendet (Pianigiani 1988: 705) und wird wohl am Treffendsten mit dem deutschen Adjektiv „geistig" wiedergegeben (Elsenhans 1914: 42f.). Vom Wortsinn her heißt „interleggere" „verstehen", es ist aber zumeist ein Verstehen damit gemeint, das spirituelle, religiöse, zumindest aber keine materielle Quellen kennt.

Claude–Henri Saint Simon (1760–1825) ist wohl der erste, der 1821 vom „Intellektuellen" in Form eines Hauptwortes spricht (Winock 1998: 54). Was bei ihm hinter diesem Neologismus steckt, ist seine Vorstellung von einem kollektiven Aufbruch in ein industrielles Zeitalter. Saint Simon ist davon überzeugt, dass die alte geistige Elite des Klerus auf dem Weg der Gesellschaft hin zu diesem neuen Stadium hinderlich ist und dass sie durch eine technisch versierte Elite, die Intellektuellen, ersetzt werden muss. Abgeschlossen wird dieser Wandel allerdings durch einen alle intellektuellen Bereiche umfassenden Zustand der sozialen Organisation ((Hoeges 1994: 43 f., Taylor 1995: 463f)). Saint Simon fordert hier also das, was Alfred von Martin (1948: 155–158) später für die Zeit des Humanismus und der Aufklärung feststellen wird: Eine Trennung von sakral und profan orientierten Intellektuellen. Saint Simons Einfluss auf die französische Sprache ist hinsichtlich des Substantivs „Intellektueller" allerdings nicht groß gewesen. Als es im Zusammenhang mit der Dreyfus–Affäre im alltäglichen Sprachgebrauch auftaucht, erinnert sich keiner an das Substantiv und an seinen Wortschöpfer (Bering 1978: 39–42).

Hier ist kein Raum, die Dreyfus–Affäre in ihrem Verlauf *en détail* darzulegen. Es sei auf das Buch Eric Cahms (1994) zu dem Thema verwiesen, das einen m.E. gelungenen Einstieg in die verworrene Problematik liefert. Hier nur soviel: Als im September 1894 in der deutschen Botschaft in Paris ein Dokument entdeckt wird, das auf Hochverrat schließen lässt, fällt der Verdacht auf den Hauptmann Alfred Dreyfus, dessen Position es ihm erlaubt haben könnte, die in dem Schreiben zum Verrat angebotenen Geheimnisse zu kennen. Er wird festgenommen. Zwei Wochen nach der Festnahme veröffentlicht Édouard Drumont in seiner antisemitischen Zeitung „La libre parole" einen Artikel mit dem Titel: *„Hochverrat. Festnahme des jüdischen Offiziers Alfred Dreyfus"* (Cahm 1994: 29). In diesem Artikel wird Dreyfus als überführter Täter und der Kriegsminister Mercier als von Juden korrumpiert dargestellt. Von Anfang an sind also die öffentliche Meinung und ihre Gestalter entscheidend an der Affäre beteiligt. Kriegsminister Mercier steht politisch auf unsicheren Füßen und kann sich keine Blamage erlauben, was dazu führt, dass er sich durch Drumonts Pressekampagne gedrängt fühlt, den bis dahin nur Verdächtigen Dreyfus als den Täter Dreyfus verurteilen zu lassen. Weil die Beweisgrundlage für eine sichere

Verurteilung nicht ausreicht, fertigt der Offizier Émile Henry ein belastendes Dokument an, ohne jedoch den Auftrag dazu erhalten zu haben und ohne dass seine Vorgesetzten von der Fälschung Kenntnis haben. Dreyfus wird verurteilt, degradiert und verbannt. Marie–Georges Picquart entdeckt Henrys Fälschung, macht aber aus Loyalität zur Armee nur Andeutungen darüber, dass Dreyfus unschuldig sein könnte. Durch einen Gerichtsbescheid wird er aber gezwungen, seine Informationen für sich zu behalten. Émile Zola fühlt sich nun berufen, seinen Namen und seinen Ruhm als Schriftsteller in den Ring zu werfen und er veröffentlicht am 13. Januar 1898 in der Zeitschrift „Aurore" Clemenceaus sein weltberühmtes „J'Accuse!". In dieser Schrift verteidigt Zola das, was er als Wahrheit versteht und die „menschliche Justiz" gegen die „Justiz des Staates". Dabei arbeitet er mit Informationen, die er zu diesem Zeitpunkt noch gar nicht haben kann. Wie schon Drumont verbreitet Zola hier also Vermutungen, die er als Tatsachen ausgibt. Einen Tag später veröffentlicht Clemenceau eine Petition in der „Aurore", die sich für eine Revision des Dreyfus–Prozesses stark macht.

Später wird man diese Petition als das „Manifest der Intellektuellen" bezeichnen und in Clemenceau den Geburtshelfer des neuen Substantivs sehen (Nora 1993: 196). In der Ausgabe der „Aurore" vom 14. Januar 1898 ist allerdings nirgendwo von „Intellektuellen" die Rede (Bering 1978: 40), sondern erst ab dem 23. Januar in Reaktion auf polemisierende Angriffe berühmter Anti–Dreyfussards (Winock 1998: 53).

Es ist der nationalistische Romancier Maurice Barrès (1966: 57), der das Hauptwort (wieder)belebt, indem er Clemenceau vorwirft, es erfunden zu haben, um eine neue geistige Elite zu schaffen. Clemenceau, so Barrès (zit. n. Bering 1978: 39), habe mit der Veröffentlichung der Petition zugunsten Dreyfus' ein „*Adressbuch der Elite*" angelegt. „*Und wer möchte nicht dazugehören?*" Die Petenten haben sich in den Augen Barrès (1966: 58) den Titel des „Intellektuellen" mittels ihrer Unterschrift gekauft. Für ihn sind „Intellektuelle" deswegen: geltungssüchtige, halbgebildete und nur im rein rationalen Denken geschulte junge Aufsteiger, die sich anmaßen, einer geistigen Elite anzugehören und die diesen Anspruch damit unterstreichen, dass sie sich der Sache der Dreyfusards anschließen. Wären sie, so Barrès (1966: 46), nicht Intellektuelle, sondern intelligent, dann würden sie das nicht tun. Denn in der Petition für Dreyfus sieht er in Wirklichkeit einen Angriff gegen die Armee, die in seinen Augen gegen jeden Verdacht erhaben ist.

Seit es das Wort „Intellektueller" also als Substantiv gibt, wird es auch als Schimpfwort genutzt und es trägt eine negative Konnotation. Es bedeutet bis heute im negativen Sinne zweierlei: Zum einen wird der Intellektuelle der Weltfremdheit verdächtigt, einer jenseits der Wirklichkeit liegenden Rationalisierung der Welt. Zum zweiten wirft man ihm vor, sich eine Eliteposition anzumaßen und sich in Dinge einzumischen, mit denen er nichts zu tun hat, allem voran in die Politik (Bolmand 1993: 157f.).

Einige von Barrès als solche beschimpfte Intellektuelle, wie z.B. Anatole France, nehmen diese neue Bezeichnung für sich an und tragen sie nunmehr mit Stolz (Bolman 1993: 159). Für einige Zeit wird so das Substantiv „Intellektueller" zum Synonym für „Dreyfusard" (Cahm 1994: 102), was in dieser Zeit auch gleichbedeutend mit politisch „links" ist (Gauchet 1992: 413). .

Christophe Charle (1990: 14) begründet den Erfolg des Substantivs „Intellektueller" in der Folgezeit der Dreyfus–Affäre mit dem Bedarf an einem Begriff, der das, was bisher als „Hommes de lettres" oder als „Savants" zusammengefasst worden war, um eine Kategorie bereichert und der, wie sich bereits zeigte, in ganz Europa Neologismen hervorgebracht hatte. Einer der Gründe für eine sprachliche Neuregelung sieht er im Konkurrenzdruck auf dem intellektuellen Markt (Charle 1990: 44).

Es ist gegen Ende des 19. Jahrhunderts keine Selbstverständlichkeit, als Studierter einer Elite anzugehören. Anders als in anderen europäischen Staaten, die nicht so sehr auf eine politische und kulturelle Hauptstadt fixiert sind, macht sich der Konkurrenzdruck zwischen den Intellektuellen in Frankreich schnell bemerkbar (Charle 1990: 231). Nicht umsonst spricht der royalistische Schriftsteller Charles Maurras (1932: 311) von „intellektuellen Proletariern", die Paris bevölkern. Ein Vergleich mit Russland, wo gegen Ende des 19. Jahrhunderts vom Intellektuellen als dem „izlitschnij tschelowek", dem „nutzlosen Menschen" die Rede ist (Haumann 1996: 335), verdeutlicht den Zusammenhang von Zentralisierung von Macht und Wissen mit einer deutlichen Selbstwahrnehmung der Intellektuellen und ihrer Probleme.

In der Dreyfus–Affäre offenbart sich nun zum ersten Mal die Misere der intellektuellen Jugend Frankreichs, denn hier stellen sich - in Gestalt von Dreyfusard und Anti–Dreyfusards - vor allen Dingen jugendliche Intellektuelle einander gegenüber auf und sie machen sich im Namen ihres Engagements gegenseitig den Anspruch auf eine Eliteposition streitig (Charle 1990: 223). Mit der Dreyfus–Affäre und dem Streit darüber, was eine geistige Elite sein solle, beginnt die für den modernen Intellektuellen kennzeichnende Auseinandersetzung um die Bedeutung und Gewichtung von gesellschaftlich relevanten Begriffen (Johnson 1987: 387). Zudem hebt sich im Verlaufe der Affäre der französische Intellektuelle begrifflich aus einem Umfeld anderer „hommes de lettres" heraus und stellt ein gesellschaftliches Engagement in den Mittelpunkt seines Selbstverständnisses.

An dieser Stelle kann das Problem, ob Intellektuelle eher als Schicht oder als engagierte Persönlichkeiten zu verstehen seien, wieder aufgegriffen werden. Der Begriff jedenfalls beschreibt nach der Erfahrung der Dreyfus–Affäre zwar auch soziale Kategorien, wie z.B. Schichtzugehörigkeit, Milieu oder Beruf und es lässt sich ein gewisser Zusammenhang zwischen Bildungsstand und Intellektualität ausmachen, doch wäre es irreführend, Gebildete und Intellektuelle in jedem Fall gleichzusetzen. Das renommierte „Journal des savants" (3.Série; 63 (1898)) z.B. verwendet im Geburtsjahr des Hauptwortes „intellectuel" 1898 an keiner Stelle diesen damaligen Neologismus, und nirgends ist von der Dreyfus–Affaire die Rede, in deren Wirren der Begriff entstand. Das macht plausibel, dass durchaus zwischen Intellektuellem (als engagiertem Gebildeten) und nicht–engagierten Gebildetem unterschieden werden kann. Wenn dem Intellektuellen ein wie auch immer gearteter gesellschaftspolitischer Gestaltungswille unterstellt wird, dann ist der Verweis auf seinen Beruf im „intellektuellen Feld" nicht ausreichend. Konstitutiv zum Verständnis des Intellektuellen gehört also einerseits Zugang zu einer gesellschaftlich renommierten Bildung, also Erkenntnis im weitesten Sinne, aber eben auch gesellschaftliches Engagement. Diesen beiden Facetten des intellektuellen Phänomens wird in dieser Arbeit in besonderer Weise Rechnung getragen.

1.1.3. Intellektuelle in Frankreich und Deutschland

Mit dem Unterschied zwischen französischen und deutschen Intellektuellen nun haben sich Sprach-und Literaturwissenschaftler, Historiker, Politikwissenschaftler, Soziologen und nicht zuletzt Intellektuelle selbst auseinandergesetzt. Je nach Ansatz ist es dabei zu unterschiedlichen Modellen gekommen, ihn zu beschreiben und zu erläutern. Der Politikwissenschaftler Manfred Bock (1997: 73f) hat einige Gegenüberstellungen zusammengetragen, mit denen man begrifflich diesen Unterschied hat erfassen wollen:

„Holismus versus Individualismus (Louis Dumont), Feudalisierung des Bürgertums (Hans Rosenberg) versus ‚republikanische Synthese' des Bürgertums (Bernstein/Rudele) oder die Leitidee des unpolitischen Besitz-und Bildungsbürgertums versus diejenige des politischen Bürgers, des „Citoyen" (Bernhard Groethuysen). ... Unabhängig von der Frage, ob diese Wertorientierungen tatsächlich die Politik beider Länder bestimmten, gruppieren die Stichwörter doch zweifellos zutreffend die dominanten politisch–ideologischen Fixierungen, an denen die Intellektuellen in Deutschland und Frankreich arbeiteten."

Bock (1998: 35–52) selbst schlägt eine Unterscheidung des deutschen Mandarinismus vom französischen Intellektualismus vor. Gemeint ist damit, Intellektuelle in Frankreich stünden Macht prinzipiell kritisch gegenüber während die deutsche Intelligenz der Macht oft gegen Kritik in Schutz nehme.

Peter Richard Rohden veröffentlichte 1941 sein Buch „Die französischen Politik und ihre Träger". Schon der Untertitel „Advokat, Schriftsteller, Professor" verrät Rohdens Aufmerksamkeit gegenüber der gesellschaftlichen Relevanz, die die französische Politik ihm zufolge Intellektuellen zugesteht. Obwohl z.B. Schriftsteller in politischen Ämtern von ihren berufspolitischen Kollegen nicht ernst genommen würden, ließe sich dennoch ein prinzipieller Unterschied des Ansehens der Intellektuellen in Frankreich zu Deutschland ausmachen (Rohden 1941: 97). Den begründet Rohden (1941: 130) mit dem republikanischen Bildungsideal Frankreichs, das den guten Bürger zum Ziel habe. „Der Ton liegt also weniger auf dem Wissen als vielmehr auf der Gesinnung." So erkläre sich auch der bedeutende Einfluss der Intellektuellen auf die französische Politik, der sich solcherart in Deutschland nicht finden lasse.

Pierre Bourdieu macht ebenfalls das Bildungssystem in Frankreich für besondere Ausprägungen des dortigen Intellektuellentums verantwortlich, sieht aber gerade in der umfassenden Wissensakkumulation ein französisches Spezifikum. Der französische Intellektuelle ist Bourdieu zufolge kein Fachmensch, sondern ein enzyklopädisch Gebildeter (Egger 2000). Sowohl Rohden als auch Bourdieu heben also im besonderen Maße auf die Bildung und das Denkverhalten der Intellektuellen ab, um sie zu beschreiben.

Der in Frankreich als Intellektueller bekannte Publizist André Glucksmann (1997) bietet eine ähnliche Perspektive. Ihm zufolge haben französische Denker traditionell der Versuchung leichter widerstehen können, Modelle der Lebensführung zu entwickeln, die in den Händen (deutscher) revolutionärer Eiferer zum Werkzeug des Bösen werden konnten. Aufgabe des Intellektuellen sei seit jeher, dem Bösen zu widerstehen. Das gelte für Frankreich wie für Deutschland. Die deutsche intellektuelle Tradition neige aber zu idealistischen Auswüchsen, die Frankreich erspart geblieben seien. Glucksmann sucht den Unterschied also wie Bock im Verhältnis der Intellektuellen zur Macht, kommt aber zu einem anderen Ergebnis als der: nicht der akademisch geprägte Mandarin ist das typische Erscheinungsbild des deutschen Intellektuellen, sondern der Idealist, dem die Politik viel zu irdisch erscheint als dass er sich ernsthaft mit ihr auseinandersetzen müsste.

Die wechselseitige Beeinflussung der deutschen und französischen intellektuellen Kultur bemerkt Wolf Lepenies (1989: 31), wobei er den durchgehend antirationalistischen Charakter deutscher Intellektueller dem mitunter problemblinden Rationalismus französischer Intelligenz gegenüberstellt.

Der Sozialhistoriker Hartmut Kaelble (1991: 70) erklärt die gesellschaftlich zu Frankreich relativ schwache Position des Intellektuellen in Deutschland mit dem deutschen Kult des *„einsamen, sozial isolierten Künstlers oder Genies"*. Die Innerlichkeit, die den deutschen Intellektuellen ausmache, stelle sich für die Öffentlichkeit kein wichtiges politisches Forum dar. In Frankreich dagegen mache spätestens seit der Dreyfus–Affäre den Intellektuellen aus, dass er sich gesellschaftlich engagiere.

Der Soziologe Richard Münch (1993a: 97f.) hat sehr ausgiebig das Phänomen der Intellektuellen besonders in Frankreich besprochen. Er sieht die Unterscheidungslinie primär im Stil des engagierten Auftretens der Intellektuellen:

„In der jüngeren Vergangenheit konnte man das z.B. schon allein daran erkennen, mit wie wenig Verständnis die französischen Intellektuellen den Pazifismus der deutschen Friedensbewegung und auch die Radikalität der Umweltschützer beobachtet haben ... und mit wie wenig Verständnis die deutschen akademischen Intellektuellen die Preisgabe der Vernunft als oberste Instanz durch die eher literarisch ambitionierten französischen Intellektuellen kommentiert haben."

Es zeigt sich an diesen wenigen Beispielen, dass mehrere Versuche unternommen worden sind, ein Phänomen zu beschreiben, das sich beobachten, sich aber offenbar in Stichworten kaum erfassen lässt. Dass Intellektuelle in Frankreich und Deutschland bei allen Gemeinsamkeiten unterschiedlich aufzutreten gewohnt sind, hat sich gezeigt. Doch zeigt sich schon an den oben genannten Beispielen, dass die Frage nach der konkreten Form des Unterschiedes je nach Standpunkt sowohl sehr verschiedenartig angegangen als auch gelöst wird. Je nachdem, ob z.B. die Bildungsinstitutionen oder denkerische Traditionen, sprachliche Eigenheiten oder politische Entwicklungen als Anlass intellektueller Sonderwege angesehen werden, stellt sich das Problem unterschiedlich dar. Auch die politische Haltung prägt den Standpunkt der Betrachtung. Eine zufrieden stellende Gesamtschau auf die Erscheinungsform von Intellektuellen in Frankreich und Deutschland also mag nicht recht gelingen, wenn ihr keine verbindliche Definition des Begriffes vorausgeht.

Die Definition, die für diese Arbeit gelten soll, und die sich aus den weiter oben angestellten Überlegungen ergibt lautet also wie folgt:

Intellektuelle:

- finden als politisch und gesellschaftlich reflektierende Persönlichkeiten öffentliche Aufmerksamkeit und liefern eine Analyse der Gegenwartssituation, ohne jedoch durch ein politisches, administratives oder sakrales Amt dazu berechtigt oder verpflichtet zu sein,
- behaupten, über eine besondere soziale Erkenntnis zu verfügen und
- schlussfolgern aus dieser Erkenntnis ein gesellschaftliches Engagement.

1.2 Begriffsdefinition: Gewalt

Die Soziologie interessiert sich seit langem und in vielen ihrer Teilbereiche für die sozialen Erscheinungsformen der Gewalt. Dabei hat sie allerdings noch keinen eigenen, fachintern verbindlichen Gewaltbegriff formulieren können (Michaud 1998: 96–105).

„So gut wie alle Autoren, die sich mit dem Phänomen Gewalt auseinandersetzen, müssen erkennen, dass der Begriff entweder zu vage oder zu strikt formuliert definiert wird - oder beides."

schreibt der Soziologe Zygmunt Baumann (1996: 12) dazu. Die Soziologie hat es schon immer mit dem Gewaltbegriff schwer gehabt, der so klar zu sein scheint, und der sich dann doch immer als unfassbar erweist. Wer, wie z.B. Johan Galtung (1975: 9), Gewalt als „*Ursache für den Unterschied ... zwischen dem, was hätte sein können, und dem, was ist*" beschreibt, der läuft Gefahr, alles unter Gewalt zu subsumieren, was optimistischen Erwartungen zuwider läuft. Wer aber in ablehnender Reaktion auf Galtung wie Jean–Claude Chesnais (1982: 13) den Gewaltbegriff auf sein „*brutales, externes und schmerzhaftes*" Erscheinungsbild oder wie Heinrich Popitz (1992: 48) auf eine „*Machtaktion, die zur absichtlichen körperlichen Verletzung anderer führt*" reduziert, übersieht Vorstufen und Erscheinungsformen von Gewalt, die noch andere Gestalt haben können.

Die Reduzierung des Gewaltbegriffes auf ein beabsichtigtes und schmerzhaftes Minimum ist zwar berechtigt, führt aber dahin, einen denkbaren Ursprung der Gewalt zu übersehen, der eben nicht beabsichtigt und/oder schmerzhaft sein muss. Es scheint mir aus diesem Grunde angemessen, sich dem Gewaltbegriff noch einmal aus der sehr breiten Analyseperspektive Galtungs zu nähern, um sich nicht willkürlich auf ein spezifisches Gewaltverständnis zu konzentrieren.

Johan Galtung ist für seinen Begriff der „strukturellen Gewalt" z.T. heftig kritisiert worden. Seine Definition der Gewalt als im Grunde Einschränkung des selbstbestimmten Lebens ist sehr missverständlich und greift enorm weit. Wenn Galtung 1975: 33) Gewalt als Gegenteil von Frieden annimmt, trägt das noch zusätzlich zum Aufblähen seines Gewaltbegriffes bei.

Seine Fragestellung ist die, wie „direkte Gewalt" - also die durchaus absichtlich schmerzhafte - überhaupt entsteht. Galtung (1981: 91) bringt diese „direkte, horizontale Gewalt" in Zusammenhang mit der „strukturellen Gewalt". Dabei bieten sich vier Kobinationsmöglichkeiten an, und es zeigt sich für Galtung, dass Unterdrückung und Ausbeutung (strukturelle Gewalt) entweder durch direkte Gewalt entstehen, oder sie auslösen, dass umgekehrt aber auch direkte Gewalt entweder die Errichtung von Unterdrückungsstrukturen ermöglicht, oder aber direkte Gewalt auslöst. Wenn z.B. Frantz Fanon (1981: 51), der führende Theoretiker des algerischen Befreiungskrieges, den Kolonialismus als „*Gewalt im Naturzustand*" die „*sich nur einer noch größeren Gewalt beugen*" kann, dann rechtfertigt er damit die Gewalt eines antikolonialistischen Krieges als Verteidigungsakt gegen etwas, was bei Galtung unter „struktureller Gewalt" zusammengefasst werden würde. Es ist immer wieder zu beobachten, dass die eigene Gewalt als Auflehnung gegen eine wirkliche oder vielleicht subjektiv so empfundene Beeinträchtigung durch andere reagiert (Richter 1990: 83–89, Knütter 1978: 240).

Bei aller Kritik, die Galtung erfahren hat, hat er den Begriff der strukturellen Gewalt später noch um eine kulturelle Dimension erweitert. Kultur, und gerade die sich in Sprache äußernde Kultur, ist demzufolge eine Kosmologie, die kollektive Vorstellungen von Ordnung nicht nur vorschlägt, sondern auch aufzwingt (Galtung 1993: 62f.). Sprache macht kulturelle, gesellschaftliche oder umweltliche Phänomene erst beschreibbar und sprachliche Kategorien ermöglichen Denkkategorien; somit kann über Sprache auch die Wahrnehmung bestimmter Phänomene gesteuert werden und es können Ausschließlichkeiten geschaffen werden. Galtung sieht in der Sprache die Quelle von Gewalt. „Kulturelle Gewalt" in diesem Sinne bedeutet, dass - als Vorstufe zur direkten

Gewalt - mittels kultureller Kommunikation Bilder von Situationen, Sachen oder Personen gezeichnet werden, die Gewalt rechtfertigen. *„Kulturelle Gewalt"*, so Galtung (1993: 53), *„lässt direkte ... Gewalt rechtmäßig erscheinen und führt dazu, sie sogar als rechtmäßig, zumindest aber nicht als Unrecht zu empfinden."*

Lamine Debaghine, der später die Öffentlichkeitsarbeit des algerischen *Front de Libération Nationale* übernahm, forderte, es müsse ein *„unüberwindbarer Graben zwischen uns und den Europäern"* (zit. n. Carlier 1995: 28) gezogen werden. Erst wenn Franzosen und Algerier sich als vollkommen Fremde gegenüberstünden, die einander nicht kennen und verstehen, erst dann könne eine wahre Revolution in Algerien stattfinden. Dieser „unüberwindbare Graben", an dessen beiden Ufern sich kulturell Fremde gegenüberstehen, die nicht mehr „normal" miteinander kommunizieren können, ist nun durchaus auch als eine Form kultureller Gewalt im Sinne Galtungs zu verstehen. Da, wo kulturelle Kommunikation durch Sprachlosigkeit ersetzt wird, wird Gewalt selbst zu einer Sprache (Chikh 1981: 229, Coleman 1990: 216).

Die von Zygmunt Baumann beobachtete Schwierigkeit der Erfassung von Gewalt durch soziologische Theoriesprache begründet sich in der hier von Galtung und Chesnais stellvertretend umrahmten Breite des Gewaltphänomens. Gewalt schmerzt, bricht aber mitunter aus Bereichen menschlichen Zusammenlebens hervor, die nicht wirklich gewaltsam sind. Inhaltlich gesehen muss Galtung sicherlich darin Recht gegeben werden, dass Gewalt aus an sich gewaltlosen Situationen und Missverständnissen entstehen kann. Begrifflich allerdings machen Chesnais und Popitz darauf aufmerksam, dass die Schmerz erregende Handlung es ist, die in erster Linie dem Menschen und seiner Gesellschaft an der Gewalt auffällt. Dennoch umfasst die Gewalt beide Aspekte.

1.2.1 Tierische Aggression oder menschliche Gewalt?

Ob Gewalt dabei angeborene Aggression ist, oder Folge menschlicher Fähigkeit, Waffen herzustellen und einzusetzen, ist eine Frage, die die Forschung noch weiterhin beschäftigen wird. Konrad Lorenz (1998: 236) jedenfalls hat auf den Zusammenhang von innerartlicher Aggression und menschlicher Gewalt hingewiesen und die Vermutung angestellt, *„daß der heutige Zivilisierte überhaupt unter ungenügendem Abreagieren aggressiver Triebhandlungen leidet."* Heinrich Popitz (1992: 71ff.) sieht demgegenüber in der technischen Möglichkeiten des *homo habilis*, sich Waffen zu bauen, einen Grundstein der menschlichen Gewalt, die sich dann als ein Phänomen der Macht äußert, eine Ansicht, die Hannah Arendt (1995: 8) teilt. Es ist nicht auszumachen, welche Rolle ein natürliches Aggressionspotential für die Gewaltsamkeit spielt, nicht zuletzt auch deswegen, weil sich kaum verbindlich klären lässt, wann von einem Gewaltphänomen die Rede ist. Die Frage nach den aktuellen Formen der Gewalt verwirrt jede Theoriebildung.

Ist eine Provokation schon Gewalt, ist Kolonialismus Gewalt, ist eine Ohrfeige, ist mit den Füßen zu scharren (Mackenzie 1975: 135) Gewalt?

1.2.2 Gesellschaftlicher Umgang mit Gewalt.

René Girard geht davon aus, dass Gewalt ein dermaßen beeindruckendes Phänomen sei, dass jeder Gesellschaft daran gelegen sei, sie gar nicht erst aufkommen zu lassen. Besonders ihr epidemischer Charakter, ihr plötzliches, unvermutetes Ausbrechen habe Menschen in „primitiven" Gesellschaften dazu veranlasst, dem in ihnen schlummernden Gewaltpotential mitunter Luft zu verschaffen, um so die Gefahr eines unkontrollierten Ausbruchs von Gewalt zu bannen. In diesen Gesellschaften, die noch keine institutionalisierten Formen der Gewalteindämmung kennen, habe das religiöse - zumeist blutige - Opfer die Funktion einer „Ersatzgewalt" (*violence de rechange*) (Girard 1972: 21). Nicht die Versöhnung mit einer oder mehreren Gottheiten sei das eigentliche Ziel gerade des blutigen Schlachtopfers, sondern die Präsentation der Gewalt an einem Dritten. Weil die Gewalt in „primitiven Religionen" als ansteckend erfahren wurde, suchte man sie als soziales Übel auf das Opfertier zu übertragen und somit aus der Gesellschaft herauszuschaffen (Girard 1972: 46). Der eigentliche, ursprüngliche Sinn und auch Zweck eines Opfers sei, so Girard (1972: 52), den verborgenen Blutdurst der Gesellschaftsmitglieder zu stillen, der sich sonst unkontrolliert entladen würde. So ist es Girard zufolge „*die Gewalt, die den wahren Kern und die verborgene Seele des Heiligen ausmacht.*"

In modernen Gesellschaften wird dieser präventive Aspekt des Heiligen als eine Art Impfung der Gesellschaft gegen Gewalt vergessen. Die Einrichtung eines Gewaltmonopols in modernen Gesellschaften, die Girard (1972: 38) auch „polizeiisiert" (*sociétés „policées"*) nennt, macht ein Ablenken der Gewalt auf ein unschuldiges Opfer unnötig. Gewalt wird unterbunden. Dort wo sie auftaucht, wird sie durch einen staatlich dazu befugten Apparat falls notwendig auch gewaltsam unterdrückt. Die Angst, die vorpolizeiliche Gesellschaften vor einem unerwarteten Ausbruch der Gewalt haben mussten, wird durch einen staatlichen Zwangsapparat genommen.

Man muss nicht so weit gehen wie Thomas Hobbes (1937: 87), und sich den nicht in Gesellschaft lebenden Menschen in einer „*miserable condition of Warre*" vorstellen, um nach der Lektüre Girards zu dem Schluss zu gelangen, dass die Erfahrung der Gewalt jede Gesellschaft zum Unterdrücker der Gewalt werden lässt. Gesellschaft dämmt Gewalt ein, einerlei, ob sie dabei zum Opferritual oder zum staatlichen Gewaltmonopol greift. In jedem Fall ist Gesellschaft immer auch gewaltsam und gleichzeitig der Gewalt gegenüber unduldsam. Anthony Arblaster (1995; 700ff) definiert Gewalt als das schlimmste aller Übel, das sich eine Gesellschaft denken kann. Sie ist also ein Übel, das durch Gewalt an ihrer Überhandnahme gehindert werden kann und muss. Heinrich Popitz bringt das Problem auf den Punkt, wenn er schreibt: „*Soziale Ordnung ist eine notwendige Bedingung der Eindämmung der Gewalt - Gewalt ist eine notwendige Bedingung der Aufrechterhaltung sozialer Ordnung.*" (Popitz 1992: 63). Weil Gewalt also die Lösung ihres eigenen Problems darstellt, führt sie zwangsläufig zu Legitimationsfragen. Wer darf wann wem die Ausübung eigener Gewalt gestatten bzw. untersagen? Welche Maßnahmen stehen wem aufgrund welcher Rechte zur Verfügung, um Gewalt auszuüben und eben dieses Recht anderen zu verweigern? Was Gewalt ist, entscheidet also oft genug nicht ein Sachverhalt, sondern der Umstand, in dem er passiert und die Kultur, die sie bewertet. Dem deutschen Strafrecht zufolge z.B. ist Gewalt im Sinne des §246 StGB „*der physisch vermittelte Zwang zur Überwindung eines geleisteten oder erwarteten Widerstandes*" (Dreher/Töndle 1993: §240). Anders das französische Strafrecht, das in seinen Artikeln 309–311 „*coups, violences et voies de fait*" kriminalisiert. Das sind Verhaltensformen, „*in denen die Aggressivität und die Brutalität des Menschen zum Ausdruck kommt, der sie gegen seinesgleichen richtet und damit Verwundungen oder mehr oder weniger schwerwiegende Traumata auslöst*" (zit. n. Michaud 1998: 5). Während also das deutsche Strafrecht nur nach dem gewaltsamen Verhalten geht, um den Gewaltbegriff zu definieren, fragt das französische Strafrecht darüber hinaus noch nach der Aggressivität des Gewalttäters. Gewalt ist also zu einem hohen Ausmaß von ihrer Definition abhängig, die im Falle des Strafrechts durch Körperschaften der Macht geliefert wird. Macht und Gewalt finden also in der Definitionsmacht zusammen,[3] sind jedoch nicht zwangsläufig zusammen zu denken, so wie Niklas Luhmann (1975: 53, 64) oder Heinrich Popitz (1992: 48) das tun. Hannah Arendt (1995) hat zu Recht dargelegt, dass Gewalt eher Ohnmacht denn Macht bezeugt. Doch ist auf der anderen Seite Gewalt auch in ihrer ohnmächtigen Anwendung ein „Phänomen der Macht" gegen die sie sich dann wendet. Und so zeigt sich in der Gewalt, zumindest in ihrer politischen Prägung, immer auch, in welchen Formen sich Macht äußern kann.

Georges Sorel hat sich mit der Frage der Legitimation von Gewalt beschäftigt und ihm zufolge neigt eine Schicht, die die gesellschaftliche Macht in den Händen hält dazu, Gewalt als verwerflich darzustellen, um so andere Schichten, die mit ihnen um Macht konkurrieren, zu diskreditieren. In seiner Theorie stellt er die Begriffe Macht (*force*) und Gewalt (*violence*) einander gegenüber. Ziel der Macht ist es, „*die Organisation einer bestimmten sozialen Organisation aufzurichten, in der eine Minderheit regiert, während die Gewalt die Zerstörung eben dieser Ordnung anstrebt*" (Sorel 1981: 203). *Force* wäre demzufolge die Gewalt zu nennen, die eine Ordnung aufrecht erhält, *violence* dagegen ist die Gewalt, die öffentliche Ordnung bedroht. So unterscheidet sich für Sorel die verwaltete Gewalt von Formen von Gewalt, die die verwaltete Ordnung in Frage stellen.

Gewalt als das zu definieren, was mit dem staatlichen Gewaltmonopol konkurriert, wie es die so genannte „Gewaltkommission" der Bundesregierung

---

3   So legitimiert sich Thomas Scheffler (1997: 187f.) zufolge der politische Mord letztlich als Versuch, der Gewalt der Macht Einhalt zu gebieten.

in ihrem Gutachten 1990 (Schwind/Baumann 1990) tut, ist ein Standpunkt, der mit Hinblick auf diese Überlegungen zurecht kritisiert worden ist. Jürgen Habermas (1990: 184) hat hierzu angemerkt, dass eine solche Definition die Frage staatlichen Missbrauchs von Gewalt nicht stellt. Erich Weedes (1998) wertimmune Unterscheidung von staatlicher Repression und antistaatlicher Gewalt umgeht zwar erfolgreich das von Habermas angesprochene Problem, kann aber den Konflikt innerhalb staatlicher Organe der Gewaltverwaltung um die Definition ihres Handelns nicht lösen. Rafael Behr (2000: 34) z.B. hat in einer polizeisoziologischen Studie dargelegt, dass das Personal des Gewalt-monopols mitunter gänzlich andere Vorstellungen von Gewalt hat als der Gesetzgeber und dass leidenschaftlicher Sinn für Gerechtigkeit und Verwaltung durchaus miteinander in Konflikt geraten können. Diese Studie zeigt auch, dass zwar Gewalt durch staatliches Gewaltmonopol rational eingedämmt wird, dass aber rationale Verwaltung von Gewalt ihrer irrationalen Durchbrechung bedarf, um nicht lebensfremd zu werden. Wie grausam und lebensfeindlich Verwaltung sein kann, hat nicht zuletzt Zygmunt Baumann (1995: 104ff.) am Beispiel von rational verwalteten Massenmorden in Konzentrationslagern dargelegt.

Es ist für Gesellschaft charakterisierend, dass sie Gewalt gegenüber into-lerant ist. Dabei setzt die moderne Gesellschaft auf den Einsatz eines Zwangs-apparates, der das Monopol physischer Gewaltsamkeit in seinen Händen hält, um der Gewalt Einhalt zu gebieten. Dieser Zwangsapparat gerät aber in ein Spannungsfeld von Werten, die an Gewalt geknüpft sind. Wegen dieser relativen Wertbedeutung von Gewalt ist Gesellschaft auch nicht in jedem Fall gewalt-intolerant.

Es gibt Formen gesellschaftlich tolerierten Verhaltens, die sich äußerlich nicht von dem unterscheiden, was das Gewaltmonopol des Staates als Gewalt bekämpft. Diese Formen der Gewalt finden sich zumeist im Bereich der Unter-haltung, des Sportes und im religiösen Kult. Gemeinsam ist all diesen Sonder-formen der Gewalt, dass sie zeitlich und räumlich beschränkt sind.

1. Gewalt kann festlichen Charakter haben. Darauf macht Friedrich Nietzsche (o.J.: 51) aufmerksam. „*Kein Fest*", so behauptet er, sei „*ohne Grausam-keit*" denkbar. Sicherlich ist ihm sehr daran gelegen, der von ihm verachteten „*Tartüfferie zahmer Haustiere (will sagen moderner Mensch)*" ein besonders grausames Gegenbild entgegenzuhalten, doch ist nicht von der Hand zu weisen, dass Gewalt einigen Menschen mitunter Freude machen kann. Katharina Inhetveen z.B. beschreibt in einem Artikel, über „*Gesellige Gewalt*" (1997: 235–262.) das „Moshen" oder „Slamdancen" in der Hardcorescene.

„Die Tänze ... bestehen darin, dass die Beteiligten durcheinander rennen und springen, so dass permanente Kollisionen entstehen. Körper prallen aufeinander und werden weggeschubst. Das Springen ist von ausgreifenden Bewegungen mit Armen und Beinen begleitet. Hände, Ellenbogen und Füße treffen andere Körper." (Inhetveen 1997: 235f.)

Diese Gewalt wird lustvoll erfahren, weil sie von allen Beteiligten gleichermaßen eingesteckt und ausgeteilt wird, sich also kein eindeutiges Machtgefüge aus der

Gewaltsituation ergibt. Gewalt um der Machtausübung willen findet hier keine Akzeptanz. Wer sich in der Hinsicht fehl verhält, wird von der Tanzfläche (Pitt) gedrängt (Inhetveen 1997: 245)

2. Eine sportliche Toleranz von Gewalt findet sich vor allem im Kampfsport. Michael Kohtes hat in seinem Essay „Boxen. Eine Faustschrift" die Kulturgeschichte des Boxsportes nachvollzogen und dabei auch die Problematik aufgezeigt, die diese gesellschaftliche Toleranz von Gewalt im Ring mit sich bringt. Schon in der Antike, so Kohtes (1999: 17), habe man dafür plädiert, dass ein Faustkämpfer, der seinen Gegner ohne Absicht im Ring während des Kampfes erschlägt, straffrei bleiben solle.

3. Rituelle Gewalt ist in modernen Gesellschaften eher selten, tritt aber z.B. im Falle der römischen Gesellschaft in Form der *Munera* in Erscheinung, die etruskischen Ursprungs sind, und die bei den Römern letztlich zu spektakulären Gladiatorenspielen wurden. Es ist nicht eindeutig zu klären, welchen genauen Grund die Etrusker hatten, Leichenspiele abzuhalten, doch ist an ihrem religiösen Charakter nicht zu zweifeln Verlagsanstalt (Pfiffig 1975: 37, 44–49). Römische Intellektuelle hatten offenbar auch nichts an den blutigen Spielen auszusetzen (Wistrand 1992), bei denen oft mehrere Dutzend Gladiatoren ums Leben kamen. Das römische Recht, das der in die Stadt hinein getragenen Gewalt besonders feindselig gegenüberstand (Waechter 1833: 5), tolerierte also unter Bedingungen die Gewalt in den Arenen.

1.2.3 Eine Definition von Gewalt

Gewalt wird oft als solche angesehen, wenn sie einem selbst widerfährt. Selten ist man geneigt, das eigene - gewaltsame - Verhalten als Gewalt anzusehen. „Ista quidem vis est/*das ist ja Gewalt*" soll z.B. Julius Cäsar im Augenblick seiner Ermordung festgestellt haben (Sueton 1999: 108/109), der selbst in seiner Karriere ja nicht vor Vernichtungskriegen zurückschreckte. Schon auf persönlichem Niveau ist eine Definition von Gewalt also sehr von den Umständen abhängig, in denen sie geschieht. Diese Wertgebundenheit des Gewaltbegriffes macht eine sozial verbindliche Definition so schwierig, denn Gewalt ist ein Phänomen, das den sozialen Raum bedroht und gleichzeitig zu ordnen in der Lage ist. Die Bewertung der Gewalt als Gewalt und somit als Übel ist individuell und gesellschaftlich situationsgebunden.

Gewalt ist ein Phänomen, das Gesellschaft beeindruckt (Bora 2001: 13–16) und von dem Einzelnen oft ein klares Bekenntnis für oder gegen sie abverlangt, wie man vor allen in Kriegszeiten immer wieder beobachten kann. Dieser Aspekt der Gewalt ist für diese Arbeit von besonderem Interesse.

An der Reaktion auf sie ist sie auch in erster Linie zu erkennen. Ihr Ursprung und ihre Entstehung ist nicht immer zu klären und in ihrer aktuellen Erscheinungsform ist sie nicht für alle Beteiligten deutlich als Gewalt zu erkennen. Dennoch verdeutlicht sie sich in gesellschaftlicher Ablehnung, es sei denn, sie geschieht im Rahmen geduldeter Ausnahmesituationen. Ansonsten wird Gewalt als ein Übel wahrgenommen, dem Gesellschaft mit Gewalt widersteht. Damit wirft die Gewalt ein Legitimationsproblem auf, das mit Macht gelöst wird. Macht und Gewalt gehören also zusammen, ohne jedoch zwingend miteinander verknüpft zu sein.

2 Intellektuelle in Frankreich

2.1 Émile Durkheim

Geboren wird David Émile Durkheim am 15. April 1858. Der frühe Tod seines Vaters und seines großen Bruders stellt ihn schon in jungen Jahren in die Position eines Familienoberhauptes, was vielleicht seine unduldsame Strenge erklärt, die ihm sein Leben lang nachgesagt wird. Hinzu kommt unter Umständen noch der jüdische familiäre Hintergrund. In Durkheims berühmter Selbstmordstudie findet sich eine interessante Passage, die wohl autobiographischer ist als der wissenschaftliche Rahmen vermuten ließe und in der es über die religiöse Minderheiten heißt: „*Um die immer etwas labile Toleranz, mit der ihnen begegnet wird, zu verdienen, sind sie zu einem sittlich besonders hoch stehenden Lebenswandel gezwungen*" (Durkheim 1995b: 167). Sein allseits als bemerkenswert empfundener Arbeitseifer, seine Selbstdisziplin und seine Skepsis Sinnenfreuden gegenüber finden vielleicht hier eine allgemein gehaltene Erklärung (Lukes 1973: 40).

Als Schüler fällt er als intelligent, hart arbeitend und sehr ernst auf. Trotz herausragender schulischer Leistungen will es ihm aber erst im dritten Anlauf gelingen, an der *Ecole Normale Supérieure* (ENS) zum Philosophiestudium aufgenommen zu werden. Studienkollegen Durkheims an der ENS sind einige spätere Größen des politischen und intellektuellen Lebens in Frankreich, wie z.B. die Philosophen Gustave Belot und Henri Bergson oder wie auch der sozialistische Rhetoriker Jean Jaurès. Durkheim ist also mit einigen der wichtigsten Köpfe der III. französischen Republik aus Schulzeiten persönlich bekannt.

Spätestens vom Tag seiner Amtsübernahme des eigens für ihn eingerichteten Lehrstuhles für Sozialwissenschaften in Bordeaux 1888 an, so René König (1976: 314), ist Durkheims „*Leben identisch mit seiner Arbeit*". Das erkläre, warum sein „*Lebenslauf für den Biographen auf lange Strecken hin fast als ereignislos*" erscheine. Seine wissenschaftliche Tätigkeit ist mit seinem politischen und privaten Leben dermaßen verzahnt, dass es schwer fällt, einen „privaten Durkheim" auszumachen. Selbst die Behauptung, eheliche Bindung trage zu privatem wie öffentlichen Wohl bei, begründet er mit wissenschaftlicher Erfahrung, obwohl ihn seine eigene Ehe in dieser Ansicht hätte bestätigen können (Durkheim 1975d: 48). Dass er seinen jüdischen Glaubenshintergrund zugunsten der laizistischen Republik vernachlässigt, ist ebenfalls Frucht wissenschaftlicher Erwägungen. Als er die Hochzeit seiner Tochter ohne jüdische Zeremonie gestalten möchte, droht seine Verwandtschaft, die Feierlichkeiten zu boykottieren, wenn Durkheim nicht über seinen beruflichen Schatten springe.[4]

In seinem Leben überschneiden sich Arbeit und Privates übergangslos. Im Nachruf auf seinen Sohn André z.B., der im ersten Weltkrieg fällt, schreibt Durkheim (1975h: 446):

> „André Durkheim war mit mir nicht nur durch Blutsbande verbunden. .... Sehr früh zeigte er lebhaftes Interesse an den Studien, denen ich mich widme und der Moment stand bevor, wo er mein Arbeitskollege geworden wäre. Die intellektuelle Nähe zwischen uns war also so eng wie nur möglich."

Andrés Tod, das mag bei dieser eher kollegial gehaltenen Erinnerung an seinen Sohn nicht so wirken, wird Durkheim das Herz brechen und ihn so sehr beeinträchtigen, dass er selbst am 15. November 1917 stirbt (Nécrologie 1918: 95).

2.1.1 Durkheim als Intellektueller

Streng genommen ist Durkheim also gar kein Intellektueller, oder zumindest ist er kein *intellectuel* im Sinne des legendären „Manifest des intellectuels" in der Aurore vom 14. Januar 1898. Dieser Zeichnungsakt gilt als Geburtsmoment des Substantivs „Intellektueller" und bedeutet einen Durchbruch der Anerkennung engagierter Intelligenz in Europa, wie sich bereits gezeigt hat. Durkheim nun macht diesen Akt nicht mit. Er unterzeichnet das *Manifest* genauso wenig, wie andere Petitionen zum Fall Dreyfus. Durkheim bezeichnet sich zwar selbst als „Intellektuellen", doch offenbar spielt ihm in diesem Selbstverständnis das unmittelbare Engagement keine entscheidende Rolle.

Durkheim, so Jean–Claude Filloux (1993: 27), unterstützt die Dreyfusards „*in Funktion des Analysemodells sozialer Systeme*", ist also ein soziologischer Fachmensch selbst dann, wenn er sich an der erregten Debatte um Schuld oder Unschuld des Colonel beteiligt. Er verteidigt z.B. die Intellektuellen der Dreyfus–Affaire gegen Ferdinand Brunetière. Letzterer hatte diese in der „Revue des deux Mondes" in einem bissigen Artikel als die „*schlimmsten Feinde der Demokratie und der Armee*" angegriffen, da sie sich herausnähmen als geistige Aristokratie über das politische Leben Frankreichs zu urteilen (Brunetière 1898: 442). Darauf antwortet Durkheim, Intellektuelle seien sensible Menschen, die auf Verletzungen der Menschenrechte besonders energisch reagierten. Der Schutz der Rechte des Einzelnen sei in Frankreich eine nationale Besonderheit und kein Gesellschaftskonzept finde in der Welt mehr Verbreitung und Anerkennung als die Menschenrechte der französischen Revolution. Das sei ein guter Grund, sich für den sorgsamen Umgang mit den Menschenrechten zu engagieren, die im Falle Dreyfus eklatant verletzt worden seien (Durkheim 1970b: 274). Diese

---

4 In einem Brief an ihren Sohn Marcel schreibt Rosine Mauss: „*J'ai reçu une bonne lettre d'Émile qui a compris que s'il devait - suivant ses idées professées - s'abstenir du mariage religieux, nous devrions être aussi logiques avec nos idées traditionnelles.*" Zit n.: Durkheim 1998: 7, Fn.5.

moralische Erregung, die von der Affäre ausgehe, tue der französischen Nation also nur gut, denn sie trage zu ihrer Selbstfindung bei (Durkheim 1970a: 281).

Durkheim ist Gründungsmitglied der Sektion des *Ligue des droits de l'homme* in Bordeaux. Er ist durch wissenschaftliche Erwägungen zu dem Schluss gekommen, dass der Gesellschaft des Individualismus' die Zukunft gehört. Diese organische Solidarität gilt es vorzubereiten, und so engagiert sich Durkheim in erster Linie als der Wissenschaftler, der er ist. Durkheim habe schon immer Wissen und Tat in sich und seiner Wissenschaft vereinen wollen, schreibt sein Schüler Maurice Halbwachs. (1918: 353).

Die Pädagogik spielt dabei für Durkheim eine Schlüsselrolle, weil sie die Vermittlung moralischer Erkenntnis ermöglicht und somit die intellektuelle Kontinuität verspricht, die Durkheim in Frankreich fehlt (Davy 1973: 26). Das Ziel jeder Erziehung, die Durkheim als „Sozialisierung des Kindes" verstanden wissen will, ist der moralische Mensch, denn nur der moralische Mensch ist in der Lage zu sozialen Leben. Es geht ihm darum, so Durkheims Schüler Paul Fauconnet (1938: 15), *„moralische, laizistische und rationalistische"* Erziehung zu ermöglichen. So ist die Schule für Durkheim der Ort der Konkretisierung seiner soziologischen Erkenntnis (Prades 1993: 50–66). Durkheim setzt, das zeigt sich am Beispiel der Pädagogik, auf die Langzeitwirkung seines intellektuellen Schaffens und nicht auf unmittelbares Engagement, denn er ist *„mehr daran interessiert, einen Einfluss auf die Ausbildung der zukünftigen Lehrer als auf die politische Öffentlichkeit zu nehmen"* (König 1976: 317).

2.1.2 Durkheims Intellektuellentheorie

Um zu verstehen, was Durkheim im Intellektuellen sieht, wie er ihn versteht und wertet, muss seine Theoriesprache erörtert werden. Dabei kann es nicht ausbleiben, dass es zu Verkürzungen kommt, die allerdings nur dann schadhaft wären, wenn hier der Anspruch erhoben würde, die Theorie als solche erklären zu wollen. Da es Anliegen dieses Kapitels ist, Durkheims Verständnis des Intellektuellen darzulegen, ist eine solche kurze Zusammenstellung einiger Grundbegriffe seiner Soziologie also keine Verkürzung, sondern eine kurze Hinführung zum Thema.

Durkheim geht es um die Ermittlung der Moral und deren Lebensbedingungen in der modernen Gesellschaft.[5] Leopold von Wiese (1949/1950: 329) verdeutlicht *morale* mit „philosophischer Anthropologie", während Anthony Giddens (1971: 68) - wohl zutreffender - *morale* je nach Sinnzusammenhang mit „morality" oder „ethics" ins Englische übersetzt. *Morale* ist eine Macht, die sich den unstillbaren Gelüsten der Einzelmenschen in den Weg stellt. Diese Gelüste sind

---

5 Vgl. allein schon die Titel von Durkheims erster und seiner letzten (postum veröffentlichten) Schrift: La science de la morale en Allemagne (1887) und L'introduction à la morale (1917), um die lebenslange Bedeutung der Moral im Werk Durkheims nachzuvollziehen.

„*ein Bündel unersättlicher Leidenschaften, die nicht befriedigt, sondern allenfalls moralisch begrenzt werden können*" (Müller 1992: 22). Die Moral, die Durkheim interessiert, ist in der Lage, individuelle Interessen kollektiven Wertvorstellungen zu unterwerfen. „*Die Gesellschaft,*" so Durkheim (1970a: 287) „*ist die moralische Atmosphäre des Menschen*", ohne die er gar nicht leben kann. „*Jede Gesellschaft ist*" also „*eine moralische Gesellschaft*", (Durkheim 1893: 249) denn eine morallose Gesellschaft kann es gar nicht geben. Ohne verbindliche Werte zerfällt sie in einen anomischen (gesetzlosen) Zustand oder aber es herrscht, wenn moralische Werte zur Fessel werden, Fatalismus (Lacroix 1981: 266). Der Moralist, oder auch: Intellektuelle im Sinne Durkheims hat die Aufgabe, über die moralische Balance zwischen Anomie und Fatalismus zu wachen.

2.1.2.1 Mechanische und organische Solidarität

Durkheim unterscheidet primär zwei Arten solidarischer Bindung: mechanische und organische Solidarität (Giddens 1971: 76–81). Er nennt die Solidarität mechanisch, weil die Mitglieder einer solchermaßen verbundenen Gesellschaft derart miteinander verzahnt sind, dass jede Bewegung innerhalb des Systems eine ausgleichende Regung an anderer Stelle auslöst, ganz wie bei einem Uhrwerk. Organische Solidaritäten dagegen leben von einer relativen Autonomie ihrer Einzelmitglieder, die sich in unterschiedlichen Branchen organisieren, kooperativ zusammenarbeiten, und so den sozialen Körper am Leben erhalten. Organisch solidarische Gesellschaften sind deswegen weniger leicht erregbar als mechanische. Das macht ihre dauerhafte Überlebensfähigkeit aus. Es sei, so Durkheim (1893: 160), ein weltweiter Übergang von mechanischer zu organischer Solidarität zu erleben, wobei noch abzuwarten sei, wann dieser Wandel zum Abschluss komme.

Beide Konzepte sind Idealtypen, die sich schwerlich in der sozialen und historischen Wirklichkeit ausmachen lassen (Müller 1992: 30f.). Die organische Solidarität deutet sich wie gesagt erst an. Sie ist die Gesellschaftsordnung, die auf rein organischen Solidaritätsbekundungen beruht, die in ihrer Arbeitsteilung rigide ist und die den Individualismus soweit treibt, dass sogar Erbschaft als Einkommensquelle abgeschafft ist (Durkheim 1893: 338ff.). Sie ist streng individualistisch, arbeitsteilig und meritokratisch organisiert, liegt aber noch im Bereich des Denk–, nicht des Sichtbaren.

In „primitiven" Gesellschaften ist das Kollektiv Gegenstand religiöser Verehrung. Demgegenüber besinnt sich eine Gesellschaft organischer Solidarität ihrer Einzelmitglieder und verehrt das Individuum auf dem Altar ihrer ihr eigenen Solidarität (Durkheim 1970b: 265). „*Der Mensch ist für seine Mitmenschen zu einem Gott geworden*" (Durkheim 1995b: 391). Die Religion, die Durkheim als ein Solidarsystem verstanden wissen möchte, das „*eine Moral–Gemeinschaft*" (communauté morale) eint (Durkheim 1968: 65), verändert zwar also ihre Ausrichtung und somit ihre Gestalt, nicht jedoch den moralisch versittlichenden

Charakter. Ob sie sich nun auf das mechanische Kollektiv oder auf das organisch–solidarische Individuum richtet, „*die Idee der Gesellschaft ist die Seele der Religion*" (Durkheim 1968: 599).

Der moderne Individualismus ist Durkheim (1970b: 274) zufolge in der Lage, die alten religiösen Vorstellungen zu verdrängen, ohne dass der Anspruch der Religion, die Gesellschaft auf ein gemeinsames Ziel auszurichten, verloren ginge. Das allerdings, so Durkheim (1970b: 269), „*geht nicht ohne einen gewissen Intellektualismus.*" Es ist also Sache des Intellektuellen, den Kult des Individuums zu pflegen, es vor Übergriffen zu schützen, die ihm wie ein Sakrileg erscheinen müssen. So wird der Intellektuelle zum Priester einer Gesellschaft, die das menschliche Individuum zu ihrem Gott erkoren hat.

Seine eigene Zeit nimmt Durkheim als Krise wahr, weil der Übergang von einem Solidaritätstypus zum anderen Schwierigkeiten bereitet. In dieser Übergangsphase kommt es zu Konflikten zwischen Klassen, aber auch zwischen Intellektuellen unterschiedlicher Ausrichtung. Denn während sich die einen um die Erhaltung des anomischen *Status quo* bemühen, arbeiten die anderen an der Verwirklichung einer wahrhaft organischen Solidarität (Filloux 1977; 415ff.). Die Krisensymptome sind nicht zu übersehen: „*mit zunehmender Spezialisierung häufen sich die Revolten*" (Durkheim 1893: 398). Das ist die Folge erzwungener, anomischer letztlich also: pathologischer Arbeitsteilung, die nicht Grundlage einer gesellschaftsumgreifenden Moral sein kann (Durkheim 1893: 395 ff., 419 ff).

2.1.2.2 Intellektuelle als Begleiter des Transformationsprozesses

Dass der Moralforscher engagiert in gesellschaftliches Geschehen eingreift, begründet sich in seiner gleich mehrfachen Distanz zu ihr. Zum einen ist er kein Politiker, denn er vertritt keine Interessen, sondern eine Sache als solche. Zum anderen ist er kein Idealist, denn er beobachtet aus der ungerührten Ferne gesellschaftliche Begebenheiten so, als seien sie Dinge. Auch die Mittel seines Einflusses letztlich wirken nicht unmittelbar, sondern über den eher langwierigen Umweg z.B. der Erziehung.

Aber auch andere können die entscheidende Sensibilität mit sich bringen, derer es offenbar bedarf, um ein Moralist, oder auch: Intellektueller im Sinne Durkheims zu sein, allen voran Schriftsteller. Aber auch z.B. Chemiker oder Apotheker, die von Berufs wegen darin geübt sind, „*sich mit einem Urteil solange zurückzuhalten, wie sie nicht überzeugt sind*" (Durkheim 1970b: 270) sind im moralwissenschaftlichen Sinne Durkheims durchaus Intellektuelle.

Als Intellektuelle versteht Durkheim (1970b: 269) die Berufszweige, die das Gesellschaftsleben „*mit Wissen, Ideen und neuen Eindrücken bereichern.*" Denen kommt es in besonderer Weise zu, in der modernen Welt über die moralischen Instanzen der Gesellschaft zu wachen, ohne den politischen Instanzen anzugehören. Nicht in der Regierung meldet sich der Intellektuelle zu Wort, sondern „*im Buch, in einer Konferenz, in Werken der Volkserziehung*" (1970a: 280). Mittels dieser Werkzeuge nimmt er Einfluss auf die politischen Persönlichkeiten seiner Zeit. So sieht es Durkheim (1998: 64) z.B. als seine Aufgabe an, dem Sozialistenführer *„Jaurès und seinen Freunden zu helfen, sich ihrer selbst schrittweise bewusst zu werden"* um so dem *„bürgerlichen Traditionalismus"* entgegenzutreten.

Der Intellektuelle, das lässt sich zusammenfassend sagen, ist für Durkheim also eine beobachtende Instanz. Er pflegt die Moral der Gesellschaft, indem er auf Missverhältnisse aufmerksam macht. Er warnt vor pathologischen Entwicklungen, die er - von seinem Arbeitszimmer aus - in ruhiger, unpassionierter Forschung erkennt und von Normalentwicklungen zu unterschieden weiß. Seine Wirkung ist eher langfristiger als politisch unmittelbarer oder gar materieller Natur.

2.1.3 Möglichkeiten sozialer Erkenntnis nach Émile Durkheim

Dieser methodologische Schnitt Durkheims zwischen normal und pathologisch erlaubt es ihm, die beobachteten Entwicklungstendenzen wertend zu analysieren. Normal ist nämlich das, was in einer Gesellschaft normal ist und dementsprechend ist pathologisch, was als nicht mehr normal geltend geahndet wird. Die Sanktion unterscheidet die Normalität eines sozialen Tatbestandes von seinem pathologischen Zustand. Dabei ist eine durch und durch normale Gesellschaft undenkbar, denn es sind gerade die pathologischen Momente, die eine Gesellschaft sich ihrer „normalen" Werte bewusst werden lässt (Durkheim 1984: 157ff.).

Den gegenwärtigen Zustand seiner Gesellschaft bewertet der Soziologe Durkheim also als pathologisch. Nun hat der Soziologe ein Problem, das andere Wissenschaftler in dieser Art nicht haben: Er bewegt sich inmitten seines eigenen Forschungsgegenstandes (Durkheim 1984: 91f.). Mehr noch ist der Forscher Produkt seiner Gesellschaft, denn ohne ihr Dazutun käme seine Erkenntnis überhaupt nicht zustande. Die Gesellschaft produziert Weltbilder und Wahrheiten, aus denen man sich nicht lösen kann. Eine Abstrahierung des Forschers von der Gesellschaft kann sich Durkheim deswegen nicht denken (Durkheim 1975i: 190–194). Der Forscher erkennt den Dingcharakter seines Forschungsgegenstandes, d.h. der soziale Tatbestand wird wie ein gegebener Gegenstand gewertet, dessen ihm eigene Natur (und nicht eine gewünschte) untersucht werden muss (Durkheim 1984: 89).

Der Soziologe kann somit gleichzeitig Mitglied und Erforscher seines Untersuchungsgegenstandes sein, was ihn zum Intellektuellen *par excellence* prädestiniert, weil er den Zustand gesellschaftlicher Bindungen untersuchen und zugleich bewerten kann. Durkheim (1893: VII) vertritt die Ansicht, dass die Wissenschaft der Moral (*la science de la morale*) uns *„die Mittel moralischer Besserung liefert."*

„Es gibt einen Grad moralischer Gesundheit, den kompetent zu bestimmen allein die Wissenschaft in der Lage ist. Nirgendwo hat er sich vollkommen verwirklicht, es ist vielmehr schon ein Ideal, sich ihm zu nähern. ... Indem wir den Normaltypus im Rahmen einer strikt wissenschaftlichen Analyse mit sich selbst vergleichen, können wir feststellen, was nicht stimmig ist, wo sich Widersprüche, Imperfektionen also, auftun, die wir ändern oder gerade richten können." (Durkheim 1893: IV)

Obwohl Durkheim zögert, Soziologie und Wissenschaft der Moral gleichzustellen, zeigt sich doch hier die inhaltliche Nähe zwischen den beiden. Genau das, was Alain de Benoist später den Intellektuellen vorwerfen wird, nämlich *„aus den Studierstuben heraus"* die soziale Welt ändern zu wollen (Grutzpalk 1997: 210), scheint es ein Ideal der wissenschaftlichen Moralaufbesserung zu sein, das Durkheim offenbar vorschwebt:

„Der Moralist müsste, was natürlich unmöglich ist, in der Stille seines Studierzimmers, allein mit der Kraft des Gedankens ein System sozialer Beziehungen erstellten, so dass die Moral in alle seine Bereiche eindringe. Selbst wenn es so scheint als würde er Neues erfinden, so macht er doch nichts anderes, als die reformerischen Tendenzen, die ihn umgeben, zu übersetzen." (Durkheim 1893: 38)

Der Moralforscher erfindet also keine soziale Welt, er dechiffriert sie vielmehr. Durkheim wehrt sich dabei gegen den Vorwurf, die von ihm entdeckten Prinzipien sozialer Ordnung seien erdachte Kabinettstücke (Durkheim 1968: 168, 1970c: 450–456). Im Gegenteil leuchten sie dem ein, der den Dingcharakter gesellschaftlicher Moral begreift. Was Moral als solche ist, kann man nämlich nicht wissen, doch lässt sich ihr gesellschaftlicher Umriss, der moralische Tatbestand, ermitteln. Den definiert Durkheim (1893: 37f.) nun wie folgt:

„Als einen normalen moralischen Tatbestand bezeichnet man in einer sozialen Gattung in einer bestimmten Phase ihrer Entwicklung jede Verhaltensregel, die bei dem Durchschnitt der Gesellschaften dieser Gattung, die auf der gleichen Entwicklungsstufe stehen, mit einer diffusen Sanktion ausgestattet ist"

Der moralische Tatbestand (*fait moral*) zeichnet sich also darin aus, dass er 1. äußerlich, 2. mittels einer ihr eigenen Autorität diffus zwingend und 3. (im Rahmen der ihr gehorchenden Gesellschaft) universell gilt. In diesen Punkten ähnelt der *fait moral* dem *fait social* (sozialen Tatbestand), ohne ihm allerdings gleichgesetzt werden zu können. Der *fait social* ist das, was die Soziologie zu ermitteln in der Lage ist. Er ist das, was der Mensch nicht aus sich heraus, sondern als Antwort auf die Erwartungen der Gesellschaft hin tut:

„Wenn ich meine Pflichten als Bruder, Gatte oder Bürger erfülle ..., so gehorche ich damit Pflichten, die außerhalb meiner Person und der Sphäre meines Willens im Recht und in der Sitte begründet sind." (Durkheim 1984: 105)

Der soziale Tatbestand *sui generis* ist Ausdruck des sozialen Lebens, das mehr ist als die Summe der Einzeltätigkeiten. Er wirkt 1. von außen, hat 2. zwingenden Charakter und gilt 3. universell (Durkheim 1984: 105) (oder zumindest innerhalb bestimmter - Durkheim zufolge durch den Nationalstaat definierter - Grenzen (Halbwachs 1918: 446)). Der Mensch in der Gesellschaft ist soziales Wesen aufgrund seiner moralischen Bindungen. Sobald er einer menschlichen Pflicht nachkommt, sobald er als Mensch handelt,[6] geschieht das unter Einfluss einer sozialen Ordnung, die sich von außen im Verhalten des Einzelnen niederschlägt. Ohne diese „Vermenschlichung" des Menschen durch die Gesellschaft ist dieser überhaupt nicht lebensfähig wie sich Durkheim (1893: 265) zufolge an der Zunahme melancholisch begründeter Selbstmorde in arbeitsteiligen und bindungslosen Gesellschaften unschwer erkennen lässt.

Der ideale Moralforscher, das ergibt sich aus dem bisher gesagten, ist für Durkheim also der Soziologe. Nur der ist in der wissenschaftlichen Lage, die sozialen Tatbestände als solche zu erkennen und zu bewerten, weil er die Moral nicht nach einem persönlichen Ideal, sondern „*wie ein System natürlicher Phänomene*" zu betrachten geschult ist (Durkheim 1970f: 107). Dabei sind die Grenzen, die die Gesellschaft selbst setzt, dem Forscher Anhaltspunkte der Erkenntnis.

2.1.4 Durkheims Gewalttheorie

Eric Dunning (1983, 135–138) hat die Bedeutung des Begriffspaares „organische" und „mechanische" Solidarität für die Erforschung der Gewalt im Sport überprüft. Er stellt das Phänomen sportlicher Gewaltanwendung in den Gesellschaftsformen einander gegenüber, um daraus eine Entwicklung der Gewalt im Lichte der Durheimschen Arbeitsteilungsstudie zu schlussfolgern. Während z.B. Mitglieder von Gesellschaften mechanischer Solidarität geringem sozialem Druck ausgesetzt seien, der sie zur Kontrolle ihrer aggressiven Passionen zwingt, sei dieser Druck auf den Einzelnen in Gesellschaften organischer Solidarität enorm. Hier werde Gewalt öffentlich ausgetragen, dort „*behind the scenes*" gedrängt. Entscheidend, so Dunning, sei aber letztlich der Unterschied zwischen einer in verschiedenen gesellschaftlichen Bereichen geduldeten, ja vielleicht sogar geforderten Gewalt in Gesellschaften mechanischer Solidarität und einer Akzeptanz nur zweckdienlicher Gewalt und einer Verachtung ihres Exzesses in organisch–solidarischen Gesellschaften. Ob Dunning damit Durkheims Gewalttheorie, soweit sie sich nachkonstruieren lässt, angemessen wiedergibt, wird sich nun zu zeigen haben.

2.1.4.1 Gewalt und Solidarität

Wie bereits gezeigt, ist für Gesellschaften mechanischer Solidarität kennzeichnend, dass das Kollektiv als solches im Mittelpunkt der religiösen Wahrnehmung steht. Das Kollektiv ist im Leben des Einzelnen dermaßen gegen-

---

6   Dénes Némedi (1995: 63) weist darauf hin, dass Durkheim „*im allgemeinen gar nicht handlungstheoretisch eingestellt*" sei. Handeln als *fait social* zu werten, ist also nur sehr bedingt im Sinne Durkheims.

wärtig, dass der ihr seine Gemütsregung vollkommen anpasst. Das ist vor allen Dingen in spontanem Verhalten der Fall. Sobald sich das Kollektiv angegriffen fühlt, reagiert es vehement durch seine Mitglieder. Sei es das Verbrechen, sei es ein Todesfall, sei es ein Unglück jedweder Art: Die Reaktion der Gemeinschaft ist spontan, leidenschaftlich und: gewalttätig. Die Strafe ist dazu angelegt, der *conscience collective*, die von den Gesellschaftsmitgliedern als bedeutsamer als das individuelle Leben erfahren wird, von störenden oder gar: zerstörenden Einflüssen zu bewahren. Es geht ihr in erster Linie um das „*gewaltsame und definitive Verstoßen des Schuldigen*" (Durkheim 1975b: 340). Die Gesellschaft muss sich im Falle ihrer Erschütterung selbst bestätigen, muss sich quasi nach jedem Sturz abklopfen und untersuchen, ob sie noch intakt ist. Eine Reaktion auf ein Übel, das das Kollektiv befällt, ist zumeist ungestüm, der Angriff gegen die Gemeinschaft wird gewaltsam abgewehrt, wobei die Verteidigungsgewalt weit über das Ausmaß des kollektiv erlittenen Übels hinausgeht. So z.B. im Falle der Rache:

„Der Instinkt der Rache ... ist nichts anderes als der Instinkt der Bewahrung, der durch eine Gefahr ausgelöst wird. Er ist eine Verteidigungswaffe ... eine grobe Waffe. Weil er kein Verständnis für die Dienste hat, die er automatisch leistet, kann er sich folglich auch nicht selbst steuern." (Durkheim 1893: 92f.)

Doch nicht nur verbrecherische Auslöser führen zu kollektiver Gewalt. Eine mechanisch–solidarische Gesellschaft muss sich selbst regelmäßig ihres Zusammenhaltens vergewissern. Im Fest ist die Möglichkeit gegeben, sich der wechselseitigen Leidenschaft zu versichern. Die Leidenschaft wird im Tanz und sportlichem Wettkampf ausgelebt und somit rituell geregelt (Durkheim 1968: 309). Es lassen sich aber auch turnusmäßige Ausnahmesituationen beobachten, die nicht religiös reguliert sind. Dabei geraten die Leidenschaften aus den Fugen, die übermächtige *conscience collective* entlädt sich in unkontrollierter Gewalt. In diesen Momenten ist die Trennungslinie zwischen Held (*héros*) und Brutalo[7] (*bourreau*) fast unsichtbar.

„Es gibt historische Perioden, in denen die sozialen Inter–Aktionen häufiger und lebhafter werden. ... Man lebt intensiver als zu normalen Zeiten. Änderungen sind keine kleinen Schritte oder Nuancen mehr; der Mensch wird anders. Die Leidenschaften, die ihn bewegen, sind von einer solchen Intensität, dass sie sich nicht anders als in gewaltsamen Taten befriedigen können: in übermenschlichen Helden-oder barbarischen Bluttaten." (Durkheim 1968: 301)

Das Leben der mechanisch–solidarischen Gesellschaft schwankt also zwischen „*aufeinander folgenden Phasen vollkommener Erschlaffung und - umgekehrt - der Über–Erregung*", während sich organisch–solidarische Gesellschaften im Gegensatz dazu durch „*relative Kontinuität*" auszeichnen (Durkheim 1968: 313).

Die Gewalt, die sich entlädt, wenn das Kollektiv in Gefahr gerät, ist leidenschaftlich, die Leidenschaft wiederum die Ursache der Unkontrolliertheit der Gewalt. Mechanisch–solidarische Gesellschaften „*strafen, um zu strafen, quälen,*

---

7 Bewußt wird hier eine Wortwahl Jens Reichs zur Charakterisierung dessen, was im Französischen als *bourreau* bezeichnet wird, aufgegriffen. Vgl. das Interview mit Reich im Anhang.

allein um den Schuldigen leiden zu lassen" (Durkheim 1893: 91). Die kollektive Gewalt in nicht–arbeitsteiligen Gesellschaften ist also in den Augen Durkheims unkontrolliert, grausam und maßlos. Die leidenschaftliche, gewaltsame Sanktion ist sicheres Zeichen eines funktionierenden Sozialkörpers, sie ist zugleich aber auch Zeichen einer Gesellschaftsform, die Durkheim (1984: 136) als „primitiv" bezeichnet.

In zivilisierten Gesellschaften dagegen ist organische Solidarität prägend, d.h. die Einzelmitglieder sind über die Arbeitsteilung miteinander verbunden, als Individuen aber wesentlich deutlicher voneinander unterschieden als Mitglieder mechanisch–solidarischer Gesellschaften. Wie sich schon gezeigt hatte, gewinnt mit fortschreitender Zivilisierung, Arbeitsteilung und Individualisierung einer Gesellschaft das Einzelmitglied zunehmend an Bedeutung. Dieser wachsende Respekt vor dem Individuum schlägt sich im Bereich des Religiösen nieder, aber auch in der Sphäre des Rechts: Während mechanisch–solidarische Gesellschaften Strafe zu ihrem inneren Erhalt dringend benötigen, sind zivilisierte Gesellschaften auf das harmonische Zusammenspiel der Einzelmitglieder angewiesen, weswegen hier das Zivilrecht, das die Spielregeln zwischen den Partnern formuliert, zunehmend an Bedeutung gewinnt (Giddens 1971: 76). In einer organisch–arbeitsteiligen Gesellschaft, so Durkheim (1893: 158), nimmt das „*repressive Recht gegenüber dem kooperativen Recht einen sehr geringen Platz ein.*"

So verliert auch die Strafe als solche für eine zivilisierte Gesellschaft an Bedeutung. Sie dient nicht der leidenschaftlichen Restauration des angegriffenen Kollektivkörpers, sondern die zivilisierte Gesellschaft straft, „*um durch Androhung von Strafe üble Neigungen zu paralysieren*" (Durkheim 1893: 92f.). Nicht mehr das Kollektiv, sondern der Einzelne ist also Gegenstand des zivilisierten Strafrechts.

Die Erregung der *conscience collective* ist nicht mehr so erschütternd wie zu Zeiten mechanischer Solidarität, der einstmals sich eruptiv entladende leidenschaftliche Rachedurst verlangsamt sich zu einer Energie, die der arbeitsteiligen Gesellschaft zugute kommt, wie sich am Beispiel des Krieges zeigt:

> „Wenn [der Krieg] einst etwas nutzte und wenn er, in gewissem Ausmaß, noch heute etwas nutzt, dann darin, dass er die Menschen in einer Praxis schulte, die man gewaltsamen Mut nennen könnte, das heißt: Lebensverachtung und Geschmack an der Gefahr. Mehr und mehr aber haben wir ganz andere Qualitäten nötig. Auch der Gelehrte, der Ingenieur, der Arzt, der ... Industrielle brauchen Ausdauer und Energie, aber eine eher stille Ausdauer und eine weniger lodernde, ruhigere und beständigere Energie." (Durkheim 1975c: 161)

Die Funktion der strafenden Gewalt hat sich verändert. „Funktion" bedeutet im Sprachgebrauch Durkheims (1893: 49), dass ein sozialer Tatbestand einem „*Bedürfnis entgegenkommt.*" Das Bedürfnis kollektiver Leidenschaft, die in strafender Gewalt Ausdruck findet, geht also in ein Bedürfnis organischer Arbeitsteilung über. Dabei „verlangsamt" sich die Leidenschaft, wird ruhiger und ihr Elan geht in die Arbeitsenergien der Einzelnen über.

Eric Dunning liegt also insofern richtig, als dass Durkheims Gewalttheorie tatsächlich von einem sukzessiven Bedeutungsverlust der Gewalt ausgeht.

Organische Solidarität zivilisierter Gesellschaften bedarf der kontinuierlichen und arbeitsteiligen Pflege und Bekundung und nicht der eruptiven Leidenschaft, die in mechanischen Solidaritäten üblich ist. Jedoch wird sie nicht „*behind the scenes*" verdrängt, wie Dunning behauptet, sondern sogar demonstrativ an den Pranger gestellt. Das moderne Strafrecht kennt deswegen Gewaltdelikte, die primitive Strafrechtssysteme nicht kennen.

„In früheren Zeiten kamen Gewalttätigkeiten gegen Personen häufiger vor, weil die Achtung vor der persönlichen Würde geringer war. In dem Maße, wie diese Achtung gestiegen ist, wurden jene Verbrechen seltener. Gleichzeitig aber wurde eine Anzahl vorher ungeahnteter Handlungen, welche diese Gefühle verletzen, Gegenstand strafrechtlicher Verfolgung." (Durkheim 1984: 159)

2.1.4.2 Gesellschaftliche Gewalt als Grenzsetzung

Die Gesellschaft bestimmt über die *conscience collective*, sie unterschiedet zwischen Normalität und Pathologie, zwischen sakral und profan (Farace 1982). Und an die Grenzen zwischen diesen Bereichen hat sie - nicht nur, aber auch - die Gewalt gestellt. Die Grenze zwischen gesellschaftlicher Pathologie und Normalität ist im Falle des Verbrechens z.B. die Strafe. Die Grenze zwischen sakralen und profanen Momenten bedeutet für den, der sie überschreitet, auch immer schmerzhafte Erfahrung (Durkheim 1968: 448).

Das Hauptinteresse der Soziologie Durkheims, das Schicksal gesellschaftlicher Moral, hat auf den ersten Blick mit Gewalt allerdings nichts gemein. Moral kann sich mit Gewalt nicht durchsetzen, wie Carlo Monteleone (1970: 254f.) Durkheims Ansicht hierzu treffend zusammenfasst:

„Wenn also gesagt wird, dass eine Autorität sie [die Moral JG] durchsetzen muss, dann heißt das gerade nicht, dass die Gewalt dabei das einzige Mittel sei. ... Vielmehr kommt es darauf an, dass der Macht aus Respekt und nicht aus Angst gehorcht wird."

Moral also zwar gewaltlos, die Erforschung der Moral aber ist an Gewalt interessiert, denn man erkennt Moral an der Sanktion. Das Studium sozialer Tatbestände als Dinge begründet sich Durkheim zufolge mit diesen - durchaus gewaltsamen - Sanktionen, die ihre Durchsetzung zur Geltung bringen. Gesellschaft ist für Durkheim ein in sich selbständiger Sachverhalt, der die Einzelnen bezwingt und formt. „*Sie ist*" in dieser Funktion „*oft ruppig mit den Individuen. ... Ohne Unterlass tut sie unseren Begierden Gewalt an*", denn nur so „*hebt sie uns über uns selbst*" (Durkheim 1968: 452). Gesellschaft ist für Durkheim keine Frage eines legitimen Zwangsapparates, doch ist Gesellschaft fraglos eine Macht, die gewaltig und gewalttätig auf ihre Mitglieder wirkt.

„Wenn wir uns hörig den Aufforderungen der Gesellschaft beugen, dann nicht nur, weil sie stärker ist als wir. Normalerweise ist es die moralische Autorität die allen Erscheinungen sozialer Tätigkeit eigen ist, die unseren Geist und unseren Willen beugt." (Durkheim 1975f: 25).

Die *consciences associées* wirken wie eine einheitliche Kraft auf die *consciences particulières*. Ihre Autorität üben sie dabei nicht „*mit Gewalt oder Zwang*" aus, oder „*jedenfalls nicht notwendigerweise*" (Durkheim 1975f: 25) Aber eben, und das ist hier interessant: auch mit Gewalt.

Durkheim zufolge ändert sich der Charakter der (unter Umständen gewaltsamen) Strafe zwar in organisch–solidarischen Gesellschaften entschieden, doch eher in dem Sinne, dass dem Individuum eine Botschaft durch sie vermittelt wird. Es findet also kein Übergang von irrationaler zu rationalisierter Gewalt statt. Vielmehr behauptet Durkheim, dass die ehemals auf die Erhaltung der Gesellschaft zielende Gewalt von einer Gewalt abgelöst wird, die das individuelle Gesellschaftsmitglied zum Ziel hat. Gerade die zunehmende strafrechtliche Sensibilität gegenüber Gewaltdelikten ist für Durkheim ein klares Zeichen dieser Entwicklung. Die Tendenz zur Ausrichtung gesellschaftlichen Geschehens auf das Individuum, die Durkheim in einem voranschreitenden Entwicklungsprozess beobachten zu können glaubt und die sich im Zusammenhang mit seiner Intellektuellentheorie zeigt, setzt sich also in seiner Gewalttheorie fort.

2.1.5 Durkheims Engagement im I. Weltkrieg

Durkheim steht einem Krieg nicht grundsätzlich ablehnend gegenüber. Er gesteht ihm im Allgemeinen „*Zauber und gewisse Vorzüge*" zu (Durkheim 1968: 128). Doch den ersten Weltkrieg hat er sich nicht vorstellen können. Den Angriffskrieg des deutschen Reiches hatte Durkheim für unmöglich gehalten. Sein Theorieapparat ist angesichts dieser Katastrophe überfordert, wie Anthony Giddens (1995: 18) beschreibt:

> „Durkheims ... Hoffnung, der Industrialismus würde in natürlicher Weise die Entstehung einer friedlichen und integrierten industriellen Ordnung fördern, scheiterte in diesem Konflikt, der, wie sich dann erwies, in dem geistigen Rahmen, den Durkheim zur Grundlegung seiner Soziologie entwickelt hatte, unmöglich untergebracht werden konnte."

Doch hat der I. Weltkrieg nicht lähmend auf Durkheim gewirkt. Im Gegenteil löst er einen geradezu frenetischen Arbeitseifer bei ihm aus. Er arbeite, so schreibt er am 11. Dezember 1914 an Marcel Mauss, „*wie seit dreißig Jahren nicht mehr*" (Durkheim 1998: 424). Am 21. Februar 1915 präzisiert er, worin seine mannigfaltigen Aufgaben liegen:

> „Ich überarbeite Übersetzungen, gehe die Verträge mit den ausländischen Verlegern durch .... Ich arbeite als Journalist, organisiere zusammen mit Max Leclerc die Propaganda, arbeite an meiner nächsten Broschüre und ich habe meine Vorlesungen. Bis auf weiteres halte ich das aus. Ein wenig Ruhe wäre mir aber schon willkommen." (Durkheim 1998: 438)

Die Enttäuschung über den Krieg ist Durkheim jederzeit anzumerken. Sie wird zur Bitterkeit, nachdem sein Sohn André 1916 in Mazedonien fällt. Doch selbst diese Erfahrung hält ihn nicht davon ab, sich, in einem in seinem Leben noch nie erreichten Ausmaß zu engagieren. Dabei bewegt sich Durkheims Einsatz immer in institutionalisierten Bahnen Er ist Mitglied zahlreicher unterschiedlicher Kommissionen und Ausschüsse,[8] unter anderem auch einer Propagandakommission, die Artikel mit kriegsrelevanten Themen, sog. *Lettres* zusammenstellt. Was ihn zu dieser Arbeit motiviert, ist eine Erfahrung intellektuellen Einflusses, die er zuvor noch nicht gemacht hatte: *„Noch immer scheint es mir, dass mein Handeln eine Wirkung hat, wie nie zuvor"*, schreibt Durkheim (1998: 510) an Marcel Mauss.

Durkheims Engagement ist ausschließlich schriftlich. Er schreibt seine „Briefe an alle Franzosen" allen voran an Lehrer, um über die Erziehungseinrichtungen des Landes Einfluss zu üben (Lukes 1973: 547ff.). Dem Anspruch nach bemüht sich Durkheim (1995a: 247) darum, *„eine tendenziöse und leidenschaftliche Auslegung"* zu vermeiden, doch das gelingt nur bedingt. So schreibt er an Marcel Mauss nach Abschluss des Projektes „Deutschland über alles", die Schrift sei *„nicht das, ... was ich mir gewünscht hätte. Die Zeit war zu knapp"* (Durkheim 1998: 466). Was sie für diese Arbeit besonders interessant macht.

2.1.5.1 „Deutschland über alles"

Durkheims „Brief an alle Franzosen" „Deutschland über alles" von 1915 hat zur Aufgabe *„offen zu legen, was an der deutschen Mentalität den Krieg und die Art und Weise, wie er geführt wird erklärt"* (Durkheim 1998: 460). Der Text ist eine Auseinandersetzung mit dem deutschen Philosophen Heinrich von Treitschke, den Durkheim (1995a: 247) als *„Führer"* zu den Urgründen einer deutschen Mentalität wählt, die *„im Frieden im Hintergrunde des Bewusstseins ruhten."*

Es geht in „Deutschland über alles" darum, die deutsche Mentalität auf Anhaltspunkte hin auszuloten, die einen deutschen Angriffskrieg und damit verbundene Gräuel verständlich machen. Weil Treitschke schon seit Jahren tot und deswegen am Krieg direkt nicht beteiligt sei, weil er außerdem eine der zentralen Figuren deutschen universitären Lebens sei, biete er sich als Untersuchungsgegenstand an, um über ihn distanzierte Erkenntnis zur deutschen Mentalität zu erlangen (Durkheim 1995a: 247f.).

In erster Linie offenbart sich in „Deutschland über alles" Durkheims Mangel an einer eigenen Staatstheorie (Gephart 1996: 57). Wie sich schon bei der Erläuterung des *fait social* gezeigt hatte, gilt die Universalität einer gesellschaftlichen Verbindlichkeit, die den Einzelnen zum sozialen Wesen macht,

---

8 Durkheim „*was assiduous member of the following committees (among others): the Conseil de l'Université, the Comité des Travaux Historiques et Scientifiques, the Comité Consultatif de l'Enseignement Supérieure, the Comité aux Etrangers au Ministère de l'Intérieur, the Comité Français d'Information et d'Action auprès des Juifs des Pays Neutres, the Fraternité Franco-Américaine, the Pupiles de l'Ecole Publiques, the Comité des Publications des Etudes et Documents sur la Guerre, the Comité de Publications des Lettres à tous les Français, the Ligue Républicaine d'Alsace-Lorraine, the Société des Amis de Jaurès and Pour la Rapprochement Universitaire.*" (Lukes 1973: 554).

innerhalb mehr oder weniger präzis festgelegter nationaler Grenzen. Und die Moral bleibt ebenso innerhalb bestimmter auch geographisch festzumachender Grenzen, weil sie ja, gemäß der Definition, auf eine sanktionierende Gesellschaft angewiesen ist, die sie überhaupt erst ermöglicht. Durkheim bemerkt schon in der Arbeitsteilungsstudie, dass diese Grenzen mit zunehmender Modernisierung immer trennender werden (Durkheim 1893: 162), doch stellt er sich der Frage einer internationalen Moral bis zum Kriege nicht. Im Gegenteil stellt er fest, dass „*wenn es um Krieg oder Frieden geht, zwangsläufig die Frage des Vaterlandes berührt*" werde (Durkheim 1970d: 293). Und das werde, mit zunehmender Arbeitsteilung, fast automatisch ohnehin die gesamte zivilisierte Welt, zumindest aber Europa umfassen (Durkheim 1970d: 295). Dass der Mensch einer Gesellschaft bedürfe, die ihn zum moralischen Leben zwingt, wird also nur insofern international anwendbar, als sich die Gesellschaft um vormals voneinander getrennte Gesellschaften erweitert.

Nun aber ist Krieg, und Durkheim ist in seiner Studie bemüht, die Pathologie der deutschen Gesinnung zu veranschaulichen. Das unmoralische Verhalten einer Nation ist nun im Theorieapparat Durkheims nicht vorgesehen, weswegen er sich einer interessanten Argumentationshilfe bedient:

„Es giebt sittliche Kräfte, welche sich gleichmässig, wenn auch aus verschiedenen Gründen und auf verschiedene Weise, sowohl den Völkern als den einzelnen Menschen aufdrängen. ... Es giebt ein Gewissen und eine Meinung der Welt, deren Herrschaft man sich ebensowenig entziehen kann als der Herrschaft der Naturgesetze." (Durkheim 1995a: 288)

Was hier vielleicht noch wie ein *fait moral* gemäß der Durkheimschen Theorie aussieht, ist doch schon ein metaphysischer Schritt über die eigene Theorie hinaus. Nicht mehr das Merkmal der weichen Sanktion und des jeweiligen Entwicklungsstandes einer Gesellschaft sind bezeichnend für die Moral, sondern die Moral ist um ihrer selbst willen, eine Annahme, die Durkheim sich stets gesträubt hatte, in seine Theorie zu integrieren (Durkheim: 1968: 3). Hier aber arbeitet er mit einem Moralbegriff, der ihm dazu nützlich ist, die Pathologie deutschen Geisteslebens zu belegen. Es sei ein Skandal, „*dass die Menschheit einfach aus der Reihe der sittlichen Werte gestrichen werde*", wie das bei Treitschke geschehe (Durkheim 1995a: 265).

2.1.5.2 Die Macht moralischer Erkenntnis

Ein weiteres fällt auf: Durkheim (1995a: 284) unterstellt Treitschke, er habe ein System von Begriffen entwickelt, „*welches gelehrte Hände in der deutschen Volksseele zurecht gelegt haben.*" Damit unterstellt er dem Gelehrten eine immense soziale Wirkung. „*Alles*", so Durkheim (1995a: 248f.), „was *Deutschland seit zehn Monaten tut, hat Treitschke vorhergesagt, ihm sogar als eine Pflicht vorgeschrieben.*" Ähnliches kennen wir aus seiner Intellektuellentheorie nicht. Ein solchermaßen direkter Zugriff auf die Volksseele ist da nicht bekannt. Dass Gesellschaften sich an ihren Ideen orientieren, hatte sich bereits gezeigt, dass aber ein Denker Ideen beeinflussen kann und zwar mehr oder weniger direkt, ist neu. Hier zeigt sich also das Bild eines Intellektuellen, der über Ideen Macht über die Kollektivseele beansprucht.

2.1.6 Zusammenfassung der bisherigen Ergebnisse zu Durkheim: Gesellschaftliches Engagement als Einsicht in eine universell gültige Moral

Durkheims Gewaltbegriff ist zu breitflächig über seine Theorie verteilt, als dass er in einer konkreten Situation Anwendung finden könnte. Die Sanktion als Merkmal des moralischen Tatbestandes steht Durkheim sogar im Wege, als er den pathologischen Zustand der deutschen Mentalität belegen will. Er muss deswegen seinen streng und eng gefassten Moralbegriff zugunsten einer weltumspannenden Moral aufgeben. Dabei geht allerdings die gesellschaftliche Instanz verloren, die mittels ihrer Sanktionsdrohung die Moral äußerlich beschreibt. Auch wenn sein Moralmodell keinen Zwangsapparat braucht, so geht es doch von der Gesellschaft als „moralischer Atmosphäre" und zugleich ruppige Bezwingerin des Menschen aus. Obwohl Durkheim das nicht klar sagt, läuft es letztlich darauf hinaus, dass es die gesellschaftliche Drohung ist, die Moral zum Menschen bringt. Die Gesellschaft der moralisch Drohenden, die die Sanktion in den Händen hält, gibt Durkheim im Engagement zugunsten einer metaphysischen Moralvorstellung auf.

Der Intellektuellenbegriff wird dadurch aufgewertet. Hatte Durkheim vorher dem Intellektuellen die Rolle des nüchternen Analysten und Priesters des neuen „Kultes des Individuums" zugedacht, so erfährt er nun eine Bedeutungssteigerung. Nicht nur, dass ihm unmittelbare Wirksamkeit auf die Volksseele zugetraut wird. Darüber hinaus ist der Intellektuelle nun leidenschaftlicher Anwalt der Moral schlechthin.

Es zeigt sich also, dass Durkheim über den Rahmen seiner Theorie hinausgehen kann, ohne den Eindruck zu hinterlassen, er verliere sich dabei im spekulativen Raum (Maffesoli 1992: 8f.). Es wird nun zu überprüfen sein, ob das Argument, der Intellektuelle trete als „Allgemeinmoralist" auf, Durkheim aus einer argumentativen Verlegenheit rettet, oder ob sich hier eine Tendenz widerspiegelt, intellektuelles Engagement in Frankreich mit einer Erkenntnis einer allgemeingültigen Moral zu begründen.

2.2 André Malraux

„Fast alle Schriftsteller die ich kenne, lieben ihre Kindheit. Ich hasse die meine. Es hat mich viel Kraft und Leid gekostet, mich selbst zu schaffen, wenn schaffen bedeutet, dass man sich in dieser Herberge ohne Straße einrichtet, die das Leben heißt." (Malraux 1996a: 6)

Dass Malraux, der am 3. November 1901 geboren wird, solche Schwierigkeiten mit sich selbst hat, mag man in seiner Kindheit begründet finden, die er im Hause der Großmutter verlebt. Seine Eltern lassen sich scheiden als er fünf Jahre alt ist und seine sehr phantasievollen Beschreibungen des Vaters seines Romanhelden Berger in den „Noyers d'Altenburg" lassen vermuten, dass er diese Trennung vor allen Dingen ihm übel nimmt (Malraux 1955a: 75). Bei Malraux gehen künstlerische Gestaltung und persönliche Erfahrung oft nahtlos ineinander über. In seinen „Antimémoires" z.B. führen der Autor und Charaktere aus seinen Romanen Dialoge. Während der Dreharbeiten zu seinem Film „Espoir" gibt er als Arbeitsadresse die „*Rue Mostoles*" an, die es, wie sich herausstellt, außer im Drehbuch nirgendwo gibt (Marion 1996: 132). Bildung, Dichtung und Wahrheit verdichten sich in der Person Malraux' zu einem Mythos. „*Frequently, the Malrucian myth has become indistinguishable from the Malrucian reality, as Malraux's action and his work have appeared to coincide with his legend*" (Harris 1997: 319).

Er fällt frühzeitig als introvertiert und schüchtern auf, er sei, so seine erste Ehefrau Clara Malraux (1963: 268) später, als der Mann bekannt gewesen „*der den Leuten nicht ins Gesicht sehen kann.*" Dass er in Gesprächen zumeist das Thema bestimmt (Rysselberghe 1984: 179) bringt Malraux die spöttische Betitelung als „homo loquens" ein (Semprun 1979: 110). Seine ständige Auseinandersetzung mit dem Tode ist Malraux' „*dramatischer Dauerzustand*" (Rysselberghe 1984: 210) und wirkt sich auf seine Themenwahl aus.

1923 brechen die Eheleute Malraux zu einer Reise nach Südostasien auf, die ihre finanzielle Lage verbessern soll (C. Malraux 1969: 13). Sie plündern den bis dahin unentdeckt gebliebenen Tempel Banteaï–Srey in Kambodscha und versuchen, die dort entwendeten Reliefs in Bangkok zu verkaufen. André Malraux wird wegen Antiquitätenschmuggels angeklagt und in Pnom–Penh festgehalten, wo er in einem ersten Prozess zu drei Jahren Gefängnis verurteilt wird. Als das Verfahren wieder aufgenommen wird, motiviert Clara Malraux einige intellektuelle Freunde (unter anderem Gide, Aragon, Mauriac, Breton) in Paris zum Verfassen einer Petition, die sich zugunsten Malraux' ausspricht. Sie zeigt Wirkung und Malraux kommt frei, dennoch distanziert er sich von der Petition (C. Malraux 1969: 74).

Die Erfahrung im fernen Osten, vor allen Dingen die Begegnung mit dem Kolonialismus, den er als Form der politischen und kulturellen Unterdrückung erlebt, erweckt in Malraux erste politische Leidenschaften. Er gründet 1925 die antikolonialistische Zeitschrift „L'Indochine" (später: „Indochine enchaînée"). (Thornberry 1977: 10).

Mit siebzehn hatte Malraux bereits seine ersten kleinen Texte in der „Action" veröffentlicht und bereits 1920 erscheint sein erstes Buch „Lune en papier" (Lacouture 1979: 47). Nach seiner Erfahrung im fernen Osten veröffentlicht Malraux 1928 seinen Roman „Les Conquérants". Der Erfolg dieses Werkes begründet die Karriere Malraux' als Intellektueller, der sich bis ca. 1938 zunehmend gesellschaftlich engagiert: von nun an „*trifft man André Malraux in den Krisengebieten der Geschichte an*" (Brincout 1996: 737). Er wird Mitarbeiter der „Nouvelle Revue Française" und tritt somit in den engeren Kreis der französischen Intelligentsija um André Gide (Rysselberghe 1984: 160). 1933 gewinnt sein Roman „La condition humaine" den angesehenen Prix Goncourt, was sein bis dahin schon erreichtes Prestige als Schriftsteller zementiert.

1936 engagiert sich Malraux im spanischen Bürgerkrieg. Was genau er in Spanien zu erreichen hofft, soll noch weiter unten interessieren. Nach dem endgültigen Sieg Francos folgt eine Phase der Stille, in der kein Anlass - nicht einmal die Besatzung Frankreichs - ernsthaft sein Engagement wecken kann (Lacouture 1979: 23). Die *Résistance* ist ihm suspekt und er entzieht sich den Versuchen intellektueller Freunde und Bekannter, ihn zum Engagement zu bewegen. Nachträglich, aber wohl auch schon zu dieser Zeit, wirft Malraux einem Großteil der Intellektuellen, die sich in der Résistance engagieren, ein romantisches Verhältnis zur Aktion vor (Malraux 1996a: 96). Was im Gegensatz zu ihnen die „*ernsthaften Intellektuellen*" für Aufgaben wahrnehmen, wird sich zeigen. Erst die Festnahme seines Halbbruders Roland im März und die bald darauf folgende eigene Verhaftung im Juli 1944 lässt Malraux mit der Résistance Kontakt aufnehmen, in der er bald unter dem Pseudonym Berger eine führende Rolle einnehmen wird (Malraux 1996a: 185f.).

Die Umstände seiner Begegnung mit Charles de Gaulle sind unklar und sagenumwoben. Jedenfalls ist Malraux 1945 ein Gaullist der ersten Stunde (Malraux 1973: 8). Er wird Informationsminister in dessen Übergangsregierung, Propagandabeauftragter des *Rassemblement du Peuple Français* (RPF), und nach den „*sieben Jahren der Wüstendurchquerung*" (Lacouture 1979: 31) - der politischen Bedeutungslosigkeit de Gaulles - wird er 1958 wieder in dessen Kabinett berufen. In der Zwischenzeit und von 1959–1969 übernimmt er beim Gallimard–Verlag die Herausgeberschaft mehrerer Buchreihen.

Die Nähe zur Macht lässt ihn das gesellschaftliche Engagement der Intellektuellen nun skeptisch sehen. Öffentlich empört er sich über seine Tochter Florence als sie sich einer Petition gegen die Algerienpolitik de Gaulles anschließt (Lacouture 1979: 34). Um Frieden zu schließen, so Malraux in diesem

Zusammenhang, käme es eher darauf an, an der Macht zu sein und nicht darauf, mit den anderen Intellektuellen im Café Flore[9] zu sitzen.

2.2.1 Malraux als Intellektueller

André Malraux stirbt am 23. November 1976. Zwei Tage nach seinem Tod erscheint in „Le Monde" eine Karikatur, auf der zwei in Form und Größe identische Gräber zu sehen sind. Auf dem linken Grab steht: „Malraux 1901–1947" und auf dem rechten: „Malraux 1947–1976". Damit ist gemeint, dass Malraux bis zum Ende des zweiten Weltkrieges als linker, danach dann als bürgerlicher Intellektueller an der Seite Charle de Gaulles in Erscheinung tritt. Tatsächlich stellt sich das intellektuelle Leben Malraux' auf den ersten Blick durchaus so dar als habe man es mit zwei verschiedenen Personen zu tun.

André Malraux ist in den dreißiger Jahren ein linker „Vorzeigeintellektueller." Er ist Gründungsmitglied des „Comité antifasciste des écrivains," er schreibt Artikel, gibt Interviews, lädt zu antifaschistischen Kongressen, händigt Petitionen aus und wirft somit seinen als Schriftsteller erworbenen Ruhm in die Waagschale der Politik dieser Zeit. Doch nach dem zweiten Weltkrieg schließt sich Malraux Charles de Gaulle und seiner bürgerlich–nationalen Bewegung an, macht in der Folgezeit dessen Schicksal fast zu seinem eigenen und verwirft dabei scheinbar seinen Internationalismus, seine Sympathie für kommunistische Ideale und seine linke Gesinnung überhaupt (Rousseaux 1948: 452). Dem jungen draufgängerischen literarischen Talent und Abenteurer André Malraux steht alsbald ein konservativer Malraux gegenüber, der zu der Erkenntnis gekommen zu sein angibt, dass nur Beteiligung an der Macht durch Regierungstätigkeit wahres Abenteuer verspricht.

Eine für sein gesamtes Leben geltende politische Klassifizierung ist im Falle André Malraux' also nicht möglich. Hinzu kommt, dass er seine eigenen Lebenserinnerungen „Antimémoires" genannt hat und sich somit einer einfachen, chronologisch durchlaufenden Betrachtung seines Lebens entzieht. Nur der erste Band der Antimémoires erscheint zu seinen Lebzeiten. Da die anderen drei Bände Textteile „historischen Ranges" (*passages d'ordre historique*) enthielten, werde ihre Veröffentlichung auf einen Zeitpunkt nach dem Tode des Verfassers verschoben, erläutert Malraux. (1967: 6). Das lässt schlussfolgern, dass Malraux dem Text mehr historische als biographische Bedeutung zumisst.

Er selbst scheint den in der Karikatur überzeichneten biographischen Bruch gesucht, ja gewollt zu haben, wobei er allerdings auch Kontinuitäten in seinem Leben betont. Und so ergibt sich eine intellektuelle Kontinuität im Leben und

---

9   Zu Anfang des 20. Jahrhunderts war das Flore ein beliebter Treffpunkt der extrem–rechten *Action Française* um Charles Maurras und wurde erst unter Jean–Paul Sartres und Simone de Beauvoirs Einfluss ein Treffpunkt linker Intellektueller (Hayman 1987: 138).

Denken des André Malraux, die gerade in den Brüchen besonders deutlich zum Ausdruck kommt.

Malraux besucht keine *Grande école*, er ist kein *Normalien*. Sein Verhältnis zu den intellektuellen Institutionen Frankreichs bleibt sein Leben lang ambivalent. Als er 1923 zu seinem Kunstraub nach Indochina aufbricht, erbittet er dafür - sehr naiv und erfolglos - die Hilfe der *École Française d'Extrême-Orient* (Lacouture 1973: 10). Wenn er auf Universitäten zu sprechen kommt, dann zumeist im Zusammenhang mit studentischem Protest der 68er und/oder ihm suspekt erscheinenden intellektuellen Moden (Malraux 1996e: 548 ff., 553, 573, 675, 726). Malraux' Intellektualität begründet sich für ihn deswegen auch nicht aus einem akademischen Titel, sondern aus seiner Liebe zur Literatur. Er ist belesen und er schlägt in seiner Jugend Kapital aus seiner Liebe zu Büchern, indem er Raritäten bei Ramschhändlern aufkauft und in Antiquariaten wieder verkauft.

Spätestens seit seinem Welterfolg mit „La Condition humaine" traut die politische Intelligenz und im Verbund mit ihr die politisch organisierte Linke Malraux viel zu und setzt auf seinen Einfluss. Zusammen mit André Gide wird er zu einem der gesuchtesten französischen Intellektuellen der 30er Jahre. André Gide schreibt über das gesellschaftliche Engagement Malraux':

„Überall, wo eine Sache einen Verteidiger braucht, wo ein schöner Kampf stattfindet, sieht man ihn als ersten in der Bresche. Er bietet sich an, opfert sich auf ... mit merkwürdigem Mut und Verzweiflung zugleich. ... Das Wort Abenteuer bekommt bei ihm seinen vollen Sinn zurück; seinen schönsten, reichsten und menschlichsten Sinn." (zit. n. Lacouture 1973: 56).

1935 nimmt er z.B. als einer der Vertreter Frankreichs am Schriftstellerkongress *zur Verteidigung der Kultur* in Moskau teil (Furet 1997: 325). Malraux' Einverständnis mit dem Kommunismus ist zu dieser Zeit eindeutig, doch auch zugleich voller Vorbehalte. So kritisiert er die bürokratische Ängstlichkeit des sowjetischen Systems gegenüber Schriftstellern (Stéphane 1948: 462).

Der Ruhm Malraux' als engagierter Intellektueller fußt fast ausschließlich auf seiner schriftstellerischen Tätigkeit, die zwischen 1928 und 1937 besonders erfolgreich ist (Stéphane 1965: 223). Die in seinen Romanen beschriebenen heroischen Begebenheiten hat Malraux nie selbst erlebt. Sein literarisch verarbeitetes Abenteuer in China (in: „La Condition Humaine") ist Produkt schriftstellerischer Phantasie (Ikor 1979: 61), allerdings ist es dermaßen überzeugend erzählt, dass lange Zeit Unsicherheit über ihren Wahrheitsgehalt fortbesteht, die Malraux sich auch nicht aufzuklären bemüht (Wilhelm 1966: 64f.). Die Selbstdarstellung und Selbstmystifizierung ist also ein zentraler Aspekt von Malraux' Tätigkeit als Intellektueller. Die literarische Verarbeitung von erlebten und nicht erlebten Abenteuern vermischt den engagierten mit dem geistreichen Intellektuellen und trägt zu einem Gesamtbild bei, dem Malraux immer wieder zu genügen bemüht ist (Todd 2001). Insofern ist Malraux, wenn er vom Intellektuellen spricht, sich selbst das beste Beispiel, was sich auch in der Rekonstruktion seiner Intellektuellentheorie zeigt.

2.2.2 Malraux' Idee vom Intellektuellen

Es wäre irreführend, von einer Malrauxschen Intellektuellentheorie zu sprechen. Die hier zusammengetragenen Argumente Malraux' zum Thema „Intellektuelle" sind in einen Zusammenhang gestellt, der der denkbarsten Intellektuellentheorie Malraux' nahe kommt. Das kann leider nicht bedeuten, dass das nun folgende Kapitel den Anspruch auf Vollständigkeit erheben kann. Es ist lediglich eine sinnvolle Rekonstruktion der Reflexionen Malraux' über die Intellektuellen.

Der Begriff des Intellektuellen jedenfalls ist in seinem Wortschatz fest verankert und Malraux bezeichnet sich auch selbst als Intellektuellen. Es scheint so als gehe er in seinen Betrachtungen über Intellektuelle stets von sich selbst als Beobachtungsgegenstand aus, wenn er z.B. sagt: „*In meinem Geist [esprit] - im Geist des Großteils der Intellektuellen - ist die Begegnung mit Ideen genauso gegenwärtig, wie die mit Lebenden*" (Malraux 1996a: 38).

Ähnliche Formulierungen finden sich bei Malraux häufig. Er scheint in seinen Reflexionen über Intellektuelle stets von sich auf Intellektuelle im Allgemeinen zu schließen. Belesenheit, Reflexion über das Leben und seinen Sinn, Freude an der philosophischen Auseinandersetzung, das scheint auf den ersten Blick den Intellektuellen in den Augen Malraux' zu kennzeichnen. Doch auch Abenteuerlust und Tatendrang gehören in das Bild des Malrauxschen Intellektuellen (Winock 1999: 345), worin er Ernst Jünger interessant nah kommt.

Dabei ist interessant, dass ein Aspekt erstaunlich wenig Beachtung durch Malraux findet, den er noch in seiner Jugend hatte für sich nutzen können: die Macht der Intellektuellen als Gruppe. Hatte doch seine Ehefrau Clara erfolgreich Unterschriften gesammelt und Intellektuelle Zeitgenossen Malraux' davon überzeugen können, sich für mildere Haftbedingungen in Asien einzusetzen (s.o.). Schon in seinen frühen Werken scheint ihm dieser Akt der intellektuellen Solidarität nicht als ein Spezifikum jener Gruppe sehr bedeutsam zu sein, der anzugehören er von sich annimmt. Dennoch wird gerade in der Phase seines Lebens, die er Charles de Gaulle widmet und in der er von der Intelligentsija Frankreichs weitestgehend gemieden wird, deutlich, dass Gruppenzugehörigkeit ihm ein Merkmal des Intellektuellen ist (Semprun 1979: 121). Noch 1958, im selben Jahr seines wiederholten Amtsantritts als Informationsminister einer Regierung de Gaulle, unterschreibt er zusammen mit Roger Martin du Gard, François Mauriac und Jean–Paul Sartre eine Petition für eine Druckerlaubnis für Henri Allegs „La Question" (Trécourt 1996: XLI). Aber dieser politische Gruppencharakter steht nicht im Vordergrund des Malrauxschen Verständnisses von Intellektualität. Malraux ist sicherlich kein Begründer einer nach ihm zu benennenden Denkrichtung oder gar einer Schule. Die „Anhänger", die er über längere Zeiträume um sich sammeln kann, gehören zu einem literarischen Freundeskreis und ihre Zahl ist klein (Clara Malraux 1976: 98ff.). Für Malraux ist der Intellektuelle in erster Linie ein aus der übrigen Gesellschaft herausragendes Individuum.

2.2.2.1 Auf der Suche nach der „*condition humaine*"

Der Intellektuelle hat Malraux zufolge das Heilige zum Gegenstand seiner lebenslangen Suche. Der Verlust der Gegenwart des Göttlichen, des Heiligen und Menschlichen bedrücke Malraux und führe zu einer Suche nach Möglichkeiten, auf sehr persönlichem Niveau damit fertig zu werden, schreibt Jean-François Lyotard (1996: 26f.). Deswegen müsse Malraux' Biographie „*wie eine Legendensammlung gelesen werden.*" Die Phantasieprodukte Malraux' sind dann genauso als Bestandteil seiner intellektuellen Biographie zu lesen, wie sein wirkliches Leben. Wenn es stimmt, dass Malraux die Suche nach dem Übermenschlichen unmittelbar mit seinem eigenen Leben verknüpft, dann zeigt das Bild, das Frédéric Grover (1978: 40) von Malraux zeichnet, nicht nur Malraux, sondern auch den Intellektuellen, so wie er sich ihn vorstellt:

„Ganz ohne Frage ist an diesem Mann etwas Ekklesiastisches, im besten Sinne des Wortes: er ist ein Mann, der grübelt und der sich dem Spirituellen gewidmet hat - ein Mann, den seine immense Intelligenz nicht daran hindert, gut zu sein."

Augenscheinlich verwirklicht Malraux also durch sein Auftreten den Typus des *clerc*, der schon bei Benda und noch bei Lévy Synonym des Intellektuellen ist. Allerdings fehlt Malraux die zum Kleriker dazugehörende *église*, wie sich zeigte. Er sei, so sagt Malraux immer wieder, auf der Suche nach der *condition humaine*: dem Seinsgrund des Menschen, nach einem menschlichen Mehr, einem quasi Heiligen und somit Übermenschlichen, was seinem Anspruch an sich selbst einen sakralen Charakter gibt. Soziale Konsequenzen hat dieses Bild des Intellektuellen so nicht.

Dass der Mensch eine besondere - schier übermenschliche - Bedeutung für den Intellektuellen hat, ist für Malraux dabei eine okzidentale Besonderheit.

„In den Erzählungen des Orients gibt es Händler und phantastische Vögel, Prinzessinnen und Geister aus der Flasche; keinen Menschen. Der Islam - vielleicht ganz Asien - interessiert sich für Gott, nie jedoch für den Menschen." (Malraux 1996f: 678).

Die okzidentale Suche nach der *condition humaine* ist für ihn mehr, als nur eine soziologische Ermittlung idealer Lebensstandards. Es ist die Frage nach dem Wesen der Menschen, nach ihrer Seele, wenn man so will, und „*die unendliche Möglichkeit ihres Schicksals*" (Malraux 1996b: 433) die Malraux zufolge den Intellektuellen interessiert. Diese - zumeist literarische - Suche ist nun Angelegenheit des Intellektuellen, so wie Malraux ihn versteht. Allerdings geht in späteren Jahren - vielleicht auch aus persönlicher Enttäuschung im Umgang mit der französischen Intelligenz (Malraux 1996e: 619) - die Aufgabe der Wesenheitssuche vom Intellektuellen auf den Schöpfer bildender Kunst über. In Malraux' „Psychologie der Kunst" (1947–1950) heißt es, der Intellektuelle sei sich der Vergänglichkeit des Wesenhaften allzu bewusst, was den Künstler nur noch mehr animiere, Unsterbliches zu schaffen. Dennoch: ob nun Künstler oder Intellektueller; das Phänomen der Suche nach der *condition humaine* ist in den

Augen Malraux' offenbar ein zutiefst okzidentales, womit er den modernen Intellektuellen - ähnlich wie Max Weber - in einen deutlich europäischen Kulturzusammenhang stellt.

2.2.2.2 Intellektuelle Erkenntnis als Orientierungshilfe

Malraux sieht die gesellschaftliche Relevanz der Intellektuellen darin, dass sie nicht nur für sich, sondern auch für die gesamte Gesellschaft, in der sie leben, Leitideen entwickeln. Es ist also nicht Aufgabe der Intellektuellen, Realitäten zu erfinden, sondern sie zu erkennen und aus ihnen Leitideen abzuleiten. Deswegen ist für Malraux der Prophet des XX. Jahrhunderts nicht etwa der bei vielen Intellektuellen seiner Zeit hoch angesehene Karl Marx, sondern Nietzsche. Intellektuelle, die sich dem Marxismus verschreiben, leben für Malraux (1973: 92) in der Vergangenheit: *„fast alle unsere intellektuellen Freunde denken ... in Begriffen des XIX Jahrhunderts."* Friedrich Nietzsche aber habe den wahren - nationalen - Charakter des XX. Jahrhunderts erkannt und vor den Auseinandersetzungen gewarnt, die damit verbunden sind (Grover 1978: 123). Nicht der Klassenkampf charakterisiere seine Zeit, sondern der Kampf der Nationen. Sich als Intellektueller zugunsten Frankreichs und zuungunsten der proletarischen Revolution auszusprechen, ist für Malraux kein Verrat, sondern eine Einsicht in den Gang der Dinge. Da nun einmal das 20. das Jahrhundert der Nationen sei, solle sich ein Intellektueller dieser Wirklichkeit nicht entziehen, wie wir aus einem Interview mit dem Spiegel im Oktober 1968 erfahren:

„Die deutschen Intellektuellen müssen sich ernsthaft fragen, wie sie eine deutsche Nation schaffen können, die keine hitlerische Nation ist. Wenn sie das nicht wollen, dann schneiden sie sich selbst von ihrem historischen Schicksal los." (Malraux 1973: 92).

Interessant sind hier die Erwartungen, die Intellektuellen gegenüber gleichermaßen gehegt werden: Einsicht in die Notwendigkeit des Nationalismus und zugleich Verbreitung und Gestaltung einer Leitidee der Nation.

Der Intellektuelle ist also für Malraux eine Institution des Okzidents, die sich der Wahrheitssuche widmet und den Menschen und das Menschliche zum Untersuchungsgegenstand hat. Der Intellektuelle hat zwei gesellschaftliche Pflichten: er muss die Zeichen der Zeit erkennen und er muss die Gegebenheiten gestalten helfen. Mehr noch: dem Intellektuellen fällt bei der Definition nationaler Werte eine entscheidende gesellschaftliche Rolle zu. Er prägt den intellektuellen Charakter einer Nation.

2.2.3 Möglichkeiten sozialer Erkenntnis im geschriebenen Wort

Für Malraux ist der Intellektuelle eine Person, die - im Kreise Gleichgesinnter - einer Leidenschaft für das Geschriebene nachgeht:

„Ihr Denken sucht Anschluss und nicht den Beweis, weil sie sich eher auf Bibliotheken als auf Experimente berufen, und letztlich ist ja die Bibliothek nobler und weniger geschwätzig als das Leben." (Malraux 1996a: 31).

Malraux' persönliche Affinität zum Buch ist schon zur Darstellung gekommen: er verdient sich seinen ersten Lebensunterhalt mit Buchhandel. Aber nicht um des materiellen Gewinns Willen liebt Malraux Bücher und sieht im Geschriebenen einen hohen Wert. Zeit seines Lebens ist er auf der Suche nach der Sprache der *„Wahrheit, der Ewigkeit, des Heiligen"* (Malraux 1996a: 39), die er anfangs in Büchern zu finden hofft, später dann in der Kunst, der er sich in seiner zweiten Lebenshälfte widmen wird. Die Vorstellung vom Menschen, die Idee, die man sich von ihm macht, wird zum Leitgedanken im Leben des Intellektuellen. Der nämlich ist für Malraux (1996f: 628) *„nicht nur jemand, dem Bücher wichtig sind, sondern ein Mensch, dem eine Idee, wie elementar sie auch sein mag, Ausgangspunkt und Ordnung des Lebens ist"*. Diese Notion der „Idee", die dem Intellektuellen offenbar wie auch seine Zurückgezogenheit in die Lektüre zur Erkenntnis von gesellschaftlichen Leitmotiven dient, ist ein ungeklärtes Konzept Malraux'. Es wird vielseitig eingesetzt und bleibt dennoch undeutlich. Dass seine Frau Clara sich für „Ideen" nicht interessiert, ist Malraux jedenfalls Anlass Grund genug, sie zu verlassen. Diese „Ideen"–welt, nach der Malraux strebt ist für ihn offenbar besonders in der Welt der Kunst und Literatur gegenwärtig und eröffnet sich dem Suchenden nach Wahrheit in der stillen Lektüre und Kontemplation.

2.2.4 Malraux und die Gewalt

„With his powerful and analytical mind he sought light wherever he could find it in the past or in the present - in thought, speech, writing, or, best of all, in action, in the game of life and death."

Diese Qualitäten, so Jawaharlal Nehru (1982: 178), kennzeichnen Malraux als *„French intellectual who was also a man of action."* André Malraux ist als Intellektueller in die Geschichte eingegangen und zugleich als ein Held berühmt geworden, der sein literarisches Feingefühl einem lebensverachtenden Mut gegenüberzustellen versteht. Es erstaunt wenig, dass seine Biographen - aber allen voran Malraux selbst - den Vergleich mit dem britischen Literaten und Feldherrn T.E. Lawrence „von Arabien" suchen, um dieses „Phänomen Malraux" zu erklären (Stéphane 1965, Ikor 1979: 75.). Den Zusammenhang zwischen Intellektualität und Abenteuer, den er für sich in Anspruch nimmt, versucht auch Malraux selbst an Lawrence's Beispiel zu erläutern, ohne, dass es ihm so recht gelingen mag. In Malraux' Nachlas finden sich fast 2600 Seiten eines nicht abgeschlossenen Manuskripts mit einer Lebensbeschreibung Lawrence' unter dem Arbeitstitel „Le Démon de l'absolu" (1996d).

Tatsächlich ist Malraux' Umgang mit dem Abenteuer und der damit verbundenen Gewalt in erster Linie durch seine Selbstreflexion als Intellektueller geprägt. Roger Stéphane (1965) sieht in Malraux deswegen einen typischen Vertreter intellektuellen Abenteurertums. Und Jean–Paul Sartre (1965: 19), der Stéphanes Studie ein Vorwort vorangestellt hat, sieht in der Zerstörungswut eines Abenteurers, wie Malraux offenbar einer ist, die Auswirkungen der bürgerlichen Gesellschaft. Die, so Sartre, vertrete das Ideal des Individualismus und führe so zur Vereinsamung der Menschen. Wenn sich in der bürgerlichen Gesellschaft die Einsamkeit als Lebensform erst einmal durchgesetzt habe, werde exzessive Gewalt *„zur einzigen Kommunikationsform mit den anderen."* Abenteurer hassten ihre Einsamkeit und versuchten, in der (gewaltsamen) Tat *„ihrer Isolation zu entkommen."* So stehe Malraux und sein Verhältnis zur abenteuerlichen Gewalt für die pathologische Einsamkeit der modernen Gesellschaft (Sartre 1965: 17).

2.2.4.1 Nuance und Tat

Malraux erklärt das Zusammenkommen von Abenteuerlust und Intellektualität in seiner Person freilich anders als Sartre. Malraux zufolge widersprechen abenteuerliche und intellektuelle Tätigkeit einander. Während die intellektuelle Reflexion über die *condition humaine* Verständnis für die Komplexität ihrer Wirklichkeit fordert, schließt die Gewalt solch ein Verständnis qua ihrer Natur aus. Um es mit den Worten Malraux' zu sagen:

„Der wahre Intellektuelle ist ein Mann der Nuance, der Qualitätsunterschiede, der Wahrheit in sich selbst, er ist *per definitionem* Antimanichäer. Die Mittel der Tat sind nun aber manichäistisch, denn jede Tat ist Manichäismus." (Malraux 1996b: 335).

Malraux scheint gerade diese Paradoxie am Abenteuer zu faszinieren: die intellektuelle Fähigkeit, Tiefgründiges zu verstehen und zugleich die eigene Tiefgründigkeit in der Tat in Frage zu stellen. Beides: Tat und künstlerische Suche nach der *condition humaine* bieten nämlich einen Ausblick auf das, was über den Menschen hinausgeht: das Absolute. Und das Absolute ist für André Malraux (1996b: 90) die einzige Instanz, die *„das tiefe Gefühl der Gebundenheit, des Bedauerns, man selbst zu sein, verbrennen"* kann. Im Abenteurer verschmilzt die Fähigkeit zur Kunst mit der zur Tat in einer übermenschlichen Einheit.

Tatsächlich sieht Malraux also in der Aktion einen Weg der Selbstüberwindung. Doch schätzt Sartre den eigentlichen Grund für Malraux' Bedürfnis nach Abenteuer falsch ein. Malraux geht es nicht um die Überwindung seiner Einsamkeit, wenn er Gefahren auf sich nimmt. Ihm geht es vielmehr darum, das menschliche Gefühl der Abhängigkeit zu besiegen. Intellektuelles Engagement und Gewalt kommen also für Malraux in der Gestalt des Abenteurers zusammen. Der Intellektuelle ist für ihn ein *„Tagträumer"* (Malraux 1996a: 15), dessen Eigenheit sich in der Tat fortsetzt. Der Intellektuelle, der seine luzide Erkenntnis auf die Tat überträgt, folgt einem Instinkt für das

Absolute und nicht der Einsicht in die Notwendigkeit seiner Aktivität (Malraux 1996e: 846f.). Phantasie und Tat ergänzen sich so im Intellektuellen zu einem Gesamtbild. Er bleibt Künstler auch im Moment desjenigen Engagements, das ihn Kopf und Kragen kosten kann. Diese Sichtweise unterscheidet Malraux von Sartre, der eher auf den faktischen Zwang intellektuellen Engagements in Momenten der Gewalt abstellt. Insofern greift François Gerbers (1990: 40f.) hämischer Vergleich Malraux' mit Sartre ins Leere:

„Während der zukünftige Theoretiker intellektuellen Engagements, Jean–Paul Sartre, auf der Terrasse des Café Flore Törtchen verschlang, schlug sich Malraux auf die Seite der spanischen Republikaner."

Malraux' und Sartres Standpunkte sind hier unvergleichbar. Der Künstler steht bei Sartre immer hinter dem engagierten Intellektuellen zurück, während Kunst und Tat bei Malraux eine Einheit bilden.

2.2.4.2 Mythos und heroischer Tod

Roger Ikor (1979: 65) stellt Malraux' Vorstellungen von der Gewalt in den ideengeschichtlichen Zusammenhang mit den Lehren Georges Sorels in dessen „Reflexions sur la violence" von 1906. Zwar fehlt Malraux eine eigenständige Gewalttheorie und der Einfluss Sorels, der Gewalt als Form leidenschaftlicher Spontaneität der Macht als erstarrte und leblose Form der Gewalt gegen-überstellt, ist offenkundig. Eine konsistente Gewalttheorie aus dem Werk Malraux' zu filtern, die, wie die Sorels, der körperlichen Gewalt um ihrer selbst willen einen Reiz, ja gar einen sozialen Nutzen abgewinnen kann und für den individuelle Spontaneität und gesellschaftliche Elitenzirkulation in der Gewalt zusammenkommen, ist m.E. aber nicht möglich. Was Malraux an Sorel sicherlich interessiert, ist eine gewisse heroische Vorstellung von Männlichkeit. Was Sorel über den männlichen Charakter der Gewalt schreibt, trifft sich mit Malraux' niedrigen Bewertung des Weiblichen:

„Ein ... weibischer Charakter der Männer ist mehr zu fürchten, als ein ... brutales ... Gefühl der Unabhängigkeit; und ein Messerstich, den ein in seinen Sitten ehrenhafter, obschon gewalt-samer Mann abgibt, ist ein weniger schweres ... soziales Übel als die Zügellosigkeit der Wollust junger Menschen, die man zivilisierter nennt, als jenen." (Sorel 1981: 214)

Malraux seinerseits setzt Männlichkeit mit Werthaftigkeit gleich, während Weib-lichkeit ihm Wertlosigkeit bedeutet. Freundschaften, die Malraux viel bedeuten, bezeichnet er als „*Männerfreundschaften*" und seine Frau Clara Malraux 1976: 118) notiert in ihren Erinnerungen, alles zwischenmenschliche Verhalten, das man als nobel bezeichnen könne, habe ihr (Ex–)Mann vorzugsweise „männlich" genannt. Und ganz bestimmt findet sich ein misogyner Zug in seinem Wesen, der ihn z.B. über die „*Femmes de lettres*" (Malraux 1996a: 96a) - die seiner Meinung nach verweichlichten (männlichen) Intellektuellen der Zeit - spotten lässt. Ein Sorelianer ist Malraux dadurch aber nicht. In den 20er Jahren findet

Sorels Theorie vom Mythos als eigentlicher Triebkraft gesellschaftlicher Entwicklung namentlich in Frankreich und Italien weite Verbreitung (Berth 1932). Wie sich noch zeigen wird, lässt Malraux sich bei der Idee des Mythos von Sorel inspirieren. Sorels Vorstellung einer an sich sinn-und ziellosen Gewalt (Maurras 1932: 257), deren gesellschaftliche Relevanz darin liegt, die Eliten in Anspannung und das gesamtgesellschaftliche Ehrgefühl aufrecht zu halten, liegt Malraux aber fern. Malraux' Auseinandersetzung mit der Gewalt basiert auf zwei unterschiedlichen - durchaus eigenen - Gedankengängen, die sich mitunter überschneiden, die jedoch getrennt voneinander betrachtet werden sollten.

Zum einen beschäftigt Malraux das Problem des Todes, dabei vor allen Dingen das des sinnstiftenden heroischen Todes. Zum anderen ist Gewalt im Zusammenhang mit Malraux' Überlegungen zum Mythos ein zentrales Thema. Der „Mythos" ist für Malraux im Zusammenhang mit der Gewalt interessant. Der ist, und hier folgt Malraux sehr genau den Vorstellungen Sorels, ein Blick in die Zukunft, eine Voraussicht, die Kraft spendet und der sich der Mensch hingibt, um seinen Leben und dem anderer Menschen Ziel und Sinn zu geben. Der Grund, den z.B. der Attentäter Tchen in der „Condition humaine" in seiner Tat sieht, ist es, „*dem Leben des ... Individuums unmittelbar Sinn zu geben und die Attentate zu vervielfachen, nicht etwa mittels einer Organisation, sondern mittels einer Idee*" (Malraux 1996c: 683).

Dass Malraux - zumindest in der Selbstmystifizierung - nicht davor zurückscheut, einem solchem Heldentod zu begegnen, ist ein Zug, der durch das ganze Leben Malraux geht. Noch 1961, als aufständische Offiziere in Algier Charles de Gaulle zu stürzen versuchen, erklärt sich der damals 60jährige bereit, als Kommandant eines Panzergeschwaders in den gaullistischen Kampf zu ziehen (Trécourt 1996: XLI).

Der Tod spielt zwei unterschiedliche Rollen im Denken Malraux'. Zum einen ist der Tod die Kraft, die stets verneint, die stete Bedrohung des Menschen, die es zu überwinden gilt:

„Man stelle sich eine große Anzahl gefesselter Menschen vor, die allesamt zum Tode verurteilt sind und von denen jeden Tag einige erdrosselt werden, während die anderen dabei zusehen. ... Das ist das Bild des Lebensumstandes der Menschen [*condition de l'homme*]." (Malraux 1996f: 693).

Der Tod ist hier der Umstand, der den Menschen immer wieder auf sich selbst zurückwirft, er ist der Moment der Abhängigkeit, der Malraux zu entkommen versucht.

Der Tod steht auf der anderen Seite aber auch für eine Überwindung eben dieser unglücklichen *condition de l'homme*. Denn im Augenblick des Tötens sind „*die Tötenden jenseits des Lebens und des Todes*" (Malraux 1996b: 218). Töten kann für Malraux also durchaus ein Moment der Befreiung darstellen, die er jedoch nirgendwo so eindeutig in den Mittelpunkt seiner Überlegungen stellt, wie Sartre das tut.

Mehr als für das Töten scheint sich Malraux aber für das gewaltsame Sterben zu interessieren. Der Einsatz des Lebens ist in seinen Augen ein berechtigter Ausbruch aus der Gebundenheit und Verpflichtung des Menschen. Gewaltsam zu sterben, vielleicht auch durch die eigene Hand, ist für Malraux als Akt der Freiheit denkbar: *„Sterben ist Passivität, aber sich töten ist Tat"* (Malraux 1996c: 724). Allerdings ist der gewaltsame Tod nur dann von Wert, wenn er frei gewählt ist. Als Phänomen menschlichen Zwanges ist ihm der Tod zuwider, ja er erscheint ihm richtiggehend grotesk zu sein. In seinem Roman „L'Espoir" lässt er Hernandez eine Massenerschießung erleben: *„außer im Zirkus hatte Hernandez noch niemals einen Menschen rückwärts springen sehen"* (Malraux 1996b: 221).

Es lässt sich also festhalten, dass der gewaltsame Tod zwei Seiten für Malraux hat: eine positive, wenn nämlich dem Tod ein freiwilliges, sinnstiftendes, selbstüberwindendes Verhalten vorangegangen ist, eine negative aber, wenn der gewaltsame Tod ein Massenphänomen ist. Der gewaltsame Tod kann den Menschen über sich selbst erheben, aber eben nicht in jedem Fall.

Gewalt gehört für Malraux also zum Leben des Menschen. In ihr offenbart sich genauso dessen Schwäche (seine Sterblichkeit), wie auch der Weg ihrer Überwindung (die Tat/Aktion). Sie ist Instrument des Lebenssinnes, sie erlaubt dem Menschen, Mensch zu sein, behält aber in der Perspektive Malraux' stets einen negativen Charakter, denn sie stellt den Menschen und seine Menschlichkeit in Frage.

2.2.5 Malraux' Engagement als Coronel des spanischen Bürgerkriegs

Der spanische Bürgerkrieg ist in seinem Ursprung eine gewaltsame Auseinandersetzung spezifisch spanischer Modelle gesellschaftlicher Gestaltung. Was als innenpolitische Auseinandersetzung über den Einzug der spanischen Nation in die Moderne angefangen hatte, wird aber bald - nicht zuletzt auch wegen enormer ausländischer Unterstützung beider Lager - zu einem *„Truppenübungsplatz der Weltdiktaturen"* (Kirsch 1967: 11), der totalitären Ideologien der Zeit.

Der von Francisco Franco angeführte Aufstand vom 17. Juli 1936 lässt sich von Anfang an vom faschistischen Italien und später vom nationalsozialistischen Deutschland materiell und logistisch unterstützen. Die UdSSR unterstützt ab September 1936 die verfassungsmäßige Regierung der Volksfront (Kirsch 1967: 448f.). Die europäischen Demokratien bleiben unentschlossen, erklären eine neutrale Haltung, die sie zumeist mit geheimen Waffenlieferungen an das republikanische Spanien selbst unterlaufen (Dahms 1962: 108). An den Waffenlieferungen Frankreichs ist auch André Malraux beteiligt.

Der engagierte Intellektuelle, der Tat und Wort, Nuance und Manichäismus in seiner Person zu versöhnen weiß, ist Malraux besonders deutlich während seiner Zeit in Spanien. Was vorher eher literarische Phantasie war, nähert sich hier kurzfristig der Wirklichkeit: der Intellektuelle und Abenteurer André Malraux (Larès 1996: 1666f.).

„Ich war damals mit Romain Rolland Präsident des *Comité mondial antifasciste* und zusammen mit Gide überbrachte ich Hitler - der uns nicht empfing - ein Protestschreiben gegen den Prozess gegen Dimitrov und die anderen so genannten Reichstagsbrandstifter. Dann war der Krieg in Spanien, und ich ging nach Spanien, um dort zu kämpfen." (Malraux 1996a: 99)

In dieser scheinbar leidenschaftslosen, ja schon lapidaren Situationsbeschreibung wird zum Ausdruck gebracht, was darzustellen Aufgabe dieses Kapitels ist: Malraux nimmt am spanischen Bürgerkrieg als Intellektueller teil. Malraux geht nach eigenem Bekunden nach Spanien in genau der gleichen Funktion, in der er zuvor nach Berlin gereist ist. Und in dieser Funktion geht es ihm in erster Linie um die Errichtung und Verteidigung von Werten:

„Als wir mit den spanischen Republikanern und Kommunisten zusammen kämpften, verteidigten wir Werte, die wir für universell hielten (und die ich für universell halte)"(zit. n. Picon 1953: 90).

Um den 21. Juli 1936 herum hält sich Malraux in Madrid auf und wird zum Berichterstatter über die dem restlichen Europa rätselhaften Zustände in Spanien (Thornberry 1977: 28ff.). In der Zwischenzeit ist die französische Regierung Blum in den Strudel eines Medienskandals geraten: dem Kriegsminister Daladier werden illegale Waffenschiebungen nach Spanien unterstellt. Die Regierung erklärt sich daraufhin neutral und lehnt offiziell das Ersuchen des in Spanien regierenden *Frente Popular* ab, ihn mit Waffen und Geld zu unterstützen.

2.2.5.1 Das Fluggeschwader „España"

Über den komplizierten Umweg Mexikos wird aber ein heimlicher Waffenhandel arrangiert (Kirsch 1967: 111). Daneben erklärt sich die französische Regierung bereit, private Waffenverkäufe nach Spanien zu dulden. André Malraux kauft Anfang August als Strohmann der spanischen Regierung mit Hilfe seines Schwagers 20 Potez–540, 10 Bloch–200 und einige Bréguets (Lacouture 1973: 228f.). Zwei Monate nach Ausbruch des Bürgerkrieges dann stellt Malraux sein „Geschwader España" zumeist aus französischen Piloten zusammen die sich ihren Dienst sehr gut bezahlen lassen (Kirsch 1967: 112). Hier erwirbt er sich den Ruhm als „Coronel" der improvisierten loyalistischen Luftwaffe.

Malraux, der selbst kaum mitfliegt (Clara Malraux 1976: 163f.), ist zumeist für die Logistik und Bewaffnung des Geschwaders zuständig (Thornberry 1977: 37). Clara Malraux (1976: 78) berichtet, dass ihr damaliger Mann auf seiner Suche nach finanzierbaren Flugzeugen mit dem Zug von Spanien bis nach Tschechien reist, was seine reale Einsatzzeit im Geschwader in Spanien - September 1936 bis Februar 1937 - noch weiter verkürzt. Ob, und - wenn ja - wie oft er als „Coronel" zu kriegerischen Einsatz kommt, ist unsicher. *Cum grano salis* liegt die kommunistische Hetze gegen Malraux nach 1945, die seine Rolle in Spanien als die eines Händlers eher als die eines Kämpfers beschreibt, vielleicht gar nicht so weit von der Wahrheit entfernt (Picon 1953: 57). Es herrscht über die Frage, was genau Malraux in Spanien getan und bewirkt habe, jedenfalls bis heute Unsicherheit.

2.2.5.2 Zur Wirkung des Engagements

Die Darstellungen, die aus Malraux einen mutigen Krieger und geschickten intellektuellen Piloten ohne Vorbild machen wollen (Thornberry 1977: 69ff.), sind allesamt allzu enthusiastisch, um unmittelbar glaubwürdig zu sein. Malraux ist kein Pilot, das hat er auch nie von sich behauptet. Die Piloten seines Geschwaders sind überdurchschnittlich gut bezahlte Söldner, die bei der spanischen Armee unter Vertrag stehen. Malraux ist Vermittler zwischen Armee und Piloten, er ist Käufer und Verhandlungsführer, wenn es um die Anschaffung neuer Flugzeuge geht, ein aktiver Kämpfer ist er allerdings so gut wie nie. Sein Pilot Paul Nothomb antwortet in einem Interview auf die Frage, ob Malraux an Kampfhandlungen teilgenommen habe:

„Er war nicht als Pilot ausgebildet. Aber zwei-oder dreimal hat er die Rolle des Kanzelschützen übernommen, denn wir flogen mit den Potez 42, in denen sieben Personen Platz hatten. ... Er war da, nur weil er bei uns sein wollte. Um zu zeigen, dass er uns beistand, auch wenn er auf keinem Kampfposten stand. Er war da." (Lévy 1992a: 206f).

Malraux tritt hier als eine beispielhafte Persönlichkeit auf, die ihren Einsatz weniger im Kampf als in ihrer Vorbildlichkeit und vorbildlichen Anwesenheit leistet, die auch allgemeine Anerkennung findet. Clara Malraux folgt in ihren nachtragenden Erinnerungen an ihr Eheleben folgender Einschätzung des spanischen Luftwaffenkommandanten Hidalgo de Cisneros:

„Der Beitrag Malraux' im spanischen Krieg war ganz und gar negativ ... . Vielleicht erhoffte er sich ja, bei uns die Rolle zu spielen, die Lord Byron[10] in Griechenland gespielt hatte. Er hatte nicht die leiseste Ahnung von Flugzeugen; er war sich gar nicht darüber im Klaren, glaube ich, dass man - vor allen Dingen zu Zeiten des Krieges - nicht so tut als sei man ein Flieger." (zit. n. Clara Malraux 1976: 36).

Zwar ist richtig, dass diese Erinnerungen zu einer Zeit geschrieben wurden, zu der Malraux kommunistischen Ideen den Rücken gekehrt hatte, doch auch andere, wie z.B. der General Lacalle, haben auf die Schwäche und Inkompetenz des Geschwaders Malraux' hingewiesen (Winock 1999: 346). Malraux' militärische Relevanz für den spanischen Bürgerkrieg mag zwischen diesen beiden Positionen angesiedelt sein. Auszumachen ist sie letztlich nicht.

---

10   Der englische Lyriker Byron hatte 1823/24 an der griechischen Erhebung gegen die Türken teilgenommen, sie sogar zeitweise angeführt und in Griechenland letztlich auch sein Leben verloren.

Auch sein propagandistisches Geschick, mit dem er seit 1937 in den USA und Frankreich um Unterstützung der spanischen Regierung wirbt, wird sehr unterschiedlich eingeschätzt, wie letztlich auch die Wirkung des Propagandafilmes „Espoir", der als Kunstwerk zwar einigen, als Propagandafilm aber gar keinen Erfolg hat. Malraux spricht in diesem Zusammenhang davon, sein Film sei ein „*halber Flop*" gewesen, womit wohl genau diese unterschiedlichen Ebenen der Anerkennung angesprochen werden (Marion 1996: 136–141).

In Spanien tritt Malraux als der Künstler auf, der der Intellektuelle seiner Definition zufolge in erster Linie ist. Dieser Künstler aber hat seinem Selbstbild zufolge ermutigende Ausstrahlung auf die tatsächlich Kämpfenden. Seine bloße Anwesenheit und sein Bekenntnis zu einer der antagonistischen Seiten ist kein wirklicher Aktionismus, sondern vielmehr eine geistige Hilfeleistung. Malraux wirft im spanischen Bürgerkrieg keine oder zumindest sehr wenige Bomben selbst. Sein Engagement beschränkt sich im Weiten auf die Beschaffung von Flugapparaten. Sein Auftritt in Spanien ist der eines Intellektuellen, der im Moment politischer Gewalt exemplarisch so tut als ob er zur Gewalt greife, um Werte, die er für universell hält, durch andere verteidigen zu lassen. In Wirklichkeit sieht sich Malraux für die Verteidigung dieser Werte nicht als zuständig an. Seine Beteiligung ist als symbolisch zu verstehen, um andere zum Einsatz zu motivieren. Malraux, das lässt sich resümierend sagen, greift in den spanischen Bürgerkrieg als eine Person ein, die kraft ihrer hervortretenden Intellektualität Ideen und Wertvorstellungen wertend unterscheidet und diesen Wertunterschied anderen nahe legt.

2.2.6 Zusammenfassung der bisherigen Ergebnisse zu Malraux: Der bewaffnete Künstler engagiert sich für universelle Werte

Was Malraux am Intellektuellen interessiert, ist dessen Suche nach der absoluten *condition humaine*. Der Begriff der *condition humaine* beschreibt bei Malraux die Übersteigerung des Menschen durch sich selbst, eine Sakralisierung des Lebens, ein über die materielle Existenz hinausgehendes Menschsein. Somit kommt dem Intellektuellen eine ebenso irrationale, wie im weitesten Sinne sakrale gesellschaftliche Funktion zu, die ihm eine hohe religiöse Musikalität abverlangt. Die Tat ist für ihn dabei ein luzider Moment der intellektuellen Erkenntnis. Obwohl sich beides: Tat und Intellektualität hinsichtlich ihres Umgangs mit Komplexität diametral gegenüberstehen, finden sie bei Malraux zur Einheit in der Selbstüberwindung. Hier wird die Gewalt für Malraux zu einem Moment übermenschlicher Erkenntnis über das Menschliche. Das Entscheidende der Tat ist dann nicht ihr Zweck oder Ziel, sondern, dass sie begangen wird. Gewalt stellt sich für Malraux also eher im größeren Zusammenhang der Aktion, der Tat als denkbare Betätigung des Intellektuellen dar.

In der gewaltsamen Aktion des spanischen Bürgerkriegs nun zeigt sich ein Malraux, der die Gewalt nicht meidet, der vielleicht auch tötet, auch wenn „nur" auf Distanz aus dem Flugzeug heraus, und dem dieses „Abenteuer" schon schnell zuviel wird. Ein halbes Jahr nach Beginn seines kriegerischen Engagements wird aus dem Abenteurer Malraux wieder ein Schriftsteller, der mit Propagandareisen und - filmen auf die Not Spaniens aufmerksam macht. Sein Engagement als Flieger ist vollkommen abgeschlossen, er greift in Spanien nicht wieder zu den Waffen, lässt aber in seinem Roman „L'Espoir" wieder den Mythos aufleben, der ihn zum Abenteurer seiner eigenen Phantasie hat werden lassen.

Sein bewaffnetes Engagement im zweiten Weltkrieg, sein hier zur Schau gestellter Mut, sein Angebot, 1961 das Kommando über ein Panzergeschwader gegen die putschende Generäle zu übernehmen - all dies greift den Mythos Malraux' als dem Intellektuellen der Tat wieder auf, der er in Wirklichkeit nur recht kurze Zeit war. Die Begeisterung für seine Person, auf die Malraux stets zählen kann, begründet sich zum einen sicherlich mit seiner Intelligenz. Der entscheidende Punkt aber, der an Malraux immer wieder herausgestellt wird und der ihm über den Tod hinausgehenden Ruhm eingebracht hat, ist sein bewaffnetes Engagement in Spanien. Simone de Beauvoir (1969: 319), die Malraux ansonsten nicht leiden konnte, kommt nicht umhin, ihn zu loben: „*Wir bewunderten Malraux und sein Geschwader, der sich in den Dienst Spaniens gestellt hatte.*" Bernard–Henri Lévy, von dem noch die Rede sein wird, macht sich Malraux und dessen spanisches Abenteuer zum Vor-und Leitbild seines eigenen Engagements als Intellektueller, woran sich die Wirkung des Malrauxschen Mythos bis heute nachvollziehen lässt.

Malraux' Anspruch an sich als Künstler ist die Dechiffrierung der *condition humaine*; sein Anspruch an sich als Intellektueller ist ähnlich, aber in Zusammenhang mit dem Abenteuer zu sehen. Der charismatische, religiös musikalische und künstlerische Intellektuelle, den er fordert, ist Malraux selbst. Dass er dabei zwar eine lose Menge Bewunderer um sich sammeln, nie jedoch eine „église" schaffen konnte, liegt in seiner Persönlichkeit, wie in den biographischen Brüchen begründet, die zwar Malraux als Intellektuellen, nie aber einen „Malrauxismus" hat hervorbringen können. Ob er sich nun in Spanien bewaffnet engagiert, weil er, wie Jean Lacouture (1983: 182) schreibt „*in der Tat den Quell seiner Inspiration zu finden hoffte, oder ob das Schreiben allein seinen Durst nach vollendetem Leben nicht stillen konnte*", spielt dabei keine Rolle. Entscheidend für diese Arbeit ist die für französische Intellektuelle offenbar denkbare Möglichkeit eines bewaffneten Engagements für universelle Werte, die ihm als Intellektuellem in besonderer Weise einsichtig sind.

2.3 Jean–Paul Sartre

Jean–Paul Sartre wird am 21. Juni 1905 in Paris in eine Mittelstandsfamilie hineingeboren. Nach dem frühen Tod seines Vaters nehmen seine Mutter und sein Großvater seine Erziehung in die Hand. Der Annahme Jean–Paul Hamelns (1998: 6–10), der Einfluss des protestantischen Großvaters sei der Grundstein für das Engagement und den freien Geist des jungen Sartre gewesen, muss bezweifelt werden. Sicherlich wächst Sartre in einem geistigen Umfeld auf, das dem Laizismus des französischen Staates noch mehr abgewinnen kann als der katholische Durchschnitt der Franzosen, und gewiss steht Religion in Erziehungsfragen weit hinter Literatur und Philosophie. Doch ist dafür nicht der großväterliche Protestantismus verantwortlich zu machen, sondern wohl eher der laizistische und bildungsbürgerliche Charakter der Familie (Hayman 1987: 33).

Dennoch bleibt der Einfluss des Großvaters entscheidend für Sartres intellektuelle Entwicklung. In seiner autobiographischen Schrift „Les Mots" (Die Wörter) erscheint der Großvater als eine priesterliche Gestalt, die den kleinen Jean–Paul in die Welt der Literatur einführt (Sartre 1965a: 45). Zwar warnt er ihn vor der schwierigen Lebensführung eines Schriftstellers und rät ihm, Lehrer zu werden, doch hinterlässt er in Sartre (1965a: 51) die Überzeugung, zu einem Künstlerleben berufen zu sein.

Sartre wird an der *École Nationale Supérieure* angenommen, wo er von 1924 an Philosophie studiert. Hier unterschreibt er 1928 auch die erste Petition seines Lebens: gegen militärische Übungen im Sportunterricht (Hayman 1987: 72). Im gleichen Jahr verlässt er die Schule als ihr bester Schüler seines Jahrgangs.

Als junger Gymnasiallehrer bietet er in la Havre auch Boxstunden an, doch sieht er in diesem Unterricht in erster Linie eine Möglichkeit für seine Schüler, ihrem Philosophielehrer einmal im Ring gegenüberzutreten. Die Erfahrung, die er in la Havre sammelt, lehrt ihn offenbar, als Philosophielehrer in Paris und Laon auf dieses extracurriculäre Angebot zu verzichten (Hayman 1987: 88). Doch noch bis mindestens 1939 feilt er an der Technik seines *over–arm–stroke* (Beauvoir 1983: 257).

1937 erscheint bei Gallimard sein erster Roman: „La Nausée", der sofort ein Erfolg wird. Seinen Durchbruch als beachteter und gefragter Schriftsteller erfährt Sartre aber letztlich erst nach dem 2. Weltkrieg und dann als Verfasser von Theaterstücken. Für zwei seiner Dramen bekommt Sartre 1964 den Nobelpreis für Literatur zugesprochen, den er mit der Begründung ablehnt, sowjetische Schriftsteller würden vom Komitee systematisch benachteiligt (Hayman 1987: 417).

Im September 1939 wird Sartre mobilisiert, und er zieht in einen Krieg, den er als „*connerie*" verdammt und der ihn zugleich fasziniert (Beauvoir 1983: 272). Nicht in dem Ausmaß wie bei Bernard–Henri Lévy, der, wie sich zeigen wird, den Krieg in Bangladesch als seine intellektuelle Feuertaufe erlebt, aber doch mit Begeisterung und Neugier gibt sich Sartre seiner Kriegserfahrung hin, die er zumeist weit hinter der Front im Dienst der militärischen Wetterwarte macht.[11] 1940 gerät Sartre in deutsche Kriegsgefangenschaft, aus der er 1942 entlassen wird. Was er letztlich aus dem Krieg mitnehmen wird, ist eine sein Leben lang ihn prägende Verachtung für die deutsche Besatzung und damit verbunden ein radikaler Antifaschismus (Holthusen 1982: 173).

Sartre strebt seit seiner Jugend nach Bedeutung und Ansehen. Er will Größe erlangen, will jemand sein, über den in späteren Lexika zu lesen sein könne, er sei ein „*bemerkenswerter Schriftgelehrter*" gewesen (Beauvoir 1983: 7).

Er ist aber auch ein Politiker. 1947 ist der Mitbegründer des *Rassemblement Démocratique Révolutionnaire* (RDR) das den Anspruch erhebt, einen „dritten Weg" zwischen der gaullistischen Westorientierung und der kommunistischen Ausrichtung am sowjetischen Vorbild zu gehen. Die Bewegung scheitert allerdings schon im Oktober 1949 an finanziellen Problemen. (Cohen–Solal 1985: 398 f.).

Sartre entwirft sich als die Persönlichkeit, die er gerne sein möchte. Als er im April 1980 stirbt, weiß keiner der Nachrufe dieses Phänomen zu fassen und die berufliche Zuordnung Sartres geht von „Politiker" bis „*Gewissen der Welt*" (König 1986: 8).

2.3.1 Sartre als Intellektueller

Der Name Jean–Paul Sartres steht synonym für Intellektualität (Habermas 1991: 156 ff.). Er ist kein Philosoph, kein Schriftsteller, kein Journalist, kein Botschafter, kein Politiker, und doch ist er von dem allem ein bisschen und das gleichzeitig. Er schreibt Dramen, gibt Zeitschriften heraus, entwickelt eine eigenständige Philosophie, ist gar Mitbegründer einer Partei, und er reist durch die Welt und trifft Regierungsvertreter vieler Staaten. Sartre hat das Bild des modernen Intellektuellen nicht geschaffen, sicherlich aber entscheidend verfeinert und geprägt (Kowalsky 1991: 73). Intellektuelle gab es vor Sartre, doch seit Sartre ist bekannt, wie einer auszusehen hat: Kaum ein Buch über Intellektuelle, das auf ein Foto Sartres auf dem Schutzumschlag verzichten wollte, kaum ein Versuch, Intellektualismus in Frankreich zu analysieren, der nicht Sartre in den Mittelpunkt der Betrachtung stellte (z.B. Ory/Sirinelli 1986, Lévy 1992a, Winock 1999). Bei Sartre lässt sich eine Stilisierung des Intellektuellentums beobachten, die letztlich einer „Professionalisierung" des Intellektuellendaseins den Weg geebnet hat. Der „Berufs"–Intellektuelle Bernard–Henri Lévy (2000) jedenfalls beruft sich, wie sich noch zeigen wird, auf Sartre.

---

11 Sartre beschreibt in einem ironischen Brief an Simone de Beauvoir (1983: 298), wie man sich sein Team bei dieser Arbeit vorzustellen hat: „*D'abord il a fallu une heure pour installer le théodolite au nord géographique (car il est dirigé sur le nord magnétique). Ensuite un a lâché et toute suite perdu de vue un premier ballon sous l'œil ironique de deux gen-darmes.*"

Obwohl Sartre seine ersten nennenswerten Erfolge als knapp 40jähriger feiert und obwohl er erst ab 1945 einen relativ sicheren Lebensstandard hat, der ihm erlaubt, keinem regelmäßigem Gelderwerb nachgehen zu müssen (Hayman 352f.), sind seine nachfolgenden Lebensjahre so voller verschiedener Aspekte intellektueller Existenz, dass es unmöglich erscheint, den großen deskriptiven Bogen zu spannen. Ein roter Faden in Sartres Werk ist die Frage nach der Freiheit. Dieses Lebensthema hat er mit Ernst Jünger gemeinsam. Die Antworten der beiden Autoren sind freilich sehr unterschiedlich.

Seit 1945 gibt er seine Zeitschrift „Les Temps Modernes" heraus, die nach einem Charlie Chaplin–Film benannt ist (Hayman 1987: 118). Anfangs wird noch der Anspruch politischer Ungebundenheit vertreten, doch schon bald prägt der eigentliche Herausgeber und graue Eminenz der „Temps Modernes", Maurice Merleau–Ponty, den marxistischen Charakter des Blattes, dem sich Sartre nicht widersetzt (Gutwirth 1996: 76f.). Doch kann sich Sartre nie wirklich zu einer eindeutig kommunistischen Haltung seiner Zeitschrift durchringen.

1970 übernimmt er die - symbolische - Herausgeberschaft der maoistischen Zeitschrift „La Cause du Peuple", in der radikale Aufrufe und Appelle zu kollektiver Gewalt zu finden sind (Crimi 1971: XX). Seine Herausgeberschaften nimmt Sartre nie richtig ernst, so wie er auch sonst Schwierigkeiten gehabt zu haben scheint, seine Rolle - gesellschaftlich oder auch zwischenmenschlich - zu beschreiben. Persönliche Bindungen (Rudolf Gutwirth (1996: 75) nennt den Freundeskreis Sartres gar dessen „petite famille") machen einen Großteil der auch beruflichen Beziehungen aus. Freunde sind Kollegen, Kollegen Freunde. Die Gründe, aus denen er mit so wichtigen und guten Freunden wie Merleau–Ponty oder Albert Camus bricht, sind zwar zumeist beruflicher Natur, werden aber in persönlicher Schärfe vorgetragen. So bleibt Sartre, bei allem politischen und gesellschaftlichen Engagement, nicht nur immer ein Einzelspieler, sondern auch ein Einzelgänger, der die Kraft und die Legitimation seines Handelns in erster Linie in sich selbst und weniger in einer Funktion sucht. Sartre ist Intellektueller, der seine Rolle und Bedeutung sich selbst verdankt. Nicht umsonst ist das Charles de Gaulle nachgesagte Diktum über Sartre, man verhafte keinen Voltaire (Kowalsky 1991: 80), eines der beliebtesten Zitate zur Beschreibung des Phänomens Sartre: Es steht für ein Engagement und eine intellektuelle Lebensführung, die sich letztlich nur in sich selbst begründet.

2.3.2 Sartres Theorie der Intellektuellen

In seinem „Plaidoyer pour les intellectuels" hat Sartre (1972) eine zusammenhängende Intellektuellentheorie ausgearbeitet, wie sie (im Rahmen dieser Arbeit) nur noch in Lévys „Eloge des intellectuels" und vielleicht auch in Brechts „Turandot" zu finden ist. Hier sind die wichtigsten Stichworte zum Phänomen des Intellektuellen zusammengetragen, und hier wird eine Analyse über

Möglichkeiten und Pflichten intellektueller Macht angestellt. Dieser Text ist nun allerdings gut zehn Jahre nach der Beendigung des Algerienkrieges verfasst worden, und er verarbeitet dementsprechend Erfahrungen, die Sartre Ende der fünfziger Jahre noch nicht gemacht hatte. Die Erfahrung als politischer Intellektueller während des Algerienkrieges trägt im Gegenteil entscheidend zur Ausprägung seines Intellektuellenbildes bei (Thiel 1987: 611–620). Das „Plaidoyer" steht also zu einer Darstellung von Sartres Intellektuellentheorie nur begrenzt und nur unter der Einschränkung zur Verfügung, dass hier auch Thesen formuliert sind, die Sartre schon vor der algerischen Erfahrung so oder so ähnlich formuliert hat. Doch schon in früheren Texten setzt sich Sartre mit der Definition des Intellektuellen auseinander. Das Interesse an dem Thema ist persönlich, weil Sartre nach eigenem Bekunden stets zwischen der Rolle des gesellschaftlich engagierten Intellektuellen und der des erkennenden Schriftstellers schwankt.

2.3.2.1 Intellektuelles Engagement

In Sartres Selbstbild als Künstler fließen die Charakteristika des Schriftstellers und die des Romanhelden zusammen: „Ich hatte in der Tat kein Genie, ich wusste es, aber es war mir Wurst; der fehlende, unmögliche Heroismus war alleiniger Gegenstand meiner Leidenschaft" (Sartre 1965a: 123). In diesem Zitat deutet sich an, was für Sartre kennzeichnend bleibt: ein schriftstellerisches Engagement, das sich nie vollständig mit dem künstlerischen Aspekt seiner Tätigkeit begnügen kann und das stets ein heroisches Anliegen zumindest mitzuvertreten bemüht ist. In einem Radiointerview vom Februar 1973 beschreibt Sartre seinen inneren Drang zum Engagement wie folgt:

„Ich möchte ganz einfach der Mann sein, der ich bin, der seinem Beruf, dem Schreiben, nachgeht und der sich gleichzeitig engagiert, denn der Beruf - selbst wenn man ihn gut ausübt - reicht nicht aus, die Wünsche eines Menschen zu beschränken, der sich im Volke engagiert und der mit dem Volk zusammenarbeitet." (Hackenbroch–Kraft 1980: 31).

Sartres Berufung als Schriftsteller steht im Schatten einer eher philosophischen Berufung. Daran allerdings wagten zu Beginn seiner intellektuellen Karriere nur wenige zu glauben. Simone de Beauvoir (1990: 55) hat Sartre sogar davon abgeraten, philosophische Bücher zu schreiben, weil er dafür nicht geschaffen sei. Den Kompromiss zwischen literarischem Heroismus und Talent einerseits und philosophischer Abstraktion und dramatischer Einfachheit andererseits findet Sartre letztlich in dem, was er als littérature engagé bezeichnet.

Was genau Engagement ist, lässt sich letztlich nur erklären, wenn man sich Sartres Begriff der Freiheit vor Augen hält (Gauger 1971: 41–54). Freiheit, so Sartre (1983: 339), tritt in Reinform nur in den seltenen Momenten der Losgelöstheit von der Welt auf. Die Welt aber zeigt dem Menschen seine Grenzen auf. Der Tod als absolute Grenze ist nun paradoxerweise nicht ein Widerstand, sondern ein Element menschlicher Freiheit. Denn wäre der Mensch unsterblich, dann wären Entscheidungen nur eine Frage des geeigneten Termins, nicht aber einer selbstmotivierten Wahl. Der Freiheitsbegriff Sartres, das zeigt sich hier, legt sein definitorisches Schwergewicht auf die Entscheidung. Die Freiheit der Entscheidung ist Freiheit im Sinne Sartres. Das bleibt in allen Phasen seiner philosophischen Entwicklung zentrales Element seiner Theorie: „*Es gibt kein Richtmaß. ... Das einzige was zählt, ist zu wissen, ob die Erfindung, die man macht, im Namen der Freiheit gemacht worden ist*" (Sartre 1949: 85).

Die Entscheidung für eine Option schließt eine andere Option aus. Doch ist auch das Auslassen einer Entscheidung letztlich eine Entscheidung. Ein Schriftsteller, der im Lichte der Öffentlichkeit lebt, ist zur Stellungnahme und somit zum Engagement in einem zunächst sehr weiten Rahmen verdammt. Es ist unmöglich, von der Freiheit, Stellung zu beziehen, nicht Gebrauch zu machen. In einem Interview erläutert Sartre (Hackenbroch–Kraft 1980: 29) diesen Standpunkt:

„Ich mache da mal ein Beispiel: jemand, der sagen würde: ich möchte keine Politik machen, meine Freiheit ist es also, mich von ihr fernzuhalten, das ist jemand, der dennoch Politik betreibt: denn diese Ablehnung stellt ihn z.B. in den Zusammenhang mit rechten Anarchisten - und gleichzeitig hat er sich dieses Schicksal frei gewählt."

Der Schriftsteller hat also gar keine andere Wahl. Er muss sich äußern, muss etwas sagen, denn auch sein Schweigen wird als freie Entscheidung für oder gegen eine politische Sache verstanden werden. Wer sich z.B. im Falle des Algerienkonfliktes einer Entscheidung zu entziehen sucht und sagt: „*Ich bin gegen alle Formen der Gewalt, egal, von wo sie kommt,* " der könne - so Sartre - genauso gut sagen: „*ich bin für die chronische Gewalt, die die Kolonialisten gegenüber den Kolonisierten ausüben (Überausbeutung, Arbeitslosigkeit, Unterernährung)*" (Sartre 1972: 55).

Der wahre Intellektuelle ist also jemand, der etwas zu sagen hat. Unter seinen Händen wird die Literatur zum Engagement. Es ist, so Sartre (1972: 31), unmöglich, unparteiisch zu sein. Das Über–den–Dingen–stehen des Schriftstellers sei ein bürgerlicher Irrglaube.

2.3.2.2 Intellektuelle Tätigkeitsfelder

Ähnlich wie Brecht hat auch der junge Sartre keine Schwierigkeiten damit, sich als Intellektuellen zu bezeichnen. Sartre hat sich, ähnlich wie Brecht, lange Zeit mit dem Problem intellektuellen Auftretens und seiner Legitimation beschäftigt. Dabei ist Sartre das Problem der fehlenden göttlichen Gunst des Künstlers in der Moderne Grund dafür, dass der Intellektuelle sich nicht aufgrund eines „vom Himmel gefallenen" Charismas seiner Rolle bewusst sein kann. Insbesondere ein wohl ursprünglich auf 2000 Seiten angelegter Textentwurf zum Engagement des französischen Dichters Stéphane Mallarmé, an dem Sartre mit Unterbrechungen zwischen 1948 und 1961 und letztlich bis 1978 arbeitet zeigt, wie sehr und wie lange Sartre das Thema intellektuellen Engagements beschäftigt (Sicard 1986: 7).

Im Zentrum seiner in den Fragmentteilen zusammengetragenen Überlegung steht die Frage der Begründung einer gesellschaftlichen Sonderstellung des Dichters und Schriftstellers. Europa, so Sartre (1986: 8), muss Mitte des 19. Jahrhunderts *„eine bestürzende Nachricht erfahren, die heute von einigen bestritten wird. Gott tot. Stop. Kein Testament."* Der Dichter, der vormals *„Dichter von Gottes Gnade"* (Sartre 1986: 16) gewesen war, verliert unwiederbringlich seinen gesellschaftlichen Sonderstatus. Er muss darauf verzichten, *„sich zum Spiegel der erkennbaren Welt zu machen"* (Sartre 1986: 15). Dichter werden zu *„Waisenkindern Gottes"* (Sartre 1986: 19). Das führt, wie Sartre (1965a: 144) am eigenen Beispiel deutlich macht, zu einiger Verwirrung hinsichtlich der Legitimation als inspirierter Schriftsteller: *„Ich leite mich nur von ihnen ab, die sich nur von Gott ableiten, und ich glaube nicht an Gott. Da soll sich einer auskennen."* Nichts kann mehr die Position des Intellektuellen begründen. Auch „Kultur" als abstrakter intellektueller Arbeitsbereich, den ja André Malraux dem Intellektuellen zuspricht, ist für ihn auch ohne Intellektuelle denkbar. Deren Anspruch, Kultur zu verteidigen, hält Sartre (1979: 37) sogar für gefährlich: *„Wir Kulturschaffenden ... wissen sehr gut, dass man die Kultur nicht verteidigen muss; die Kultur verteidigen heißt in Wirklichkeit, sich ihrer zu bedienen, um den Krieg zu rechtfertigen."* Sartre (1979: 14) steht deswegen all denen Intellektuellen skeptisch gegenüber, *„die einem weismachen wollen, dass es eine magische Welt des Geschriebenen gebe."*

Der religiöse Anspruch auf Heilskommunikation ist verloren. Was vom Intellektuellen bleibt, ist *„ein ganzer Mensch, gemacht aus dem Zeug aller Menschen, und der soviel wert ist, wie sie alle und soviel wert wie jedermann"* (Sartre 1965a: 145). Wenn ihr jede metaphysische Begründung abhanden kommt, ist Intellektualität auf den ersten Blick eine Frage biographischen Zufalls: *„übrig bleibt die zufällige Verwirklichung einer Möglichkeit unter Tausend"* (Sartre 1980: 12). Die Zufälligkeit seiner Rekrutierung begründet auch die Bescheidenheit der Positionierung des Intellektuellen in der arbeitsteiligen Gesellschaft. Hier übernimmt der Intellektuelle die Rolle dessen, der an Detailfragen arbeitet, die sich bei der gesellschaftlichen Sinnsuche ergeben. Während Brecht sich gedrängt fühlt, der Gesellschaft intellektuell nützlich zu sein, scheint Sartre eher darauf zu achten, sich ihr nicht aufzudrängen. Eine moderne Gesellschaft könne sich Kopfarbeiter leisten, ohne, dass sie ihr zur Last fielen.

„Das Suchen und die Erfahrung sind wertvoll. Wir sind in einem Land zahlreich genug, dass wir gemeinsam und getrennt jene reale Totalität der Literatur als objektiven Geist schaffen können! Sie mögen sich bei Details aufhalten, sie werden dennoch, dank aller andren, zum Ganzen beitragen." (Sartre 1979: 13).

Zusammenfassend gesagt sind Intellektuelle für Sartre also kluge Menschen, die sich engagieren. Sie rekrutieren sich aus der gebildeten Schicht des Bürgertums. Bildungsbürger und über die gesellschaftlichen Maße gebildete Menschen sind aber nicht mit Intellektuellen gleichzusetzen, wenn sie etwas Intellektuelles unternehmen:

„Man wird wohl kaum diejenigen Wissenschaftler ‚Intellektuelle' nennen, die an der Kern-
spaltung arbeiten, um atomare Kriegsmaschinerien zu perfektionieren: das sind Wissenschaftler und damit basta. Aber wenn genau diese Wissenschaftler ... sich zusammentun und
ein Manifest unterschreiben, in dem sie die öffentliche Meinung vor der Benutzung der
Atombombe warnen, werden sie zu Intellektuellen." (Sartre 1972: 13).

Ein wahrer Intellektueller ist für Sartre also 1. ein Mensch, der sich in Dinge
einmischt, die ihn nichts angehen, darüber hinaus nutzt er 2. noch seine
Berühmtheit aus, um besondere Themen publik zu machen, und 3. urteilt der
Intellektuelle nicht aus seiner Rolle als Experte, sondern als Vertreter einer
Erkenntnis, die er einer übergeordneten Intelligenz unterstellt. Diese Erkenntnis
allerdings ist nicht metaphysischer Art.

2.3.3 Erkenntnis als Engagement: Der Fall Stéphane Mallarmés

Stéphane Mallarmé (1842–1898), an dessen Beispiel Sartre die Möglichkeiten
intellektueller Erkenntnis nach Gottes Tod aufzeigt, ist von der Einsicht abge-
stoßen, dass dem Dichter offenbar jenes göttliche „luce intellettual" abhanden
gekommen ist, das ihn vormals umgab. Seine vehemente erste Reaktion ist die
radikale Ablehnung seiner gottlosen Zeit. Er erkennt aber letztlich, dass er sich
seiner Welt nicht zu entziehen vermag, und so wird seine Kunst zu dem, was
Sartre seinem sehr vagen Begriff des Engagements zusammenfasst. Engagement
bedeutet hier, dass Mallarmé Zeitgenosse seiner Zeitgenossen bleibt. Mallarmé
zieht sich nicht zurück, wie so viele seiner Schriftstellerkollegen (Sartre 1986:
29), sondern er beginnt, seine Kritik der Epoche als Teil der Epoche selbst zu
begreifen:

„Mallarmés erste Regung ist das Zurückweichen aus Abscheu und die universelle Verurteilung
aller Formen des Lebens gewesen. Aber beim Wiederlesen von *Hérodiade* merkt er plötzlich,
dass die allgemeine Negation der Abwesenheit jeder Negation gleichkommt. Negieren ist ein
Akt." (Sartre 1986: 178).

Der Begriff des Engagements, das Sartre Mallarmé hier zuschreibt, ist letztlich
eine Form des wissent-und willentlichen Aufnehmens gesellschaftlicher
Atmosphäre in die schriftstellerische Produktion, wie Sartre (1979: 13) in einem
Interview 1960 erläutert:

„Wenn die Literatur nicht alles sagt, ist sie nicht der Mühe wert. Das will ich mit ‚Engagement'
sagen. ... Wenn jeder niedergeschriebene Satz nicht auf allen Ebenen des Menschen und der
Gesellschaft widerklingt, bedeutet er nichts. Die Literatur einer Epoche ist die durch ihre
Literatur verdaute Epoche."

Erkenntnis und Engagement bilden für Sartre also eine Einheit. Der engagierte
Schriftsteller ist Teil der Selbsterkenntnis der arbeitsteiligen Gesellschaft.
Objektive Erkenntnis mag nicht möglich sein, weil ein unabhängiger Standpunkt
des Schriftstellers in der modernen Welt unplausibel geworden ist, doch ist die

Literatur als beschreibender Teil der Gesellschaft immer noch an ihrer Selbsterkenntnis beteiligt, indem sie sich engagiert.

2.3.4 Sartre und die Gewalt

Die von Jürg Altwegg (1989) vorgetragene Hypothese, es lasse sich unter den
Intellektuellen in Frankreich seit Beginn des 20. Jahrhunderts eine zunehmende
End–Radikalisierung beobachten, trifft auf das Leben und Wirken Jean–Paul
Sartres nicht zu. Im Gegenteil lässt sich in seinem Œuvre eine Radikalisierung
nachvollziehen, die - ausgehend von einem überaus diffusen, negativ besetzten
Gewaltbegriff - zunehmend in Sartres Werk und Denken Platz greift. Bernard–
Henri Lévy (1992: 378) staunt über Sartres wachsende Begeisterung für die
Gewalt, und er fragt sich, was den „*Rasenden letztendlich zurückgehalten*" habe,
selbst gewalttätig zu werden. Das ist eine überaus harte Formulierung, doch ist
sie für Sartre seit spätestens 1968 zutreffend (Gutwirth 1996: 8).

Gewalt spielt - bei allem Wandel der Sichtweise - im Denken Sartres eine
solch zentrale Rolle, dass einige Sekundärliteratur zu Sartre sich allein mit dem
Phänomen der Gewalt in seinem Werk beschäftigt (Laing/Cooper: 1971,
Verstraeten 1972, Holthusen 1982, Fretz 1988).

2.3.4.1 Sartres erste „Theorie der Gewalt"

Schon während des Krieges arbeitet Sartre an einer „Theorie der Gewalt", wie
er Simone de Beauvoir (1983: 518) mitteilt. Die dazu zusammengestellten
Notizen werden erst 1983 posthum in den „Cahiers pour une morale"
erscheinen. Die hier entwickelte Theorie geht von einem überaus negativ
besetzten Gewaltbegriff aus, und sie fußt auf Sartres Überlegungen zur Freiheit,
die im Rahmen der Intellektuellentheorie schon beschrieben worden sind. Die
Sichtweise, dass der Mensch, verurteilt zu seiner eigenen Freiheit, diese Freiheit
als einzigen Maßstab seinen Entscheidungen zugrunde legen kann, wird in den
„Cahiers" vorbereitet. Weil alle anderen (z.B. moralischen oder ethischen) Maßstäbe eine Entscheidung nicht begründen können, muss eine Entscheidung
letztlich im Namen der Freiheit fallen. Auch wenn der Mensch dazu neigt, seine
Entscheidungen so zu fällen, dass er der absoluten Grenze des Todes möglichst
fern bleibt, so gibt es doch Momente des Zusammentreffens mit Menschen
oder Dingen, die an Grenzen rühren. Hier kommt die Gewalt ins Spiel (Sartre
1983: 180ff.).

Sartre zufolge ist Gewalt eine Form der Weigerung, sich mit der Welt aus-
einanderzusetzen. Sie erhebt sich selbst zum Absoluten und ist somit eine Form
der Unfreiheit, denn sie verweigert sich selbst die Möglichkeit der Entscheidung.
Auch elterlicher Zwang, Lügen und - interessanterweise - die Bitte fallen unter
den hier noch sehr ausgedehnten Gewaltbegriff Sartres. In jedem dieser Fälle, so

argumentiert Sartre, wird die Freiheit des Gegenübers nicht zur Kenntnis genommen bzw. untergraben. Der Fall der Bitte ist dabei besonders perfide, denn sie ist eine scheinbare Kompetenzübertragung auf den Gebetenen. Wird die Bitte nicht erfüllt, entlädt sich im Zorn die gewaltsame Wirklichkeit des Bittenden.

Gewalt ist eigentümlich, dass sie ihren defensiven Charakter hervorhebt. *„Sie gibt immer vor, nicht angefangen zu haben."* Damit, so Sartre (1983: 192), entzieht sie sich der Verantwortung, die einer Entscheidung in Freiheit aber eigentümlich ist. Es mag Momente tatsächlicher defensiver Gewalt geben. Die ergeben sich, wenn man behandelt wird, ohne selbst Handelnder sein zu können. In der Falle der gegnerischen Sichtweise muss ein Ausweg gesucht werden, der mitunter abrupt sein kann. So kann ein Ort einer Auseinandersetzung verlassen werden. Das allerdings geht nicht ohne ein schlechtes Gewissen. Denn wer sich einer Auseinandersetzung entzieht, tut letztlich das gleiche wie der, der sie gewaltsam abzutöten gedenkt. Diese Institution des schlechten Gewissens (*mauvaise foi*) in der Theorie Sartres ist mit Blick auf Max Weber und Ernst Jünger, die eine Gewissensprüfung der Legitimität von Gewalt voranstellen, interessant. Es zeigt sich aber alsbald, dass Sartre sich mit dem Problem des schlechten Gewissens nicht aufhält. Ihm geht es vielmehr um die Überwindung potentieller Gewaltmomente. Die Freiheit des anderen zu erkennen, sie als Teil der eigenen Freiheit verstehen zu lernen ist dementsprechend Lehrziel des Sartreschen Lehrgebäudes. Nicht das innere Ringen um eine legitime Gewaltform, sondern die Freiheit im Verbund mit anderen Freiheiten steht hier im Mittelpunkt einer ersten systematischen Annäherung Sartres an die Gewalt. *Mauvaise foi* ist die Gewissheit der Freiheit des Anderen, mit der der Mensch leben lernen muss.

2.3.4.2 Der Teufel und die dialektische Vernunft

Die Auseinandersetzung mit der Gewalt ist, neben diesen ersten Skizzen einer Gewalttheorie, vielerorts im Œuvre Sartres ein Thema. Vor allem ist das Drama für Sartre ein geeigneter Ort, sich mit ihr zu beschäftigen. Besonders „Le Diable et le bon Dieu" ist dermaßen in das Problem der Gewalt vertieft, dass ein Artikel in der Satirezeitschrift „Canard enchainé" 1998 mit „Le diable et le Bourdieu" titeln und auf unmittelbares Verstehen des Publikums setzen kann (Pagès 1998: 4). (Der Artikel beschäftigt sich mit dem Verhältnis des Soziologen Pierre Bourdieu zur Gewalt.)

Sartres Stück von 1951 handelt von Götz von Berlichingen und seiner beschwerlichen Selbstfindung. Weil ihm diese aufgrund seiner unehelichen Herkunft nicht leicht fällt, neigt er zu Übertreibungen. Um sich den Anderen Menschen gegenüber behaupten zu können, glaubt Götz, eine besonders auffällige Rolle spielen zu müssen, und er sieht sie als Gegenspieler Gottes. Wenn der sich für das Gute zuständig sieht, will er, Götz, eben böse sein. Diese Phase in Götzens Leben ist von Gewalt geprägt. Er demütigt seine Lebenspartnerin, ermordet seinen Bruder und hintergeht alle, ob Freund oder Feind. In dieser rohen Gewalt erlebt Götz ein Moment der Selbstfindung oder noch genauer, er entwirft sich selbst (Sartre 1969a: 303).

Sein Freund Heinrich macht Götz darauf aufmerksam, dass der Mensch ohnehin nicht umhin komme, Böses zu tun und Götz' Bestreben nach selbstgewählter Grausamkeit nur die offenen Türen des menschlichen Wesens einrenne. Nunmehr entschließt sich Götz also, Gutes zu tun, der Gewalt abzuschwören, nur um alsbald festzustellen, dass dieser Weg nicht gangbar ist. Denn wer lebt, ist zur Gewaltsamkeit verdammt, ob er sie nun begeht oder sich ihr verweigert: *„Die Welt ist voller Unbill; findest Du Dich damit ab, so bist Du schon ein Mitschuldiger, und wenn Du sie verändern willst, musst Du zum Henker werden"* (Sartre 1969a: 305).

Am Ende dieses dialektischen Selbstfindungsprozesses, in dem sich sowohl reine Gewalt als auch deren Ablehnung als realitätsfern offenbart haben, kommt Götz zu folgender Synthese:

„Die Menschen von heute kommen als Verbrecher auf die Welt, da muss ich teilhaben an ihren Verbrechen, wenn ich teilhaben will an ihrer Liebe und ihren Tugenden. Ich wollte die reine Liebe. Unsinn! Sich lieben bedeutet: man hasst den gleichen Feind." (Sartre 1969a: 363)

Was hier vielleicht noch nicht offensichtlich ist, soll nun dargestellt werden: Die im Drama spielerisch vorgetragene Denkmechanik birgt in sich eine Theorie der Gewalt, die Sartre vor allen Dingen in seiner „Critique de la raison dialectique" philosophisch dargelegt und ausgearbeitet hat und die sich von seinen ersten Theoriebildungsversuchen in einigen Punkten unterscheidet. Um sich dieser Theorie der Gewalt zu nähern, müssen vorerst vier grundlegende Denkschritte nachvollzogen werden, denen Sartres philosophische Auseinandersetzung mit Hegel und Marx zugrunde liegen.

1. Mensch gegen Natur. Die elementarste Beziehung zwischen Mensch und Materie offenbart sich als Bedürfnis. Doch während der Mensch seines Bedürfnisses bewusst wird, erkennt er auch die Bedrohung seiner Existenz durch die Materie. Sie kann sich dem Menschen verweigern; eine Negation, die der Mensch als Mangel wahrnimmt. Dieser Negation stellt sich der Mensch seinerseits entgegen, verneint sie und zwingt seiner materiellen Umwelt die Erfüllung seiner Bedürfnisse ab. Die Negation des Mangels wird also durch die Negation der menschlichen Bearbeitung aufgehoben bzw. in einer Synthese aufgelöst. Konflikt, das lernen wir hier, gehört also zur dialektischen Selbstproduktion des Menschen. Der Mensch erfährt sich durch seine Tätigkeit, durch die Arbeit, der er nachgeht und die aus dem Konflikt mit der Verneinung entstanden ist (Sartre 1967: 86f.).

2. Mensch gegen Mensch. Menschen erfahren sich wechselseitig als die Wesen, die einer Tätigkeit nachgehen. Die Arbeit ist beschreibendes Element der Menschen untereinander. *„Beziehungen zwischen Menschen ergeben sich nur, insofern sie die umgebende Materialität bearbeiten"* (Fretz 1988: 251). Die Menschen sind also miteinander verbunden, weil sie an der Dialektik der Arbeit teilhaben.

Dabei ist diese Verbindung der Menschen untereinander genauso Fluch wie Segen. Denn einerseits erfahre ich mich als Mensch im Mitmenschen, zum anderen bin ich aber seiner Reflexion über mich ausgesetzt, bin Objekt seiner Beobachtung und dadurch einer Objektivierung ausgesetzt, die mich als Subjekt in Frage stellt. Der Andere kann die Hölle des Selbst sein, wenn das Selbst sich dem Blick des Anderen nicht entziehen kann (Sartre 1984: 53). Aber das Ich kann sich dem Anderen entziehen, sich seinem Blick entweder entgegenstellen oder ihm ausweichen. Schon hier haben wir es mit einem Konflikt zu tun, der mitunter mit Gewalt ausgetragen wird. Denn dieses Ringen des Ich mit dem Anderen ist für Sartre ein Kontinuum, das kennzeichnend für den Menschen als selbstverstehendes Wesen ist (Riemel 1998: 51).

3. Gruppe gegen Gruppe. Die Materie macht sich dem Menschen gegenüber in Form von Mangel bemerkbar. Dieser Mangel erzwingt nun nicht nur eine Anstrengung des Einzelnen in Form von Arbeit, sondern sie macht Menschen in Gruppen einander solidarisch. Hier geht es nicht mehr um die Negation der materiellen Negation, sondern um die Verteilung des Erarbeiteten (1967: 132ff.). In diesem Moment werden sich die Menschen untereinander Feind, sowie im ersten Denkschritt Mensch und Materie.

„Nichts - weder die großen Raubtiere noch die Bazillen - kann ... für den Menschen furchtbarer sein als eine intelligente, raubtierartige, grausame Art, die die menschliche Intelligenz verstehen und täuschen kann und deren Ziel gerade die Vernichtung des Menschen ist. Diese Art sind eindeutig wir selbst." (Sartre 1967: 140).

Gewalt, die aus dieser Grausamkeit mündet, ist also eine menschliche Angelegenheit, die weder mit seiner Natur und seinen Instinkten, noch mit seiner Gesellschaft zu tun hat. Gewalt ist vielmehr das, *was jeden in jedem den Anderen und das Prinzip des Übels sehen lässt* (Sartre 1967: 158). So wie sich im zweiten Denkschritt Menschen einander die Hölle sein können, weil sie sich in Bild voneinander machen, so können sich hier Menschengruppen aufgrund einer Gruppenzugehörigkeit das Leben zur Hölle machen. Hier stehen sich also die Menschen nicht mehr als Beobachter und Beobachteter gegenüber, sondern als Vertreter z.B. ökonomischer Schichten oder unterschiedlicher Völker.

4. Vergesellschaftung in der Gewalt. In der Gewalt erkennt der Mensch den anderen, er erkennt sich aber auch als Individuum und als Mitglied einer Gruppe. Genauer: Nur in der Gewalt kommt es zur letztendlichen Verbrüderung der Menschen, die sonst nichts miteinander gemeinsam haben. Das *„Band der Brüderlichkeit"* wird im Akt der Grausamkeit geflochten, und so wird der Mensch dem Menschen zum *„Bruder in der Gewalt"* (Sartre 1967: 467). Dadurch, dass die gemeinsam begangene Grausamkeit als Gegengewalt aufgefasst wird, erleben die Gewalttäter eine Bruderschaft, die sich einem Übel widersetzt. Sartre (1967: 467) macht auf die Labilität solchermaßen gearteter Gruppenbindungen aufmerksam. Für ihn ist André Malraux, das hatte sich gezeigt, ein Beispiel für die Einsamkeit moderner Menschen, die in vermeintliche Waffenbrüderlichkeit fliehen.

2.3.4.3 Freiheit zur Gewalt

Gewalt ist also Sartre zufolge eine Form der Grausamkeit, die sich nur Menschen untereinander antun können. Der Mensch steht in allen Bereichen seines Lebens, sei es nun im Kontakt mit der Natur, mit dem Mitmenschen und letztlich mit der Gesellschaft, stets in einem Konfliktverhältnis, das nicht zwangsläufig gewaltsam zu sein hat. Das Potential zur Gewalt ist aber sicherlich schon in dem Moment der Selbstbehauptung gegenüber der Natur gegeben. Was den Menschen von anderen Lebewesen unterscheidet, ist Sartre zufolge seine Freiheit. Und in dieser Freiheit ist eben auch der Ursprung der Gewalt zu suchen: *„Wären die Menschen nicht frei, dann gäbe es auch nicht die Möglichkeit der Perversion, der grausam vernichtenden Gewalt"* (Riemel 1998: 88).

Die Freiheit des Menschen macht dessen Gewalt möglich. Dieser Satz gilt für Sartre auch im Umkehrschluss. In „Les chemins de la liberté" macht Sartre das am Beispiel des Romanhelden Mathieu überaus deutlich. Mathieu muss 1941 allein eine Stellung gegen deutsche Truppen halten, ein von vornherein zum Scheitern verurteiltes Unterfangen. Dennoch stellt sich Mathieu seiner Lage, er macht aus seiner Not eine Tugend und nimmt sich vor, eine Viertelstunde auszuhalten:

„'Mein Gott', sagte er, 'es soll nicht heißen, wir hätten keine fünfzehn Minuten ausgehalten.' Er trat an die Brüstung und begann, stehend zu schießen. ... Er schoss auf die Menschen, auf die Tugend, auf die Welt: die Freiheit - das ist der Terror. ... Er schoss, er war rein, er war allmächtig, er war frei. Fünfzehn Minuten." (Sartre 1951: 210).

Es kann also Ausdruck der Freiheit eines Menschen sein, Gewalt auszuüben. Freiheit bedeutet hier die selbstgewählte Befreiung von der Objektivität, die einige anderen aufzwingen. Im Falle Mathieus sind das die deutschen Truppen, die allein durch ihre Anwesenheit den französischen Soldaten Mathieu in Frage stellen. Dem Sachverhalt kann sich Mathieu zwar nicht entziehen, aber seine Freiheit liegt eben darin, selbst zu bestimmen, wann und unter welchen Umständen die an ihn herangetragene Objektivierung stattfindet.

Freiheit bedeutet also für Sartre, dass Menschen für ihre freien Taten alle Verantwortung übernehmen. Mehr noch: Es ist der Kerngedanke der Existenzphilosophie, die Sartre berühmt gemacht hat. Der Einzelne verwirklicht seinen Entwurf von sich in der auf seine Situation bezogenen Tat. Und dies ist der Bereich, in dem er frei wählen kann.

Gewalt als eine denkbare Tat des Selbstentwurfes ist frei gewählt als an sich und die Umwelt gerichteter Beweis der eigenen Existenz. Es ist so gesehen überaus inkonsequent, eine Tat zu bereuen. Denn die Tat ist der Moment des selbstgewählten Existenzbeweises. Wer also Gewalt anwendet, um sich zu befreien, darf diese Gewalt nicht nachträglich in Frage stellen, denn für Sartre ist *„der feigste aller Mörder der, der bereut"* (Sartre 1969b: 59), denn er unterwirft sich einer moralischen Objektivität, der er sich vorher gewaltsam zu entziehen vermocht hatte.

Es lässt sich also festhalten, dass Gewalt für Sartre ein menschliches Phänomen ist, das von Menschen geschaffen ist und zur Gruppenbildung und deren Solidarität beiträgt. Gewalt macht solidarisch, weil sie entweder als von außen kommendes Übel oder nach außen gehende Gegengewalt wahrgenommen wird. An der Gewalt geht also kein Weg vorbei. *„In diesem Rummel muss man sich ganz sicher die Hände beschmutzen"* (Sartre 1954: 136).

2.3.5 Sartres Engagement im Algerienkrieg

Der Krieg im nordafrikanischen Algerien beginnt 1954 und endet mit den Verträgen von Évian–les–Bains 1961. Nominell sind die beiden sich bekämpfenden Seiten der „Front National de Liberation" (F.L.N.), die algerische Befreiungsfront also, und die französische Armee bzw. Fremdenlegion. Alle Versuche einer Darstellung des Krieges scheitern an zu unterschiedlichen Sichtweisen der Konfliktparteien auf die Konfliktursachen. So sprechen einige, so auch Sartre, von einem Kolonialkrieg, der in Algerien stattfinde. Weil andere aber Algerien nicht als Kolonie, sondern als festen Bestandteil der französischen Staatsgebietes ansehen, stellt sich ihnen der Krieg als eine missliche Lage dar, der eine französische Regierung Herr werden sollte.

Die Gewalt dieses Krieges ist auf allen Seiten grausam. Seitens der Franzosen wird mit offizieller Duldung gefoltert (Sartre 1958a) was viele bis dahin unentschlossene Intellektuelle gegen den Krieg aufbringt. Ob als Apologeten einer „Algérie Française" oder in Unterstützung antikolonialer Bewegungen: Der Krieg in Algerien nötigt allen Intellektuellen in Frankreich ein Engagement ab (Sirinelli 1991: 11–32). Sartre ist also nur einer von vielen in der Zeit des Algerienkrieges engagierten Intellektuellen, wenn er 1961 rückblickend schreibt:

„Seit sieben Jahren ist Frankreich ein verrückter Hund, der, einen Topf an seinem Schwanz hinter sich herziehend, sich jeden Tag ein wenig mehr über den eigenen Lärm erschrickt." (Sartre 1961: 1397).

Sartre ist von Anfang an im Algerienkrieg engagiert. Er bezieht Position für die Unabhängigkeit Algeriens. Er wirft dem Kolonialismus als System vor, an nichts als der puren Ausbeutung und Unterdrückung indigener Gesellschaften interessiert zu sein und dass der Anspruch, zivilisierend in die Geschicke anderer Völker einzugreifen, ein vorgeschobenes Argument sei, das letztlich nur materiellen Zielen diene.

2.3.5.1 Parteiliche Beobachtung

In einem Artikel von 1956 in den „Tempos Modernes" z.B. beschäftigt sich Sartre mit der Kolonialgeschichte Algeriens. Zwei Jahre nach Ausbruch des Krieges sieht Sartre also seine Aufgabe offenbar darin, durch eine Darlegung der

Sachlage die Franzosen zu informieren. Der überaus lange Artikel ist mit sozial-historischen Details zur Kolonialgeschichte durchwirkt. Auch Max Weber hatte während des ersten Weltkrieges aus der Distanz sozialwissenschaftlicher Beobachtung auf den Krieg zu wirken gehofft. Dabei nimmt Weber aber für sich in Anspruch, jenseits einer Wertvorstellung zu stehen und vielmehr werturteilsfrei zu argumentieren. Doch unparteiisch zu sein nimmt Sartre gar nicht für sich in Anspruch. Vielmehr macht er deutlich, was er von den „Colons" hält, die an ihre moralische und zivilisatorische Aufgabe glauben wollen: Es gebe, so Sartre (1956: 1372), keine guten und keine bösen Colons, es gebe nur Colons. Das System des Kolonialismus schade letztlich beiden: den Kolonisierten, wie den Kolonialisten:

„Der Kolonialismus steht im Begriff zu sterben. Aber noch verpestet er die Atmosphäre: er ist unsere Schande, er macht sich über unsere Gesetze lustig oder zieht sie ins Lächerliche. Er infiziert uns mit seinem Rassismus ... er versucht sich zu verteidigen, indem er einen Faschismus sogar bei uns in Frankreich anzettelt. Unsere Rolle ist es, ihm beim Sterben zu helfen." (Sartre 1956: 1386).

Die Argumentation ist interessant: Der Kolonialismus ist aufzugeben, weil er die französische Gesellschaft korrumpiert. Diese Idee, dass koloniale Herrschaft die Sitten verrohen lasse, findet sich bei Sartre noch öfter.

2.3.5.2 Gegen die Korruption des nationalen Gewissens

In einem Artikel in „Les temps modernes" wirft Sartre 1957 der Regierung vor, eine „Demoralisierungskampagne" gegen Frankreich zu führen. *„Und man demoralisiert eine Nation ..., indem man ihr Gewissen korrumpiert"* (Sartre 1957: 1642). Es empört Sartre, dass eine Nation, die unter deutscher Besatzung so leiden musste wie die französische, sich zu solcher Gewalt hinreißen lässt, wie sie sich in Algerien beobachten lässt (Sartre 1958: 87). Die Schuld für diese Entgleisungen sieht er im Kolonialismus als solchem, und so steht sein Entschluss von Anfang an fest, sich für die Sache der algerischen Befreiungsfront auszusprechen.

Der Gewalt schreibt Sartre im Algerienkrieg zwei grundsätzlich unterschiedliche Qualitäten zu. Zum einen korrumpiert sie die französische Nation und macht sie anfällig für Faschismus. Zum anderen aber begründet sie einen algerischen Staat und führt zu einem - als positiv gewerteten - Zusammengehörigkeitsgefühl der Algerier. Diese positive Bewertung soll nun interessieren. Der Weg Sartres zur positiven Bewertung der Gewalt in Algerien erscheint schnörkelhaft, ist aber beim genauen Hinsehen im Grunde recht geradlinig. Dieser Weg geht über Sartres „Critique de la raison dialectique" über die Reflexionen zur Gewalt des in Martinique geborenen Arztes Frantz Fanon wieder zurück zu Sartre. Der hat 1961 in seinem berühmten Vorwort zu Fanons die „Damnés de la terre" wiederum dargelegt, wie er Fanons Sartre–Interpretation verstehe. Dieser Prozess gegenseitiger intellektueller Beanspruchung und Interpretation hat die beiden Autoren einander anspornen lassen, in ihren Ansichten zur Gewalt immer grundsätzlicher und auch radikaler zu werden.

Sartre ist Fanons hauptsächliche Quelle der Inspiration für Fanons „Soziologie der algerischen Revolution" (1959). Doch bei all seiner „Kritik der dialektischen Vernunft" überwindet Sartre in den Augen Fanons (1952: 108) nie seinen *„angeborenen Hegelianismus"*, der ihn letztlich daran hindern wird, in der Gewalt der algerischen Revolution den reinen Selbstzweck zu sehen, den Fanon ihr zuspricht. Damit ist gemeint, dass Sartre stets von einem Ergebnis ausgeht, das aus dem Antagonismus zweier konkurrierender Kräfte hervorgehe. Fanon sieht diese Synthese nicht als notwendig an. Gewalt braucht seiner Ansicht nach kein Ergebnis. Sie begründet sich selbst.

Sartre hat in seiner „Critique" den Prozess der Gruppenbildung im Moment kollektiver Gewalt als „Bruderschaft in der Gewalt" beschrieben, und es ist offensichtlich, dass Frantz Fanon gerade von dieser Argumentation Sartres beeinflusst ist. Schon 1952 (101ff.) hatte der sich die Frage gestellt, wie sich „schwarzes Selbstbewusstsein" fördern ließe, und er kommt zu der Überzeugung, dass der Weg dahin der Weg der Gewalt sein müsse. In „Peau noire, masques blancs" greift Fanon (1952: 108ff.) Sartre an, der diesen radikalen Emanzipationsprozess als Antithese einer welthistorischen Dialektik verstanden hatte, die letztlich in einer Synthese einer kolonialismus-und rassimusfreien Welt ihr Ende finde. Fanon sieht das anders, und er versteht die radikale Ablehnung kolonialer Kultur und deren gewaltsamer Vertreibung aus den Kolonien als den Akt selbst, aus dem die Menschen in der Dritten Welt ihr neues Selbstbewusstsein ziehen. Diese Theorie der Gewalt, die sich bei Fanon also schon 1952 andeutet, findet in den bereits genannten Passagen der „Critique" geistige Nahrung, denn Sartre scheint hier nun genauso wie Fanon zu argumentieren und Gewalt nicht mehr nur als Bestandteil eines dialektischen Prozesses, sondern als Integrationsfördernde Maßnahme zu verstehen. *„Im Eifer des Gefechts fallen die gesellschaftsinternen Grenzen"*, (Sartre 1981: 27) schreibt er.

Im Juli 1961 - kurz nachdem Sartres Wohnung in Paris durch eine Bombe der OAS[12] verwüstet worden war (Hayman 1987: 384) - treffen sich Sartre und Fanon in Rom und sie diskutieren die Frage der Gewalt und des Terrors und Sartre erklärt sich bereit, Fanons „Damnés" ein Vorwort voranzustellen, womit er scheinbar eine Theorie der Gewalt zu unterstützen bereit ist, die in der Gewalt einen Selbstzweck sieht.

Auf den ersten Blick wirkt das Vorwort zu Frantz Fanons „Les Damnés de la terre" enthusiastisch Gewalt befürwortend. Doch zeigt sich, dass Sartre

---

12 OAS: eine Geheimorganisation, die Algerienfranzosen und Mitglieder der Algerienarmee unter den Generälen Salan und Jouhaud vereinigte und die durch Terrorakte und Attentate (u.a. auch auf de Gaulle) zuerst versuchte, die Friedensverträge von Evian (1962) zu verhindern, und die sich anschließend darauf konzentrierte, die ehem. Kriegsparteien wieder gegeneinander aufzuwiegeln. Es gelang der OAS durch ihren Terror aber genau das Gegenteil: Sie trug (wenn auch nur negativ) zum nationalen Selbstbewußtsein der Algerier bei. (Thackrah 1987: Stichwort: OAS).

überaus differenziert vorgeht: Wo er von Gewalt spricht, unterschiedet er
sauber den europäischen Machiavellismus von der algerischen Gewalt. *La violence*
als legitimes Mittel der Selbst–Befreiung wird hier dem *machiavellisme* als hinter-
hältiger Unsitte der Unterdrückung und als Krankheitssymptom europäischer
Dekadenz gegenübergestellt (Sartre 1981: 27).

Sartre (1981: 19) befürwortet die Gewalt der algerischen Entkolonia-
lisierung, denn Gewalt ist „*die Neuschöpfung des Menschen.*" Doch worauf es ihm
letztlich ankommt, ist weniger eine Apologie dritt–weltlicher Gewaltexzesse, die
Sartre in der Form, in der sie stattfinden, nicht gutheißen kann, sondern eine
moralische Besinnung in Frankreich:

„Anfangs ist die einzige Gewalt die der Siedler, aber bald schon machen sie sie sich zu eigen,
das soll heißen: dieselbe Gewalt wird auf uns zurückgeworfen, so wie unser Spiegelbild uns
näher kommt, wenn wir uns einem Spiegel nähern." (Sartre 1981: 15)

Hier wird nun klar, was die eigentlich Absicht des Vorwortes ist: „*lesen Sie das
Buch, und Sie werden sich schämen*" (Sartre 1981: 12).

Sartre schreibt hier also keine reine Apologie der Gewalt. Er unterscheidet
eine legitime, weil Identität stiftende Gewalt und eine illegitime, weil moralisch
korrumpierende Gewalt. Im Algerienkrieg finden nun diese beiden Gewalten
zusammen. Die legitime bedroht die illegitime zu Recht, Europa ist dem lange
überfälligen Untergang geweiht. Es sei denn, dass die Leser sich schämen, dass
sie die Verwerfungen ihren Machiavellismus einsehen und sich vom Kolonialismus abwenden.

Und so offenbart sich Sartres deutliche Apologie der Gewalt letztlich als ein
Versuch, koloniale Gewalt öffentlich zu degradieren. Paradoxerweise ist also
sein Vorwort zu Fanons „Damnés" mit seinen lustvollen Beschreibungen der
Gewalt ein leidenschaftlicher Appell zur Ablehnung einer Gewalt, die die Seele
der französischen Nation zu korrumpieren droht.

2.3.6 *Zusammenfassung der bisherigen Ergebnisse zu Sartre: Der Intellektuelle redet der Nation ins Gewissen, damit sie sich schämt.*

Konflikt gehört für Sartre zum Menschsein dazu. Stets stehen sich Konfliktparteien gegenüber, die gar nicht anders können als einander argwöhnisch zu
sein. Das ist noch keine Gewalttheorie, ist aber die *conditio sine qua non* für das
Verständnis von Sartres Theorie der Gewalt: an ihr geht kein Weg vorbei. Es ist
genauso unmöglich, sich einer Konfliktsituation zu entziehen, wie es dem Intellektuellen unmöglich ist, nicht dazu Stellung zu nehmen.

Was nun im Algerienkrieg geschieht, ist, dass Sartre für algerischen Terror
Position bezieht, wohl wissend, dass dieser Terror nicht minder grausam als der
von ihm bekämpfte ist. Doch aus welchem Grunde er für eine bestimmte Form
der Gewalt Position bezieht gegen eine andere, wird erst beim genauen
Hinsehen deutlich: es geht Sartre nur in zweiter Linie um das Gedeihen der

algerischen Revolution. Sie ist ihm vielmehr Mittel zum moralischen Zweck, denn sie ist das Spiegelbild eines unmoralischen Zustandes, in dem sich Frankreich seiner Meinung nach befindet. Überspitzt ließe sich sagen, dass Sartre Frankreich einen heilsamen Schrecken gönnt, der ihm auf dem Weg einer moralischen inneren Reinigung weiterhilft. Frankreich ist also das Ziel seiner Rede, und sein Aufruf zur Gewalt ist als eine kuriose Aufforderung zur Gewaltlosigkeit zu verstehen. Das Frankreich, das unter deutscher Besatzung soviel Leid erdulden musste, macht sich nun in Algerien die Hände schmutzig. Sartres Engagement geht dahin, das zu ändern. Das erstaunt, hat er doch zuvor von der Unumgänglichkeit der Gewalt und der Unzulänglichkeit moralischen Urteilens geschrieben. Letztlich ist Sartres Umgang mit der Gewalt als engagierter Intellektueller also wesentlich moralischer und moralisierender, als seine Gewalt-und seine Intellektuellentheorie ahnen lassen.

Im Moment des Algerienkrieges erleben wir in Sartre einen Intellektuellen, dessen selbstgewählte Aufgabe es ist, der von moralischer Verrohung bedrohten französischen Nation den Spiegel der Gewalt vorzuhalten, auf dass sie sich schäme. Im Mallarmé–Fragment hatte Sartre gerade diesen Aspekt als für den Intellektuellen verloren angesehen: Der Dichter, so heißt es hier, könne nicht mehr Spiegel der realen Welt sein. Dass sich Sartre nun genau diese Funktion selbst zuschreibt, wirft ein interessantes Licht auf seine Selbstwahrnehmung als Intellektueller.

Nicht nur die Intellektuellen–, auch die Gewalttheorie erfährt Anpassungen an die politische Lage. In Sartres Gewalttheorie ist das Problem der Verantwortung insofern angelegt, als jede Entscheidung als eine wahrzunehmen sei, die Folgen haben kann. Wer dem moralischen Übel nicht widerstehen möchte, muss eben mit seiner Überhandnahme leben und sich der Tragweite dieser Entscheidung bewusst sein. Das ändert aber nichts an der Freiheit der Entscheidung. Während des Algerienkrieges gerät diese Sichtweise in den Hintergrund. Nicht der Verweis auf die Verantwortung für richtig oder falsch eingesetzte Gewalt begründet sein Auftreten als Intellektueller, sondern die Einnahme einer Position moralischer Übersicht, aus der heraus Sartre wertend in die Diskussion der Gewalt in Algerien eingreift. Sartre engagiert sich im Algerienkrieg als Allgemeinmoralist.

2.4   Bernard–Henri Lévy

Er sei, schreibt Bernard–Henri Lévy (1977: 9) über sich selbst, „*das leibliche Kind eines teuflischen Paares - des Stalinismus und des Faschismus.*" Gemeint ist damit sein Selbstverständnis als Intellektueller zwischen den Fronten, von dem noch die Rede sein wird. Geboren am 5. November 1948 in Béni–Saf (Algerien) ist Lévy (1998: 6f.) allerdings von persönlicher Erfahrung mit beiden politischen Systemen unberührt geblieben.

Lévy wird an der *École Normale Supérieure* angenommen und obwohl er mit dieser Schule hadert, bleibt ihm doch der Nimbus des „Normalien" erhalten (Lévy 1996: 299f.). In dem Vorwort zur Neuauflage seines „Les Indes Rouges" berichtet Lévy über die Zeit, die er Anfang der 70er Jahre an der *École Normale* und in ihrem Umfeld erlebt. Er beschreibt Louis Althusser als revolutionären Phantasten und spottet über die theoretischen Überlegungen zur Revolte gegen die faschistische Verschwörung, der gegenüber sich viele „Normaliens" wiederzufinden glauben (Lévy 1985: 8ff). Gerade im Spiegel eines im Werk Alexander Solschenyzins beschriebenen realen Kommunismus (Lévy 1992a: 396–399), wirkt der an der ENS vertretene Antifaschismus auf Lévy absurd. Aus dieser intellektuellen Atmosphäre beschließt Lévy (1985: 11) nun 1971 auszubrechen:

„Eines Morgens im Oktober also war ich es müde, von unsichtbaren Feinden, unauffindbaren Revolutionen und Bürgerkriegen ... zu hören und ich entschloss mich, zu reagieren - fortzugehen ohne Zaudern und Zögern, um der wahren Geschichte zu begegnen."

Seine Abreise aus Paris ist zwar bedingt durch die Verachtung seiner intellektuellen Umwelt, an seiner Mission als Intellektueller hat Lévy (1983: 21) aber schon jetzt keinerlei Zweifel. Lévy fährt in seiner selbst gewählten Funktion als Intellektueller nach Bangladesch. Er macht sich auf, in Bangladesch einen wahren Krieg zu beobachten, einen „*mit Panzern eben, Waffen und Angriffen*" (Lévy 1985: 12). Offenbar gehört die Erfahrung mit Kriegen für ihn zur Feuertaufe eines Intellektuellen. Tatsächlich beruft sich Lévy auf Vorbilder für seine Reise in ein Kriegsgebiet, allesamt bewaffnete Schriftsteller, wie Gabriele d'Annunzio,[13] Thomas E. Lawrence,[14] und nicht zuletzt auch: Malraux, die ihr Leben in Kampfeinsätzen riskierten (Lévy 1985: 6). Welcher Aspekt dabei im Vordergrund steht, das ästhetische Interesse an der Gewalt oder die Selbst-

---

13   Der italienische Romancier Gabriele d'Annunzio besetzte 1919 mit einer Freischar, die er selbst kommandierte die jugoslawische Küstenstadt Rijeka, die er als „Fiume" Italien zugeschrieben sehen wollte. Weil der italienische Staat sich nicht entscheiden konnte, d'Annunzio zu unterstützen, herrschte er aus Verlegenheit 16 Monate selbst über Fiume und gab der Stadt eine Verfassung (D'Annunzio 1956).

14   Der englische Orientalist Thomas Edward Lawrence organisierte 1916–1918 mit britischer Unterstützung den arabischen Aufstand gegen die Türken und setzte sich 1919 für die Unabhängigkeit der Araber ein. Seine Erinnerungen an den Aufstand und seine eigene Beteiligung an bewaffneten Einsätzen gegen die Türken sind seinem „Die sieben Säulen der Weisheit" (1992) festgehalten.

verwirklichung in der Rolle des engagierten Intellektuellen, bleibt unklar. Tatsächlich scheint Lévy dem Krieg einen gewissen ästhetischen Reiz nicht absprechen zu wollen. Der Krieg in Bangladesch jedenfalls ist in den Augen Lévys (1985: 12) „*ein perfekter Krieg. Er war ein Kondensat all dessen, was ich mir nur erhoffen konnte.*" In Bangladesch macht Lévy Erfahrungen, die seine Ansichten zur Gewalt genauso prägen werden, wie auch seine Selbstreflexion als Intellektueller, wie sich noch zeigen wird.

1973 erscheint sein Buch „Bangla Desh. Nationalisme dans la révolution", in dem er seine Erfahrungen und politischen Schlussfolgerungen aus dem Krieg beschreibt. Der Krieg in Bangladesch ist somit die erste Etappe einer lebenslangen Beschäftigung mit Krieg und Gewalt, dem Menschen und der „Barbarei mit menschlichem Antlitz" („Barbarie à visage humain"(1977)).

„Ich glaube, dass es dort war, angesichts dieses schrecklichen Schauspiels, dass ich zum ersten Mal den Abgrund des Verbrechens und der Grausamkeit zu fassen bekam, der, so meine ich, das dunkelste Geheimnis unserer Gattung ist." (Lévy 1985: 14).

Dieses dunklen Geheimnisses nimmt sich Lévy nun weiterhin an. Es zu verorten (das wird sich noch zeigen) ist Aufgabe des Intellektuellen, so wie Lévy ihn sieht und wie er sich seit Bangladesch anschickt, selbst einer zu sein.

2.4.1. Lévy als Intellektueller

Schon 1973, im gleichen Jahr also, in dem sein erstes Buch erscheint, übernimmt er beim Grasset–Verlag die Leitung der Reihe „Figures", was ihm ein regelmäßiges Einkommen sichert (Juillard/Winock 1996: 711). Diese Reihe wird bald schon den so genannten „Nouveaux Philosophes" zugerechnet. Unter dieser Kategorie französischer Jung–Intellektueller wird in erster Linie eine Abkehr von traditionell linkem und daher auch prosowjetischem Intellektualismus verstanden. Zusammen mit André Glucksmann gilt Bernard–Henri Lévy als einer der führenden Vertreter dieser *Nouvelle Philosphie*, die sich in erster Linie darin einig ist, der „*Totalitären Versuchung*" aller politischen Richtungen zu widerstehen (Winock 1999: 751). Rechts–links–Schemata zur Orientierung im politischen Raum werden verworfen; die *Nouveaux Philosophes* ordnen den politischen Raum nach anderen Maßstäben: „*Der eigentliche Unterschied ist der zwischen Henker und Opfer, zwischen allen Terrorismen und allen Menschenrechten*" (Lévy 1986: 100). Der Kreis derer, die in Kritik geraten, in Verdacht, Terrorismus zu fördern und zu dulden, weitet sich dabei zunehmend. Zuerst dient der Antifaschismus den *Nouvaux Philosophes* als Argument der Kritik auch des Kommunismus. Lévy macht dann 1981 eine selbständige, weder explizit kommunistische, noch faschistische „Idéologie française" aus, die er einer ganz eigenständigen Unmenschlichkeit verdächtigt. In „La pureté dangereuse" (Gefährliche Reinheit, dtsch. 1995) von 1994 wird der Kreis potentieller Gegner schließlich noch um den „Integrismus" erweitert. Der ist durch ein gesellschaftspolitisches Bedürfnis nach Endgültigkeit und Reinheit gekennzeichnet, die umzusetzen auch terroristische Mittel erlaubt. Nicht mehr allein der Antifaschismus vorheriger Denkergenerationen ist also kennzeichnend für das Auftreten *Nouveaux Philosophes*, sondern ihr „Widerstand gegen das Böse" im Allgemeinen (Mongin 1996: 41–43.).

Doch ist das Phänomen der *Nouveaux Philosophes* nur unzureichend mit deren Totalitarismuskritik beschrieben. Denn in erster Linie ist die *Nouvelle Philosophie* zwar ein philosophisches Phänomen, aber sie ist noch mehr als das: sie ist ein Medienereignis, das in ihrem Ausmaß in Frankreich kein Beispiel kennt und das Jörg Altwegg (1989: 112) wie folgt karikiert:

> „Die linken und liberalen Feuilletons gaben den Startschuss, worauf Funk und Fernsehen, der Playboy und sogar Boulevardblätter wie France Soir die Neue Philosophie vollends als intellektuelle Show, an der sich auch Frauenzeitschriften beteiligten, aufzogen, inszeniert und orchestriert wurde dieser Philosophiezirkus von Bernard-Henri Lévy."

1977 erscheint Lévys „Barbarie à visage humain", das ihm auf dem Buchmarkt einen bis dahin unglaublichen Erfolg beschert. Über 100.000–mal wird dieses Buch verkauft (Julliard/Winock 1996: 711) und macht Lévy zum „Medienphilosophen", wie seine Kritiker ihm vorhalten. Tatsächlich schreibt Lévy für ein breiteres Publikum, das er durch seine wöchentlichen Kolumnen z.B. im „Matin", „Globe", und „Point" sowie Artikeln in fast allen namhaften französischen Zeitschriften und Zeitungen anspricht. In Fernsehauftritten betritt Lévy einen noch öffentlicheren öffentlichen Raum, was ihm auch den Ruf unverhältnismäßiger Oberflächlichkeit (und den Spitznamen „BHL") einträgt (Champetier 1993: 14). Lévy (1987: 17, 143) aber sieht im Fernsehen die Möglichkeit, die Berufung des Intellektuellen zum Engagement auf denkbar breitester Ebene auszuüben, daneben versteht er das Fernsehen als eine Form moderner Ehrlichkeit.

Man hat Lévys Qualifikation als Intellektueller in Frage gestellt und dabei auf seine Artikel in Boulevardzeitungen und seine Fernsehinterviews verwiesen. Michel Winock (1999: 762) geht in seinem „Le siècle des intellectuels" sogar so weit, Lévys Intellektualität anderen Studien zu überlassen, da Lévys freizügiger Umgang mit dem Medium Fernsehen ihn als Intellektuellen zumindest der inhaltslosen Philosophie–Show verdächtig mache. Doch mit solch einer Kritik trifft man Lévy nicht, denn er selbst sieht sich nicht als Philosophen, sondern als *„eine merkwürdige Maschine, in deren Innerem Philosophie ist; Philo* [sic!] *ist nur einer der Bestandteile der Maschine"* (Brochier 1997: 83).

Lévy ist tatsächlich kein Intellektueller im Sinne seiner eigenen Definition. Er ist kein *„Künstler oder Schriftsteller, der sein Metier verlässt, um sich einzumischen"* (Lévy 1987: 39). Er ist Intellektueller, weil er von seiner ersten Publikation an einer sein will, ohne vorher den „Umweg" einer literarischen Karriere gemacht zu haben. Émile Zola musste noch sein Prestige als Schriftsteller in der Dreyfus-Affäre in eine Waagschale werfen, Maurice Barrès warf das seine zur Erhaltung der nationalen Ehre in die andere. Lévy aber ist Prestige, ist

Intellektueller. Das Engagement, das er als Intellektueller zeigt, ist nunmehr auch Teil einer Art Beruf, die Lévy ausübt. Seine Umwelt verlangt dieses Engagement auch von ihm. Er beschreibt das in „Eloge des intellectuels" am Beispiel eines morgendlichen Anrufs, von denen er mehrere wöchentlich zu erhalten behauptet:

„Ich höre eine herrische Stimme, die mich auffordert, dies zu unterschreiben, gegen dies andere zu protestieren, ... oder Stellung zur Lage der Menschenrechte in Java zu beziehen - jetzt sofort. Wie? Ich scheine zu zögern?" (Lévy 1987: 54).

Das sind also die Anforderungen an den modernen Intellektuellen des Medienzeitalters, den Lévy verkörpert. Zu allen denkbaren Konflikten gilt es, Stellung zu beziehen und Lévy übernimmt diese Aufgabe gern. So gibt es im letzten Drittel des 20. Jahrhunderts kaum ein politisches Ereignis, zu der Lévy als Intellektueller nicht Stellung bezogen hätte.[15] Lévy ist deswegen auch für diese Arbeit von besonderem Interesse: Er verkörpert einen Intellektuellentypus, der Intellektualität aus sich selbst heraus begründet und sie somit zu etwas formt, was man getrost als „Berufsintellektualismus" bezeichnen könnte. Zola, so ließe sich in ironischer Umformulierung des berühmten Diktums Max Webers sagen, musste Berufsintellektueller sein, Lévy wollte es sein.[16]

2.4.2 Die Intellektuellentheorie Bernard–Henri Lévys. Der clerc.

Grundsätzlich sei der Intellektuelle „*jemand, der denkt*" (Lévy 1987: 7). Der Typus des modernen Intellektuellen sei, so Lévy (1987: 47), in Frankreich entstanden „*genau in dem Augenblick, in dem Frankreich seine Kirchen von seinem Staat trennt*." Und so komme dem Intellektuellen in Frankreich eine Rolle zu, die mit der des Priesters vergleichbar sei (Lévy 1987: 141). Deswegen spricht Lévy auch häufig vom „clerc" (Kleriker), wenn er Intellektuelle meint. Anders als Sartre (1986: 8), der ja im Ende religiöser Legitimation ein unlösbares Problem für den modernen Schriftsteller sieht („*Gott tot. Stop. Kein Testament*"), sieht Lévy die modernen Intellektuellen als die Begünstigten von „Gottes Testament" (Le testament de Dieu, 1979) an (Lévy 1987: 92f.). Was den Intellektuellen nun aber vom klassischen Priester unterscheide, sei sein Engagement, das Lévy (1987: 39f.) als „*Einmischung in die großen Debatten des Gemeinwesens*" definiert. Und so gesehen sei er auch mit dem israelischen Propheten vergleichbar, denn der Intellektuelle sei dafür zuständig, Klarheit in die öffentliche Debatte zu bringen. Zwar fehle ihm jedes offizielle Mandat, doch legitimiere sich der Intellektuelle in der Demokratie durch sein Engagement selbst. Er sei „*eine ebenso lebenswichtige Einrichtung für die Demokratie, wie ... die Gewaltenteilung*" (Lévy 1987: 100).

---

15 Vgl. z.B. den Buchdeckel von den *Bloc–notes* (1995a), wo es heißt: „*Sous sa lunette: L'actualité française et internationale. Ici, la Bosnie, Sarajevo, Bihac, Gorazde, les camps, les viols, la mort aveugle ... . Là, le Rwanda et sa pédagogie de l'horreur ... . Ailleurs encore, la Russie, l'Algérie.*"

16 „*Der Puritaner wollte Berufsmensch sein, wir müssen es sein.*" (Weber 1988d: 203).

Abgesehen von seiner Berufung, sich im öffentlichen Diskurs zu engagieren, obliegt es dem Intellektuellen auch, gegen zerstörerische Ideentendenzen anzukämpfen. Denn *„einfache Ideen sind dumme Ideen und dumme Ideen töten. Die Kleriker kämpfen gegen einfache, dumme, tötende Ideen"* (Lévy 1987: 106). Eine besonders eindeutig „dumme Idee" ist Lévy (1987: 95) zufolge die Verherrlichung des Krieges:

„Verherrlichung des Krieges ... Verherrlichung der Gewalt und der Macht ... . Wann immer uns - gebildet oder weniger gebildet - das Lied vom ‚Instinkt' oder vom verloren geglaubten Prestige des Lebens, gesungen wird, dann ist der Intellektuelle Gegengewicht gegen diesen Wahnsinn."

Der Unvernunft hält der Intellektuelle seine Vernunft entgegen. Alle (für Lévy unvernünftige) Form des Mysteriums, der Verherrlichung der Gesellschaft als Gemeinschaft sind dabei suspekt und es gilt, sie zu bekämpfen (Lévy 1981: 29). Dass z.B. der Romancier und Anti–Dreyfusard Maurice Barrès seine Bestimmung als *clerc* vernachlässigen und statt dessen einen Lévy zufolge protofaschistischen Romantizismus der Erde und der Toten (Barrès 1966: 26) predigen konnte, ist Lévy (1992: 20–40) schlichtweg unverständlich.

Es obliegt dem Intellektuellen, den Feind der Gesellschaft zu orten. So bittet der damalige französische Staatspräsident François Mitterand B.–H. Lévy im Juni 1992 zum Gespräch als es ihm im Zusammenhang mit dem Balkankrieg unmöglich scheint, zu ermitteln, wer in diesem Konflikt Recht habe. Ironisch macht er Lévy (1996: 63) darauf aufmerksam, es sei doch die Aufgabe des Intellektuellen, die Feinde von den Freunden unterscheiden zu lehren: *„Wer von euch mir endlich erklären kann, wer von denen der Gute und wer der Böse ist, der ist richtig clever."* Lévy geht auf Mitterands Frage tatsächlich ein, denn er sieht seine Rolle des Intellektuellen darin, folgende Fragen zu beantworten: *„wo steht der Feind, wer ist er? Über welche Kräfte verfügt er? Unter welchen Bedingungen kann ich ihn zerstören?"* (Lévy 1995c: 223).

2.4.2.1 Gut und Böse

Orientierung bietet in dieser Frage Lévys bereits angesprochene Unterscheidung zwischen Terrorismus und Menschenrechten. Diese Gegenüberstellung ist bei Lévy gleichbedeutend mit einer anderen: Totalitarismus und Demokratie. Später wird er vom Integrismus sprechen, denn angesichts des muslimischen Fundamentalismus der 90er Jahre vermutet er, dass das Ende des Totalitarismus in Europa nicht das Ende des ihm innewohnenden Fanatismus bedeute. Gemeinsam sei Integrismus und Totalitarismus eine Hoffnung auf eine bessere Welt, in der Gesellschaft zu Gemeinschaft werde und die sich mit Gewalt umsetzen und erzwingen lasse (Lévy 1995a: 171). Der Integrismus kennt sein Ziel: als Nationalismus strebt er eine rassisch reine, als Kommunismus eine klassenfreie oder als islamischer Fundamentalismus eine rechtgläubige Gemeinde, die *Umma* an (Lévy 1995c: 203). Lévy benutzt den Begriff des Integrismus allerdings nicht allein zur Beschreibung von Nationalismus, Kommunismus oder islamischem Fanatismus'. Alle Ideologien, die eine „reine" Gesellschaft zum Ziel haben (Brulotte 1995: 142–157), sind im weitesten Sinne für Lévy integristisch.[17] Der Intellektuelle hat die Aufgabe, solche Denksysteme zu benennen, die in Gefahr stehen, integristische Werte zu vertreten.

Der Intellektuelle als demokratische Institution hat die Aufgabe, die demokratische Gesellschaft immer aufs Neue wachzurütteln und sie zum Gefecht gegen ihre integristischen Feinde anzutreiben. Er ist in dieser Rolle ein geistiger „Kriegsmann", (Lévy 1995c: 223), dessen Aufgabe die Provokation ist. Der Intellektuelle verlässt also den „Kreuzgang" (Lévy 1986: 91), die „heiligen Denkhallen" (Lévy 1995c: 23), und wird nun zum „Polemiker" im doppelten Wortsinn. Dieses kriegerische Bewusstsein bringe, so Lévy (1987: 112f.), nach dem priesterlichen (z.B. Zola) und dem totalitaristisch beeinflussten Intellektuellentypus (z.B. Sartre), einen Intellektuellen „dritten Typs" hervor, der Gesinnungs- und Verantwortungsethik in sich vereine.

2.4.2.2 Die Verantwortung der Intellektuellen

Offenbar denkt Lévy das Problem der Verantwortung des Intellektuellen zwar in den Begriffen, aber nicht in den Argumentationen Webers. Nicht die innere, seelische Leidensfähigkeit beim Einsatz politisch motivierter Gewalt ist der Maßstab eines verantwortungsethischen Auftretens, sondern die Distanz vom Bösen (Lévy 1987: 130).

Die Verantwortung des Intellektuellen, von der Lévy schreibt, läuft auf die Vermeidung totalitärer Versuchung hinaus, berührt aber darüber hinaus nicht die Frage nach der Verantwortung für (gewaltsames oder nicht) politisches Geschehen:

„Diese alte Frage nach der Verantwortung des Klerikers ist eine Sache, die mich schon immer sehr beunruhigt hat. Dass ein Intellektueller, so wie jeder andere übrigens auch, für sein Handeln geradestehen muss, davon bin ich sehr überzeugt." (Lévy 1986: 148).

Aber, so wendet Lévy (1986: 150) ein, „was wäre das denn genau, dieser Einfluss? Wie würde man den definieren? Und wie messen?" Denn wenn ein Intellektueller für sein Engagement verantwortlich gemacht wird, dann „müsste man auch die Politiker, ..., die Polizisten, ..., und die Journalisten, die sich ... eine goldene Nase verdient haben, mitverantwortlich machen."

Der Intellektuelle mache auf Probleme aufmerksam, die die Gesellschaft nicht wahrhaben wolle und deren Lösung nicht bei den Intellektuellen, sondern bei den Gesellschaften selber liege. Und so kommt es, dass Lévy, im Mai 1994 einer Einladung des Ministerpräsidenten Alain Juppés folgend mit ihm zu Mit-

---

17 Im Kommunalwahlkampf 1995 verteilte der *Front National* in Vitrolles Seifenstückchen als Wahlkampfgeschenk. Diesen Anspruch darauf, die Gesellschaft reinigen, perfekt machen zu können, nimmt Lévy dem FN als integristische Versuchung besonders übel. (Lévy, 1995b: 8).

tag isst, mit ihm den Balkankrieg diskutiert, politische Handlungsmaximen vertritt, aber dabei jegliche Verantwortung von sich weist. Zwar fordert er von Juppé eine Intervention in Bosnien, zwar klagt er den *Munichisme*[18] der aktuellen französischen Regierung an. Auf die Frage Juppés jedoch, was er, Lévy, denn machen wolle, stecke er in seiner Haut, antwortet Lévy (1996: 301), dass er *„ziemlich unfähig sei, an seiner Stelle zu stehen und dass die Frage deswegen keinen Sinn macht."*

Zusammenfassend gesagt ist der Intellektuelle für Lévy also eine demokratische Instanz, die ihre Legitimation aus religiösen Traditionen zieht, denen gegenüber er sich allerdings nur bedingt gebunden fühlt. Der Intellektuelle prangert gefahrvolle Ideologien zwar an und bekämpft sie, für unmittelbare politische Durchsetzung eigener Ideen ist er aber nicht zuständig und verantwortlich.

2.4.3 Möglichkeiten sozialer Erkenntnis nach Lévy: Demokratische Wahrheitsfindung

Während der Integrist sein politisches Ziel benennen könne, sei es gerade Kennzeichen der Demokratie, dass in ihr über gesellschaftliche Zielvorstellungen gestritten werde (Lévy 1995b: 16). Der Demokrat weigere sich, die Axiome seines politischen Denkens beim Namen zu nennen, weil er Ursprungs- sowie Endzeitmythen ablehne. Letztere sind für den Integristen das entscheidende Merkmal. In seinem 1992 uraufgeführten Theaterstück: „Le Jugement dernier" lässt Lévy nacheinander Archetypen verschiedener totalitär-integristischer Denkmodelle die Bühne betreten. So kommt unter anderem ein Martin Holzweg als deutscher Nazi ebenso zu Wort, wie auch die Krankenschwester Lenins, Katarina Viroubora. Was alle diese Totalitaristen oder Integristen gemein haben, drückt „der Professor" am deutlichsten aus. Er ist der intellektuelle Lehrmeister Pol Pots:

> „Man sagte sich also: Es ist die alte Welt, die da verschwindet, der alte Mensch, der da verendet und eine neuer Mensch wird nun entstehen. Und in dessen Gedächtnis wird die Erinnerung an die Verwünschungen von einst ausgelöscht sein. Das war meine Utopie ... . Unserer Utopie." (Lévy 1992c: 79).

Der Integrist, welch einer Herkunft er nun auch immer sein mag, wünscht sich also im Grunde eine neue Welt, egal, ob er sie als ein Spiegelbild gewesener Welten, oder als neueste Form menschlichen Daseins betrachtet. Er glaubt, dieses Ziel erreichen zu können, indem er seinen Mitmenschen zur Tugend zwingt. Und genau das ist Lévy zufolge eine Falle, die Demokraten vermeiden müssen (Lévy 1983: 48). Der europäische Demokrat stellt also den Gegenpol

---

18 Mit dem Münchener Abkommen gestattete u.a. Frankreich 1938 die Zerschlagung der Tschechoslowakei und stärkte somit Hitler innen-wie außenpolitisch. Die schwere Umgang mit dem „Munichsme" prägt die französische Geschichtsschreibung bis heute.

zum Integristen dar. Er muss Lévy zufolge demokratische Tugenden besitzen, die in erster Linie anti–integristische Tugenden sind. Diese Tugenden sind: 1. weder Globalisierung noch Nationalismus; 2. sowohl Weltbürgertum als auch kulturelles Bekenntnis; 3. Überschreitung und Übersetzung als *„zwei Metaphern für die Demokratie"*; 4. Europa wird nicht als ein Ding betrachtet, sondern als eine Geste, eine Idee; 5. Europa ist Idee, nicht Identität; 6. Europa ist demokratische Desintegration; 7. *„Ein Demokrat hat Loyalitäten, Verbundenheiten, Zugehörigkeiten ...; doch er wird nur ein wirklicher Demokrat sein, wenn er bestätigen kann, dass keine dieser Festlegungen den Fels erschüttert, den seine Subjektivität darstellt. Ein Demokrat ist ein Subjekt"* (Lévy 1995c: 204–206).

Demokratie lebt von ihrem inneren Zweifel und ihrer Zerstrittenheit um politische Konzepte (Lévy 1983: 25). Bedingungslose Auseinandersetzung um politische Gestaltung sind, so Lévy (1995b: 16), *„die Seele der Demokratie"*. Für die Auseinandersetzung zwischen Integrismus und Demokratie bedeutet das, dass der Demokrat sich über die Endlosigkeit aller Auseinandersetzung im Klaren sein muss. *„Der Krieg ist ewig,"* schreibt Lévy (1995c: 218).

Erkenntnis ist für Lévy also dann denkbar, wenn man sich seiner Bindungen und Hintergründe bewusst ist und sich damit abfindet, dass das Wissen je nach Lage und Hintergrund seinen Charakter ändert. Lévy sieht in den Persönlichkeiten der Intellektuellen besonders geeignete Demokraten, die kraft ihrer Intellektualität ein besonders ausgeprägtes Gespür für das Gute und gegen undemokratische Strömungen haben. Der undemokratische Charakter eines Denkens nun offenbart sich in erster Linie in der Behauptung objektiver Erkenntnis.

2.4.4 *Lévy und die Gewalt*

Lévy zufolge ist die moderne Gesellschaft eine *„grausame Gesellschaft, deren Gewalt zwar verborgen, jedoch beispiellos"* ist (Brochier 1997: 84). Diese Gewalt entlädt sich in Momenten gesellschaftlicher Transformation, besonders, wenn die betroffenen Gesellschaften vor der Wahl zwischen Integrismus oder Demokratie stehen. In Bangladesch hatte Lévy die Erkenntnis gewonnen, dass Gewalt aus dem Bedürfnis heraus geboren werden kann, die menschliche Gesellschaft zu einer Gemeinschaft umzuformen.

„Was ich in Bangladesch kennen gelernt habe ... ist ein wenig der Hintergrund dieses Gemetzels, des Schlachtens, auf dem die Illusion der Gemeinschaften aufbauen." (Lévy 1987: 15).

Diese Grausamkeit sieht er in politischen Ideologien begründet, die dem Verlauf der Geschichte ein Ende bereiten wollen. Diese potentiell grausamen Ideologien können sehr unterschiedlicher Ausprägung sein. Allen diesen Ideologien, seien sie nun religiöser, marxistischer, oder nationalistischer Prägung, hält Lévy das entgegen, was Olivier Mongin (1996: 43) pointiert „Lévys a–historischen Moralismus" nennt und den Lévy idealtypisch in der Demokratie verwirklicht sieht.

2.4.4.1 Integrismus und Gewalt

In seinem Appell von Vitrolles, in dem er die Bürger vor einer Wahl des nationalistischen Bürgermeisterkandidaten Bruno Mégret (FN) warnt, zeigt sich, inwiefern Lévy Integrismus (den er dem Front National unterstellt) für unkontrollierbare Gewalt verantwortlich macht: *„Würde Herr Mégret unglücklicherweise Bürgermeister Eurer Stadt, es käme zu einem Klima tauben Zorns, des allgemeinen Verdachts, der Gewalt"* (Lévy 1995b: 7). Integrismus führt zwangsläufig zum Terror, weil das erstrebte Ziel einer perfekten Gesellschaft einerseits zum Einsatz von Gewalt zu berechtigen scheint, andererseits die Unerreichbarkeit des Zieles eines unveränderlichen Endzustandes der Gesellschaft zu einem Klima der verstockten und auf der Zielsetzung beharrenden Gewalt führt.

Das ist das, was den Demokraten vom Integristen unterscheidet: dass er an die Unendlichkeit menschlicher Mühen glaubt, dass die Zielsetzung allein, die Menschheit in ein reineres und besseres Zeitalter zu führen, für den Demokraten ein Verbrechen wider die Menschlichkeit ist, die im Gegensatz zu einer nach Heimstatt sich sehnenden Ideologie gerade durch „Entwurzelung" gekennzeichnet ist (Lévy 1983: 83). Bekanntlich prägte Maurice Barrès als „Chefideologe" des französischen Nationalismus 1932 den (für ihn äußerst negativen) Begriff des *déraciné*, um damit diejenigen Franzosen zu beschreiben, die keine Verbundenheit mit ihrem Heimatboden verspüren (Sternhell 1974: 87). Aber eben diese Entwurzeltheit sei Basis echter demokratischer Gesinnung, so Lévy als Antwort auf Barrès.

2.4.4.2 Gesellschaftlicher Stillstand als Form der Gewalt

Das spricht allerdings das politische System der Demokratie nicht frei von dem Vorwurf, integristische Tendenzen zu haben. So greift Lévy (1986: 25) die Regierung Mitterand an, weil sie mit einem unseligen *„Gemisch von Populismus, Poujadismus und patriotischem Geist"*[19] arbeite. Somit verzichte die Regierung Mitterand auf demokratische Tugenden und mache sich integristisches Gedankengut zu Eigen.

Ein von Lévy viel zitiertes Beispiel für politisches Versagen eines demokratischen Regierungssystems sind die Jahre des so genannten „compromesso storico" in Italien, die durch eine machtpolitische Annäherung der konservativen *Democrazia Cristiana* mit der KPI gekennzeichnet waren. Im *compromesso storico* sieht Lévy eine Verschwörung gegen die Kultur der demokratischen Debatte, die *„die Ursache für die zweite* [Verschwörung] *und ihre Sekte von Mördern"* (Lévy 1995c: 217) der *Brigate Rosse* war. Lévys Logik führt noch einmal deutlich

---

19 Der Papierwarenhändler Pierre Poujade hatte 1955 eine Protestbewegung gegründet, die anfangs ohne konkrete ideologische Einbettung zum politischen Sammelbecken der extremen Rechten Frankreichs wurde. Einer ihrer ersten Kandidaten für die *Assemblée Nationale* war Jean–Marie Le Pen. (Schmid 1998: 106–110).

vor Augen, worin er das eigentliche Übel sieht: Nicht in der Gewalt als politische Kommunikationsform, sondern in der - gewaltsamen oder auch nicht - Stagnation, in dem Willen zur Nicht–Debatte, wie er bei allen totalitär–integristischen Denksystemen für Lévy vorliegt. Wer die Debatte aufgibt, provoziert Gewalt. Das ist die Lehre, die es aus dem *compromesso storico* und seiner Fortpflanzung in den Brigate Rosse zu ziehen gilt (Lévy 1986: 148f.). Gesellschaftlichen Stillstand als Form oder zumindest Ursache der Gewalt anzusehen, ist ein Gesichtspunkt, den auch Jens Reich vertritt, wie sich zeigen wird.

Die Demokratie kann nicht ohne ihre Feinde leben, sie muss sich ihrer allerdings auch zu wehren verstehen (Lévy 1996: 21f.). Der Demokrat hat die Aufgabe, den Versuchungen des Totalitarismus zu widerstehen. Dabei geht Lévy über die Kultur der schlichten Debatte hinaus, fordert auch aktiven Einsatz gegen den Integrismus:

„Was soll man dann sagen? Das, was ich dem Serben, dem Iraner, dem Aktivisten der FIS oder dem Mullah in Bangladesch entgegenhalten muss. Meine Stärke. Zuerst meine Stärke." (Lévy 1995c: 214).

Demokratie ist dadurch gekennzeichnet, dass sie keine Endzeitvision hat. Deshalb kann demokratisches Engagement gegen den Integrismus (welcher Couleur auch immer) nicht das Ziel eines Endsieges haben. Und dennoch muss die Demokratie, wie sie Lévy versteht, die Auseinandersetzung suchen. So entsteht dann folgendes Paradox, das letztlich kennzeichnend für das Gewaltverständnis Lévys ist:

„Wenn das Vorhaben [ist], die Herrschaft der Reinheit ... unmöglich zu machen, dann muss ich meinen Feind hassen, ... alles tun, um über ihn zu triumphieren ..., doch ich dürfte - und darin liegt das Paradox - nichts tun, nichts sagen, was den Gedanken aufkommen ließe, dass ich daran denke, mich davon zu befreien." (Lévy 1995c: 220).

Und dass mit „Hass" auch physische Gewalt gemeint sein kann, zeigt sich im Engagement Lévys während des Krieges in Bosnien–Herzegowina, das nun Gegenstand der weiterführenden Untersuchung ist.

2.4.5. Bosnien: Lévys Engagement

1991 lösen sich Slowenien und Kroatien aus dem jugoslawischen Staatenbund und werden im Jahr darauf von der EG und den USA als souveräne Staaten anerkannt. Am 15. Oktober 1991 erklärt Bosnien–Herzegowina seine Unabhängigkeit von Jugoslawien. Das Land ist zu dieser Zeit mit ca. 43% Muslimen, 31% Serben, 17 % Kroaten und 5,5 % anderen Jugoslawen bevölkert (Calic 1996: 79). Das Misstrauen dieser Volksgruppen gegeneinander gewinnt an Boden und führt letztlich zu einer Bewaffnung auch der Zivilbevölkerung der in Bosnien vertretenen Ethnien. Reguläre Armeen, zivile Schutzwehren, Freischärler und andere bewaffnete ethnisch orientierte Einheiten geraten in der Folgezeit in einen unüberschaubaren Krieg um die Vorherrschaft in Bosnien–

Herzegowina. Dabei lassen sich drei grundsätzliche Interessengruppen ausmachen: Kroaten, Serben und die Zentralregierung Bosnien–Herzegowinas unter Alija Izetbegovic in Sarajewo. Während Kroaten und Serben ihre Anstrengungen darauf richten, serbische und kroatische Siedlungsgebiete administrativ und politisch aus dem Machtbereich der Republik Bosnien–Herzegowina herauszulösen, ist es das *„Bestreben der Regierung in Sarajewo, ihre Territorialhoheit in den umstrittenen Regionen zu erhalten bzw. wiederherzustellen"* (Calic 1996: 89). Lévy engagiert sich schon bald nach Ausbruch des Krieges für diese bosnische Zentralregierung.

Der Krieg in Bosnien ist, neben dem in Bangladesch, der von Lévy am besten dokumentierte bewaffnete Konflikt. In seinem „Tagebuch eines Schriftstellers" zu Zeiten des Bosnienkrieges" „Le Lys et la cendre" hat er seine Erinnerungen und Erfahrungen gesammelt. Noch am 27. Mai 1992 notiert er dort, dass er *„von diesem Bosnien–Herzegowina zugegebenermaßen nicht besonders viel Ahnung"* hat, doch schon am 4. Juni ist er sich sicher, dass *„etwas getan werden müsste. Aber was? Wieder einmal die Idee, hinzufahren"* (Lévy 1996: 22, 23).

Am 12. Juni 1992 hat er seine Orientierung im politischen Kraftfeld Bosniens gefunden. Bosnischer Kosmopolitismus wird gegen serbischen Nationalismus verteidigt, Demokratie und Integrismus stehen sich, so Lévy (1996: 27), an der bosnischen Front gegenüber. Zweifel an dieser Diagnose sind möglich, aber Lévy (1996: 27f.) verlässt sich auf seinen intellektuellen Instinkt, der schon vorherige Generationen von Intellektuellen nicht getrübt habe:

„Die Schriftsteller ... irren sich, das versteht sich; sie treffen schlechte Entscheidungen, sie beziehen ungeheure Positionen; aber haben sie sich beim Aufspüren großer Angelegenheiten so vertan, vom spanischen Bürgerkrieg über die Konflikte um die Entkolonisierung, von der Dreyfus–Affaire zur chinesischen oder kambodschanischen Revolution, vom Attentat in Sarajewo 1914 bis zu den ersten Schritten des Faschismus in den 20er Jahren?"

Am 14. Juni schließlich fliegt Lévy zum ersten Mal nach Sarajewo.

„Seit meiner ersten Reise nach Bosnien im Mai 1992 [sic!] war mir klar, dass man auf der Seite der Bosnier stehen musste, dass man ihre unerträgliche Einsamkeit brechen musste ..., weil ihre Sache gerecht war und weil es unsere Sache war." (Lévy 1996: 296).

Als er am 22. Juni nach Paris zurückkehrt, hat er eine Botschaft des bosnischen Präsidenten Alija Izetbegovic für François Mitterand bei sich. Europa, das ist seine Botschaft *in nuce*, dürfe nicht mit ansehen, wie das multikulturelle Bosnien durch das nationalistisch gesinnte Serbien zerschlagen wird. Bosnien müsse - auch mit Gewalt - geholfen werden (Lévy 1996: 59ff.). In Bosnien, so Lévy, wird ein Krieg nicht nur zwischen Serben und Kroaten, Serben und Muslimen und Muslime gegen Kroaten ausgefochten. Dies ist ein Krieg, in dem sich Nationalismus und Kosmopolitismus gegenüberstehen. Letzterer ist für Lévy (1996: 21) *„die Ehre Europas."* Diese Ehre zu verteidigen sei nun Aufgabe der Politik, die Lévy mit zunehmender Vehemenz aufzurütteln versucht. Lévy ist nicht der einzige und sicherlich nicht der erste Intellektuelle, der ein militärisches Eingreifen in Bosnien fordert. Als sich der Konflikt 1991 anbahnt, melden sich vielmehr „*in allen westlichen Staaten … Intellektuelle und Politiker zu Wort, die zum Teil mit großer Emotionalität für militärische Gewaltanwendung Partei*" ergreifen (Calic 1996: 158). Dass Lévy militärische Gewalt fordert, ist also weniger einzigartig als die Hartnäckigkeit, mit der dieses Ziel mit seinen Mitteln als Intellektueller verfolgt. Dieses vehemente Engagement findet im Film „Bosna!" Niederschlag und mit der Gründung einer eigenen Partei seinen Höhepunkt (s.u.).

Lévy ist auch nicht der erste französische Intellektuelle, der sich für den Konflikt interessiert. Er ist nicht einmal unter den Petenten der ersten großen Petition zur französischen Jugoslawienpolitik im Oktober 1991 (Juillard/Winock 1996: 1185). Seine eigene, am 19. November 1991 in seiner eigenen Zeitschrift „La regle du jeu" erschienene Petition wirkt eher oberflächlich. Es wird - sehr vage - eine europäische Intervention in den Konflikt in Bosnien gefordert. Daneben wird empfohlen, bosnischen Flüchtlingen die europäische Staatsangehörigkeit zu verleihen (Lévy 1992b: 82–84).

2.4.5.1 Formen des Engagements

Zusammen mit bosnischen Freunden dreht Lévy 1993/1994 den Film „Bosna!" der anfangs als eine Art Propagandafilm geplant ist: Zuerst habe er damit die Absicht verfolgt, den Widerstandswillen der Bosnier zu fördern und sie in ihrem Kampf zu stärken. Mehr und mehr wird dieser Film aber zu einem Finger in der Wunde französischer Nicht–Intervention (Lévy 1996: 284ff.). Frankreich - als „*Vaterland der Menschenrechte*" - habe bereits 1938 in München seine Ehre verloren, argumentiert Lévy (1982: 39) und die Schande eines erneuten „*Munichisme*" gelte es nun um jeden Preis zu vermeiden. „Bosna!" setzt sich aus Archivbildern, Vorortaufnahmen, Interviews mit Partisanen, Zivilisten und Soldaten sowie aus Gesprächen mit verantwortlichen Offizieren zusammen. Begleitet wird der Film von dem selbstverfassten „*lyrisch–poetischen Kommentar Bernard–Henri Lévys, der*" so Roswitha Naddaf (1994: 34f.) in ihrer Filmkritik, „*für Nicht–Franzosen etwas befremdlich erscheinen mag.*" Jean–Baptiste Naudet (1995) bemängelt in seiner Filmkritik in Le Monde, die Parallelen, die Lévy „*zwischen dem Kampf der Bosnier und dem der spanischen Republikaner, … dem ‚Milosewicismus' und dem Faschismus*" sehe, seien nur bedingt nachvollziehbar. So müsse dem Film vorgeworfen werden, dass er „*sowohl zu kompliziert und zugleich zu vereinfachend sei, um ein großes Publikum anzusprechen.*" Botschaft des Films, so wiederum Roswitha Naddaf, sei zweierlei. Einerseits mache sich der Film für eine Aufhebung des UNO–Waffenembargos gegen Bosnien stark. Zum anderen tritt Lévy dafür ein, in Bosnien–Herzegowina militärisch zu intervenieren. „*Die angebliche Stärke der Serben sei nur ein Mythos, eine Intervention ließe den Krieg in drei bis vier Tagen enden*" (Naddaf 1994: 34).

Der Film wird am 15. Mai 1994 in Cannes uraufgeführt. Die Kritik Lévys, die Politik weigere sich, in Bosnien aktiv zu werden, greifen viele Politiker auf, allen voran Staatspräsident François Mitterand (Le Monde, 18.5.1994).

Doch weniger der Film als vielmehr die im Fernsehsender France2 am 15. Mai von Lévy angedeutete Möglichkeit einer Parteigründung einer „Liste für Sarajewo" weckt das Medieninteresse. Diese Liste könne noch unter Umständen zu den Europawahlen antreten. „*Die Zeitungen sind voll davon*", notiert Lévy (1996: 323) am 16. Mai 1994. Dabei glaubt er, wenn man seinem Tagebuch darin trauen möchte, schon am gleichen Tag ihrer Verkündigung „*nur an eine Phantom-existenz*" der Liste. Am 17. Mai 1994 lädt Lévy zusammen mit Pascal Bruckner, André Glucksmann und anderen Intellektuellen zu einem „Meeting" in der „Mutualité". Der Ort ist bewusst gewählt. Im Februar 1937 hatte André Malraux zusammen mit Louis Aragon hier eine Tagung zum spanischen Bürgerkrieg veranstaltet (Semprun 1979: 106). Das Meeting steht unter dem Titel „*Europawahlen: Und Bosnien? Wird Europa einen der seinen retten?*" (Le Monde 17.5.1994). Es sind Vertreter der wichtigsten Parteien, die zu den Europawahlen antreten eingeladen, die europäische Dimension des Bosnienkrieges zu diskutieren. Zugleich gilt der Abend als konstituierende Sitzung der „Liste Sarajevo", die auch unter dem Namen „Liste BHL" bekannt wird (Lévy 1996: 324). Zwar nimmt Lévy für sich nur Listenplatz 14 in Anspruch und überlässt dem Medizindozenten und früheren MEP der französischen Sozialisten Léon Schwartzenberg die nominelle Führung der Listenbewegung, doch in den Medien gilt Lévy als eigentlicher Kopf der Partei (Saux 1994a).

Schon am 19. Mai stellt sich Lévy (1996: 329) die Frage: „*Wie kann diese Liste angehalten werden - schnell und würdevoll?*" Er trifft sich noch am gleichen Tag mit Vertretern der sozialistischen Partei. Spitzenkandidat Michel Rocard bietet an, dass die Sozialisten Bosnien als Thema mit in ihren Wahlkampf einbeziehen. Im Gegenzug müsse die Liste klarstellen, dass sie nicht zu den Wahlen antreten werde (Lévy 1996: 330ff). Rocard erkundigt sich, inwieweit Lévy überhaupt das Wort für die „Liste" führen könne und Lévy muss sich und Rocard eingestehen, dass von ihrer programmatischen Geschlossenheit nicht wirklich gesprochen werden kann. Von einer geschlossen Partei mag Lévy (1996: 331) deswegen lieber nicht reden, sondern eher von einer „*sympathischen Bande Zorniger.*"

Später, im Gespräch mit seinen Mitstreitern, stellt sich heraus, dass die Absprache Lévys mit Rocard tatsächlich akzeptiert wird. Man einigt sich vielmehr auf folgendes Vorgehen:

„Höchster Druck auf die politische Klasse; die größtmögliche Unordnung stiften; und dann, in der allerletzten Minute, zugeben, dass der Revolver nicht geladen war." (Lévy 1996: 334).

Diese Taktik, die Lévy (1996: 334) auch „*bürgerlichen Terrorismus*" nennt, diene dem Ziel, den Europa–Wahlkampf zu wahrer europäischer Qualität zu verhelfen. „*Was mich angeht, so habe ich mir auch nicht mehr als das erwartet*", schreibt Lévy (1995a: 141).

Schon bald zeigt der Druck auf die politische Klasse Wirkung. Der konservative Spitzenkandidat der UDF, Dominique Baudis und der Sozialist Michel Rocard treffen am 23. Mai 1994 den bosnischen Präsidenten Izetbegovic in Paris und äußern sich bei dieser Gelegenheit programmatisch zum Bosnienkrieg. Ohne den Druck durch die „Liste", so mutmaßt Lévy, wäre es so weit wohl nicht gekommen (Saux 1994a). Der politische Druck wächst weiter, als die Liste sich am 27. Mai offiziell beim Innenministerium als Listenvereinigung für die Europawahl meldet. Umfragen zufolge könnte sie zwischen 7 und 12% der Wählerstimmen am Tag der Europawahl am 12. Juni 1994 auf sich vereinigen (Le Monde 28.5.1994).

2.4.5.2 „Zugeben, dass der Revolver nicht geladen war"

Doch am 30. Mai verbreitet Lévy (1996: 352) per Fax die Meldung, die „Liste" werde nicht zu den Wahlen antreten. Léon Schwartzenberg, der die Listenformation anführt, weigert sich, die Entscheidung Lévys hinzunehmen und verkündet seinerseits, *„bis zum Ende durchzuhalten"* (Saux 1994b). *„Armer Léon",* schreibt Lévy (1995a: 146) über seinen ehemaligen Spitzenkandidaten, *„vielleicht hat er das Spiel zu ernst genommen."* Juristisch gesehen habe er selbstverständlich das Recht „bis zum Ende" zu gehen, *„aber moralisch gesehen?"* Am Tag der Wahl dann erzielt die „Liste" 1,57% der Stimmen und liegt damit, wie Lévy (1995a: 145) ironisch bemerkt, mit der „Liste für Jagd, Fischerei, Natur und Tradition" gleich auf. Und obwohl er es war, der den Rückzug der „Liste Sarajevo" von den Wahlen und somit seine eigene Distanz zu ihr zum Ausdruck gebracht hatte, ist Lévy nach ihrem Scheitern wiederum ihr Wortführer. Und aus dieser - selbst gewählten - Position erklärt er, mit dem Wahlergebnis zufrieden zu sein: *„Hätten wir besser abgeschnitten, dann hätten wir nur an der Implosion des politischen Systems Teil gehabt"* (Rivais 1994). Das aber sei letztlich nicht die Rolle der „Liste Sarajevo" und, so wird man hinzufügen dürfen, des Intellektuellen an sich, denn der steht jenseits des politischen Alltags, so sehr er sich auch an ihm beteiligt.

2.4.6 *Zusammenfassung der bisherigen Ergebnisse zu Lévy: Er „tut so" als mache er Politik, um die politische Klasse zum rechten Handeln zu zwingen.*

„Die dauernde, sich durch das Jahrhundert hindurch ziehende Gegenwart einer ‚intellektuellen Partei', die ein regelmäßiges Hin und Her zwischen intimer Nähe zur Macht und offener Revolte gegen eben diese Macht vollführt, ist eine Eigenart Frankreichs." (Rosenzweig 1994).

Mit diesen Worten erklärt Luc Rosenzweig die Gründung der „Liste Sarajevo". Die Eigenart der französischen Intellektuellen, so Rosenzweig weiter, gehe auf die Aufklärer zurück und man habe *„immer gewollt, dass die Ideale der Lumières in der konkreten Politik Anwendung fänden."* Im restlichen Europa gebe es solche Intellektuelle nicht.

Tatsächlich ist, wenn man sich die Zahl der in dieser Arbeit vorgestellten Intellektuellen vor Augen hält, der Anteil der französischen Intellektuellen, die an Parteigründungen beteiligt waren, hoch. Sowohl Sartre als auch Lévy sind als Parteigründer aufgetreten. Allerdings waren auch Max Weber und Jens Reich auf jeweils sehr unterschiedliche Art ebenfalls an Parteigründungen beteiligt, so dass, statistisch gesehen, gleich viele französische wie deutsche Intellektuelle als Parteigründer in Erscheinung treten. Das Argument Rosenzweigs, Partei zu ergreifen - bis hin zur Parteigründung - sei eine Eigenart französischer Intellektueller, ist also bezweifelbar.

Schon im Augenblick der Parteigründung ist Lévy dieser Schritt im Grunde unangenehm. Nicht, weil er sich vor zuviel Verantwortung fürchten könnte, sondern, weil es nicht „seine Sache" ist, konkrete Entscheidungen zu fällen. Obwohl Lévy also den politisch Engagierten als Intellektuellen definiert, trennt er doch die Zuständigkeitsbereiche der Politik und der Intellektuellen streng voneinander. Und so erweist sich sogar der Moment der Parteigründung als eine (letztlich ungeladene) medienpolitische nicht Räuber-sondern Intellektuellen-pistole, mit der er die „politische Klasse" zu bedrohen trachtet. In dem Bild des ungeladenen Revolvers steckt mehr als nur Selbstironie. Hier wird klar, dass tatsächliche politische Partizipation „gespielt" wird. Weiterzumachen, tatsächlich an den EP–Wahlen teilzunehmen, ist für Lévy dementsprechend unsinnig. Juristisch gesehen könne man das sicherlich tun, doch (für Intellektuelle) entscheidend sei doch der moralische Aspekt.

So erscheint in Lévy ein Intellektueller, der sich qua seines Amtes die Kompetenz moralischer Zuordnung zuschreibt. Gesellschaftliche Aufgabe, Verantwortung und Pflicht des Intellektuellen, den Lévy hier darstellt, ist moralische Maßstäbe zu liefern, anhand derer gut und böse in einer Auseinandersetzung unterschieden werden können. Wie auch schon Durkheim, Malraux und Sartre steht bei der Selbstlegitimation Lévys intellektuellen Engagements die Moral im Mittelpunkt. Der souveräne Umgang mit ihr sowie ihre gesellschaftlich verpflichtende Vermittlung scheint also Gegenstand des französischen intellektuellen Selbstverständnisses zu sein, dem auch Lévy sich offenbar verpflichtet fühlt.

Durkheim und Sartre stoßen in den Konfliktmomenten, in denen sie sich als Intellektuelle engagieren, auf Widersprüche zwischen ihrem Anspruch auf gesellschaftliche Relevanz und ihrer theoretischen Erörterung ihrer Intellektualität. Die Lösung, im Namen der Moral sprechen zu können ist in diesen beiden Fällen nicht in der eigenen Theorie als Konzept vorgesehen. Lévy sieht die Aufgabe des Intellektuellen in der Abwägung der moralischen Bedeutung politischer Ideen. Dieser Auftrag geht für ihn so weit, dass er es für geboten hält, politische Entscheidungsinstanzen zum Einsatz physischer Gewalt gegenüber moralisch bedenklichen politischen Konzepten anzutreiben. Er sieht sich zur Drohung mit politischer Einflussnahme berechtigt, denn als Intellektueller folgt er einem Instinkt, der mit großer Treffsicherheit gut von böse zu unterscheiden weiß. Intellektuellentheorie und Engagement sind bei Lévy im Vergleich zu Durkheim und Sartre auffällig deckungsgleich.

3 Intellektuelle in Deutschland

3.1 Max Weber

Max Weber wird 1864 als erster Sohn in eine Familie hineingeboren, die als typisch für das deutsche Bildungsbürgertum seiner Zeit bezeichnet werden kann (Opitz 1976: 80f.). Der Vater ist gelernter Jurist, die Mutter eine protestantische Hausfrau. Sie prägt das Interesse Webers für die „Wertsphäre" der Religion und des eigenen Protestantismus im Allgemeinen.

Der Vater bringt Weber der Politik näher. Als nationalliberaler Abgeordneter in Land-und Reichstag empfängt er regelmäßig solch interessante Gäste wie Finanzminister Arthur Hobrecht, Legationsrat Karl Aegidy, sowie Wilhelm Dilthey, Heinrich von Sybel, Heinrich von Treitschke und Theodor Mommsen (Marianne Weber 1984: 42). Seit seiner Jugend ist Weber also auch persönlich mit der Politik seiner Zeit bekannt. Doch zumeist vertreibt sich der junge Max Weber seine Zeit mit der Anlage von Genealogien und Fechtunterricht. Ähnlich wie Sartre dem Boxsport wird Weber dem Fechten sein Leben lang verbunden bleiben, allerdings in der artverwandten Form des studentischen Schlagens.

Als er als 18–jähriger sein Jurastudium antritt, schließt er sich der Burschenschaft Alemania in Heidelberg an. Damit geht er einen Weg, den Weber (1988i: 279) später als typisch für sein soziales Herkommen und die damit verbundenen Karriereabsichten beschreiben wird:

„Das studentische Couleurwesen ist bekanntlich die typische soziale Erziehungsform des Nachwuchses für die nichtmilitärischen Ämter, Pfründen und ‚freien' sozial gehobenen Berufsstellungen. Die ‚akademischen Freiheit' des Paukens, Trinkens, Schwänzens entstammt Zeiten, wo andere Freiheiten irgendwelcher Art bei uns nicht existierten und wo nur diese Literatenschicht der Amtsanwärter mit eben jenen Freiheiten privilegiert war."

Später - nach einem nervlichen Zusammenbruch und einer damit verbundenen jahrelangen „Höllenfahrt" (Frommer 1989: 161–172) - wird Weber behaupten, dass diese Form der akademischen Nachwuchstörderung die politische Kultur Deutschlands in entscheidenden Punkten schwäche. Denn das mit dem Couleurwesen verbundene Ehrgefühl behindere die Entwicklung der deutschen politischen Kultur. Der Begriff bilde Kastenkonventionen aus, die Demokratisierungsversuchen im Wege stünden (Weber 1998i: 283). Während er aber nun die Nachteile des Couleurwesens auf soziologischem Niveau aufzeigt, mag er sich *privatim* nicht von dem ihm eigenen Ehrgefühl trennen. So erhält z.B. Bernhard Harms 1912 eine *„Säbelforderung zu den schwersten nach akademischem*

Brauch zulässigen Bedingungen" (Marianne Weber 1984: 449) von Weber, nachdem der ihn in einem öffentlich ausgetragenen Streit beleidigt hatte. Durch seine Forderung erhofft sich Weber die Reinigung seiner Ehre. Wie sehr die Ehre Weber auch eine politische Handlungsmaxime ist, wird sich im Zusammenhang mit seinem Engagement im ersten Weltkrieg noch zeigen.

Während seines Studiums interessiert sich Weber für politische Fragen, wobei er stets die Fernperspektive nach Berlin und den dortigen Verhältnissen behält. Politische Moden, wie eine Welle des Antisemitismus 1885 lehnt Weber als politische Unreife seiner Kommilitonen ab.

1893 fertigt Weber für den „Verein für Sozialpolitik" seine Studie zum Verhältnis der ostelbischen Landarbeiter an. Der „hohe nationale Schwung", der dem Text bei klinge, wird auf der Tagung des Vereins in Berlin 1893 kritisiert (Boese 1939: 67f.). Im ersten Kriegsjahr des ersten Weltkrieges ist Weber Disziplinaroffizier der Lazarettkommission. Nach seinem Ausscheiden aus dem aktiven Dienst engagiert sich Weber als Intellektueller in der deutschen Kriegspolitik. Diese Lebensphase Webers wird noch eingehender zu besprechen sein; sie endet mit seinem Tod 1921.

3.1.1 Weber als Intellektueller

Fritz K. Ringer arbeitet in einer Studie zur deutschen Gelehrtenschicht mit dem Begriff „Mandarinismus", um mit dieser ursprünglich chinesischen Benennung der Beamtenschicht die deutschen Gelehrten seines Untersuchungszeitraumes zu bezeichnen. Sein *„Entschluss, diesen Begriff auf die Klasse der Akademiker in Deutschland anzuwenden"*, so Ringer (1983: 15) *„wurde ... durch Max Webers ... Schilderung der chinesischen Literaten beeinflusst."* Da Ringer aber zwischen den Begriffen „Intellektueller" und „Mandarin" hin und her springt, will es scheinen, als seien auch für Weber diese Begriffe Synonyme. Mandarin und okzidentaler Intellektueller sind für Weber aber das Ergebnis zweier unterschiedlicher Entwicklungen, die zwar in vielerlei Hinsicht parallel, jedoch letztlich unterschiedlich verlaufen sind, wie sich noch zeigen wird. Der Mandarin ist Weber (1988h: 331) zufolge ein *„literarisch–humanistisch gebildeter Gentleman"*, während die modernen, okzidental geprägten *„Intellektuellen' ... dazu prädestiniert sind, die ,nationale' Idee zu propagieren"* (Weber 1980: 530). In diesem Punkte also unterscheiden sich Mandarin und Intellektueller bei Weber entschieden: in der Frage des gesellschaftlichen, namentlich des patriotischen Engagements.

Politik habe er immer *„unter dem nationalen Gesichtspunkte angesehen"*, bekennt Weber (1988b: 157). Er setzt sich zeit seines Lebens für die Vertretung deutscher *„Kulturinteressen"* und *„Kulturaufgaben"* ein, sieht anfangs darin gar den Sinn des ersten Weltkrieges (Weber 1988: 167, 169). Wenn nun also nationale Kultur und engagierte Kulturverwaltung den okzidentalen Intellektuellen kennzeichnen, dann ist Weber nach den Regeln seiner eigenen Begriffe vielmehr ein okzidentaler Intellektueller als ein gesellschaftlich „*taubstummer*" Mandarin (Weber 1988b: 413). Dennoch ist sein Verhältnis zu anderen Intellektuellen nicht konfliktfrei und mitunter ist sogar von den „*dilettantischen*", ja sogar „*blöden Literaten*" die Rede (Weber 1988n: 485, 1988i: 271).

Max Weber hat sich selbst an keiner Stelle als Intellektuellen bezeichnet. Vielleicht ist das damit zu begründen, dass er, wie Wolfgang J. Mommsen (1993: 33) behauptet, vornehmlich im Journalisten und nicht im Akademiker den Idealtypus des modernen Intellektuellen sieht.

Weber spricht von sich selbst zumeist als einem „Gebildeten". Er könne „*zwar nicht im Namen derer ..., wohl aber als einer von ihnen sprechen*", formuliert er 1896 diese Kompetenz (Weber 1988k: 26). Gerade in der für das deutsche Reich schwierigen Zeitphase zwischen 1914 und 1919 ist Weber dermaßen einbezogen, dass er letztlich sogar seinen Lebensplan zu hinterfragen bereit ist. „*Nein*", stellt er im Juli 1918 fest, „*ich bin für die Feder und die Rednertribüne geboren, nicht für den Katheder*" (Marianne Weber 1984: 625). Dass Weber dies nach einer, wenn auch nicht spektakulären, akademischen Karriere feststellt, macht verdeutlicht das Gewicht dieser Erkenntnis.

Die Abwendung von der Wissenschaft bedeutet jedoch nicht etwa einen „Berufseinstieg" in die Politik. Max Weber (1988h: 309) „*ist weder aktiver Politiker, noch wird er es*" nach eigenen Worten sein. Und so lässt er sich nur nach langem Zögern dazu bewegen, der unter anderem von Friedrich Naumann gegründeten liberalen Deutschen Demokratischen Partei (DDP) beizutreten. Im April 1920 umreißt Weber sein Selbstbild im Gegensatz zum Politiker so: „*Der Politiker soll und muss Kompromisse schließen. Aber ich bin von Beruf: Gelehrter*" (Hübinger/Mommsen 1984: 1).

Die von ihm gemachte Erfahrung, dass „*von rechts nach links - Irrsinnige in der Politik ihr Wesen treiben*", (Marianne Weber 1984: 684f.) mag ihm diese Selbsteinschätzung leichter gemacht haben. Weber bleibt sein Leben lang zwischen der Frage politischer Gebundenheit und intellektueller Ungebundenheit hin-und hergerissen. Vielleicht liegt es ja in der ihm nachgesagten ·Vereinigung rhetorischen Charisma mit feingeistiger Nervosität (Baumgarten 1964: 625), dass dem Theoretiker des modernen „Berufsmenschentums" letztlich die „Politik als Beruf" nicht zugänglich ist. Karl Jaspers (1921: 16) jedenfalls beantwortet in seiner Rede zur Trauerfeier für Max Weber 1921 die Frage nach dessen Beruf („*war er Gelehrter oder Politiker?*") letztlich wohl zutreffend mit: „*Er war Patriot.*"

3.1.2 Webers Intellektuellentheorie: Das Problem der Ideenvermittlung

Max Weber hat keine eigenständige „Soziologie der Intellektuellen" formuliert, so dass die nun folgende Zusammenstellung Weberscher Aussagen zum sozialen Typus des Intellektuellen eine Rekonstruktion bleiben muss, die mit den Rekonstruktionen eigentümlichen Mängeln behaftet sein wird. Rekonstruktionen gerade theoretischer Bemühungen sind sehr anfällig für die Anliegen, Ansichten und Interpretationen der Reproduzenten, wie sich an Ahmad Sadris Studie zu „Max Weber's Sociology of Intellectuals" zeigt. Sadri hat hier einen Ansatz gewählt, der m.E. nur bedingt zu einem vertieften Verständnis von Webers Intellektuellentheorie beiträgt, sehr wohl aber Sadris eigenen Standpunkt zu unterstützten scheint.

Ausgehend von einer begrifflichen Trennung von Intellektuellen und Intelligentsija unterstellt Sadri (1992: 70) Weber, dieser sehe die Intelligentsija als „'transmission belt' that ... tremolds and simplifies the ideas produced by the leading intellectuals." Das würde auf ein Zwei–Stufen–Modell hinauslaufen, an dessen Spitze freischwebende Intellektuelle gestellt sind, die Ideenentwicklung betreiben, während sich die Intelligenz um die Verbreitung von Ideen bemüht.

Abgesehen davon, dass Weber in die russische Intelligentsija explizit als „Intellektuellenbewegung" bezeichnet (Davydov 1992), also Sadris begrifflicher Trennung durchaus nicht Folge leistet, melden sich noch weitere Zweifel an einer solchen Unterteilung an. Sie beruht auf der verbreiteten, aber bislang nicht hinreichend belegten Annahme, Ideen könnten in einer Art Transfer von ihrem Produzenten hin zur breiten Masse der Ideenkonsumenten transportiert werden, um dort dann ihre Wirkung zu entfalten (Ascher 1990: 140f.). Die Darstellung Sadris unterstellt Weber ein Verständnis von der „Macht der Ideen", das er m.E. solcherart nicht vertritt. Es ist Webers selbst gewählte Aufgabe als Soziologe, soziales Handeln deutend zu verstehen, wobei ihn auch ideenhistorische Zusammenhänge interessieren. Eine aus Sadris begrifflicher Trennung herauszulesende Hoffnung in die Macht der Ideen lässt sich aber m.E. bei Weber nicht ausmachen. Dass Glaubenssätze und kulturell gegebene Annahmen über das Wesen und den Sinn der Welt die Lebensführung und die Haltung des Einzelnen prägen, ist Webers These, die den gesamten religionssoziologischen Untersuchungen zu Grunde liegt:

„Interessen (materielle und ideelle), nicht: Ideen beherrschen unmittelbar das Handeln der Menschen. Aber: die ,Weltbilder', welche durch ,Ideen' geschaffen werden, haben sehr oft als Weichensteller die Bahnen bestimmt, in denen die Dynamik der Interessen das Handeln fortbewegte." (Weber 1988d: 252).s

Intellektuelle, die es sich zum „Geschäft [machen], allerhand ,Ideen' zu produzieren, für welche ... die Männer da draußen [im Krieg JG] bluten und sterben", nimmt Weber (1988h: 308) nicht ernst: „Ich glaube nicht, dass dies eitle Treiben irgendeinem unserer Kämpfer seine schwere Pflicht erleichtert hat." Dass Intellektuelle aber in der Lage sind, Stimmungen zu schüren, bezweifelt Weber nicht.[20]

Weil nun also die Relevanz des Problems der „Macht der Ideen" bei Weber zumindest ambivalent ist, muss auch seine Intellektuellentheorie von einer

---

20   „Die ... Kaffeehausintellektuellen in Rom und Paris sind es, welche dort die kriegshetzerische Politik der ,Straße' fabriziert haben" (Weber 1988i: 287). „Die amerikanischen Universitäten und die von ihnen gebildeten Schichten sind die Urheber des Krieges gewesen. ... Sie dachten sich den Krieg als eine Art ritterlichen Sport" (Weber 1997: 238).

Warte aus betrachtet werden, die der soziologischen Perspektive mehr Platz gegenüber der ideenhistorischen einräumt. Das soll nunmehr versucht werden:

3.1.2.1 Universelle Grundlagen des Intellektualismus

Max Weber ist unter den ersten Gesellschaftstheoretiker in Deutschland, die den Begriff des Intellektuellen in seiner - weitestgehend - werturteilsfreien Bedeutung verwenden. Während die meisten seiner Zeitgenossen vorziehen, von „geistigen Menschen" oder „Denkern" im allgemeineren Sinne zu sprechen, kann Weber schon zu Beginn des 20. Jahrhunderts, also recht unmittelbar nach der Geburt des Begriffes, etwas damit anfangen.

Das Bild des Intellektuellen, von dem in Webers vor allen Dingen religionssoziologischen Untersuchungen die Rede ist, basiert auf idealtypsichen Überzeichnungen, die *„wie sie in der Realität selten auftreten, aber allerdings: auftreten können und in historisch wichtiger Art aufgetreten sind."* (Weber 1988m: 537). „Rationaler Intellektualismus" ist bei Weber (1988m: 564) eine soziale Erscheinung, die in gesellschaftlichen Epochen aufzutreten pflegt, die zunehmende Rationalisierung ihrer Arbeitsverhältnisse erfahren und dadurch an Unmittelbarkeit zwischen Arbeitsprozess, arbeitsprozessbezogenem Wissen und Lebensführung verlieren.

> „In das Resultat der Arbeit des Töpfers, Webers, Drechslers, Tischlers geht außerordentlich viel weniger an unberechenbaren Naturereignissen ... ein als in die Landarbeit. Das dadurch bedingte Maß von relativer Rationalisierung und Intellektualisierung paart sich, infolge der größeren Hausgebundenheit großer Teile der Arbeitsprozesse ... und wohl auch der Ausschaltung der größten Muskelapparate des Körpers und der Arbeit mit dem Verlust der unmittelbaren Beziehung zu der plastischen und vitalen Realität der Naturgewalten." (Weber 1980: 703).

Mit anderen Worten: Intellektualisierung tritt überall dort als soziales Phänomen auf, wo das sie auszeichnende Wissen und ihre Bildung losgelöst von einem unmittelbar lebensnotwendigen Arbeitsprozess gedacht werden kann. Daneben ist sie an Sesshaftigkeit (Häuslichkeit) und schwindende Muskulatur gebunden.

Die bei Weber (1988m: 555, 558, 1980: 341, 703) immer wiederkehrende Doppelerwähnung von Rationalismus und Intellektualismus ist in diesem Zusammenhang zu sehen. Sie beschreibt sowohl technische Rationalisierungsschritte, wie z.B. die Erfindung der Buchstabenschrift, die *„das Entstehen einer eigentlichen, zum Lesen bestimmten Literatur"* erleichtert (Weber 1988g: 206f.), wie auch fortschreitende Arbeitsteilungsprozesse, die eine Bildungsschicht freisetzen, die keine, auf unmittelbare Bedürfnisbefriedigung ausgerichtete Anforderungen an ihre Lebenswelt haben.

Kennzeichnend für den Intellektuellen ist, dass er *„nicht durch materielle Not gedrängt wird, sondern durch die eigene innere Nötigung, die Welt als sinnvollen Kosmos zu erfassen"* (Weber 1980: 304). Das aber bedeutet nicht, dass er einer besitzenden Klasse angehört. Vielmehr gibt es durchaus das Phänomen des proletarischen

Intellektualismus, gar des Massenintellektualimus, auch wenn dieser sehr selten aufzukommen pflegt (Weber 1980: 313).

Obwohl Weber Intellektuelle in allen Einkommensschichten ausmacht - es ist gar die Rede von „proletaroidem Intellektualismus" (Weber 1980: 308) - sind sie auf regelmäßige Einkommen angewiesen (Weber 1980: 602). Regelmäßige Einkommenschancen hat der Intellektuelle in besonderer Weise zum einen in der (weltweit vorkommenden) Bürokratie, zum anderen in der Struktur der okzidentalen Stadt:

„Einen intellektuellen und verwaltungstechnischen Rückhalt aber gaben die Juristen, vor allem die Notare, vielfach auch die Richter und die ihnen nahestehenden fachgelehrten Berufe der Ärzte und Apotheker. Diese ... intellektuellen Schichten gehörten überall führend zum *popolo* und spielten eine ähnliche Rolle wie in Frankreich innerhalb des *tiers etat* die Advokaten und andere Juristen." (Weber 1980: 779).

Nicht eine Schichtzugehörigkeit, sondern in erster Linie die Freiheit von materieller Sorge ist also kennzeichnend für den Intellektuellen. Sowohl der materielle als auch der Bildungshintergrund ist dabei für Weber relativ unerheblich. Jede Art von unmittelbarer Bedürfnisbefriedigung enthobenen Intellektualität fällt bei ihm unter den Sammelbegriff „Intellektualisierung".

Eine direkte Verwandtschaftslinie zwischen Klerus und Intellektuellen sieht Weber also nicht. Intellektualismus ist für ihn keineswegs genuin religiös, steht aber in einer „*intimen Beziehung*" zur Religion (Weber 1988m: 564). Dass Intellektuelle Einfluss auf Religionsgründungen haben, zeigt sich für Weber besonders an den Religionen des Orients. Dass auch moderne Literaten im Okzident Anlass für religionsähnliche Bewegungen sein können, zeigt sich für Weber (1980: 313f.) am Beispiel der russischen Schriftsteller Tolstoi und Dostojewsky, denen er nachsagt, die geistigen Führer der letzten „*religionsartige Intellektuellenbewegung*" zu sein.

Den idealtypischen Entwicklungszusammenhang von Intellektualität und Religion stellt Weber (1988m: 564f.) in groben Zügen wie folgt dar:

„Von den Zauberern, welche überall die typischen Bewahrer der Mythen und Heldensagen wurden ..., übernahm die Priesterschaft ... die Schulung der Jugend im Gesetz und oft auch in rein verwaltungstechnischen Kunstlehren. ... Aus dem Laiendenken aber entstanden immer wieder sowohl die priesterfeindlichen Propheten, wie die ihr religiöses Heil priesterfrei suchenden Mystiker und Sektierer und schließlich die Skeptiker und glaubensfeindlichen Philosophen, gegen die dann wieder eine Rationalisierung der priesterlichen Apologetik reagierte. ...[Die] Monopolisierung der Jugenderziehung wurde ... [eine] zentrale Machtfrage für die Priesterschaft. Deren Macht konnte mit zunehmender Rationalisierung der politischen Verwaltung steigen. Wie anfänglich sie allein in Ägypten und Babylonien dem Staat die Schreiber lieferte, so noch den mittelalterlichen Fürsten mit beginnender Schriftlichkeit der Verwaltung. ... Nicht nur diese eigentlichsten Priesterinteressen aber bedingten die immer neue Verbindung der Religion mit dem Intellektualismus, sondern auch die innerliche Nötigung durch den rationalen Charakter der religiösen Ethik und das spezifisch intellektualistische Erlösungsbedürfnis."

Intellektualismus findet also zwar zumeist innerhalb insitutionalisierter Religiosität ihren Ort, entsteht aber immer wieder in Opposition zu oder auch unabhängig von ihr.

3.1.2.2 Unterschiedliche Entwicklungen in Orient und Okzident

Inwieweit Intellektualismus und Religion miteinander in Verbindung stehen, hat sich in Orient und Okzident stark unterschiedlich entwickelt. Weil hier der okzidentale Intellektuelle besonders interessiert, soll der orientalische Typus nur kurz beleuchtet werden. Es muss aber auf ihn eingegangen werden, damit im Kontrast, den Weber aufzeigt, die Wesenseigenheit des modernen Intellektuellen des Westens deutlich wird.

Während die Entwicklung eines christlichen Dogmas im Okzident die Auseinandersetzung zwischen Intellektualismus und Amtskirche zugunsten der Kirche entscheiden zu haben glaubte (Weber 1980: 341), (was - wie sich zeigen wird - den Charakter des okzidentalen Intellektualismus einschlägig prägte), sind die östlichen Religionen, namentlich der Konfuzianismus und Buddhismus, aber auch der Hinduismus und der Jainismus zumindest in ihrem Ursprung „Intellektuellenreligionen".[21] Diese innere Eigenschaft der orientalischen Religionen hat die Entwicklung eines Intellektuellentypus, wie Weber sie im Okzident ausmacht, unmöglich gemacht.

Zum einen war es die *Dharma*–Lehre Indiens, der Glaube also, jeder Kaste genüge eine eigenständige Ethik, die ein solches Selbstverständnis der Intellektuellen unmöglich machte, weil sie einer, im Namen der Nation vereinheitlichenden Ethik keinen Raum schuf. *Dharma* bedeutete in ethischer Hinsicht die Akzeptanz ständischer Ethiken, *„die untereinander nicht nur verschieden, sondern geradezu einander schroff widerstreitend"* sind (Weber 1988f: 142). Der indische intellektuelle Brahmane hatte also nur bedingt Anspruch, Interesse und Möglichkeit, eine für die gesamte Gesellschaft geltende Ethik zu vertreten.

Der konfuzianische Intellektuelle Chinas hingegen war an der Formulierung eines allgemeingültigen Lebensführungsgebotes durchaus interessiert, ja hierin sah er in erster Linie seine Berufung. Doch waren es die in China enorm starken Sippenbande, die die Geltung solcher allgemeingesellschaftlichen Ethik bald in ihre Schranken wies. Wie auch Antonio Gramsci (1992: 559) sieht Weber im chinesischen schriftgelehrten Mandarin eine Entwicklungsstufe des Intellektualismus vertreten, die allerdings eine seiner Grundlagen: Lesen zu können,

---

21 „Da ist vor allem die grundlegend wichtige Tatsache festzustellen: daß die großen asiatischen religiösen Lehren alle Intellektuellenschöpfungen sind. Die Erlösungslehre des Buddhismus ebenso wie die des Jainismus und alle ihnen verwandte Lehren wurden getragen von vornehmen Intellektuellen mit (wenn auch nicht immer streng fachmäßiger) vedischer Bildung, wie sie zur vornehmen indischen Erziehung gehörte, von Angehörigen vor allem des Kschatriya–Adels, der sich im Gegensatz zum brahmanischen fühlte. In China waren sowohl die Träger des Konfuzianismus, vom Stifter selbst angefangen, wie der offiziell als Stifter des Taoismus geltende Laotse, entweder selbst klassisch–literarisch gebildete Beamte oder Philosophen mit entsprechender Bildung." (Weber 1980: 305)

110

in besonders radikaler Form rationalisiert hat (Weber 1988e: 398f.). Der sakrale Charakter der Schrift, die Entwicklung eines eigenständigen Intellektuellenstandes der Mandarine und eines dazugehörigen Dünkels, der Traditionalismus sowie auch der weitestgehend esoterische und rituelle Charakter seines Fachwissens sind Weber (1988e: 400f.) zufolge für das Ausbleiben der Geburt einer ethisch interessierten nicht religiösen Intelligenz im okzidentalen Sinne verantwortlich zu machen (Weber 1988e: 430).

Beide: indische und chinesische Intellektuelle sahen sich mit jeweils eigener Begründung nicht genötigt, den Krieg (als politische Domäne) zum Gegenstand ihrer Tätigkeit zu machen. Denn während in Indien der Fürst seinem kriegerischen *Dharma* folgte und somit dem Brahmanen gegenüber keinerlei Begründung seines Verhaltens schuldig war, war in China jeder Krieg, der die traditionale Ordnung zu erhalten schien, ein gerechter Krieg, dessen ethischer Bewertung der Intellektuelle sich entziehen konnte (Weber 1988f: 145.).

Der okzidentale Intellektuelle entsteht aus einem gänzlich anderen Verhältnis von Religion und Intellektualität als es im Orient vorzufinden ist. So trägt schon allein die christliche Brüderlichkeitsethik, die die Glaubensgemeinschaft über Sippe und Kasten stellt, einen welthistorisch bedeutsamen ethischen Alleingang des Okzidents dar. Die Idee der Gleichheit vor Gott (zumindest im Abendmahl) war im Okzident zusammen mit der besonderen Erscheinungsform der Stadt ausschlaggebend für die Entwicklung einer Ethik, die weder an Kasten–, noch an Bildungsgrenzen haltzumachen veranlasst war und somit gesamtgesellschaftliche Geltung beanspruchen konnte (Weber 1980: 745). Auch wenn im Laufe der Entwicklung die religiöse Ethik durch nationalkulturelle Ethiken bzw. durch ästhetische Urteile abgelöst werden wird, ändert das nichts an dem für Weber gegebenen Ursprung okzidentaler Intellektualität in der christlichen Gemeindeethik, die sich von den Sippen-bzw. Kastenethiken orientaler Gesellschaften empfindlich unterscheidet.

3.1.2.3 Intellektuelles Wissen

Für die unterschiedliche Entwicklung zwischen okzidentaler und orientaler Intelligenz ist im Weiteren die Natur des Wissens verantwortlich zu machen, das die jeweiligen Intellektuellenschichten verwalteten:

„Die okzidentalen religiösen Lehren ... sind eher Folge einer andauernden Konkurrenz zwischen Propheten, Priestern, Mönchen und ‚weltlichen Intellektuellen' .... Das Wissen, das sie akkumulieren, ist nicht nur Reflexions-sondern auch Produktionswissen." (Schluchter 1980: 32).

Im Okzident also haben - aufgrund der spezifisch arbeitsprozessbezogenen Qualität des zur Verfügung stehenden technischen Wissens - religiöse und weltlich–intellektuelle Autoritäten in einem Konflikt zueinander gestanden, der im Orient unbekannt geblieben ist. Es ist letztlich der Konflikt zwischen Religion und Wissenschaft, der dem westlichen Intellektuellen in die Wiege gelegt ist und der im Orient nicht vorkommt. Seitens der Religion muss im Okzident die fortwährende skeptische Sinnfrage, die den Intellektuellen kennzeichnet, regelmäßig als religiöse Grundüberzeugungen störend und zersetzend auffallen. Die religiösen Institutionen wehren sich dann mittels eines „Opfers des Intellekts", durch das Postulat nämlich, wahrer Glaube bedeute eben die Akzeptanz gerade des Unglaubwürdigen (*„credo non quod, sed quia absurdum"*) gegen den Intellektualismus (Weber 1988m: 566). Im Gegensatz zur konfuzianischen und brahmanischen Intellektualität steht der okzidentale Intellektuelle immer wieder in Konkurrenz zu den religiösen Institutionen.

Der moderne - okzidental geprägte - Intellektuelle unterscheidet sich für Weber (1988f: 253) also besonders in seiner betont rationalen Bildung, die religiöses Wissen als „irrational" qualifiziert, vom idealtypischen „Allerweltsintellektuellen". Er ist insofern okzidentaler Prägung, als o.g. Auseinandersetzung mit religiösem Denken einen wesentlichen Charakterzug ausmachen. Während religiöser Rationalismus Weltbeherrschung „im Namen Gottes" fordert, propagiert der wissenschaftliche Rationalismus sie *„im Namen der intellektuellen Rechtschaffenheit"* (Weber 1988m: 569). Diese Haltung hat sich im Okzident immer da durchgesetzt, wo die religiösen Institutionen entweder geschwächt, oder auch im Gegenteil: hartnäckig traditional mächtig waren.

Der mangelnde ethische Anspruch, der für solche scientistische Intellektualität kennzeichnend ist, führt zu einer radikalen Ablehnung jeglicher ethischer Aussagen in den intellektuellen Schichten:

„Die Ablehnung der Verantwortung für ein ethisches Urteil und die Scheu vor dem Schein beschränkter Traditionsgebundenheit, wie sie intellektualistische Zeitalter hervorbringen, veranlasst dazu, ethisch gemeinte in ästhetisch ausgedeutete Urteile umzuformen (in typischer Form: ‚geschmacklos' statt ‚verwerflich')." (Weber 190: 366).

Dennoch ist gerade der ethische Gehalt der christlichen Gemeindeethik für die Entstehung intellektueller Kulturen in Europa verantwortlich gewesen. Gerade das Gebot der (Nächsten–) Liebe, das ein wissenschaftlicher Intellektualismus nicht zu erfüllen vermag, ist im Okzident immer wieder in intellektuellen Gegenbewegungen *Movens* zur ethischen Weltablehnung gewesen, was sich für Weber an Tolstois und Dostojewskis revolutionärer Brüderlichkeitsethik deutlich macht (Bellah 1999: 299). Dennoch lässt sich festhalten, dass die rationale Opposition zur religiösen Weltbeherrschung am Anfang der Entstehung des Intellektuellen okzidentaler Prägung steht, dann aber Werte zu vertreten sich bemüht, die er mit den Institutionen der Religion teilt.

Ein weiterer rein okzidentaler Zug des modernen Intellektuellen ist, dass er sich der Pflege nationaler Kultur widmet:

„Die Überlegenheit ... der nur kraft der Pflege der Eigenart zu bewahrenden ... ‚Kulturgüter' ist es denn, an welcher die Bedeutsamkeit der ‚Nation' verankert zu werden pflegt und es ist daher selbstverständlich, dass ... diejenigen, welche innerhalb einer ‚Kulturgemeinschaft' ... die Führung usurpieren: die ‚Intellektuellen' also ... in spezifischem Maße dazu prädestiniert sind, die ‚nationale' Idee zu propagieren." (Weber 1980: 530).

Diese Bemerkung steht am Ende eines nicht vollendeten Kapitels über „*Begriff und Entwicklung des Nationalstaats in allen historischen Epochen*", das gerade an dieser Stelle Betrachtungen über den modernen Intellektuellen im wahrsten Sinne des Wortes mitten im Satz abbricht und unvollendet geblieben ist. Dennoch lässt sich schon hier einiges über die spezifische Erscheinungsform des modernen Intellektuellen erfahren. Zum einen tritt er zur Propagierung und Verteidigung nationaler Werte an. Daneben erhebt er Anspruch auf eine Führungsposition, die er aber offenbar nicht innerhalb der politischen Körperschaft, sondern innerhalb einer „Kulturgemeinschaft" anstrebt. Eine „Kulturgemeinschaft" nun ist eine „*Gruppe von Menschen, welchen kraft ihrer Eigenart bestimmte, als ‚Kulturgüter' geltende Leistungen in spezifischer Art zugänglich sind*" (Weber 1980: 530).

Die Kultur und ihre Bewahrung sind für Weber allerdings ein ambivalenter Gegenstand der Betrachtung. In den berühmten „Zwischenbetrachtungen" seiner Gesammelten Aufsätze zur Religionssoziologie macht Weber deutlich, wie verletzlich das Konzept der Kultur letztlich ist. In der Moderne, so heißt es hier, vervielfältigen und differenzieren sich mögliche „Kulturgüter" in einem solchen Ausmaß, dass eine Kultur, die sich „*im Laufe eines endlichen Lebens um-spannen*" ließe, undenkbar wird. Angesichts dessen droht der Dienst an den Kulturgütern, je mehr er zu einem Beruf gemacht wird, ein „*um so sinnloseres Hasten im Dienst wertloser und überdies in sich überall widerspruchsvoller und gegeneinander antagonistischer Ziele zu werden*" (Weber 1988m: 570). Intellektualismus als beruf-liches Thematisieren einer Kulturgemeinschaft ist also ein in der modernen Welt zutiefst unglaubwürdiges Konzept. Dennoch verstehen sich Intellektuelle Weber (1988i: 286) zufolge als Mitglieder jener Kulturgemeinschaft, die die nationale Idee propagiert und deren Aufgabe es ist, die „*politische Zukunfts-gestaltung*" der „*Nation zu interpretieren.*"

Diese modernen Intellektuellen okzidentaler Prägung, die einen kulturellen Führungsanspruch erheben, treten in recht kurzlebigen sozialen Gefügen auf (Weber 1921: 416). Der moderne Intellektuelle ist also kein Klassen-oder Schichtvertreter, er gehört keiner spezifischen Berufsgruppe an. Sein Macht-anspruch ist kein primär politischer, vielmehr tritt der Intellektuelle als sprach-gewandte gebildete Hilfsinstanz der Politik auf, z.B. als „*jene Intellektuellen–Schicht, die nun einmal überall ... die Phrasen prägt, mit denen in allen Parteien, ohne Ausnahme gearbeitet wird*" (Weber 1997: 233). So diese kulturerfahreneren Nichtfachleute in die Verlegenheit geraten, politische Macht auszuüben, wie z.B. „*die Bolschewiki–Regierung, die ja bekanntlich aus Intellektuellen besteht*" (Weber 1997: 264), sind sie letztlich auf die Sachkenntnis anderer angewiesen, weil sie als Generalisten ohne Fachwissen auftreten. So stehen Intellektuelle außerhalb der Machtsphäre, sind nicht an politischen Entscheidungen beteiligt, aber an den Geschicken der Nation mindestens genauso interessiert, wie die politisch Verantwortlichen, wobei sie sich mitunter ohne jedes Verantwortungsgefühl von ihren Gefühlen mitreißen lassen:

„Die ... Romantik der revolutionären Hoffnung als solche ist es, die diese Intellektuellen bezaubert. Wenn man sie sieht, dann weiß man, dass sie Romantiker sind, dem Alltag des Lebens und seinen Anforderungen seelisch nicht gewachsen oder abgeneigt und daher nach dem frohen revolutionären Wunder - nach Gelegenheit, selbst einmal sich in der Macht zu fühlen, lechzend." (Weber 1997: 264).

Dieser Form der intellektuellen Lust an revolutionärer Gewalt steht die intellektuelle Forderung nach Gewaltlosigkeit entgegen. Beides ist eben denkbar. Den „intellektuellen Nichtinteressenten" bleibt nicht verborgen,

„daß Gewalt stets Gewalt aus sich gebiert, ... daß die Gewaltsamkeit gegen das Unrecht im Endergebnis zum Sieg nicht des größeren Rechts, sondern der größeren Macht oder Klugheit führt, „ (Weber 1980: 357)

was weltweit zu intellektuellem Pazifismus geführt hat. Zugleich ist aber mit dem Rationalismus der Weltbeherrschung, den Intellektuelle begleiten und prägen, *„der Gegensatz von Gewaltsamkeit und Güte, Sachlichkeit und Liebe endgültig in die Welt gekommen"* (Schluchter 1980: 37).

Der moderne, okzidental geprägte Intellektuelle ist also durch seine Skepsis gegenüber religiöser Bewertung und Legitimation gekennzeichnet, ohne sich umgekehrt ausdrücklich als wissenschaftlich qualifiziert zu erweisen. Die Selbstlegitimation des Intellektuellen erfolgt über kulturelle Güter, die er zu bewahren behauptet. Die Relativität der Bedeutung dieser Güter macht den Intellektuellen aber eine eindeutige Legitimation ihres Auftretens unmöglich, weshalb sie immer wieder auf eine *„intellektualistische, mystische Erlösungssuche"* auszuweichen bestrebt sind, mit anderen Worten also ihr Heil in der Weltflucht suchen (Weber 1988m: 571).

3.1.3 Möglichkeiten sozialer Erkenntnis nach Max Weber

Weber schreibt 1920 an den Philosophen Heinrich Rickert, man brauche nur zwei Grundbegriffe, nämlich Handlung und Ordnung, *„aus denen sich alles weitere entwickele"* (Schluchter 1988: 351, Fn. 30). In der Tat lässt sich mit den beiden Begriffen Webers Erkenntnistheorie einleuchtend rekonstruieren.

Soziale Ordnung ist für Max Weber nicht etwas, was man an sich feststellen kann. Émile Durkheim, der den Dingcharakter des Untersuchungsgegenstandes der Soziologie behauptet, sieht das, wie sich zeigte, ganz anders. Doch Weber ist der Ansicht, dass sich eine Ordnung um ihrer selbst willen nicht beschreiben läßt. Eine Ordnung ist nur so lange von soziologischer Relevanz, wie sich an ihr orientiert wird. Wenn Menschen ihr sozial sinnhaftes Handeln an einer Ordnung orientieren, von deren Geltung sie ausgehen, dann beschreiben sie auf diesem Wege die Ordnung selbst. Das gilt selbst dann, wenn die Ordnung verletzt oder umgangen wird, wie Weber (1907: 132f.) am Beispiel des Falschspielers erläutert. Der verletzt zwar die Spielregeln, zeigt aber durch sein heimliches Handeln, dass er von deren Geltung ausgeht. Am Beispiel des Falschspielers zeigt sich auch, dass die Qualität eines Handelns den Sozialwissenschaftler unberührt lässt. Ob falsch zu spielen verwerflich sei, ist eine Frage, die zu beantworten er der hintergangenen Gesellschaft überlässt. Damit wird aber auch immer wieder der Erkenntnisgegenstand erneuert. Weber (1991a: 91) begründet die „ewige Jugendlichkeit" der Soziologie als Kulturwissenschaft deswegen damit, dass es unmöglich sei, einen Standpunkt ein für allemal einzunehmen, aus dem heraus sozialwissenschaftliche Analyse betrieben werden könne.

Die Erkenntnis, die der Sozialwissenschaftler methodisch erlangen kann, ist dementsprechend als Wertmaßstab für das politische Alltagsgeschäft ungeeignet, wie Weber wiederholt betont. Das dem Wissenschaftler geltende Webersche Postulat der Werturteilsfreiheit bedingt, dass eine wissenschaftlich begründete Wertabwägung nicht machbar ist. Wissenschaft kann Wertverhältnisse und daraus resultierende gesellschaftliche Ordnung zwar erkennen, aber nicht begründen. Sie kann darüber hinaus in einer gesellschaftlichen Umgebung, die kein Bedürfnis nach wissenschaftlicher, sondern wertender Erkenntnis hat, wenig zur Lösung von Wertproblemen beitragen.

„Angesichts dieser Tatsache aber, dass gerade die praktisch–politisch entscheidenden Wertungsfragen der freien Kathedererörterung dauernd entzogen sind, scheint es mir der Würde der Vertreter der Wissenschaft allein zu entsprechen: auch über solche Wertprobleme, die man ihnen zu behandeln freundlichst erlaubt, zu schweigen" (Weber 1917: 47).

Wilhelm Hennis (1996: 155f.) versteht die von Weber geforderte wissenschaftliche Werturteilsfreiheit als „eine lebenspraktische Maxime zur Bewahrung eines klaren Kopfes", an die sich Weber selbst nicht gehalten habe. Auch Wolfgang J. Mommsen und Gangolf Hübinger (1984: 1) sehen durch die rigorose Trennungslinie zwischen Politik und Wissenschaft ein persönliches Bedürfnis Webers zum Ausdruck gebracht, nämlich „eine Art intellektueller Barriere gegenüber den immer wieder an ihn persönlich herantretenden Versuchungen der Politik" aufzustellen. Es bleibt aber festzuhalten, dass Werturteilsfreiheit auch Teil der Erkenntnismethode ist, die Weber als Sozialforscher entwickelt. Wertende Erkenntnis ist dem Forscher nicht möglich. Welche Konsequenzen aus einer wissenschaftlich gewonnen Erkenntnis zu ziehen sei, ist für Weber (1991a: 25) Sache des „wollenden Menschen: er wägt und wählt nach seinem eigenen Gewissen und seiner persönlichen Weltanschauung zwischen den Werten, um die es sich handelt."

3.1.4 Max Weber und die Gewalt

Grundsätzlich lässt sich zum Verhältnis von Politik und Gewalt sagen, dass Macht, Politik und Gewaltanwendung zumeist zusammen gedacht werden müssen. Wenn Christian von Ferber (1970: 55f.) aber behauptet, dass „Webers Definition die ganze Geschichte des Gewaltproblems in den Begriff des Politischen" einbeziehe, dann vernachlässigt er freilich denn Kampfbegriff, der für Weber auch jenseits der Politik Sinn macht. Konkurrenzkampf um erotische Gunst, wirtschaftliches Überleben oder kulturelle Selbstbehauptung kann dabei für Weber (1980: 20) *„vom blutigen, auf Vernichtung des Lebens des Gegners abzielende, ... Kampf bis zum konventionell geregelten Ritterkampf ... und zum ... Sport"* gehen.

Es wäre also falsch zu behaupten, alle Gewalt sei für ihn politischer Natur. Kein Zweifel besteht für Weber (1980: 520) aber an der umgekehrten Aussage: *„Alle politischen Gebilde sind Gewaltgebilde."* In Webers (1980: 514) Sprachführung ist dementsprechend als „politische Gemeinschaft" derjenige soziale Zusammenschluss zu verstehen, der zu seiner gewaltsamen Verwaltung verfasst ist:

„Unter politischer Gemeinschaft wollen wir eine solche verstehen, deren Gemeinschaftshandeln dahin verläuft: ‚ein Gebiet' ... und das Handeln der darauf ... befindlichen Menschen durch Bereitschaft zu physischer Gewalt ... der geordneten Beherrschung durch die Beteiligten vorzubehalten."

Politische Macht in diesem Sinne ist noch in der Sippe, der einfachsten Vergesellschaftungsform, die sich Weber denken kann, ein Erkennungsmerkmal ihrer politischen Struktur. Die wird ursprünglich durch ein System der Blutrachepflicht aufrechterhalten. Der Weg von der Blutrachepflicht bis hin zum Gewaltmonopol des modernen Staates ist weit und kompliziert (Grutzpalk 2002: 119–124). Es soll deswegen hier der Weg von der zur Blutrache verpflichteten Sippe hin zur griechischen Polis nachzuvollzogen werden, den Weber (1924: 96f.) bereits in seiner Studie zu den „Agrarverhältnissen im Altertum" beschreibt, um von da aus den Sprung zur Gewaltverwaltung moderner Staaten zu wagen.

3.1.4.1 Von der Blutrachepflicht zum Gewaltmonopol des Staates

„Es führt ein stetiger Weg von der bloß sakralen oder bloß schiedsrichterlichen Beeinflussung der Blutfehde, welche die Rechts-und Sicherheitsgarantie für den Einzelnen gänzlich auf die Eideshilfe-und Rachepflicht seiner Sippegenossen legt, zu der heutigen Stellung des Polizisten als des ‚Stellvertreters Gottes auf Erden', (Weber 1980: 561).

Die erste Form eines politischen Verbandes ist *„ein verschieden umgrenzter Kreis näherer Verwandter"*, (Weber 1924: 96f.) die einander zur Blutrache verpflichtet sind. *„Der Mangel einer zahlreichen und ökonomisch kräftigen ‚Sippe' dieser Art bedingt"* aber alsbald *„die Notwendigkeit für alle Grundbesitzlosen, sich in die Klientel eines Adligen zu begeben."* Es entstehen Großverbände, so genannte Phratrien, die oft genug nur durch das Band fiktionaler Verwandtschaft zusammengehalten sind. Diese Phratrien besitzen *„ursprünglich ebenfalls rechtsgarantierende (Blutrache-) Funktion"*. Tisch-und Arbeitsgemeinschaft, nicht Blutsverwandtschaft begründen diese gegenseitige Verpflichtung; sie muss *„daher gerade von (ursprünglich) gewillkürten Verbänden wenigstens symbolisch geübt werden."* Diese Großverbände der Phratrien *„gehören einer Entwicklungsstufe an, wo sich die Grundbesitzer als Kriegergemeinschaft* *organisiert haben.*" Die Interessen der nunmehr militärisch geordneten Macht-schichten werden zur Grundlage der sich nun entwickelnden Polis. Die attische Polis „*dient ursprünglich wesentlich dem ...* ... *Zweck: eine Schichtenablösung und Umlegung der Lasten des, nunmehr als ‚Staat‘ zusammengeschlossenen, Kriegerstandes zu ermöglichen.*" Macht und Gewalt sammeln sich in den Händen der führenden Schichten der Kriegerschaft der Polis, doch von einem Gewaltmonopol kann noch nicht die Rede sein. Weit davor steht die Entstehung eines aristokratischen Selbstbewusstseins. Es ist zu beobachten, „*daß die Stellung des ‚Herrschers‘ (Anax) ... erblich wird.*" Daneben etabliert sich eine Adelsschicht, die aus Gruppen privilegierter Berater des Herrschers hervorgeht. „*Diese den Göttern nahestehenden ... lokalen Fürsten-und Ratsgeschlechter sind ... der Kern der Adelsbildung. In ihren Kreisen entsteht ... die Idee ... von einer durch das Blut der Ahnen übertragenen Qualifikation.*" Qua ihrer besonderen Stellung nimmt dieses Adelsgeschlecht die Kontrolle über große Bereiche politischer Gewaltausübung für sich in Anspruch, ohne freilich rechtlich und militärisch das gewaltmonopolistisch „letzte Wort" zu haben. Unter anderem verhindert die Auflage der militärischen Selbstequipierung auf lange Zeit eine rationale Verwaltung der Gewalt durch den Staat.

Im Orient, auf den hier nun nicht gesondert eingegangen wird, gilt, z.B. im chinesischen Dorf, die Fiktion der Blutrachepflicht des Sippenverbandes bis in Webers Zeit. „*Die jedes Begriffs von ‚Polizei‘ ermangelnde extensive Verwaltung des Reiches*", staatliches Gewaltmonopol und staatliche Macht bleibt in China ein auf befestigte Städte beschränktes Phänomen. „*Außerhalb der Stadtmauern hört ihre Gewalt sehr schnell auf, wirklich effektiv zu sein*" (Weber 1988e: 381).

Der moderne okzidentale Staat, der das Monopol physischer Gewalt-anwendung in seinen Händen hält, unterscheidet sich in diesem Punkt empfind-lich von allen politischen Vorstufen, sowie von allen orientalischen Formen der Staatsführung. „*Das moderne Heer ist in einem Augenblick entstanden ... wo also der Soldat und der Offizier ... nicht mehr Eigentümer seiner Kriegsbetriebsmittel waren*" (Weber 1997: 241). Eine rationale Verwaltung übernimmt hier die Equipierung und ein hierarchisch gegliedertes Militärunternehmen die Disziplinierung der Soldaten. In einem solchermaßen rationalisierten und bürokratisierten Kriegs-"Betrieb" hat leidenschaftliche Gewalt, der irgendein persönliches Anliegen innewohnt, keinen Platz mehr:

„Der Berserker mit seinen manischen Wutanfällen und der Ritter mit seinem persönlichen Sichmessenwollen mit einem persönlichen, durch Heldenehre ausgezeichneten Gegner zur Gewinnung persönlicher Ehre sind der Disziplin gleichermaßen fremd, der erste wegen der Irrationalität seines Handelns, der zweite wegen der Unsachlichkeit seiner inneren Einstellung." (Weber 1980: 682).

Die moderne Gewaltverwaltung durch den equipierenden Staat verlangt nach einer Rationalisierung, die vorherige Gewaltvorstellungen nicht kannten und kennen konnten. Diese Rationalisierung aller die Gewalt nur ansatzweise betreffenden Gebiete greift zunehmend um sich. Der moderne Staat wird zum

Träger eines Monopols, das Gewalt auch über politische Bereiche hat, die den Sippenverband einst nichts angingen.

„Das was wir heute als Grundfunktionen des Staats ansehen: die Setzung des Rechts ..., den Schutz der persönlichen Sicherheit und öffentlichen Ordnung (Polizei), ... namentlich auch der organisierte gewaltsame Schutz nach außen (Militärverwaltung) ist in der Frühzeit entweder gar nicht oder nicht in der Form rationaler Ordnungen, sondern nur als amorphe Gelegenheitsgemeinschaft, vorhanden, oder unter ganz verschiedene Gemeinschaften: Hausgemeinschaft, Sippe, Nachbarschaftsverband, Marktgemeinschaft, und daneben ganz freie Zweckvereine verteilt" (Weber 1980: 516).

Kennzeichen des modernen okzidentalen Staates ist also, dass er alle nur erdenklichen Gewaltzusammenhänge zu monopolisieren behauptet. Dabei unterstellt er sein eigenes Gewaltmonopol der Kontrolle derjenigen Gesetze, die durch das Gewaltmonopol garantiert sind.

3.1.4.2 Wie rational kann Gewalt sein?

Hannah Arendt (1995: 39) hat nun zu Recht auf das Problem hingewiesen, das Webers Gewaltverständnis in sich birgt, wenn es Gewalt vom Gewaltmonopol des Staates aus betrachtet. Dadurch, dass das staatliche Gewaltmonopol seine Gewalt Regeln unterwirft und seine eigene Gewalttätigkeit mittels Verfahren einschränke, höre Gewalt auf, bloße Gewalt zu sein. Arendt (1995: 8) selbst unterstellt ihrem Gewaltbegriff ein „Element des rein Zufälligen", das natürlich im bürokratisch verwalteten Gewaltmonopol nicht vorkommen darf. Sie macht damit auf eine das Bürokratische stark betonende „Betriebsblindheit" Webers aufmerksam, die Anthony Giddens (1995: 18) ebenfalls bemerkt. Wenn Rationalisierung eine Abkehr von herrschaftlicher Willkür bedeutet, dann bedeutet das Gewaltmonopol für Weber (1988e: 270) ein Höchstmaß an Rationalität.

Und tatsächlich ist Weber zufolge die politische Legitimation, die am ehesten mit der Rationalität bürokratischer Herrschaft konkurrieren könnte - die Legitimation der Herrschaft durch persönliches Charisma nämlich - nicht in der Lage, das Irrationale der Gewalt für die moderne Welt zu bewahren. Denn die „Rationalisierung der politischen und ökonomischen Bedarfsdeckung, das Umsichgreifen der Disziplinierung ... schränkt" Webers Ansicht zufolge „die Bedeutung des Charisma und des individuell differenzierten Handelns zunehmend ein" (Weber 1980: 679). Charisma kann also nicht die Irrationalitätslücke schließen, die Webers Gewalttheorie offenbar hat. Ihr irrationales Moment entlädt die Gewalt (für seinen soziologischen Zeitgenossen Émile Durkheim ebenso ernüchternd, wie für Weber) im ersten Weltkrieg. Wie Weber dieses Problem annimmt und welchen Umgang er mit der Gewalt des Krieges empfiehlt, muss sich nun zeigen.

3.1.5 Webers Engagement während des Weltkrieges und in der Folgezeit

Die Auseinandersetzung mit Krieg und mit seinen Folgen ist für Max Weber zehrend. *„Ich war damals ... derart müde und ‚wurstig', dass ich die Abgespanntheit der Nation verstand"*, beschreibt er am 1.7.1919 in einem Brief an Marianne Weber (1984: 312) sein Erlebnis des Kriegsbeginns. In seinen 1920 überarbeiten „Zwischenbetrachtungen" spricht Weber (1988m: 548) aber auch vom Krieg als einer der letzten Gelegenheiten, zu denen der moderne Mensch die *„Empfindung eines Sinnes und einer Weihe des Todes"* erleben könne. Eine Ästhetisierung des Krieges allerdings findet sich bei Weber an keiner Stelle (Breuer 1994: 140).

Weber geht in seinen Reden und Schriften zum Krieg sowohl gegen Radikalpazifisten wie auch die Politiker vor, deren Vorstellungen von den Kriegszielen für Max Weber zu weit gehen. Als das Ende des Kaiserreiches voraussehbar wird, geht Webers Eifer dahin, den zu erwartenden kulturellen und politischen Schaden gering zu halten. Auch in der dem Reich folgenden Weimarer Republik engagiert sich Weber mit Leidenschaft. Als Intellektueller im Verständnis dieser Arbeit - also als notorisch engagierter „Dauerintellektueller" - tritt Weber dabei vor allen Dingen in den letzten Jahren des ersten Weltkrieges und zu Beginn der Weimarer Republik auf.

3.1.5.1 Von der nationalen Ehre zur Verantwortung

Es lässt sich dabei m.E. eine voranschreitende „Intellektualisierung" Webers ausmachen, was bedeuten soll, dass er sich zusehends kraft seiner selbst sich aufgerufen zu fühlen scheint, sich zu äußern. In der ersten Märzhälfte 1916 schreibt er eine Denkschrift, die *„den Parteiführern und bekannten Abgeordneten und dem Auswärtigen Amt zugestellt"* wird, die er mit „Professor Max Weber, Heidelberg" unterzeichnet (Weber 1988a: 146). Er spricht hier also aufgrund seiner Autorität als Akademiker. Und es sind die Forderungen eines wissenschaftlich Arbeitenden, die er auf die Politik zu übertragen sucht. Er ruft seine Adressaten auf, jeder „Abenteuerpolitik" eine klare Absage zu erteilen. Die Entscheidung, in einen verschärften U-Bootkrieg mit England zu treten, bedürfte *„einer von jeder pathetischen und Gefühlspolitik absolut freien, ganz nüchternen Berechnung, ehe irgendein Schritt geschieht"* (Weber 1988a: 149). Gustav Stresemann macht sich *„vom Standpunkt des im praktischen Leben Stehenden"* über Webers kriegswissenschaftlichen *„Rechnungsgrundlagen"* lustig (Hübinger 1988: 457).

Webers wissenschaftlich-rationaler Duktus weicht nun aber zunehmend seinem politischen „Dämon".[22] Als er im Oktober 1916 einen Vortrag zum Thema „Deutschland unter den europäischen Weltmächten" hält, spricht er zwar *„nicht als Parteimann"*, allerdings auch nirgendwo explizit als Wissenschaftler

---

22 *„Die [Forderung des Tages] aber ist schlicht und einfach, wenn jeder den Dämon findet und ihm gehorcht, der seines Lebens Fäden hält."* (Weber 1991b: 273).

(Weber 1988b: 157). Die Zuordnung der eigenen Stellungnahme verliert also an wissenschaftlichem Anspruch und neigt ins Politische hinein. Schließlich wird Weber sogar den wissenschaftlichen Charakter seiner Mühen hinter den politischen stellen: *„Nachstehende Skizzen,* „ heißt es einleitend zum Sonderabdruck von „Deutschlands künftige Staatsform" im Dezember 1918, seien *„ohne allen und jeden Anspruch auf ‚wissenschaftliche' Geltung",* sie seien vielmehr *„rein politische Gelegenheitsarbeiten"* (Weber 1988c: 448).

So wie sich Veränderungen im Engagement Webers beobachten lassen, so wandelt sich auch der Inhalt seiner persönlichen Vorstellungen eines Kriegszieles. Noch im Frühjahr 1916 scheint ihm die Tatsache gegeben, dass Deutschland den Krieg auch um Annexionen willen führe (Weber 1988a: 147). Doch schon im Oktober des gleichen Jahres stellt Weber (1988b: 315) klar: *„Um Ehre, nicht um Änderung der Landkarte und des Wirtschaftsprofits - das wollen wir nicht vergessen - geht der deutsche Krieg."* Noch Mitte November 1918 hält Weber fest, der Krieg sei unabwendbar gewesen. *„Er mußte ausgefochten werden, weil es die deutsche Ehre gebot"* (Mommsen/Hübinger 1984: 315). Die Konstante in Webers Begründung des Krieges ist also die nationale Ehre, die neben der anderen Konstante, der der nationalen Kultur, in seiner Argumentation kontinuierlich auftaucht. Es ist zu Recht darauf hingewiesen worden, dass „Ehre" ein Wert ist, der seine Bedeutung in modernen Gesellschaften zunehmend verliert (Lipp 1994: 58). Dass Weber mit „Ehre" argumentiert, zeigt, dass er in der Begründung seines Engagements auf prämoderne Wertinstanzen zurückgreift, die er zuvor bereits als überwunden bezeichnet hatte (Weber 1988i: 283).

Ehre ist der Wert, den er seinen hauptsächlichen innenpolitischen Gegnern entgegenhält. Weber greift z.B. „Daheimgebliebene", die „den Hals nicht vollkriegen" und von den Frontsoldaten über die Verteidigung der nationalen Ehre hinaus Gebietsgewinne für das deutsche Reich fordern:

„Wenn aber Daheimgebliebene ... unseren Truppen ... die Freude an dem ungeheuren Erfolg verderben und ihnen zu sagen sich herausnehmen: ‚Wenn nicht die Landkarte so und so verändert wird, dann habt ihr umsonst gefochten', - dann kann ich nur hoffen, dass sich noch deutsche Fäuste finden, um solchen Burschen auf den Mund zu schlagen" (Weber 1988b: 161).

Während die einen den Krieg zu ihren eigenen oder zumindest zu irreführenden Nutzen missbrauchen, schätzen andere die Lage Deutschlands nicht richtig (im Sinne Webers) ein, wenn sie „die Gesetze des Evangeliums" den „Gesetzen des Vaterlandes" vorziehen. Radikaler Pazifismus ist Deutschland in diesem Krieg nicht möglich. Deutschland ist in den Augen Webers (1988l: 142) nun einmal eine Weltmacht, ob die anderen Nationen und Deutschland selbst es nun wollen, oder nicht. Als *„machtstaatlich organisiertes Volk"* habe man *„andere Pflichten und eben auch deshalb auch andere Kulturmöglichkeiten"* als ein Kleinstaat. *„Daß wir nun einmal nicht ein Volk von sieben, sondern von 70 Millionen sind, das war unser Schicksal"* (Weber 1988b: 177).

120

Einem Machtstaat ist der kulturpolitische Rückzug in die Gesinnungsethik nicht möglich, denn Weltmacht zu sein, bedeutet eine kulturelle Verantwortung zu tragen: es „*heißt letztlich: die Verfügung über die Eigenart der Kultur der Zukunft*" (Weber 1988l: 143). Deutschlands Lage ist nicht einfach, denn es ist umringt von Weltmächten, die dem Aufstieg und der Etablierung einer weiteren in ihrer Mitte kaum dulden können. Das führte also zu der unumkehrbaren Situation, die im Kriege enden musste:

> „Ein Volk von 70 Millionen zwischen solchen Welteroberungsmächten hatte die Pflicht, Machtstaat zu sein. Wir mußten ein Machtstaat sein und mußten, um mitzusprechen bei der Entscheidung über die Zukunft der Erde, es auf diesen Krieg ankommen lassen." (Weber 1988b: 176).

Weber stellt hier gesinnungsethische Passivität einer Ethik verantwortlichen Handelns gegen.

3.1.5.2 „Politik als Beruf". Webers Verantwortungsbegriff

Wie genau sich Gesinnungs-und Verantwortungsethik zueinander verhalten, hat Weber in einem Vortrag zur „Politik als Beruf" dargelegt, den er im Januar 1919 in München auf Einladung des Freistudentischen Bundes gehalten hat.

In seinem Vortrag führt Weber aus, dass eine konsequent gelebte gesinnungsethische Haltung dazu führe, dass Gewalt prinzipiell ausgewichen, ja sogar die „andere Backe" hingehalten werde. Das sei letztlich „*eine Ethik der Würdelosigkeit - außer: für den Heiligen*" (Weber 1921: 440). Verantwortungsethisch hingegen handele der Politiker, der sich folgende Maxime zu Herzen nehme: „*du sollst dem Übel gewaltsam widerstehen, sonst - bist du für seine Überhandnahme verantwortlich.*"

Diese Unterscheidung ist oft missverstanden worden und die Vermutung, ihr liege eine prinzipielle Wertabwägung Webers zugrunde, hat zu paradoxen Situationen geführt, dass z.B. in den 80er Jahren des 20. Jahrhunderts sowohl Gegner als auch Befürworter atomarer Nachrüstung sich als Veranwortungsethiker verstanden wissen wollten (Schluchter 1988: 166f.). Diese Einschätzung verkennt aber den Zusammenhang, in dem diese begriffliche Gegenüberstellung entsteht.

Gesinnungsethik ist im wissenschaftlichen Sprachgebrauch Webers keineswegs ein negativ konnotierter Begriff. Er taucht in der Religionssoziologie öfters auf, und „*es ist kein Zufall, dass* [Weber] *die Gesinnungsethik in der Regel an Hand der religiösen Ethik illustriert*". In der Religionssoziologie erscheint sie zumeist zur Unterscheidung von ritueller, magischer und eben gesinnungsgelenkter Gläubigkeit (Weber 1980: 348).

Eine typische Gesinnungsethik im religionssoziologischen Sinne ist z.B. die puritanische Forderung nach Selbstbeherrschung, aber auch die Jesus-Bewegung innerhalb des antiken Judentums, die ja den Inhalt des mosaischen Gesetzes über jeden Ausübungsritualismus stellt. Die Instanz, anhand derer sich die Richtigkeit religiösen Verhaltens des so verstandenen Gesinnungsethikers misst, ist das eigene Gewissen. Weber (1980: 348) zufolge lebt das auch losgelöst von religiöser Verankerung in der modernen Welt fort:

„Der Prädestinationsdeterminismus [war] ein Mittel der denkbar intensivsten systematischen Zentralisierung der „Gesinnungsethik". Die ,Gesamtpersönlichkeit' ... ist durch ,göttliche Wahl' mit dem Ewigkeitswertakzent versehen, nicht irgendeine einzelne Handlung. Das religionslose, auf diesseitig gewendetem Determinismus ruhende Pendant dieser religiösen Glaubenswertung ist jene spezifische Art von ,Scham' und - sozusagen - gottlosem Sündengefühl, welche dem modernen Menschen ebenfalls kraft einer ... ethischen Systematisierung zur Gesinnungsethik eignen ist."

Gesinnungsethik ist ein Phänomen der religionslosen Moderne, so wie auch das (ursprünglich religiös begründete) Berufsmenschentum (Weber 1988d: 203). Der moderne Mensch trägt aufgrund der spezifischen Entwicklung der okzidentalen Kultur Weber zufolge ein „gottloses Sündengefühl" in sich. Eine Gegenüberstellung von - wie sich vielleicht in heutiger Sprachwendung ausdrücken ließe - gesinnungsethischen „Fundis" und verantwortungsethischen „Realos", wie sie gerne in den Text von Webers Ansprache zur „Politik als Beruf" hineingelesen wird, kann so also nicht gemeint sein. Sicherlich ist es das Anliegen dieser Rede, zu polarisieren und die studentische Zuhörerschaft vor allzu eifrigem und ideologisierendem Politisieren zu warnen (Schluchter 1971: 41f.). Dennoch fordert er nicht eine *Abkehr* von der Gesinnungsethik, die hier arg überspitzt als weltfremd karikiert wird.

Verantwortungsethik bedeutet für Weber (1988m: 568f.) vielmehr das persönliche Vermögen, mit der Spannung zwischen rationaler Überlegung und Schuldgefühl fertig zu werden. Der Verantwortungsethiker nimmt Schuld auf sich und weiß darum. Er ist nicht das Gegenteil vom Gesinnungsethiker. Eher schon ist der verantwortungsethisch handelnde Politiker das Gegenteil des Beamten. Deren Unterschied sieht Weber (1988h: 355) „*in der Art der Verantwortung*". Ein Verantwortungsethiker ist ein Gesinnungsethiker, der sich der Belastetheit seines Verhaltens bewusst ist und der dennoch handelt.

„Insofern sind Gesinnungsethik und Verantwortungsethik nicht absolute Gegensätze, sondern Ergänzungen, die zusammen erst den echten Menschen ausmachen, der den ,Beruf zur Politik' haben kann." (Weber 1921: 449).

Die Anwendung von Gewalt ist in der Moderne rechtlich geregelt, doch als politisches Instrument bleibt sie zwar nicht der Willkür, doch aber der seelischen Belastbarkeit des politisch Verantwortlichen ausgesetzt. Auch im modernen rationalen Staat bleibt also die Gewalt ein Problem, das den Politiker stets aufs Neue vor die Frage der Erträglichkeit der eigenen Entscheidung stellt. Angesichts der Gewalt fordert Weber vom Politiker weder den Rückzug in die gesinnungsethische Distanz zu den Dingen, noch die rationalisierte Verrechtlichung des gewaltsamen Handelns. Gewalt ist ein Problem, das im modernen Menschen und in der modernen Politik innere ethische Spannungen auslöst, auf die der Intellektuelle Max Weber aufmerksam macht.

3.1.6 Zusammenfassung der bisherigen Ergebnisse zu Weber: Politische Entscheidungen verantwortlich zu fällen bedeutet, inneren Druck zu ertragen

Webers intellektuelles Engagement im ersten Weltkrieg steht anfangs ganz im Zeichen des Wissenschaftlers, der er ist, und der seinen Anteil dazu beizutragen wünscht, dem handelnden Politiker in seiner Entscheidung sachkompetent zu helfen. Zunehmend jedoch verabschiedet sich Weber von der selbst gewählten Rolle des akademischen Ratgebers und er bezieht die verantwortungsethischen Fragestellungen auf sich selbst. Dass am Ende dieser Entwicklung gar eine Beteiligung Webers an der Exekutive des Staates erwogen wird, ist zwar beim wahrsten Sinne des Wortes eine Fußnote der Geschichte, ist aber in unserem Zusammenhang durchaus erwähnenswert (Mommsen/Hübinger 1984: 297, Fn. 1).

In seiner Theorie hatte sich Gewalt für Weber als ein Phänomen dargestellt, das seine politische wie individuelle Bedeutung im Rahmen des Prozesses der Rationalisierung aller Lebensbereiche verliert (Scheuch 2000: III). Fest in den Händen einer staatlichen Verwaltung, einer staatlich organisierten Polizei und einer vom Staat equipierten Armee verliert die Gewalt der Moderne jede charismatische, berserkerhafte oder sonstwie irrationale Anziehungskraft.

Dieser Rationalisierungsprozess wird von einer „Intellektualisierung" begleitet, also einer Zunahme von unmittelbarer Lebensnotwendigkeit entrückter Reflexionstätigkeit. Die kann mitunter in Weltfremdheit münden, ist aber - in all ihren Facetten - Aspekt der rationalen Weltbeherrschung. Somit sind auch die Intellektuellen der okzidentalen Moderne Teil der Rationalisierung aller Lebensbereiche, sogar dann, wenn sie sich besonders gefühlsbetont von ihr abwenden.[23] Jeder irrationale, durch Intellektuelle geleistete Ausbruch löst letztlich nur eine umso strengere Rationalisierung der institutionalisierten Intelligenz aus.

Der erste Weltkrieg mit seiner irrationalen und heftigen Gewalt nun reißt eine enorme Lücke in Webers Rationalisierungsthese. In seiner Rede zu „Politik als Beruf" wird diese Lücke im Oktober 1919 endgültig geschlossen, indem die Gewalttheorie um das Moment der Verantwortung erweitert wird. Gewalt stellt sich nunmehr für Weber als ein Problem dar, das sich im politischen Bereich in der Person des verantwortlichen Politikers zu lösen hat. Die Entscheidung zugunsten oder gegen eine gewaltsame Aktion ist Sache des verantwortungsethisch Handelnden. Zwar hält der moderne Staat ein allumfassendes Monopol der physischen Gewalt in den Händen seiner Bürokratie, doch letztlich ist es Aufgabe des am Gewaltmonopol beteiligten Politikers, über ihren verantwortlichen Umgang zu entscheiden. Dem Übel mit Gewalt zu widerstehen, kann nicht Aufgabe einer Bürokratie sein, deren Tugend darin liegt, *sine ira et*

---

23 Daß dementsprechend Webers Diktum über die „blöden Literaten" nicht sein persönliches Verhältnis zur Literatur beschreibt, hat Edith Weiller (1994) herausgearbeitet.

studio dem Verwaltungsbefehl nachzukommen. Vielmehr obliegt es dem leidenschaftlich mit Augenmaß handelnden verantwortungsethischen Politiker, das zu tun, wobei „verantwortlich" zu handeln bedeutet, sein Gewissen nach der Ertragbarkeit von Schuld zu befragen.

Der Intellektuelle, als der Weber sich engagiert, zeigt in gewisser Hinsicht interessante Ähnlichkeiten zu dem Politiker. Er erscheint als eine Person, die im Namen der Nation spricht und muss kraft dieser Eigenschaft im Moment der Gewalt eine Wertabwägung vornehmen, die zu einer inneren Belastung führt. Obwohl Max Weber über die „intellektuellen Dilettanten" spottet, die seiner Meinung nach die russische Revolution führen, nimmt er durchaus für sich als politischem Laien in Anspruch, dem politischen System seiner Zeit rhetorisch „in die Speichen zu greifen."

Weber als Intellektueller nun bietet nicht, wie z.B. sein Zeitgenosse Durkheim, die Gewissheit eines moralischen Urteils. Er bietet die Gewissheit, dass die innere Zerrissenheit zur politischen Gewaltausübung dazugehört. Weber problematisiert die „Scham" und das belastete Gewissen des gewaltsam Handelnden, doch darüber hinaus bietet er keine allgemeinmoralische Legitimation der gewaltsamen Tat. Nicholas Gane (1997: 560) macht, dadurch dass er die Unübersetzbarkeit des Begriffes „Gesinnungsethik" in Englische problematisiert, darauf aufmerksam, dass das Problem der inneren Haltung, das bei Weber während des Krieges zum Gradmesser politischer Entscheidung und Grund seines intellektuellen Engagements aufsteigt, ein recht deutsches Konzept ist. Ob auch andere deutschen Intellektuellen der Gesinnung im Namen der Verantwortung eine solch entscheidende Bedeutung beimessen, wird sich zu zeigen habe.

3.2 Ernst Jünger

Ernst Jünger wird am 29. März 1895 in Heidelberg geboren. Der Vater ist Chemiker, den „*das rationale Klima der Heidelberger Universität* ... *unverkennbar geprägt*" hat (Jünger 1987: 25), die Mutter dagegen beschreibt sein Bruder Friedrich Georg Jünger (1955: 225) als „*lebhaft, leidenschaftlich und wißbegierig.*" Er hält den Vater mit der Bezeichnung als Protestant für umfassend beschrieben, „*und zwar ein Protestant, der die Kirche und die Geistlichen mied, für den die Religion im striekten Sinne Privatsache war*" (F.G. Jünger 1955: 211). Der „*athletic Protestantism*", den Thomas Nevin (1997: 224) Ernst Jünger zuschreibt, findet hier wohl seine Wurzeln.

1913 läuft Jünger (1998a) von zu Hause fort, um sich zur Fremdenlegion zu melden und mit ihr nach Algerien aufzubrechen. Dort erreicht ihn alsbald ein Telegramm des Vaters, in dem er ihm mitteilt: „*Franzoesische Regierung hat Deine Entlaszung verfügt*" (Noack 1998: 28). Jünger muss vorerst wieder nach Hause.

Sein „Heimweh" nach Abenteuer wird schon im Jahr darauf, 1914, mit Ausbruch des ersten Weltkrieges erneut entfacht. Er meldet sich freiwillig, kämpft erst als einfacher Soldat. Auf Anraten des Vaters meldet sich Jünger (1998b: 38) als Fahnenjunker, obwohl es ihm „*viel lockender*" erscheint, sich als einfacher Schütze und nur für sich allein verantwortlich zu beteiligen. Dass Jünger nun aber Verantwortung übernimmt, hat enorme Bedeutung für die Entwicklung seines Selbstbildes sowohl als Soldat wie als Schriftsteller, wie sich noch zeigen wird.

Seine Kriegserfahrungen, die er 1920 erstmals veröffentlicht, begründen seinen Ruhm als Autor. Die erste Ausgabe der „Stahlgewitter", die im Selbstverlag erscheint, trägt noch den Zusatztitel: „Aus dem Tagebuch eines Stoßtruppführers. Kriegsfreiwilliger, dann Leutnant und Kompagnie–Führer im Füs.–Regt. Prinz Albrecht v. Preußen (Hannov. Nr. 73)". 1923 nimmt Jünger, der sich seines Erfolgs als Schriftsteller noch nicht sicher sein kann, ein Biologie-und Zoologiestudium auf, bricht es jedoch bereits 1925 wieder ab als sich besagter Erfolg einstellt (Noack 1998: 56f.). Bis 1925 bleibt im Titel seines Erstlingswerkes erwähnt, dass Jünger Stoßtruppführer gewesen sei, während schon mit der zweiten Auflage vom soldatischen Werdegang des Autors keine Rede mehr ist. Der Erfolg des Buches und der damit verbundene schriftstellerische Ruhm Jüngers braucht nunmehr keine militärischen Rangabzeichen. Jüngers Name steht für sich (von Martin 1965: 304). Ernst Jünger zählt seit seinem Erfolg mit „In Stahlgewittern" zu den wichtigsten „Seismographen" (Dietka 1994: 109) seiner Zeit, die er nach Erscheinen des Buches noch fast 80 Jahre lang begleiten wird. Er ist nunmehr der berühmte Schriftsteller, als der er 1998 sterben wird.

3.2.1 Jünger als Intellektueller

Der spätere entomologische „subtile Jäger" Ernst Jünger hat nach 1945 von sich behauptet, sich nie politisch geäußert zu haben (Paetel 1958: 12f.). Der politische Charakter seines Schaffens in der Weimarer Republik aber ist eindeutig. Fast 130 Artikel hat er zwischen 1924 und 1930 in verschiedenen Zeitschriften veröffentlicht, namentlich in den von ihm mitherausgegebenen „Standarte", „Die Kommenden", „Vormarsch" und „Arminius" sowie dem national-sozialistischen „Völkischen Beobachter" (Wachsmann 1998: 577). Jünger ist also in dieser Zeit ein politischer Autor, und so wie Bertolt Brecht passt er Neuausgaben seiner Texte auch stets politischen Umständen an (Sieferle 1995: 232). Jünger hat sich während der Weimarer Republik in einer Intensität für nationalistische Ideale publizistisch engagiert, die er nie wieder erreichen wird (Woods 1982: 137–191).

Im Nationalismus sieht Jünger (1929: 9) „*ein neues Verhältnis zum Elementaren, zum Mutterboden*" verwirklicht, das „*auf eine tiefere und dem Chaos nähere Schicht des Lebens*" fuße. Der Linken wirft er vor, sie erstrebe allein die „*Verteilung materieller Güter*". Dabei steht Jünger (1932: 17) einer solchen Güterverteilung gar nicht ablehnend gegenüber. Nur bemängelt er, das geistige Potenzial der Zeit bleibe bei einer solchen Sichtweise auf der Strecke. Der aus dem Weltkrieg hervorgegangene Arbeiter stehe nämlich in einem „*Verhältnis zu den elementaren Mächten, von deren bloßen Vorhandensein der Bürger nie eine Ahnung besaß*". Dieser Arbeitertypus ist aus dem Weltkrieg hervorgegangen und trägt in sich das Potential der neuen Eliten, die schon zur Sprache gekommen sind. Im faschistischen Italien sieht Jünger (1927) anfangs die Verwirklichung eines Staates, „*dem das nationalistische Arbeitertum die Form gegeben hat.*" In der nationalsozialistischen Bewegung Deutschlands sieht er ein adäquates deutsches Pendant dazu.

Wann genau es zur Entzweiung mit dem Nationalsozialismus kommt, lässt sich nicht deutlich datieren. Karl Otto Paetel (1962: 45) schreibt, Jünger sei 1927 von Goebbels ein Reichstagsmandat angeboten worden, das dieser „*höflich aber bestimmt abgelehnt*" habe. Nikolaus Wachsmann (1998: 582) bezweifelt die Authentizität dieser Aussage, denn 1927 habe gar keine Reichstagswahl angestanden, zu der Jünger hätte als Kandidat aufgestellt werden können. Die Distanzierung Jüngers zum Nationalsozialismus ist wahrscheinlich nicht an bestimmten Daten festzumachen, sondern geschieht eher sukzessiv, Was Jünger (1978: 32) 1923 als den inneren Konflikt seines Romanhelden Hans Sturm beschreibt, mag bei diesem Rückzug in seine *vita contemplativa* auch für Jünger von Bedeutung gewesen zu sein:

„Dieses Doppelspiel der Leidenschaft ... wurde von Sturm als Unglück empfunden. Viel lieber hätte er sich entweder als ein Mann der reinen Tat gesehen, der sich des Hirnes nur als Mittel bediente, oder als einen Denkenden, dem die Außenwelt lediglich als ein zu Betrachtendes von Bedeutung war."

In einem Brief Jüngers an Valeriu Marcu vom 19.1.1937 heißt es, Marcu habe *„an geistreicher Beweglichkeit verloren und an Muskulatur gewonnen ...; wie das in Ordnung ist, wenn man sich dem 40. Jahre zu nähern beginnt"* (Jünger/Marcu 1991: 125). Die Phase des Erlebens und des Erprobens der eigenen geistigen Möglichkeiten weicht einer eher statischen Geisteskraft, die für den damals einundvierzigjährigen Jünger in eine Zeit fällt, die vielerorts als seine „innere Emigration" beschrieben wird (Bense 1950). Zu Beginn der Nazizeit konzentriert sich Jünger (1934) auf „Blätter und Steine." Wie der Ich–Erzähler seines Romans „Auf den Marmorklippen", der in unmittelbarer Nähe zur Mordstätte Köppelsbleek in seiner Funktion als Botaniker eine seltene Blume pflückt, sammelt Jünger im nationalsozialistischen Deutschland und auf Auslandsfahrten Käfer (Paetel 1962: 78f.). In dieser Arbeit kann sicherlich die gleiche Art von pflichtbewusster Weltflucht gesehen werden, die in den „Marmorklippen" beschrieben wird: *„Wir Menschen, wenn wir so in den uns zugemessenen Berufen am Werke sind, stehen im Amt - und es ist seltsam, dass uns dann ein stärkeres Gefühl der Unversehrbarkeit ergreift"* (Jünger 1995: 86). Unversehrbarkeit ist für ihn in erster Linie eine Frage innerer Haltung (Figal 2000: 37). Seinem vom NS–Regime bedrängten Freund Rudolf Schlichter rät er deshalb, er solle *„sich die Laune nicht verderben lassen"* (Jünger/Schlichter 1997: 125).

Dass Jünger, dem intellektuelles Aufbegehren eines gereiften Mannes unwürdig scheinen will, 1944 seine eigene Freiheit und sein Renommee aufs Spiel setzt und sich mit „Der Friede" politisch äußert, ist so gesehen eine besondere Entscheidung. Deswegen interessiert dieser Entschluss hier besonders. So beschäftigt sich dieses Kapitel nicht mit den 103 Lebensjahren Jüngers, sondern konzentriert sich auf die Zeit bis 1945. Obwohl dabei auch auf Texte zurückgegriffen wird, die er danach schrieb, soll doch das Schwergewicht der Betrachtung auf seinen ersten 50 Lebensjahren liegen.

3.2.2 Die Intellektuellentheorie Ernst Jüngers

Anders als Max Weber, der, wie sich zeigte, für deutsche Verhältnisse wenig Berührungsängste mit dem Begriff des „Intellektuellen" zeigt, verwendet Jünger ihn nie, selbst dann nicht, wenn er auf Émile Zola und dessen Engagement in der Dreyfus–Affäre zu sprechen kommt (Jünger 1984: 48). Anders als Weber, dem „Kaffeehausliteraten" suspekt sind, und anders auch als Brecht, der intellektuelle Kaffeehauskulturen in seinem Tui–Roman verspottet, hat Jünger (1998b: 288): andererseits keine Vorbehalte gegen den *„Bohemien mit seinen Zeitschriften und Kaffeehäusern, mit seiner Artistik der Gedanken und Gefühle"*.

In Jüngers Denken fließen Lebenserfahrung, Gewalt-und Intellektuellentheorie ineinander, ohne dass sich eine klare Trennlinie reißen ließe. Seine Erfahrungen als Freiwilliger im I. Weltkrieg sowie seine Selbsteinschätzung als Schriftsteller kommen in seiner Person zusammen und formen ein komplexes

Bild der Gesamtpersönlichkeit Jüngers (Arnold 1990: 6). Die Kriegserfahrung als Geburtsstätte eines besonderen Menschenschlages, der einen lustvollen Terrorismus des Geistes betreibt und mit Gewalt ein elitäres Verantwortungsgefühl verbindet, ist für Jünger zugleich Selbstbild wie auch Darstellung seiner eigenen Generation

3.2.2.1 Jüngers „Soziologie einer aktivistischen Elite"

In der Reflexion über Wesen und Wirkung des Intellektuellen, die bei Jünger auch jenseits des Begriffes stattfindet, überschneiden sich zwei Charakteristika, mit denen sich Jünger gleichermaßen identifiziert: die des Kriegers und die des Dichters. Dichter und Krieger werden als Persönlichkeitsstrukturen häufig und bis in seine letzten Texte hinein als ein und das gleiche Phänomen beschrieben, womit auf Jüngers (1984: 260) Erfahrung und Erfolg in beiden Bereichen verwiesen wird. So stellt er fest, Dichter und Krieger sei ein eigentümliches inneres Gefühl gemeinsam, demzufolge *„man sich auf der Suche nach Gefahr sehr weit ... zur Fremdenlegion, in die Länder, in denen der Pfeffer wächst, entfernen muss"* (Jünger 1932: 52f.). Womit auf Jüngers eigene jugendliche Flucht zur Fremdenlegion und Nordafrika angespielt wird. Und obwohl Jünger von sich behauptet wird, die Schule mehr als das Militär habe prägenden Eindruck auf seine Persönlichkeit gehabt, (Jünger 1979a: 76) so ist es doch der erste Weltkrieg und die Auseinandersetzung mit seinen dort übernommenen Rollen als Soldat und später Offizier, die sich in die eigene Intellektualität als stets wiederkehrender Topos einflicht. Jünger (1950b: 18) ist dermaßen vom Zusammenhang zwischen Kriegserfahrung und Elitenbildung überzeugt, dass er eine ähnliche Entwicklung wie in der Weimarer Republik auch für die Zeit nach 1945 voraussagt:

„Die Materialschlachten des ersten Weltkrieges ... brachten den gehämmerten Menschen hervor, und mit ihm einen neuen Stil des Handelns und eine Reihe von frontistischen Bewegungen, denen die überkommene Politik ratlos gegenüberstand. Es ist vorauszusehen, dass der zweite Weltkrieg, insbesondere in Deutschland und Rußland, ähnliche Bildungen hervorbringen wird."

Jünger zählt sich durchaus selbst zu diesem Menschenschlag, der im ersten Weltkrieg zur Elite heranreift. Diese politische Erweckung wird dabei als ein Moment verstanden, in dem sich eine eigentümliche und neue Form der Aristokratie aus den Schlachten des Weltkrieges herauskristallisiert. Mit dieser *„Soziologie der aktivistischen Elite einer Jugendgeneration"*, wie Alfred von Martin (1948: 159–205) Jüngers Ideenkatalog zu modernen Eliten nennt, ist dieser nicht allein. Sie wird von vielen europäischen Zeitgenossen für gegeben angenommen. Soziale Bewegungen der europäischen Nachkriegszeit wie der italienische Faschismus sind durch die Überzeugung beseelt, der Krieg habe *„ein immer reineres, ein immer kühneres Kriegertum"* herausgeschmolzen, das nun zum Machtanspruch legitimiert sei (Prezzolini 1975: 25).

Die alte, ständische Ordnung jedenfalls hat ihre Legitimität im Kriege vollends verloren. Die „*Kriegsteilnehmerbewegung ... verwandelt sich in eine neue Aristokratie*" (Jünger 1932: 259). Sie tritt an die Stelle der alten und verdrängt sie von ihren Privilegien. Das wird in folgender Szene aus den „Stahlgewittern" deutlich:

> „In Flers fand ich das mir zugewiesene Quartier von einigen Feldwebeln der Etappe besetzt, die sich unter dem Vorwande, das Zimmer für einen Freiherrn von X. bewachen zu müssen, weigerten, Platz zu machen, jedoch nicht mit der üblen Laune eines gereizten Frontsoldaten rechneten. Ich ließ ... kurzerhand die Tür einschlagen und nach einem kleinen Handgemenge ... flogen die Herren die Treppe hinunter." (Jünger 1998b: 158).

Dass dieses Vorgehen gegen eine ständische Legitimation des Verhaltens der Feldwebel ungeahndet bleibt, bestätigt Jünger in seiner Annahme, dass der Krieg eine neue Herrschergeneration mit neuer Herrschaftslegitimation hervorbringe. Dabei bleiben die Geltungsgründe der Legitimation undeutlich. Es gebe, so Jünger (1998: 249), durchaus Menschen, „*die zum Befehlen geboren sind.*" An sich selbst beobachtet er aber auch, dass die neue Elite „*nicht nur von Amt wegen auf Gefolgschaft zählen*" darf, sondern dass sie „*auch ein persönliches Guthaben*" auszeichne (Jünger 1998b: 102). Doch ist es für die neue Aristokratie nicht von Belang, wie sie im Einzelnen Gefolgschaft bewirkt. So wie seine Romangestalt Otho ist Jünger (1995: 20) der Ansicht, „*daß alle zum eingeborenen Adel dieser Welt zählen und daß ein jeder von ihnen uns das Höchste spenden kann.*"

Ihr Erdkontakt bestätigt die Kriegergeneration darin, eine besondere Elite zu stellen. Die Frontsoldaten des I. Weltkrieges sind „*Materialisten und das ist auch gut so*" (Jünger 1936: 85). Dass viele Soldaten der Erde, an die sie sich schmiegten, ihr Leben verdanken, ist für Jünger mehr als eine stilistische Ausdrucksform eines Autors von Landserromanen. Im Erdkontakt erleben die Soldaten „das Elementare" hautnah. Die Erde ist „*ihr Panzer und das Feuer ihr Element*" (Jünger 1940: 207). Nicht umsonst heißt die Zeitschrift, die Jünger zusammen mit dem Religionshistoriker Mircea Eliade von 1959–1971 herausgibt „Antaios" nach dem Helden der griechischen Mythologie, der seine unbezwingbare Kraft einbüßt, wenn er den Bodenkontakt verliert, der sie aber auch, umgekehrt, von der Erde selbst erhält und den zu töten Herkules nur vermag, indem er ihn in die Luft haltend zerdrückt. (F.G.Jünger (1959/60: 81–86).

Intellektuelle Erkenntnis ist somit nicht das Gegenteil von irdischer Realität, sondern beides bedingt sich gegenseitig. Eingebungen des Geistes hängen „*nicht lediglich ‚in der Luft'. Es liegt ihnen Erreichbares ‚zu Grunde'*", (Jünger 1970/71: 201). Gerade in der intimen Nähe zum Elementaren erlebt sich für Jünger geistige Freiheit (Meyer 1990: 54). Freiheit ist Souveränität auch in Momenten körperlicher Bedrängnis. „*Ein Mann ... kann an jeder Stelle zeigen, wie er gewachsen ist. Damit erweist er seine Freiheit*" (Jünger 1995: 141). Die Freiheit kann nicht erzwungen und ihr Geist nicht durch Pflicht ersetzt werden (Jünger 1931: 11). „*Im preußischen Pflichtbegriff vollzieht sich die Bändigung des Elementaren*", schreibt Jünger (1932: 66) ohne Begeisterung für das Preußentum.

3.2.2.2 Geschwindigkeit, Menschenliebe und Verantwortung

Obwohl jeder potentiell dazugehören kann, sind die Eliten letztlich sehr klein (Schwilk 1988: 169). Anerkennung erwerben sie sich durch die *„Meisterung der Dinge, die übermächtig geworden sind"*, wie z.B. die *„Bändigung der absoluten Bewegung"* (Jünger 1932: 76). Die neuen Eliten verfügen über die Fähigkeit, mit den Anforderungen Rasanz der Moderne fertig zu werden. Diese Rasanz, so Jünger (1932: 194), sowie die ethische Unüberschaubarkeit der Moderne führten zu wachsender Hilflosigkeit der Meisten. *„Je mehr die einzelnen ... ermüden, desto größer ist die Verantwortung, die nur Wenigen gegeben ist."* Dennoch, so Jünger, *„gibt [es] keinen Ausweg, kein Seitwärts und kein Rückwärts; es gilt vielmehr die Wucht und die Geschwindigkeit der Prozesse zu steigern, in denen wir begriffen sind."* Die Generation von Frontsoldaten, die im „Walzwerk" der Front den Modernisierungsschock verwunden haben, ist die einzige in Frage kommende Elite, die den Zuständen der Moderne überhaupt hinreichend gewachsen ist. Doch ist der Intellektuelle kein Repräsentant der technischen Moderne. Er ist mit ihr vertraut und ihr nicht Feind. In der Gestalt des Frontsoldaten, so heißt es im „Arbeiter" (1932: 58), *„schneiden sich die Linien der Leidenschaft und der Mathematik."*

Wo zwischen diesen Polen Einseitigkeit herrscht, greift Unmenschlichkeit Platz. So in der Gestalt des Braquemart in den „Marmorklippen". Der ist ein *„Techniker der Macht"*, ohne Leidenschaft. *„Ihm war die kalte, wurzellose Intelligenz zu eigen und auch die Neigung zur Utopie. Er ... erblickte in Gewalt und Schrecken die Antriebsräder der Lebensuhr"* (Jünger 1995: 93f.). Diese lebensfeindliche Intellektualität lehnt Jünger ab. Jünger (1995: 55) selbst ist zwar der Ansicht, dass *„die Menschenordnung ... dem Kosmos darin [gleicht], dass sie von Zeit zu Zeiten, um sich von neuem zu gebären, ins Feuer tauchen muß"*; doch unterscheidet sich die Gewalt Braquemarts von der Jüngers wie Nihilismus von Anarchie (Jünger 1995: 93). Braquemart steht bei Jünger als ein nihilistischer Verächter des Lebens da. Ihm stellt Jünger das Bild des anarchischen Krieger–Intellektuellen gegenüber, der die Gefahr nicht fürchtet, der aber nicht in der Zerstörung, sondern in der Befreiung seine eigentliche Aufgabe sieht.

Die Schnittfläche von Passion und Berechnung ergänzt sich bei ihm in einem diffusen Bild des „Menschlichen." Die Menschenliebe, die sich Jünger (1932: 75, 1987: 40) Zeit seines Lebens selbst zuschreiben wird, findet in diesem Konzept Ausdruck, ohne dass sich genau präzisieren ließe, worin nun das spezifisch Menschliche zu finden sei. Menschlichkeit ist eine Form der Souveränität, eine Freiheit, zu der der Mensch geschaffen ist, die jedoch der Welt abgetrotzt werden muss (Jünger 1984: 234).

Diesem Freiheitsstreben steht scheinbar sein Konzept der Verantwortung gegenüber, das er für entscheidend für die Legitimation jeglicher Eliten hält, auch der geistigen. Offenbar kommen in Jüngers intellektuellem Selbstbewusstsein diese beiden Kriegserfahrungen, das eigene Charisma, sowie die der Verantwortung zusammen. In Deutschland, so Jünger (1932: 12) sei

Legitimation von Herrschaft immer schon an das Verantwortungsgefühl der Herrschenden gebunden gewesen.

„Es hat hier von jeher dies gegolten: ... daß sich im Umfange des befreiten Willens der Umfang der Verantwortung offenbart, die diesem Willen seine Berechtigung offenbart, die diesem Willen seine Berechtigung und Gültigkeit erteilt. Dies bringt sich so zum Ausdruck, dass nichts anderes in unserer Wirklichkeit ... einzugehen vermag, als was das Siegel dieser Verantwortung trägt. Über dieses Siegel braucht nicht gesprochen zu werden, denn da es unmittelbar verliehen wird, so sind auch Zeichen darein geritzt, die ein stets bereiter Gehorsam unmittelbar zu lesen versteht."

Dabei bedeutet Verantwortung für Jünger offenbar eine Auseinandersetzung mit dem eigenen Leid. So heißt es in den „Stahlgewittern", der Staat nehme dem Soldaten an der Front zwar die Verantwortung für sein Handeln, befreie den Einzelnen aber nicht von der Trauer. *„Wir müssen sie austragen. Sie reicht tief in die Träume hinab"* (Jünger 1998b: 272). Das ist in Hinsicht auf Max Webers Überlegungen zur Verantwortungsethik besonders interessant, die ja, ähnlich wie Jüngers Verantwortungsbegriff, letztlich als eine besondere seelische Belastbarkeit zu verstehen ist.

3.2.2.3 Die Macht der Intellektuellen

Jünger selbst ist der Frage nach der Macht der Intellektuellen vielerorts nachgegangen, ohne sich eine abschließende Meinung gebildet zu haben. Im nationalsozialistischen „Völkischen Beobachter" vertritt er 1923 die Ansicht, die Macht der Intellektuellen bestehe darin, dass ihre Ideen gesellschaftlichen Veränderungen vorangingen:

„Überall in der Geschichte der großen Revolutionen ließ sich verfolgen, wie die Idee, zuerst in wenigen Köpfen geboren, in langer und mühsamer Arbeit der Verwirklichung nähergetragen war. ... Nie fehlten die Sturmzeichen, eine große Literatur, Propheten und Märtyrer, die für die Idee gelitten und geblutet hatten, mag die Idee auch falsch gewesen sein."

Jünger ist von der Macht der Ideen überzeugt. So wirft er dem Pressewesen ein Verpesten des kriegerischen Geistes vor (Jünger 1932: 245). Diese geistigen Mächte sind ihm suspekt, sie erscheinen ihm sogar als gefährlich. Und so kann es Aufgabe des geistig Schaffenden sein, gegen die geistigen Strömungen aufzubegehren, die seine Zeit beeinträchtigen:

„Die beste Antwort auf den Hochverrat des Geistes gegen das Leben ist der Hochverrat des Geistes gegen den Geist; und es gehört zu den Genüssen unserer Zeit, an dieser Sprengarbeit beteiligt zu sein." (Jünger 1932: 40).

Inwiefern solch eine geistige „Sprengarbeit" allerdings unmittelbar Wirkung zeigt, bleibt unklar. Im Vergleich mit Bernard–Henri Lévy aber zeigt es sich, dass Jünger der Ideenkampf nicht entscheidend für sein intellektuelles Selbstverständnis ist.

Zusammengehalten wird das jüngersche Gesamtbild des Intellektuellen durch ein Band der Menschenliebe, und einer Suche nach Menschlichem, das nicht dem Allzumenschlichen erliegt. Die in den „Marmorklippen" beschriebene Bruderschaft ehemaliger Krieger, die sich dem weltabgewandten Studium der Pflanzen widmet und die doch bereit ist, der Menschheit zuliebe zum Kampf zurückzukehren, ist eine in eine Phantasiewelt verlagerte Vereinheitlichung dieser sich mitunter widersprechenden Inhalte intellektueller Existenz. „*Der Mönch* [Ernst Jünger], *der ehemals Krieger war, und doch nicht ganz Mönch ist*" (Konitzer 1993: 201), identifiziert sich mit den Charakteren seines Romans.[24] Hier, wie bereits vorher in der Gestalt des Kriegers, versinnbildlicht sich das, was nach den Vorgaben dieser Arbeit als „Intellektueller" bezeichnet werden kann.

Die Balance zwischen Unbeteiligtheit und Engagement muss letztlich im Intellektuellen selbst ausgetragen werden, entscheidend ist, die eigene Freiheit zu wahren: „*Das Verhältnis zur Macht ist eine Lebensfrage für den schaffenden Geist. Nicht zu nahe und nicht zu fern - das pro ist wie das contra dem freien Wort abträglich*" (Jünger 1984: 37).

3.2.3 Möglichkeiten intellektueller Erkenntnis: Distanz, Methode und Rausch

Im Verlaufe der Nachkriegszeit wird der Kreis der Eliten, die der Rasanz der Epoche einen Sinn abtrotzen können, in der Theorie Jüngers um nationalistische und ästhetische Kreise erweitert (Segeberg 1989: 97). Gemeinsam ist ihnen die Distanz zur Alltagswelt, aus der heraus sich die Sinnhaftigkeit des modernen Lebens erst erkennen lässt:

„Es kommt darauf an, einen Punkt der Betrachtung zu gewinnen, von dem aus die Orte des Verlustes als die Gesteinsmassen gesehen werden können, die während der Bildung einer Statue vom Block verlorengeht." (Jünger 1932: 116).

Die Zeit offenbart sich Jünger als ein Kunstwerk, das sich selber schöpft, und dessen Konturen nur der Abstand nehmende Künstler erkennt. Der greift allerdings nicht zu Hammer und Meißel, sondern begnügt sich mit einer beobachtenden Haltung. Diese Selbsteinschätzung als distanzierter Beobachter, der das Gesamtbild seiner sich krisenhaft zeigenden und scheinbar chaotischen Zeit durchschaut, bleibt ein Grundtopos in der Selbstreflexion Jüngers als Intellektueller (Arnold 1998: 44). Ob er sich, wie im obigen Zitat von 1932 als Bildhauer der Moderne versteht, oder, in „Strahlungen", als Raumfahrer (Jünger 1979b: 271), immer nimmt er eine gehörige Distanz für sich und den Intellektuellen im Allgemeinen in Anspruch. Obwohl Jünger (1979b: 271) sich dabei

---

24   In einem Brief vom 7.2.1940 bittet er Rudolf Schlichter, eine Zeichnung von ihm anzufertigen: „Ich würde es (...) begrüßen, wenn Sie mich mit einem Mäntelchen (...) bekleiden würden (...), wie es dem Kostüme - schwarz mit rotem Futter - entspräche, das ich auf den ersten Seiten der ,Klippen' schildere." (Jünger/Schlichter 1997: 158).

von einem „*Besteck das seine Formung durch die Wissenschaft erfahren hat*" begleiten lässt, ist unklar, inwieweit die intellektuelle Distanz zum Alltag wissenschaftlicher Natur sein kann. Wissenschaft, so Jünger (1970/71: 204), sei zwar neugierig, doch fehle ihr letztlich der Wille zur tieferen Erkenntnis. Christian von Krokow (1958: 111) umschreibt das Verhältnis von Erkenntnis und Wissenschaft bei Jünger wie folgt:

> „Jünger verwirft die Wissenschaft nicht, er bedient sich ihrer .... Sie gewinnt unversehens alchemistischen, magischen Charakter, denn das ganze Streben ist darauf gerichtet, den ‚Hauptschlüssel' zu finden, der ‚tiefere Einsichten' eröffnet als die, welche die Wissenschaft zu bieten vermag."

Der Physik z.B. wirft er ihre bloße Ausrichtung an materiellen Maßstäben vor. Sie übersehe dabei ein allgemein gültiges Sittengesetz (Jünger 1984: 112, 144). Die Philosophie ihrerseits lasse sich zu eng in alltäglichen Materialismus einzwängen und gehe „*bei den Klempnern in die Lehre*" (Figal 2000: 37). Doch lehnt er umgekehrt unwissenschaftliche, rein moralische Argumentation als bürgerlich ab. Der moralische und soziale Kosmos der bürgerlichen Welt erscheint ihm als eng und bezwingend. Wahre Erkenntnis und Freiheit ist nur jenseits seiner Grenzen denkbar (Jünger 1998a: 9). Auch die Natur selbst beantworte ihre Unterstellung unter die Moral mit einem Hohnlachen, schreibt Jünger (1932: 18) in seinem „Arbeiter."

Neben einer methodischen und inneren Distanzierung des Intellektuellen, die ihm eine Erkenntnis ermöglichen, greift Jünger nicht selten auch zum durch Drogen (meistens Alkohol) herbeigeführten Rausch, um sich von der Welt zu distanzieren. Massiver Alkoholkonsum z.B. lindert den unmittelbaren Schrecken des Krieges (Noack 1998: 51). Der Rausch als eine Form der Nicht–Verantwortung, in der das Elementare sich des Menschen bemächtigt, ist für Jünger immer wieder ein Thema. Noch 1984 (99) gibt er in „Autor und Autorenschaft" ein Bekenntnis zum Rausch ab: „*Besser wärs, gar nicht erst nüchtern geworden zu sein.*" Dass Jünger in hohem Alter noch mit synthetischen Drogen experimentiert, spricht für sein lebenslanges Interesse am Phänomen des Rausches, dass er sich bei diesen Experimenten ärztlich betreuen lässt, zeigt andererseits die gebremste Hemmungslosigkeit dieses Rauscherlebnisses (Pantenburg 1994: 29–33).

Jüngers Intellektuellenbild trägt sowohl Züge eines leidenschaftlichen Engagements als auch einer apolitischen Distanz. Leidenschaft, Verantwortung und Menschlichkeit scheinen Zwingkräfte zu sein, die den Intellektuellen auf das politische Parkett treiben. Zugleich sind Freiheit, Unabhängigkeit und rauschhafte Freude am Schönen Aspekte unbeteiligter Intellektualität, die sich um die Belange der Gegenwart nicht kümmern mag.

Die vermeintlichen intellektuellen Paradoxien ergänzen sich für Jüngers Person zu einer Gesamtgestalt. Alle diese Aspekte des jüngerschen Intellektuellen widersprechen sich scheinbar wechselseitig. Doch muss die Betonung auf scheinbar liegen, denn die Spannung zwischen Nähe und Distanz, Leidenschaft und Berechnung, Rausch und Verantwortung gehört zum Gesamtbild des Intellektuellen, das darin dem des Kriegers gleicht:

„Lust und Schmerz heben sich nicht auf, sie ergänzen sich. Der Priester, der Philosoph, der Historiker sehen das zeitlich, der Feldherr räumlich aus größerer Entfernung als Täter und Leidende" (Jünger 1984: 260).

In seiner distanzierten Sicht ist der Intellektuelle also alles zugleich: Täter und Opfer, verantwortlich und frei, distanziert und nahe, leidenschaftlich und berechnend. Es ist die Berufung, die den Intellektuellen vom einfachen Menschen unterscheidet. Er muss sich selbst in dieser Berufung begreifen, während er für seine Mitmenschen an seiner Qualität, die ihn über das Mittelmaß hebt, erkennbar ist (Jünger 1984: 5).

3.2.4 Ernst Jünger und die Gewalt

In Jüngers Werk ist Gewalt ein überaus negativ besetzter Begriff. Sie beschreibt ein Unvermögen, eine Form der Ohnmacht. Das zeigt sich auch in seinen Überlegungen zur politischen Macht:

„Die auf Gültigkeit jenseits ihrer Grenzen gerichteten Anstrengungen der Nationen sind deshalb zum Scheitern verurteilt, weil durch sie der Weg der reinen Machtentfaltung beschritten wird. Dass hier der Boden mit jedem Schritt zäher und schwieriger wird, erklärt sich daraus, dass die Macht die ihr zugeordnete Rechtssphäre überschreitet und damit als Gewalt erscheint, und so im innersten als ungültig empfunden wird." (Jünger 1932: 184).

Herrschaft ist demzufolge eine Instanz, die den sozialen Raum ordnet, indem sie ihm einen Punkt der Ausrichtung liefert. Indem sie das tut, ermöglicht sie Recht. Wo Macht aber in Wirklichkeit Ohnmacht ist, wird Recht zur Gewalt (Jünger 1932: 67f.).

3.2.4.1 Jüngers „cultic view of violence"

Diesem Zitat stehen freilich andere, scheinbar widersprüchliche gegenüber, die eher „*Jünger's cultic view of violence*" (Bullock 1998: 574) belegen zu scheinen. In Jüngers „Feuer und Blut" (1926: 66) z.B. heißt es: „*Ja, die Maschine ist schön, sie muß schön sein für den, der das Leben in seiner Fülle und Gewaltmäßigkeit liebt.*" Und in „Kampf als inneres Erlebnis" (1936: 8) wird Gewalt als etwas durch und durch Menschliches dargestellt:

„Ob man den Gegner zerreißt mit Krallen und Zähnen oder mit eisernen Splittern, ob man auf dreißig Meter einen Stein oder eine Granate auf dreißig Kilometer ihm entgegenschleudert, das ist im Grunde dasselbe. ... Die Werkzeuge werden vollkommener, der Mensch bleibt der alte."

Dass der Mensch sich trotz und zugleich wegen eindeutiger Gewaltsituationen treu bleibt, beschreibt Jünger (1960: 36f.) noch einmal in seinem „Weltstaat":

„Die Katastrophen haben aber, ... am menschlichen Habitus wenig verändert und haben ihn kaum jemals in seiner Existenz bedroht. ... Der Mensch als Spezies schreitet unverletzlich durch den Untergang von Generationen, Völkern und Kulturen hindurch."

3.2.4.2 Heroischer Realismus

Jüngers Ideal der Weltbetrachtung lässt sich mit einer betroffenen Unbeteiligtheit beschreiben. Vom abenteuerlichen Herzen des Kriegers bis zum Waldgänger späterer Lebensjahre schwebt Jünger immer das Bild des zwar an der Welt beteiligten, nicht aber von ihr beeindruckten Helden vor. Der „heroische Realismus", wie er dieses Konzept im „Arbeiter" nennt, ist also eine Form der Freiheit unter selbst extrem beeinträchtigenden Lebensumständen (Traugott 1938). Er ist die *„Möglichkeit einer heiteren Anarchie, die zugleich mit einer strengsten Ordnung zusammenfällt"* (Jünger 1932: 34). Rolf Peter Sieferle (1995: 141) spricht deswegen von Jüngers *„heroischen Akzeptanz der Moderne überhaupt"*. Selbst wenn die Umwelt keinerlei Ordnung erkennen lässt, findet der heroische Realismus Ordnung in der Kühnheit der eigenen Tat: *„Er ist das kühne Spielzeug eines Menschenschlages, der sich mit Lust in die Luft zu sprengen vermag, und der in diesem Akte noch eine Bestätigung der Ordnung erblickt"* (Jünger 1932: 34).

Dieser Menschenschlag ist im Umgang mit Gewalt geschult aus dem ersten Weltkrieg hervorgegangen. Er ist zwar gegenüber dem Schrecken der Gewalt nicht blind, doch sieht er sie nicht als das denkbar schlimmste Übel an. Die Krieger können selbst im totalen, das ganze Leben einnehmenden Krieg Freude am Kampf empfinden. *„Ihnen macht der Krieg eben Spaß"* (Jünger 1998b: 55). Das ist für Jünger nicht außergewöhnlich, denn das „Elementare" äußert sich in der Abenteuerlust des Menschen und in der Gefahr der Welt (Jünger 1932: 50). Der Spaß des Kämpfers ermöglicht ihm die Distanz zu den Dingen, aus der heraus sich ihre Ordnung erkennen lässt.

Diese Liebe zur Gewaltmäßigkeit muss als Merkmal einer Elite verstanden werden, die sich dadurch auszeichnet, dass sie bereit ist, Verantwortung zu übernehmen. Erst in seiner Schrift „Der Gordische Knoten" von 1953 hat sich Jünger intensiver mit der Frage beschäftigt, wie genau diese Verantwortung zu verstehen sei. Demnach steht sie in enger Verbindung mit politischer Gewalt:

„Das Amt am Ruder bringt die Notwendigkeit harter Entschlüsse mit. Von einem Staatschef kann nicht erwartet werden, dass er in seinem Dienst Empfindsamkeiten walten läßt, die den Privatmann auszeichnen. *Die Mitgift würde vielmehr schädlich sein.* Es werden immer Fälle eintreten, in denen Gewalt unvermeidlich ist, und oft wird zwischen zwei Übeln zu wählen sein. Es versteht sich, dass auch die Verantwortung eine andere ist als die eines Privatmannes." (Jünger 1953: 94).

Dabei liege es auf der Hand, dass Verantwortliche Fehler begingen, denn sie hätten oft keinen Überblick über die Lage der Dinge. Verantwortung habe eben auch mit Spontaneität, Lust und dem Mut zum Handeln zu tun (Jünger 1953: 90f.).

Worin politische Gewalt ihren Ursprung hat, lässt Jünger offen. Es bieten sich aber unterschiedliche Erlebnishorizonte an, die Gewalt jeweils unterschiedlich aussehen lassen. Wer in ihr ein Spiel zu sehen in der Lage ist, gehört Jünger zufolge einer Elite an. Die Begegnungen mit feindlichen Soldaten im ersten Weltkrieg, die diesen sportlichen Charakter des Kampfes und der Gewalt ebenso sehen, bestätigt Jünger in seiner Vermutung über die Beschaffenheit neuer Eliten. So schildert er in den „Stahlgewittern" eine Unterhaltung mit einem englischen Offizier über die Schützengräben hinweg: *„Wir erzählten uns ... noch viel in einer Weise, die eine fast sportsmännische Achtung ausdrückte, und hätten am Schluss zum Andenken gern ein Geschenk ausgetauscht"* (Jünger 1998b: 64).

3.2.4.3 Die Gewalt in der Moderne

Die Einhaltung der kriegerischen Spielregeln ist aber in der Moderne zunehmend unmöglich, denn sie hat keinen Sinn dafür. Spielregeln setzen Hierarchie voraus, die der Moderne fehlt. Und so habe denn die Vermischung der Aristokratie mit dem Demos im 19. Jahrhundert *„neue Felder der Gewalt"* erst eröffnet (Jünger/Schmitt 1999: 90). Die moderne Gesellschaft hat außerdem die Idee hervorgebracht, Gewalt sei eine Krankheit und nicht der Ausdruck individueller Souveränität. Der Anspruch, andere von der Gewalt zu kurieren, sei deshalb typisch für die staatliche Macht in der Moderne, die Mittel und Wege kennt, „unter der Maske der hygienischen und sozialen Fürsorge" bis in die intimsten Bereiche des privaten Lebens einzugreifen (Jünger 1932: 103). Den Archetypen eines modernen Intellektuellen, der die Welt notfalls mit Gewalt von der Gewalt heilen möchte, sieht Jünger im französischen Schriftsteller Henri Barbusse, der sich bei Kriegsbeginn 1914 wie er selbst freiwillig meldete:

„Dieser, an sich ausgesprochene Gegner des Krieges, sah doch keine andere Möglichkeit, seinen Ideen zu entsprechen, als diesen Krieg zunächst zu bejahen, da er sich in seinem Bewußtsein als ein Kampf des Fortschrittes, der Zivilisation, der Humanität, ja, des Friedens selbst gegen ein all diesem widerstrebendes Element spiegelte."[25]

Diese „unsportliche" Sichtweise macht die Erkenntnis der heroischen Regelhaftigkeit des Krieges unmöglich. Er verliert seinen spielerischen Charakter und bekommt despotische Züge: *„Wer das Schachbrett umwirft ... beruft sich auf ein anderes Gesetz als auf die Spielregel"* (Jünger 1953: 22).

So ist der moderne Umgang mit der Gewalt durch Distanz und Technik gekennzeichnet. Der Gegner wird nicht mehr gesehen, man schießt blindlings, ohne sich ein Bild vom Gegenüber zu machen. Zusehends nimmt die Gewalt den Charakter eines Handwerkes an, dessen gespenstische Ausübung in den „Marmorklippen" geschildert wird. In der Lichtung Köppelsbleek erschlägt ein

---

25 *„Freilich mußte ein Barbusse in Frankreich leben, um in diesem Maße mobil gemacht zu werden. Die deutschen Barbusses jedoch fanden eine schwierigere Lage vor. Es waren nur vereinzelte Intelligenzen, die sich vom ersten Tage an auf neutrales Gebiet begaben und sich zu einer offenen Sabotage der Kriegführung entschlossen."* (Jünger, 1930: 22).

„Männlein" mit einem Beil Menschen, „*ein Liedchen pfeifend.*" In diesem würdelosen Dahinmorden sieht Jünger die eigentliche „*Schändung der Menschenwürde und Menschenfreiheit.*" Dass Jünger (1950a: 11f.) die Lebensfeindlichkeit der Moderne als eine Form der Menschenverachtung versteht, zeigt sich auch in einer Anekdote, die in „Das Abenteuerliche Herz" geschildert ist. Hier preist der Besitzer eines „Schlemmergeschäftes" das in seinen Kühlräumen gelagerte Menschenfleisch als „*mager, aber ... weit aromatischer*" an als das Menschenfleisch aus Zuchtbetrieben.

Verantwortungslose Gewalt ohne Sinn für Regeln und Leben, ohne Geist für das Elementare und Freiheit lehnt Jünger also ab (Jünger 1932: 19), während er einer Gewalt, die Ausdruck innerer Freiheit und elitärer Würde ist, zustimmt.

3.2.5 *Jüngers Engagement im zweiten Weltkrieg*

Julien Hervier (1994: 37) sieht in Jüngers „Marmorklippen" ein Dokument politischen Engagements, das im Gegensatz zu dessen vorherigen militaristischen Aktivismus stehe. Damit folgt er einer in der Intellektuellenforschung leider weit verbreiteten Tradition, bestimmte Arten politischen Auftritts als negativ und deswegen als „Aktivismus", andere jedoch als positiv zu bewertendes „Engagement" betrachten (Schwanitz 2000: 41). Eine soziologische Studie kann eine solche urteilende Herangehensweise nicht nachvollziehen, weil es vom Wertverhältnis her letztlich gleichgültig sein muss, wie und worin sich ein Intellektueller gesellschaftlich engagiert. Und so kann schon viel eher als 1939 von einem Engagement Jüngers gesprochen werden, wie sich bereits einstiegs gezeigt hatte.

Jünger hatte sich seit Beginn des Nationalsozialismus in eine innere Emigration zurückgezogen. Nach einem dreimonatigen Aufenthalt an der Ostfront, wo sich ihm Gerüchte über die Existenz von Konzentrationslagern bestätigen, ist Jünger (1979b: 278) sich aber sicher, dass er sich gesellschaftlich engagieren muss.

„Es gibt Untaten, die die Welt im ganzen, in ihrem sinnvollen Zusammenhang berühren; dann kann auch der musische Mensch sich nicht mehr dem Schönen, er muß sich der Freiheit weihen."

3.2.5.1 Die „Marmorklippen"

Inwiefern nun die „Marmorklippen" als Dokument politischen Engagements und Widerstandes gewertet werden können, ist in Frage gestellt worden (Segeberg 1995: 110ff). Jünger ist klar, wie riskant seine Andeutungen über die Mordwerkstatt Köppelsbleek (= Konzentrationslager), den Oberförster (= Hitler) und seine Bluthunde (= SA, SS) sind und „*daß damit um den Kopf gespielt*" wird (Jünger 1984: 78). Doch schreibt Jünger (1995: 141) selbst in seinen

„Adnoten" zu den Marmorklippen, zusehends sei er gegen das Wort „Widerstand" allergisch geworden und *„wenngleich die politische Lage mit ihrem* [nationalsozialistischen JG] *Albdruck diesen Angriff aus dem Traumreich heraus entfaltete"*, gehe der Roman *„doch zeitlich wie räumlich über den Rahmen des Aktuellen und Episodischen hinaus."* An Carl Schmitt schreibt Jünger 1940, der Oberförster, der gemeinhin als eine Karikatur Hitlers gelesen wird, könne auch als Bismarck interpretiert werden. Dieser grausame und herrschsüchtige Charakter sei ein eher allgemeines Phänomen einer Epoche, in der die Menschen an Wert verlören. In dem gleichen Schreiben empört er sich über die politische Instrumentalisierung seines Romans: *„Que diable ai-je à faire dans cette galère?"* (Jünger/Schmit 1999: 90).

Da der widerständlerische Charakter der „Marmorklippen" von Jünger selbst in Zweifel gezogen worden ist, verbietet es sich, darin ein Dokument konkreten politischen Engagements zu sehen. Nicht durch die „Marmorklippen", sondern in seiner persönlichen Nähe zu Persönlichkeiten des 20. Juli 1944 hat er sich dem Regime verdächtig gemacht, soweit, dass er 1944 als wehrunwürdig aus der Wehrmacht entlassen wird. Sich an dem Attentat selbst zu beteiligen, kommt für Jünger (1979b: 288) allerdings nicht in Frage.

3.2.5.2 Die Friedensschrift als Form politischen Engagements Jüngers

In der Gesamtausgabe von 1980 heißt es, „Der Friede" sei 1941 entworfen, *„seit 1944 in Abschriften und Typogrammen verbreitet"* und 1945 erstmalig gedruckt worden (Jünger 1980: 194). Die Schrift ist dem Andenken an seinen Sohn Ernst gewidmet, der 1944 bei Carrara fällt (Noack 1999: 202). Obwohl sie „die Jugend" an die es sich richten soll, nicht erreicht, sondern nur im engeren Freundeskreis kursiert, misst Jünger der Schrift eine politische Bedeutung zu, wie lange keinem seiner Texte mehr (Noack 1999: 198f.). In „Der Friede" sieht Jünger also ein Dokument politischen Engagements, weswegen diese Schrift nun genauer untersucht werden soll. Es ist ein Text, der Jünger als Intellektuellen in einem Moment politischer Gewalt zeigt. Dieser Moment allerdings lässt sich nicht genau datieren. Es ist der zweite Weltkrieg und zugleich auch der Massenmord in KZ in Osteuropa, die hier thematisiert sind.

Aus einer gewaltigen inneren Distanz, wie er sie vom Intellektuellen verlangt, unternimmt Jünger diese Zeitanalyse. In „Der Friede" betrachtet Jünger (1980: 212) den Erdball wie einen *„Apfel in des Menschen Hand"* und diese Ferndiagnose gestattet ihm, zu analysieren, vorauszusagen und zu mahnen. Der Ansporn, diese Schrift zu verfassen, ist offenbar sein persönliches Leid an dem Weltgeschehen: es sei *„der Schmerz des Geistigen in diesen Jahren groß"* (Jünger 1988: 204). Der Schmerz ist zugleich Triebfeder und Quelle der Erkenntnis. Das Leiden *„näherte sich der ewigen Wahrheit der großen kultischen Bilder"* und es obliegt dem Geistigen, diese Wahrheit zu verstehen und zu vermitteln.

Der Text ist in zwei Bereiche gegliedert. Im ersten Teil, der den Titel „Die Saat" trägt, beschäftigt sich Jünger mit der Frage nach dem Sinn des 2. Weltkrieges, während er im zweiten Teil („Die Frucht") seine Vorstellung von der Gesellschaft darlegt, die er aus dem Kriege hervorgehen sieht. Sowohl die Beschäftigung mit dem Sinn des Krieges als auch die gesellschaftlichen Konsequenzen, die aus ihm zu ziehen sind, sind schon Themen früherer Schriften Jüngers gewesen, wie sich bereits gezeigt hatte. Und tatsächlich bietet der Text auf den ersten Blick wenig Neues. Bekannt ist Jüngers Ansicht, dass ein Krieg insofern sinnvoll sein könne als dass er eine neue Gesellschaftsordnung hervorbringt, die vor dem Waffengang noch nicht denkbar war. Im reinigenden Feuer der Gewalt entsteht eine neue Ordnung, die neue Verantwortlichkeiten mit sich bringt, ein Topos, der auch bereits aus vorangegangenen Schriften bekannt ist:

„So trägt, wer aus diesem Streit als Waffensieger hervorgeht, hohe Verantwortung, wer immer es auch sei. Die Logik der Gewalt muß sich vollenden, damit die höhere Logik des Bundes sichtbar wird." (Jünger 1980: 210).

Aus der Gewalt des ersten Weltkrieges hatte Jünger die Konsequenz einer verantwortungsbewussten Elite gezogen. Doch in „Der Friede" ist nicht von einer geistigen Elite die Rede, sondern von einem vereinigten Europa, das aus dem Krieg hervorgehen werde. Es wird dies ein Europa der Nationen sein und zugleich ein Vaterland aller (Jünger 1980: 225).

Weil alle gleichermaßen an der Schuld des Krieges beteiligt seien, könne keiner die Verantwortung von sich weisen. „Die Schändung war derart, dass sie das menschliche Geschlecht berührt, und keiner sich der Mitschuld entziehen kann" (Jünger 1980: 203). Verantwortung bedeutet hier offenbar, dass Gewalt, wenn sie einmal zugelassen wird, nicht mehr umkehrbar sei, ihre Ausübung aber immer ein Übel bedeute.[26] So der Krieg Sinn machen soll, muss er als Aufbegehren gegen menschenfeindliche Technokratie und als Häutungsprozeß eines Imperiums verstanden werden, als das Europa neu entstehen werde. Im Frieden muss der Unmenschlichkeit widerstanden werden. Wahre Macht erkenne man „an dem Schutz, den sie verleiht", (Jünger 1980: 135) und das zu tun, sei jedem möglich. Macht ist also keine Sache politischer Eliten mehr. Verantwortung ist Sache aller:

„Die Verantwortung des Einzelnen ist ungeheuer groß, und niemand kann sie ihm abnehmen. Vor seinem Forum muß die Welt erscheinen, und er ist Richter über gerechte und ungerechte Tat." (Jünger 1980: 235).

Geradezu erstaunlich ist aber der hohe Rang, den er den Kirchen in der europäischen Nachkriegsgesellschaft zurechnet. Nur sie könnten das geistige

---

26 In diesem Zusammenhang zitiert Jünger (1980: 219) das Matthäusevangelium (18.7): „Ärgernis muß ja kommen, aber weh dem, der Ärgernis gibt." Diese Parallele zu Georg Büchner (1991: 60.), der in der Frage der Legitimation politischer Gewalt auf die gleiche Stelle zurückgreift, ist zu spannend, als dass sie hier außer Acht gelassen werden könnte: „Der Mann am Kreuze hat sich's bequem gemacht: es muß ja Ärgernis kommen, doch wehe dem, durch welchen Ärgernis kommt." In beiden Fällen wird das Problem der Gewalt als Übel und Zwangsläufigkeit zugleich gesehen. Verantwortung für politische Gewalt ist für Büchner und Jünger offenbar die Fähigkeit, die Zwangsläufigkeit zu erkennen und die Folgen des Übels innerlich zu ertragen.

Vakuum füllen, das der Krieg hinterlassen werde. Zudem erhofft sich Jünger, die Kirchen würden die Menschen geistig entwaffnen, eine Idee, die er zuvor in anderem Zusammenhang vehement abgelehnt hatte. Das irdisch–elementare Menschliche, das sich, wie sich zeigte, in Gewalt äußern kann, scheint vergessen, wenn Jünger (1980: 218) schreibt:

> „Der Mensch darf nie vergessen, dass die Bilder, die ihn jetzt schrecken, das Abbild seines Inneren sind. Die Feuerwelt, die ausgebrannten Häuser und Ruinenstädte, die Spuren der Zerstörung gleichen dem Aussatz, dessen Keime lange sich im Innern vermehren. ... Daher muß Heilung zunächst im Geist erfolgen, und nur der Friede kann Segen bringen, dem die Bezähmung der Leidenschaften vorausgegangen ist."

Das ist im Denken Jüngers neu und bleibt auch im Vergleich mit späteren Schriften einzigartig. In der Abkehr von der Wissenschaft und der Zuwendung zur theologischen Praxis das geistige Heil der Zukunft zu sehen, ist für Jünger erstaunlich. Dass der Geistlichkeit der Zukunft zugetraut wird, dass sie des menschlichen Herzens, *„das sich nach Spielen und Abenteuern, nach Haß und Liebe, nach Triumphen und Abstürzen sehnt,"* (Jünger 1932: 50) Herr werde, wirft ein neues Licht auf den Intellektuellen, der in der Theorie Jüngers als distanzierter Beobachter oder energischer Kämpfer, nie jedoch Bezähmer menschlicher Leidenschaften gesehen wurde.

3.2.6 Zusammenfassung der bisherigen Ergebnisse zu Jünger: Der „Schmerz des Geistigen" drängt zum Engagement

Ernst Jünger ist ein Intellektueller, in dem seit Beginn seiner schriftstellerischen Karriere das Bild des Soldaten mit dem des Autoren verschmilzt. Sein Begriff der Verantwortung, der aus der Erfahrung mit der Gewalt des Grabenkrieges geprägt ist, wirkt dabei als ein soziologisch interessantes Bindeglied zwischen den beiden Rollen. Heroische Gewalt als erlebte Verantwortung, technisierte Gewalt als Phänomen einer Verantwortungslosigkeit der Moderne verbinden sich bei Jünger mit der intellektuellen Kritik einer Epoche, die neue geistige und politische Eliten hervorbringen muss, die ihrerseits innere Freiheit und Recht vermitteln sollen.

Diese Eliten zeichnen sich durch ein Verantwortungsgefühl aus, das sich wiederum in Leidensfähigkeit ausdrückt. Zugleich sind die geistigen Eliten, zu denen sich Jünger selbst zählt, der unmittelbaren Verantwortung enthoben, sie machen sich ein Bild der Welt von einem Standpunkt, den einzunehmen nur möglich ist, wenn man sich von ihr entfernt. Doch selbst diese Distanz ist nicht vollkommen verantwortungslos und so bleibt der Intellektuelle immer in das gesellschaftliche Feld mit eingebunden.

Diese Topoi bleiben auch in „Der Friede" relevant. Doch ist die Verantwortung für die Gewalt des Krieges nicht länger allein die Sache politische Eliten, sondern sie wird zu einer Verantwortung aller. Verantwortung ist für

Max Weber das Abwägen eines gewaltsamen Widerstandes gegen ein Übel mit der persönlichen Leidensfähigkeit. Das trifft auch für den Verantwortungsbegriff Jüngers in „Der Friede" zu. Das Gewissen des Einzelnen wird zum Maßstab der Verantwortbarkeit politischer Gewalt.

Zum zweiten erfährt die theologische Menschenführung einen Bedeutungsgewinn in der Wahrnehmung Jüngers. Sie solle die Leidenschaften der Menschen bezähmen, ein Gedanke, der dem Ernst Jünger des „Arbeiters" überaus fern liegt. Dieser Aspekt ist besonders interessant. Ernst Jünger, der es als junger Mann kaum erwarten konnte, seine abenteuerlichen Leidenschaften als Soldat auszuleben, sieht eine Notwendigkeit in der Existenz einer Instanz, die die Leidenschaften anderer beschwichtigt. Diese Rückbesinnung auf eine religiöse Instanz, die Frieden stiften soll, ist im Rahmen dieser Arbeit einzigartig. Selbst Bert Brecht, der mit dem Anspruch, am 17. Juni die Gemüter der Arbeiter zu beschwichtigen an die Mächtigen der DDR herantritt, formuliert nicht die Idee einer zur Pazifizierung angelegten Intellektuellenschicht. Doch zeigt sich darin ein ganz wesentlicher Aspekt, der schon bei Weber auffällig ist: Die Begründung intellektuellen Engagements liegt in der besonderen Fähigkeit, mit innerer, seelischer Zerrissenheit fertig zu werden. Die Leidenschaft wird als Gefahrenquelle ausgemacht, die der kommende Intellektuelle versiegen lassen kann.

Die Verteilung der Verantwortung für Gewalt auf alle Menschen lässt den Schluss zu, dass Jünger im Moment der Niederschrift von „Der Friede" das menschliche Gewissen als Leitstelle politischer Entscheidung zur Gewalt ansieht. Als eigentliches Scharnier zwischen seiner Erkenntnis und seinem Engagement allerdings gibt Jünger nicht die Verantwortung, sondern den „Schmerz des Geistigen" an. Da er die Lage der Welt aus großer innerer Distanz verstanden hat, drängt es ihn nun, sich dazu zu äußern.

3.3 Bertolt Brecht

1898 wird Brecht in eine kleinbürgerliche Familie hineingeboren, deren finanzieller und sozialer Aufstieg noch bevorsteht. Die protestantische Mutter nimmt die Erziehung in die Hand, während der katholische Vater eine weit weniger bedeutsame Rolle in Brechts Leben einnimmt.

Nach der Schulzeit nimmt er ein Medizinstudium in München auf. Offenbar erhofft er sich einen wenn dann gefahrlosen Einsatz als Sanitäter im ersten Weltkrieg (Frisch 1997: 147). Der - auch finanziell lukrative - Erfolg seiner ersten Dramen „Trommeln in der Nacht" und „Im Dickicht der Städte" bestätigt ihn aber bald darin, sein Studium abzubrechen.

Auf der Flucht vor nationalsozialistischer Bedrängnis beginnt 1933 eine Exilphase, die mit Brechts Rückkehr nach Berlin 1948 endet. In einem Brief an seinen Verleger Peter Suhrkamp fasst Brecht (1981c: 515) im Oktober 1945 die Etappen seiner Exiljahre knapp zusammen. „*Fünf Jahre hielten wir uns in Dänemark auf, 1 Jahr in Schweden, 1 Jahr in Finnland, wartend auf Visa und jetzt sind wir an vier Jahre in den USA, in Kalifornien.*"

Brechts Rückkehr nach Deutschland ist vielleicht durch eine „patriotische Kehre" bewegt, wie Wolfgang Lange (1999: IV) vermutet. Nach Europa kommt er jedenfalls aber auch, weil er in den USA im September 1947 als Zeuge vor den „Ausschuss für unamerikanische Betätigung" geladen worden ist und er sich keine Hoffnung macht, in den USA gefahrlos politisch inspiriertes Theater machen zu können (Hecht 1997: 793ff.). Zudem fühlt sich Brecht offenbar in den Sog der Unterhaltungsindustrie gezogen, so dass der Aufbruch nach Zürich 1947 vielleicht auch als intellektueller Befreiungsschlag zu sehen ist.

Von Zürich aus geht Brecht nach Ostberlin, wo er zusammen mit seiner Frau Helene Weigel das Berliner Ensemble aufbaut, das seit 1954 über ein eigenes Theater am Schiffbauerdamm verfügt. Dass Brecht zum Erreichen seiner Ziele Freunde verraten und sie stalinistischem Terror ausgeliefert habe, ist einer der zentralsten Vorwürfe, den Hans Dieter Zimmermann (1992: 79f.) Brecht macht. Was davon zu halten ist, kann hier nicht erörtert werden, soll aber zum Teil Frage des Abschnittes zu Brechts Gewalttheorie sein. Am 14. August 1956 stirbt Brecht in Ost–Berlin.

3.3.1 Brecht als Intellektueller

Trotz seiner Neigung für bürgerliche Bildungsideale, bemüht sich Brecht (1973: 795) doch, seine Distanz zur bürgerlichen Welt auch äußerlich darzulegen. Deswegen arbeitet er schon früh an seinem Image eines antibürgerlichen Künstlers und werde so ein „*Prachtexemplar des Bohemien*", behauptet Hans Dieter Zimmermann (1992: 69). Wenn Walter Benjamin Recht hat und Brecht dem Wohnen besonders viel Aufmerksamkeit widmet, dann lässt sich einiges aus der

Einrichtung seiner Arbeitszimmer über ihn erfahren (Hecht 1997: 793ff.). In seiner Berliner Wohnung hängt ein *Punchingball* (Hecht 1997: 237f.), dessen Glaubwürdigkeit noch mit einer zeitweiligen Freundschaft mit dem Boxer Paul Samson–Körner unterstrichen wird (Berg 1995: 139ff.). Schon im elterlichen Haus bezieht der Teenager eine Mansarde, in der er in geheimnisvoller und gewollt artistischer Atmosphäre seine Gäste empfängt:

„Im Zimmer konnte man vor lauter Papierkram, der auf dem Fußboden lag, kaum sitzen oder gehen. Es sah immer unaufgeräumt aus, als ob Brecht gerade aufgehört habe zu arbeiten. ... In einer Ecke des Zimmers stand lange ein Notenständer mit einer aufgeschlagenen *Tristan*–Partitur. ... Nach 1917 zierte den Tisch ein Totenschädel, der auf einer großen Bibel lag." (Frisch 1997: 140f.).

Raumgestalterisch präsentiert sich Brecht also schon lange vor seinem Erfolg als Theaterautor als Bohemien. Brecht (1981c: 140f.) spricht spätestens in einem Brief an Bernhard von Brentano schon 1928 von sich selbst als Intellektuellem·

Schon als Schüler hat Brecht einen Kreis, der sich um seine Person sammelt (Frisch 1997: 126). Man singt Brechts Lieder zu seinen Melodien. Brecht werden diese besonders einflussreichen Zeiten später fehlen: „*Ich laufe herum wie ein wahnsinniger Hund und kann nichts tun,*" schreibt er in seinem Tagebuch am 24.9.1920. „*Immer sehe ich gleich ein, was mich lähmt: Daß ich über niemanden Macht habe*" (Brecht 1971: 11). Macht zu haben ist für den Intellektuellen Brecht wichtig. Intellektueller zu sein, bedeutet für Brecht immer auch, Macht auszuüben. Dabei ist diese Macht anders geartet als die der Politik, wie sich noch zeigen wird.

Brecht ist Anfang der 20er Jahre jedenfalls vom intellektuellen Klima in Deutschland enttäuscht: „*Wie mich Deutschland langweilt!*" Brecht (1976e: 51) zufolge leben hier nur „*ein verfetteter Mittelstand und matte Intellektuelle!*" Seine eigene Rolle als Intellektueller ist in dieser generellen Kritik der Intellektuellen in Deutschland mitthematisiert.

Brecht ist in seinem Selbstverständnis vor allen Dingen als Autor von Theaterstücken ein Intellektueller, wie Walter Benjamin (1967: 7) so treffend beschreibt:

„Es geht [Brecht] um die Verschüttung der Orchestra. Der Abgrund, der die Spieler vom Publikum wie die Toten von den Lebendigen scheidet, ... dieser Abgrund, der unter allen Elementen der Bühne die Spuren ihres sakralen Ursprungs am unverwischbarsten trägt, ist funktionslos geworden. Noch liegt die Bühne erhöht, steigt aber nicht mehr aus einer unermeßlichen Tiefe auf; sie ist Podium geworden."

Benjamin umreißt mit diesen einleitenden Worten zu seiner „Studie zu Brecht" die sich verändernde gesellschaftliche Bedeutung des Theaters und nennt die Konsequenzen, die Bertolt Brecht daraus zieht: Wenn die Bühne zum Podium wird, dann wird der Bühnenautor zum politischen *Ghostwriter* seiner Schauspieler. Die ehemals sakral aus dem Alltäglichen erhobenen Theatermacher haben in die politische „*Arena hinabzusteigen geruht*" (wie sich Julien Benda (1983: 114) einst über Maurice Barrès empörte). Welche Folgen solch eine Profanisierung und gleichzeitige Politisierung des theatralichen Raumes hat und welche

Möglichkeiten und welche Bedeutung sich für das moderne Theater ergeben, hat Brecht in zahlreichen Schriften immer aufs Neue ausdiskutiert. Brecht, ähnlich wie Sartre in Frankreich, der sich dort mit dem Problem sakraler Autorität des Schriftstellers beschäftigt, steht so für die Selbstfindung des Autoren als säkularem Produzenten nichtsäkularer Produkte (Benjamin 1967: 95–117).

Es zeigt sich hier, dass Brechts (Selbst–)Verständnis der Intellektuellen weniger am intellektuellen Moment als an einem langfristigen Engagement festzumachen ist. Es ist nicht die unmittelbare Notsituation, die ihn als Intellektuellen fordert, sondern die politische Lage im Allgemeinen, die Brecht mit seiner Arbeit beeinflussen zu können hofft. Er versteht seine intellektuelle Rolle als die eines „*Verhaltenslehrers*" (Hayman 1998: 197).

3.3.2 Brechts Auseinandersetzung mit Intellektuellen oder „Tuis"

Brecht (1981a: 880) bezeichnet Intellektuelle als Tuis, „*nach den Anfangsbuchstaben von Tellekt–Uell–In*", wie der Bauer Sen in der nach Chima [sic!] verlagerten Problemanalyse über Intellektuelle und Macht erklärt. In diesem Theaterstück zum Phänomen der „*großen Bruderschaft der Tuis*" „Turandot oder Der Kongreß der Weißwäscher" holt Brecht zu einem Rundumschlag gegen alle diese Intellektuellen aus. Er unterscheidet dabei nicht nach Berufssparten. „*Beamte, Schriftsteller, Ärzte, Techniker und Gelehrte vieler Fächer, auch ... Priester und Schauspieler*", (Brecht 1976a: 199) sind für ihn Tellekt–uell–ins. „*Das Wort Tellekt–uell–ins bedeutete Kopfarbeiter, Einseher, Unterscheider, noch genauer: Formulierer*", heißt es an anderer Stelle (1976b: 157).

Neben dem Tui–Theaterstück „Turandot" schreibt Brecht noch einen Tui–Roman und mehrere Tui–Gedichte. Dass seine Überlegungen zu Wesen und Wirkung der Intellektuellen zumeist fragmentarisch geblieben sind, spricht dafür, dass Brecht Schwierigkeiten hat, zu einem abschließenden Urteil über Intellektuelle zu kommen. Seine mitunter verkrampften Versuche, sich dem Problem der Intellektuellen heiter zu nähern (die Dreyfus–Affaire z.B. wird bei Brecht (1976b: 252) zur Vierhand–Affaire) machen deutlich, wie sehr sich der an sich wort-und witzgewandte Brecht mit der Problematik schwer tut.

3.3.2.1 Intellektuellenkritik

Eines der grundlegenden Probleme scheint dabei zu sein, dass Brecht sich nicht ganz im Klaren darüber ist, wen er unter dem Begriff der „Tuis" sammeln möchte und dass er zudem sich seiner eigenen Rolle als Intellektuellem überaus bewusst ist. Die Tui–Schelte verliert angesichts der unumgänglichen Tui–Selbstkritik Brechts an Würze. Schon 1930 fasst Brecht eine dramatische Inszenierung seiner Intellektuellenkritik ins Auge, verwirft diesen Plan jedoch einstweilen.

Das skandinavische Exil bietet ihm nun Zeit und Gelegenheit, das Thema wieder aufzunehmen. Brecht ist überzeugt, dass der „Abschaum" der deutschen Intelligenz den Nationalsozialismus unterstützt hat, ja sogar dessen Eliten stellt. „*Das Volk*" so Brecht (1976a: 143) im Tui–Roman „*ist unter die allerverlumptesten, korruptesten Tuis gefallen. Die Idee triumphiert, das Volk verreckt.*" Die eigene Flucht und das Exil sowie die politische Lage in Deutschland machen das Thema also für Brecht wieder aktuell. Der Hauptteil der Schriften zum Tui–Thema lassen sich deshalb auch auf den Zeitraum zwischen 1936–1943 datieren (Brecht 1976b: 361). „Alle diese *Arbeiten*," so Brecht (1976b: 8) ca. 1954 „*behandeln den Mißbrauch des Intellekts.*"

Tuis werden als materialistische Sozialschmarotzer dargestellt. Bildung und Standesdünkel sind ihre Kennzeichen. Sie schmeicheln den Machthabern und werden von den Mächtigen als „Weißwäscher", als Alibiproduzenten eingesetzt. Zugleich fehlt ihnen jeder Sinn für die soziale Realität, die sie umgibt und die Empörung, die sie angesichts sozialer Ungerechtigkeit an den Tag legen, ist geheuchelt. Das Licht, das Brecht hier auf die Tuis wirft, lässt sie alles andere als glanzvoll erscheinen.

Dass nun sein Abstrafen der Intellektuellen nicht nur „die anderen" angreift, sondern auch durchaus selbstironisch angelegt ist, liegt mit Blick auf Brechts intellektuellen Lebenswandel nahe. In einer Szene des Tui–Romans, heißt es über einen Tui: „*eine Menge Unentbehrliches hatte er vergessen, nur eines hatte er nicht vergessen: seine Rechnung im Gasthof nicht zu bezahlen*" (Brecht 1976a: 330f.). Es ist kaum vorstellbar, dass Brecht die Unterstellung erhebt, Tuis bezahlten ihre Hotelrechnungen nicht, ohne dass er dabei an seinen eigenen Aufenthalt in Paris im Jahre 1933 denkt. Walter Benjamin hatte damals Kost und Logis für Brecht vorgestreckt und Brecht (1981c: 188) blieb ihm das Geld lange schuldig.

Brechts Tuis sind daneben auch noch in Teehäusern anzutreffen, was durchaus als ein Seitenhieb auf die Kaffeehauskultur der französischen Intelligentsija zu verstehen ist, die in der Person des Meinungsverkäufers Ka Mü (Camus) im Tui–Theaterstück vertreten ist (Brecht 1981a: 878). Doch die Art und Weise, mit der Brecht Walter Benjamin zum Exil in Dänemark zu überreden sucht, lassen den Spott über Teehaus–Tuis an Schärfe verlieren. Vielmehr bleibt der Eindruck als beschreibe Brecht (1981a: 181f.) ein Tui–Paradies, wenn er von Dänemark spricht:

„Sie kommen ... mit 100 Kr. (60 Reichsmark, 360 Fr.) im Monat aus. Außerdem verschafft die Svendborger Bibliothek jedes Buch. - Wir haben Radio, Zeitungen, Spielkarten, bald Ihre Bücher, Öfen, kleine Kaffeehäuser, eine ungemein leichte Sprache und die Welt geht hier stiller unter."

Brecht ist eben, wie Jürgen Jacobs (1969: 257) feststellt: „*den verhöhnten und verurteilten Tuis in vielem ähnlich.*" Hermann Glaser (1999: 318) nennt Brecht gar einen „*Obertui*", „*ohne daß er freilich, Egoist und Egomane zeitlebens eine Selbsterkenntnis offen artikulierte.*" Brecht, so Glaser weiter, werfe anderen Tuis ihre bürgerliche Herkunft vor, ohne seine eigene bürgerliche Herkunft zu reflektieren.

3.3.2.2 Der „prometheische" Intellektuelle

Trotz beißender Kritik an den Tuis sieht Brecht (1981a: 898) durchaus ihren sozialen Nutzen. Als Ingenieure z.b. bauen sie Brücken, die die Menschen benutzen können. Und dass einige Denker dem Volk nicht schmarotzend zur Last fallen, sondern ihm behilflich sind, stellt Brecht vor zusätzliche Schwierigkeiten. Wenn von Karl Marx (Kai Ho) die Rede ist, dann wird hervorgehoben, dass er ja gar kein Tui sei. Im Tui–Roman ist stattdessen vom „Philosophen" die Rede (Brecht 1976a: 241), im Theaterstück wird Kai Ho sogar aus dem Tui–Verband ausgeschlossen, was ihn hinreichend deutlich zum Nicht–Tui macht (Brecht 1981a: 884). Auch die Verortung kommunistischer Intellektueller, mit denen Brecht sympathisiert, wie Lenin (Nien–leh), Rosa Luxemburg (Ro) und Karl Liebknecht (Li–Keh) ist offenbar für Brecht ein Problem.

Diese Beispiele beleuchten die Schwierigkeiten Brecht bei der Behandlung des Tui–Themas hat. Die Schelte des sträflichen „Mißbrauchs des Intellekts" steht auf unsicherem Fuß, denn die Formulierung eines anständigen „Gebrauchs des Intellekts" bleibt aus. Zugleich belegt die Intensität und Dauer der Auseinandersetzung mit den Tuis, wie wichtig Brecht das Thema ist bei aller ihm mangelnden Klarheit im Detail.

Glasers weiter oben zitierte Kritik des bürgerlichen Brecht verkennt Brechts intensive Auseinandersetzung mit dem Thema des bürgerlichen Intellektuellen und auch mit seiner eigenen Rolle als Intellektuellem mit bürgerlichem Hintergrund. Den hat Brecht (1976h: 721) sehr genau vor Augen:

> „Ich bin aufgewachsen als Sohn
> Wohlhabender Leute. Meine Eltern haben mir
> Einen Kragen umgebunden und mich erzogen
> In den Gewohnheiten des Bedientwerdens
> Und unterrichteten mich in der Kunst des Befehlens. Aber
> Als ich erwachsen war und um mich sah
> Gefielen mir die Leute meiner Klasse nicht"

Peter Fuchs (1986: 99) ist darin Recht zu geben, dass dieses Gedicht keine autobiographische Bedeutung hat. Doch zeigt es deutlich, dass Brecht sich selbst die Frage nach der Bedeutung seines sozialen Hintergrundes gestellt hat. Wenn Brecht nun fortfährt, seine bürgerlichen Eltern und Lehrer hätten ihn wider deren Erwarten zu einem „*Verräter aufgezogen, ihn unterrichtet/ in ihren Künsten, und er/ verrät sie dem Feind*", dann haben wir es hier mit einem ähnlich prometheischen Selbstbild[27] zu tun, wie es auch der späte Sartre vertritt. Sartre (1972: 67–84) legt

---

27 Unter linken Intellektuellen ist die Ansicht verbreitet, ihre gesellschaftliche Rolle sei es, den „unteren Bildungsschichten" das Licht der Belehrsamkeit zu bringen. Diese Einschätzung ist z.B. programmatisch für Antonio Gramsci und einige auf ihn aufbauende Intellektuellen-theorien. Diese Selbsteinschätzung nenne ich „prometheisch", weil sie an den griechischen Mythos des Prometheus erinnert, der den Menschen das Feuer und das Wissen, es zu nutzen brachte (und deswegen von Zeus grausam bestraft wurde).

dar, der moderne Intellektuelle sich trotz seiner bürgerlichen Herkunft mit dem Proletariat verbrüdere und deswegen bürgerlich monopolisiertes Wissen unter den niederen Klassen verbreite. Beide Theorien sind also begrifflich und inhaltlich stark marxistisch geprägt. Doch während Sartres Engagement eine Distanz zu politischen Bewegungen im allgemeinen als notwendig ansieht, ist Brechts Hingabe für die kommunistische Sache von mitunter agitatorischer Natur (Kulturpolitisches Wörterbuch 1978: 18); *„gelegentlich findet er sich zur blinden Glorifizierung ... bereit, und nicht selten verfällt er systembedingten, nicht mehr kritisch aufge- lösten Blickzwängen"* (Jacobs 1969: 225).

Ebenso wie die Ansicht, der Intellektuelle könne seiner gesellschaftlichen Herkunft entfliehen und sein Wissen „dem Volke" zur Verfügung stellen, teilt Brecht mit Sartre die Kritik am bürgerlichen Individualismus der Intellektuellen (Hayman 1987: 333). Doch viel intensiver als Sartre fragt sich Brecht nach dem konkreten Nutzen, den ein einzelner Intellektueller für das Proletariat überhaupt haben kann.

Intellektuelle seien, so Brecht (1970: 52), eine *„stabile Gruppe ..., die auf Grund materialistischer Bedingungen konstituiert, durchaus berechenbar reagiert"*, und die deswegen unterschiedlichen Herren dienen kann, je nach „Auftragslage." Das Proletariat nun brauche Intellektuelle aus unterschiedlichen Gründen und bediene sich ihrer geistigen Leistungskraft. Im Auftrag des Proletariats stellt der Intellektuelle erstens die bürgerliche Ideologie in Frage, zweitens hält er die Revolution in Gang und drittens entwickelt er die „reine Theorie" fort (Brecht 1970: 54).

Alle darüber hinausgehenden Vermutungen über die Macht der Intellek- tuellen findet Brecht abwegig und lächerlich. Die Tui–Hymne, die in „Turandot" ausformuliert ist, macht sich über einen geistigen Führungsanspruch der Intellektuellen lustig: *„Vorwärts, gedacht!/Wissen ist Macht/Seid ihr die Führenden/Alles Berührenden/Schürenden, Kürenden! Seid ihr die Wacht!"* (Brecht 1981a: 887). Tatsächliche Macht haben in den Tui–Fragmenten nur die Intellektuellen, die gleichzeitig an deren Schaltstellen arbeiten, oder die sich gewaltsam Macht verschaffen. Die Führung des Staates übernehmen sie nicht, und wenn doch, dann machen sie sich dabei zum Narren, wie die Fragmente zur Entstehung der Weimarer Republik zeigen. Die Wirkung der Tuis ist also nicht als allzu groß einzuschätzen: *„Man darf ... nicht glauben, dass die tragische Stimmungen der Tuis allzu tiefe Wirkungen auf das Alltagsleben ausübten"* (Brecht 1976a: 308). Sie nützen dem Volk *„wie Zigarren, die man in die Suppe schneidet"* (Brecht 1973: 710), also gar nicht. Einfluss oder gar Macht haben Intellektuelle auch nicht und ihr Führungsanspruch über die geistige Entwicklung der Nation ist nicht berechtigt:

„Die Tuis und ihre Demokratie usw.-[sind] harmlos ... solange bis entweder
1) das Proletariat sich mit ihnen, stärker geworden, einigt oder
2) die Zeit da ist, durchzugreifen, da das Proletariat geschwächt ist, aber die Unlösbarkeit aller Fragen durch die herrschenden Klassen (und Schmarotzer) feststeht." (Brecht 1976a: 255).

So sie sich dann im letztgenannten Fall nicht mit dem Proletariat vereinen, laufen sie Gefahr, dem Faschismus dienstbar zu werden, ein Sachverhalt, der Brecht spätestens seit seinem Exil beunruhigt.

Es wird deutlich, dass Brecht als Intellektueller offenbar ein enormes Bedürfnis hat, nützlich in einem eher materiellen Sinne zu sein, ohne dabei der bürgerlichen Gesellschaft dienen zu müssen. *„Wie kaum ein zweiter Künstler hat er ... seine Produktion im Hinblick auf ihren eingreifenden Nutzen wiederholt reflektiert"* (Thiele 1981: 9). Unnütz zu sein und dabei den Eindruck einer gekünstelten Kunst zu hinterlassen, ist deswegen der für Brecht schlimmste Vorwurf, den er einem Intellektuellen machen kann. Das zeigt folgendes Gedicht über den Kreis junger Intellektueller um den Dichter Stefan George, den Brecht einmal eine nützliche Handlung verrichten sehen möchte.

> „Als ich las, dass sie die Schriften derer verbrannten,
> Die die Wahrheit zu schreiben versucht hatten
> Aber den Schwätzer George, den Schönredner, einluden
> Ihre Akademien zu eröffnen, wünschte ich heftiger
> Daß die Zeit endlich kommt, wo das Volk einen solchen Menschen bittet
> Öffentlich bei einem Bau in einer der Vorstädte
> Einen Schubkarren mit Mörtel über den Bauplatz zu schieben, damit
> Einmal einer von ihnen eine nützliche Handlung verrichte, worauf er sich
> Für immer zurückziehen könnte, um
> Papier mit Buchstaben zu bedecken
> Auf Kosten des
> Reichen arbeitenden Volkes." (Brecht 1976f: 415f.).

Solche Intellektuellen hat Brecht vor Augen, wenn er fordert, eine *„andere Art von Intellektuellen"* müsse aufgebaut werden (Hecht 1997: 310). Den Willen, im Gegensatz zum George–Kreis eine Art *„Gebrauchslyrik"* zu produzieren, teilt Brecht mit seinem Zeitgenossen Erich Kästner (1979: 46). Auch wenn Brecht den erstrebenswerten Nutzen seiner Kunst anders gewichtet als der, ist ihnen jenseits aller marxistischen Überlegungen der Anspruch einer handwerklichen Kunst gemeinsam, die sich der alltäglichen Gegebenheiten annimmt und sie nicht gekünstelt zu transzendieren versucht.[28]

Brechts Hoffnung dabei ist, eine Kunst zu schaffen, die die Welt zu verändern hilft. Dabei achtet Brecht die geistige Dimension des Kampfes gering. Shlink, der tragische Held „Im Dickicht der Städte", sagt, er *„wollte den Kampf. Nicht das Körperliche, sondern das Geistliche"* und genau diese Vergeistigung seines Handelns macht ihn zu einer tragischen Figur. *„Das Geistige ... ist nichts. Es ist*

---

28 Der Aspekt handwerklichen Nutzens gilt für Brecht (1976g: 638) auch für Politiker, wie folgendes Gedicht auf Stalin verdeutlicht: *„Oh großer Ochse, göttlicher Pflugzieher/Geruhe gerade zu pflügen. Bring die Furchen/Freundlichst nicht durcheinander! Du/Gehst voraus, Führender, hüh!/Wir haben gebückt gestanden, Dein Futter zu schneiden/Geruhe jetzt, es zu verspeisen, teurer Ernährer!/Sorge dich nicht/Beim Fressen um die Furche, friß!/Für deinen Stall, du Beschützer der Familie/Haben wir ächzend die Balken hergeschleppt. Wir/Liegen im Nassen, du im Trockenen. Gestern/Hast du gehustet, geliebter Schrittmacher./Wir waren außer uns. Willst du etwa/Vor der Aussaat verrecken, du Hund?"*

nicht wichtig, der Stärkere zu sein, sondern der Lebendige, „ stellt deswegen Shlinks siegreicher Gegenspieler George Garga fest (Brecht 1981h: 87). Eine Theorie der Macht der Ideen, wie z.B. Bernard–Henri Lévy vertritt, lehnt Brecht also ab.

Es liegt Brecht (1973: 19) daran, dem Alltäglichen eine Sinnlichkeit zu vermitteln und umgekehrt das Geistige nach seinen materiellen Ursprüngen zu befragen. Doch in erster Linie will er nutzen, nützlich sein, der arbeitenden Bevölkerung brauchbares Theater schreiben. Wie er das als Dramaturg und Regisseur tun kann, hat Brecht in vielerlei Schriften zur Theatertheorie überlegt.

3.3.3 Verstehendes Theater als Erkenntnisvermittlung

Die Schlagworte „episches Theater" und „V–Effekt" (Verfremdungs–Effekt) umreißen pointiert den Charakter des Brechtschen Dramas. Episches Theater hat zum Ziel, aufzuzeigen, inwiefern die Umwelt Persönlichkeiten beeinflusst, formt, erniedrigt und bezwingt (Kellner 1980: 31). Es entsagt dem „Einfühlen" in die Charaktere, die dem aristotelischen Theaterverständnis zentral ist und vertritt eine aufgeführte Form des Verstehens. Der Darsteller wird dabei zum *Schau*spieler, der durch seine Arbeit und nach Anleitung des Autors und Regisseurs dem Zuschauer hilft, die materielle Welt besser zu verstehen (Brecht 1976d: 240ff.). Der V–Effekt soll dabei *„vor allem soziale Prozesse durchschaubar machen und selbstverständlich Gewordenes und ideologisch Kaschiertes neu vor den Blick bringen"* (Jacobs 1969: 243). Dass diese Prozesse für den Intellektuellen durchschaubar sind, ist für Brecht keine Frage. Brecht ist in seinem Bild von der Gesellschaft offenbar vom Soziologen Fritz Sternberg und dem Marxisten Karl Korsch und deren Intellektuellentheorie beeinflusst (Kellner 1980: 29–42). Eine eigenständige erkenntnistheoretische Überlegung bleibt aber bei Brecht letztlich aus.

3.3.4 Brecht und die Gewalt

> „Der reißende Strom wird gewalttätig genannt
> Aber das Flussbett, das ihn einengt
> Nennt keiner gewalttätig.
> Der Sturm, der die Birken biegt
> Gilt für gewalttätig
> Aber wie ist es mit dem Sturm
> Der die Rücken der Strassenarbeiter biegt?" (Brecht 1976h: 602).

Paula Rothstein hat für ihre Dissertation Brechts Erstlingswerk „Baal" im Licht moderner Aggressionsforschung gelesen. Dieses Vorhaben bietet sich an, ist doch das Stück voller Darstellung von Gewalt, Erniedrigung und Missbrauch. Baal ist ein aggressiver Mensch, der sich mit Gewalt das zueignet, wonach ihm der Sinn steht. Auf offener Straße ergreift er Sophie und macht sie zu seiner

Geliebten. Sie ist dermaßen überrumpelt, dass sie denkt, Baal „*sei ein Orang–Utan*" (Brecht 1981b: 19). Doch nicht nur Baal, auch seine Umwelt schwelgt in Gewalt, die zumeist erotisch inspiriert ist, wie z.B. der Ratschlag eines Fuhrmannes, wie mit der Kellnerin Luise umzugehen sei: „*Der gehört der Hintern verschlagen. ... Ich hau die meine immer blau, vor ich sie befriedigen tu*" (Brecht 1981b: 15).

Paula Rothstein (1976: 255) kommt zu dem Schluss, dass Brecht in ‚Baal' „*echte Menschen gestaltet hat, für deren aggressives Verhalten keine andere Motivation zu suchen ist als die, die in der menschlichen Natur selbst angelegt ist.*" Solche aggressionstheoretischen Ansätze, die Gewaltverhalten in der menschlichen Natur verorten, sind allerdings problematisch. Brecht selbst sieht in seinem Stück „Im Dickicht der Städte" (1981h: 89) gerade die Abkehr des Menschen von seiner aggressiven Natur als einen Grund seiner Vereinsamung. Und inwieweit Gewalt mit der Natur des Menschen oder gerade mit seiner Distanz zu seiner Natur zu begründen ist, kann als in der Aggressionsforschung als mindestens strittig beschrieben werden (Lorenz 1998: 227).

Die Gründe, die zur Darstellung lustvoller Gewalt in „Baal" geführt haben mögen, sind sicherlich mannigfaltige und vielleicht auch in der Biographie Brechts angelegt (Hayman 1998: 53). Es ist aber richtig, dass wir es hier auf den ersten Blick mit einer unpolitischen, ja sogar asozialen (aber dadurch nicht gezwungenermaßen „natürlichen") Form der Gewalt im wahrsten Sinne des Wortes zu tun haben. Baal ist asozial, aber, so Brecht (1976d: 947), „*in einer asozialen Gesellschaft.*" Paula Rothstein (1976: 254f.) sieht deswegen in „Baal" das politisch motivierte epische Theater Brechts vorformuliert. Dass sich gesellschaftliche Zustände und historische Ereignisse in den Lebensverhältnissen der kleinen Leute niederschlagen, führt ja gerade zu einer Politisierung des Alltagshandelns im epischen Theater Brechts. Selbst die scheinbar so unpolitische Gewalt in „Baal" kann also durchaus in einem gesellschaftskritischen Zusammenhang gesehen werden.

3.3.4.1 Bürgerliche und antibürgerliche Gewalt

Brecht sieht die Gesellschaft also als gewaltgeschwängert. Gewalt ist so gesehen eine Frage des Systems, in dem die Menschen leben. Dabei kann offenbar bedenkliche Gewalt von berechtigter Gewalt unterschieden werden. Gewalt der für Brecht bedenklichen bürgerlichen Gesellschaft und ihrer Auswüchse (so Brecht) im Zarismus, Faschismus und Nationalsozialismus sind übler Natur, während es legitime Gründe, antibürgerlicher Gewaltanwendung geben kann.

Es zeigt sich, dass der Charakter der von Brecht als verwerflich dargestellten Gewalt in den politischen Umständen auftaucht, die er kritisiert. Sowohl die nationalsozialistische SA als auch die zaristische Polizei neigen zu übertriebenen, bewusst ungerechten und willkürlichen Zerstörungen, die umso schwerer ins Gewicht fallen als sie das Eigentum ohnehin schon armer Menschen vernichten (Brecht 1981g). Dass hinter dieser willkürlichen Gewalt ein System steckt, erfahren wir von einem redseligen SA–Mann in Brechts „Furcht und Elend des Dritten Reiches" (1981g: 431):

„Ja, ausgeplaudert wird nicht. Immer den Gegner überraschen! Immer von einer Seite kommen, wo er kein Wölkchen sieht. Sehen Sie sich mal den Führer an, wenn der einen Coup vorbereitet. Undurchdringlich! Da wissen Sie gar nichts vorher. Vielleicht weiß er es selber nicht mal vorher. Und dann kommt's schlagartig. Die tollsten Sachen. Das ist es, was uns so gefürchtet macht."

Der SA–Mann fordert einen Arbeiter auf, etwas Schlechtes über Hitler zu sagen, damit er eine spielerische Vorführung seiner inquisitorischen „Kunst" veranstalten könne. Der Arbeiter antwortet darauf: *„Ich bin feige. Ich habe keinen Revolver"* (1981g: 434). Der Arbeiter lebt in gesellschaftlichen Umständen, die es ihm ratsam scheinen lassen, nichts kompromittierendes zu sagen, so lange er sich nicht zur Wehr setzen kann. Heroismus um des Heroismus willen ist für Brecht wenig ratsam. Nicht Heldentum zählt, sondern das Überleben; *„Unglücklich das Land, das Helden nötig hat"* (Brecht 1981d: 531).

SA–Mann und Arbeiter aber sind Spielbälle viel wirksamerer Gewalten. Auch wenn der SA–Mann Gewalt ausübt, ist er doch nur Erfüllungsgehilfe eines Systems, dem Brecht die Schuld für alles gewaltsame Geschehen in der Gesellschaft gibt: Im Kapitalismus ist die Gewalt im System inhärent, im Faschismus kommt sie als gewaltvolle Verrohung zum unübersehbaren Vorschein.

Für Brecht ist somit der Faschismus nichts anderes als die gewaltsame Übersteigerung des Kapitalismus, wie er schon 1935 vor dem antifaschistischen Schriftstellerkongress in Paris betont: *„Die Roheit* [des Faschismus, JG] *kommt nicht von der Roheit, sondern von den Geschäften, die ohne sie nicht mehr gemacht werden können"* (Brecht 1976e: 59). Das terroristische System der faschistischen Bewegungen in Europa ist in direkter Erbfolge aus liberalen Systemen hervorgegangen:

„Nicht in seiner ängstlichsten, den ‚Erpressungen' seines Proletariats nachgiebigen liberalistischen, sondern nur mehr in seiner allernacktesten und brutalsten staatlichen Form kann der Kapitalismus versuchen, sich gegen seine nunmehr stabilisierte Krise zu halten." (Brecht 1976e: 239).

Opfer der Gewalt ist in jedem Fall „das Volk", das Brecht zumeist als überaus positiv sieht. Das führt dahin, dass er sich weigert, den Nationalsozialismus als Massenphänomen zu sehen und er eher dazu neigt, das Kleinbürgertum für seine Entstehung verantwortlich zu machen (Gerz 1983: 64–70). Den für den Nationalsozialismus kennzeichnenden Antisemitismus versteht Brecht dabei als eine Erfindung des Kapitalismus, die von dem Hauptkonflikt zwischen Reichen und Armen ablenken soll.

3.3.4.2 Die Haltung des Volkes zur Gewalt

Das Volk ist ein Spielball kapitalistischer Willkür, die mittels Rassismus und Verrohung bestrebt ist, die Macht zu halten. Die zwar nicht programmatische, doch aber immer wiederkehrende Gegenüberstellung von kapitalistisch–korrupter Regierung und unbestechlichem Volk führt dazu, dass, je nach Konfliktlage, das Verhältnis des Volkes zur Gewalt unterschiedlich ausfallen kann:

„die deutsche regierung will den krieg, das deutsche volk nicht. die französische und englische regierung will den krieg nicht, das französische und englische volk wollen ihn, hitler zu stoppen." (Brecht 1973: 58).

Während also die Regierungen dem kapitalistischen Profitstreben auf jeweils antagonistische Art dienen, ist es Anliegen „des Volkes", gerade diesen kapitalistischen Gewaltzuständen ein Ende zu setzen. Die einen mit Krieg, die anderen ohne. Brechts Verhältnis zur Gewalt schwankt dabei. Er steht ihr weder vollkommen kritisch noch begeistert gegenüber. Wolfgang Lange (1999: IV) schreibt, Brecht habe den Einsatz von Gewalt nicht grundsätzlich abgelehnt. „*Aber es bedurfte dafür stets eines konkreten Anlasses.*" Wie Hannah Arendt (1995: 66) dargelegt hat, sind diejenigen philosophischen Systeme, die anlasslose Gewalt befürworten, ohnehin überaus selten, so dass diese Aussage wenig erstaunt.

Brechts „Heilige Johanna der Schlachthöfe" (1981: 315) stellt fest, es helfe nur Gewalt, wo Gewalt herrscht. Wie sich gezeigt hat, ist für Brecht das kapitalistische auch immer ein (potentiell) gewaltsames System, so dass Johanna zufolge jede Art von antikapitalistischer Gewalt gerechtfertigt wäre. Diese Ansicht scheint sich zu bestätigen, wenn man „Die Gewehre der Frau Carrar" liest (Brecht 1981e). Frau Carrar weigert sich, Waffen für den antifaschistischen Kampf herauszugeben und erst als es zu spät ist und ihr Sohn - aufgrund seiner Mütze als Arbeiter erkannt - von Falanges erschossen wird, lenkt sie ein und unterstützt den bewaffneten Kampf. Solche konkreten Anlässe also berechtigen zum Einsatz von Gewalt.

Abstrakteren Gewaltapologien mag Brecht hingegen nicht Folge leisten. Dass z.B. im Namen der Kultur Menschen getötet werden dürften, hält er für symptomatisch für das bürgerliche Kulturverständnis. Nach dem antifaschistischen Schriftstellerkongress schreibt er 1935 an George Grosz:

„Ich kann Dir ... eine wichtige Mitteilung machen: wir haben soeben die Kultur gerettet. Es hat 4 (vier) Tage in Anspruch genommen und wir haben beschlossen, lieber alles zu opfern als die Kultur untergehen zu lassen. Nötigen Falles wollen wir 10–20 Millionen Menschen dafür opfern." (Brecht 1981c: 258).

An der Gewalt seiner Zeit schuldig ist für Brecht „*der Kapitalismus als System und das bourgeoise Bewußtsein*" und somit letztlich die bürgerliche Kultur (Lange 1999). Dass das Proletariat von diesem bürgerlichen Gewaltpotential prinzipiell frei sei, glaubt Brecht nicht. Bürgerliche Kultur spiegelt sich in der Alltagskultur aller Schichten. Deswegen idealisiert Brecht die Arbeiter nicht. „*Im Gegenteil: er zeigt ihre philiströsen Seiten, die Hinneigung zum Kleinbürgertum*" (Jhering 1980: 63). Seine Neigung, sich am Kleinbürgertum zu orientieren, macht auch das Proletariat der Gewaltsamkeit verdächtig. Kunst und Theater können aber das Volk dazu gewinnen, seinen bürgerlichen Schatten zu überspringen.

Das begründet auch Brechts ambivalente Haltung zum Thema „Intellektuelle und Gewalt". Er macht sich über die Schuldzuweisung lustig, Intellektuelle trügen Verantwortung für Gewaltanwendung. So wird in „Turandot" Kai Ho (Karl Marx) vorgeworfen, er fordere Menschen auf, sich gegen staatliche Gewalt aufzulehnen. Mit der Begründung, damit fordere er sie zur Anwendung von Gewalt auf, wird aus dem Tuiverband ausgeschlossen. (Brecht 1981a: 884). Und als ein Polizist ein medizinisches Lehrbuch konfisziert, begründet er das so: „*Was? Über Knochenbrüche? Das hört auf, dass über Knochenbrüche gefaselt wird!*" (Brecht 1981a: 900). Den Vorwurf, hier werde Gewalt propagiert, weist er als lächerlich zurück.

Anders aber verhält es sich, wenn nun die Kunst ein Instrument bürgerlicher Weltanschauung zu werden droht. „*Keine Freiheit für Schriften und Kunstwerke, welche den Krieg verherrlichen oder als unvermeidbar hinstellen, und für solche, welche den Völkerhaß fördern*", fordert Brecht (1971: 81) für diesen Fall. Obwohl, wie sich zeigte, Brecht die „*erschreckende Folgenlosigkeit*" intellektueller Tätigkeit für gegeben hält, traut er der kulturellen Produktion doch eine auch tödliche Wirksamkeit zu. So z.B. im für das Volk verderblichen Sinne, aber auch im umgekehrten, antikapitalistischen Zusammenhang:

„Wie können wir Schriftsteller tödlich schreiben? Wir wissen, dass sich um die faschistischen Staaten eine enorme, dichte Mauer von Geschwätz, Geschmier, abgestandener Philosophie erhebt, hinter der die Geschäfte getätigt werden. ... Viele von uns sind damit beschäftigt, ... die Unsolidarität und so weiter dieser Mauer nachzuweisen. Ich fürchte, das ist nicht tödlich. Tödlich dagegen ist es, die Geschäfte dahinter nachzuweisen. Das erfordert etwas mehr Arbeit, auch Studium, das liegt außerhalb unseres eigentlichen Bereiches, davon verstehen wir nicht so sehr viel, das ist etwas Praktisches, aber das ist tödlich." (Brecht 1971: 89f.).

Der Intellektuelle Bertolt Brecht - um hier eine Zusammenfassung zu wagen - setzt sein Talent zur Abwehr der gefährlichen Tendenzen bürgerlicher Ideologie ein, die er für gesellschaftliche Gewalt verantwortlich macht. Dass ein antibürgerlicher Arbeiterstaat Gewalt gegen seinen Souverän einsetzt, muss für Brecht sehr verwirrend sein. Zu welcher Lösung er nun kommt, soll am Beispiel des Aufstandes vom 17. Juni und seiner Niederschlagung geklärt werden.

3.3.5 Brechts Engagement am 17. Juni 1953

Mitte Mai 1953 empfiehlt das Zentralkomitee der SED die Erhöhung der Arbeitsnormen um 10%, was einer effektiven Lohnkürzung um ca. 30–42% gleichkommt. In den ersten beiden Juniwochen kommt es in verschiedenen Orten in der DDR zu Streiks. Am 16. Juni treten Ostberliner Bauarbeiter der Stalinallee in Streik und formieren einen Protestzug, der über Strausberger Platz, Alexanderplatz und Unter den Linden den Weg zum Haus der Ministerien zieht. Am 17. Juni 1953 streiken und demonstrieren mehrere 10.000 DDR–Bürger allein in Berlin. Ab 13 Uhr wird durch die sowjetische Militäradministration in 167 der 217 Stadt-und Landkreise der DDR der Ausnahmezustand verhängt.

Am Abend ist der Aufstand im Weiten niedergeschlagen. „*Man muß sich wundern, dass das Regime sich zu dieser Härte entschloss*", staunt Arnulf Baring (1965: 114) in seiner Studie zum 17. Juni über das Ausmaß der zum Einsatz gekommenen staatlichen Gewalt.

Brecht hat den politischen Charakter seiner Kunst stets hervorgehoben. Doch ein konkretes Engagement in einem Moment politischer Gewalt ist bei Brecht schwer auszumachen. So wie Weber sich am Ende des ersten Weltkrieges aufgerufen fühlt, den „*blöden Literaten*" und den „irrsinnigen" Politikern das Heft der Verantwortung intellektuell aus der Hand zu reißen, so wie Sartre sich im Algerienkrieg zur Apologie der Gewalt hinreißen lässt, so ist aber für diese Arbeit interessant, wie Brecht sein Engagement in einer gewaltsamen Konfliktsituation begründet.

Brecht durchaus zutreffender als „Obertui" zu bezeichnen (Glaser 1999: 318), fällt nicht schwer. Ihn aber auf ein politisches Engagement zu fixieren, ihn in einem politischen Moment festzuhalten und zur Selbstaussage zu verpflichten, fällt unweit schwerer. André Malraux hat im spanischen Bürgerkrieg gekämpft, Brecht steuert einzig sein Theaterstück „Die Gewehre der Frau Carrar" zur Rettung der spanischen Republik bei. So finden sich in seinem Werk viele prinzipielle Bekenntnisse, ohne dass sich Brecht auf ein Engagement verpflichten ließe.

Der 17. Juni aber hat nun Brecht gezwungen, seinen Namen ins Spiel zu bringen, sich konkret zu politischer Gewalt zu äußern und damit auch etwas über sich selbst als Intellektuellen zu sagen.

3.3.5.1 Persönliche Nachwirkungen des 17. Juni

Dass Brecht sich noch auf lange Zeit von den Ereignissen des 17. Juni auch durchaus persönlich beeindruckt gefühlt hat, belegt die Menge an Gedichten und sonstigen Schriften zu dem Thema. Ein Großteil davon bleibt allerdings Produktion „*für die Schublade*", wie Manfred Hagen (1993: 25) es ausdrückt. Gerhard Zwerenz (1972: 44) schreibt gar, Brechts Kritik an der SED–Führung sei dessen „Privatspaß" gewesen. Besonders bekannt ist Brechts SED–kritische Gedicht „Die Lösung".

> „Nach dem Aufstand des 17. Juni
> Ließ der Sekretär des Schriftstellerverbandes
> In der Stalinallee Flugblätter verteilen,
> Auf denen zu lesen war, dass das Volk
> Das Vertrauen der Regierung verscherzt habe.
> Und es nur durch doppelte Arbeit
> Zurückerobern könne. Wäre es da
> Nicht einfacher, die Regierung
> Löste das Volk auf und
> Wählte ein anderes?" (Brecht 1976h: 1009f.).

Dieses Gedicht nimmt Bezug auf die tatsächlich gemachte Aussage Kurt Barthels, damals Generalsekretär des DDR–Schriftstellerverbandes, „*durch solche Ereignisse wie am 17. Juni habe sich das Volk das Vertrauen der Regierung verscherzt. Da sei etwas gutzumachen*" (Mayer 1998: 92). Veröffentlicht wird dieser Text freilich genauso wenig, wie das Gedicht „Böser Morgen", das mit folgenden Zeilen endet: „*Heut nacht im Traum sah ich Finger, auf mich deutend/ wie auf einen Aussätzigen. Sie waren zerarbeitet und/ Sie waren gebrochen./ Unwissende! Schrie ich/ Schuldbewußt*" (Brecht 1976h: 1010).

Der 17. Juni fordert den Intellektuellen Brecht zu einem Engagement heraus, über dessen Bewertung er im Nachhinein unsicher ist. Er beschäftigt sich mit einer alternativen Rolle, von der er vermutet, dass er sie ebenso hätte einnehmen können, wie die, für die er sich letztlich entscheidet.

3.3.5.2 Unterstützung des Regimes

Dass er sich zum 17. Juni äußern muss, ist unumgänglich. Doch verrät die nachträgliche Auseinandersetzung mit dem eigenen Verhalten, dass Brecht sich des Missverhältnisses zwischen Anspruch an Intellektuelle und eigenem Verhalten als Intellektueller bewusst ist. Es geht hier nicht darum, Brechts Verhalten zu bewerten. Es geht nur darum festzuhalten, welches Verhalten er als Intellektueller an den Tag legt in einem Moment, in dem er sich einer spontanen Meinungsäußerung nicht entziehen kann. Zola wollte Intellektueller sein und warf seinen Ruf als Schriftsteller für sein politisches Engagement in den Ring der Politik. Brecht muss als Intellektueller auftreten und damit seine Rolle als politischer Schriftsteller konkretisieren. Das fällt ihm offenbar nicht leicht.

Dass Brecht diesen Moment sehr ernst genommen hat, belegt seine Arbeitswut, mit der er sich gleich morgens am 17. Juni mit dem Problem auseinandersetzt. Schon zu früher Stunde schreibt Brecht drei Briefe. An Walter Ulbricht schreibt er:

„Die Geschichte wird der revolutionären Ungeduld der sozialistischen Einheitspartei ihren Respekt zollen. Die große Aussprache mit den Massen über das Tempo des sozialistischen Aufbaus wird zu einer Sichtung und Sicherung der sozialistischen Errungenschaften führen. Es ist mir ein Bedürfnis, Ihnen in diesem Augenblick meine Verbundenheit mit der Sozialistischen Einheitspartei Deutschlands auszudrücken. Ihr Brecht." (Hecht 1973: 195).

Im „Neuen Deutschland" freilich wird nur der letzte Satz wörtlich zitiert. An Otto Grotewohl schreibt Brecht 1981c: 694), dieser solle im Rundfunk eine beschwichtigende Rede halten, und er bietet ihm dafür die Unterstützung des Berliner Ensembles an. „*Wir würden gern als Einleitung und Abschluß Rezitationen von Ernst Busch und anderen Künstlern bringen.*" Und den Hohen Kommissar der UdSSR, Wladimir Semjonow versichert er seiner unverbrüchlichen Freundschaft zur Sowjetunion (Hecht 1997: 1064).

Brecht ist sich durchaus bewusst, diese kriecherisch scheinende Entscheidung nicht fällen zu müssen. Wenn man dieses Schreiben im Zusammenhang
mit Brechts Adresse an die DDR–Regierung vom 15. Juni liest, dann bietet sich
der Eindruck an, Brecht habe seine humanistischen Prinzipien verraten, um sein
eigenes Theater zu bekommen (Zimmermann1992: 69–81). Und Brecht (1981c:
693) schreibt Grotewohl, dass die Übernahme des Theaters am Schiffbauerdamm ausgezeichnet wäre, um die *„unsinnigen Gerüchte über Zwistigkeiten zwischen
mir und der Regierung der Deutschen Demokratischen Republik"* zu zerstreuen.

Der Eindruck, Brecht habe sich am 17. Juni der DDR–Regierung anbiedern
wollen aber führt m.E. in die Irre. Zur Zeit des 17. Juni genießt Brecht genug
Anerkennung, als dass er leicht ein anderes Arrangement hätte finden können.
Er ist auf das Wohlwollen der DDR–Regierung zwar angewiesen, doch hätte er
ohne entscheidenden Schaden für sein Theater eine passivere Haltung einnehmen können. Das weiß Brecht im Augenblick, in dem er die Briefe diktiert.
Er engagiert sich trotzdem.

Interessanterweise bleibt Brecht bei seiner Meinung, eine Aussprache
zwischen Volk und Regierung werde zur Linderung des Problems schon
beitragen. Am frühen Nachmittag, als sich die Lage schon bedenklich zugespitzt
hat, versucht Brecht, mit dem Theater über den Rundfunk Einfluss zu nehmen,
wird aber abgewiesen (Hecht 1997: 1064).

Was also mag ihn angespornt haben, solch eine Position einzunehmen, die
Gewalt des Volkes als falsch und die des Militärs als verständlich anzunehmen,
wo doch in seinem Drama genau spiegelverkehrt sein Vertrauen in die gerechte
Gewalt des Volkes und seine Verachtung in die der Armeen thematisiert ist?

Zum einen spielt bei Brecht sicherlich ein Misstrauen gegenüber dem
deutschen Volk in seine Entscheidung hinein, die stark auf ihn zu wirken
scheint. Ein gutes Jahr nach dem Juni–Aufstand 1953 vermerkt Brecht (1973:
1016) in seinem Arbeitsjournal, Deutschland sei ihm *„immer noch unheimlich."* Er
notiert, wie er mit drei jungen Mitarbeitern zu seinem Landhaus fährt und sich
Gedanken über deren Verhältnis zu ihm macht: *„Vor zehn Jahren, fiel mir plötzlich
ein, hätten alle drei ... mich ... schnurstracks der Gestapo übergeben."* Deutschland scheint
ihm noch immer zur faschistischen Unmenschlichkeit fähig: *„Der Schoß ist
fruchtbar noch, aus dem das kroch",* stellt Brecht dichtend über den Zusammenhang
von deutscher Kultur und Nationalsozialismus fest.

Es ist für Brecht dementsprechend nicht undenkbar, dass der Protest von
faschistischen *agents provocateurs* angezettelt worden ist, die im Volk auf offene
Ohren stoßen. Im Moment des Zweifels, ob der spontanen Volksempörung
oder eher der (nach eigenem Bekunden) antifaschistischen Regierung Glauben
zu schenken sei, entscheidet sich Brecht für letzteres. Der Regierung traut er
den entschlossenen Kampf gegen die Wurzeln des faschistischen Übels zu,
während der Westen Brecht zunehmend als potentiell faschistisch verdächtig
wird. Die Güterabwägung, für die Brecht nicht viel Zeit hat, fällt gegen das
Proletariat und für die Regierung aus, auch wenn Brecht in einer Stellungnahme,

die „Neues Deutschland" am 23. Juni veröffentlicht, einen Standpunkt einnimmt, der der Regierung keine Blankovollmacht im Umgang mit Arbeitern ausstellt:

> „Ich habe am Morgen des 17. Juni, als es klar wurde, dass die Demonstrationen der Arbeiter zu kriegerischen Zwecken mißbraucht wurden, meine Verbundenheit mit der Sozialistischen Einheitspartei Deutschlands ausgedrückt. Ich hoffe jetzt, dass die Provokateure isoliert und ihre Verbindungsnetze zerstört werden, die Arbeiter aber, die in berechtigter Unzufriedenheit demonstriert haben, nicht mit den Provokateuren auf eine Stufe zu gestellt werden, damit nicht die so nötige große Aussprache über die allseitig gemachten Fehler von vornherein gestört wird."

Mit diesem Schreiben nimmt Brecht einiges von dem zurück, was sein Engagement 17.6. begründete. Dass die Arbeiterdemonstrationen berechtigt sein könnten, ist am 17. Juni für Brecht noch fraglich. Manfred Weckwerth zufolge soll Brecht geäußert haben, die Frage der Arbeitsnormen sei ein Gesprächsthema, aber kein Grund für Streikaktionen (Wekwerth 1976: 64). In der Rückschau ist nun von „*berechtigter Unzufriedenheit*" die Rede. Nicht mehr das Tempo des rasanten Fortschritts ist es, was zur Verstimmung der Arbeiter führt, wie noch am 17. Juni, sondern „*die allseitig gemachten Fehler*".

Obwohl sich Brecht lange Zeit grämen wird, so hat er doch am 17. Juni engagiert eine Position vertreten, die seiner Ansicht nach letztlich auch den Gebrauch von Waffengewalt rechtfertigt. Zwischen dem Übel einer faschistischen Inspiration der Streiks und Demonstrationen und dem Übel der Unterdrückung eben dieses Streiks entscheidet sich Brecht für das letztere, wie er am 20.8.1953 in seinem Arbeitsjournal notiert.

> „in dem augenblick, wo ich das proletariat - nichts kann mich bewegen, da schlaue, beruhigende abstriche zu machen - wiederum ausgeliefert dem klassenfeind sah, dem wieder erstarkenden kapitalismus der faschistischen ära, sah ich die einzige kraft, die mit ihr fertig werden konnte."

3.3.6 Zusammenfassung der bisherigen Ergebnisse zu Brecht: Auf das Engagement folgt Schuldbewußtsein

Im Augenblick der Entscheidung für die Unterstützung gewaltsamer Maßnahmen stellt sich Brecht als ein erstaunlich „verantwortungsethischer" Intellektueller durchaus im Sinne Max Webers dar. Obwohl er sich der Schuldhaftigkeit seines Verhaltens bewusst ist und obwohl es ihm lange Zeit die Seele belastet, entscheidet er sich, „dem Übel gewaltsam zu widerstehen", gerade so, wie es Weber vom verantwortungsethisch handelnden Politiker gefordert hatte.

In der Theorie geht Brecht von zwei Arten der Gewalt aus: der kapitalistischen Gewalt, die im Faschismus alle Masken fallen lässt und sich als Terror manifestiert und demgegenüber der Gewalt des Volkes, das sich gegen die wachsende Macht des Kapitalismus zur Wehr setzt. Als sich am 17. Juni nun die

Werte zu verkehren scheinen und das für Brecht eigentlich a priori antifa-
schistische arbeitende Volk faschistischen Einflüsterungen zu erliegen scheint,
duldet er eine Gewalt gegen das Volk, die er bisher nur faschistischen Systemen
zugetraut hätte.

Hier enden aber die Parallelen zu Weber. Brecht vertraut auf das richtige
Handeln einer Regierung, die sich als die Speerspitze des Proletariats versteht,
dessen antifaschistischen Tugenden für Brecht fraglos sind.

Brecht fordert ein politisches Theater und er schreibt politische Stücke.
Doch politisch verantwortliches Handeln vertraut er anderen an. Brecht setzt
auf die Langzeitwirkung seines politischen Schreibens. Das Theater als politisches Podium ist kein Ort unmittelbarer, verantwortlicher Machtaktion. Die
Anforderungen des 17. Juni strapazieren deshalb Brechts intellektuelle Möglichkeiten. Er zweifelt an der von ihm eingenommenen Haltung. Diese verschriftlichten Zweifel aber bleiben in der Schublade seines Schreibtisches, während
sein Bekenntnis zur offiziellen Politik des Kampfes gegen die faschistische
Unterminierung der Arbeiterunruhen öffentlich ist und bleibt.

Dem Übel faschistischer Unterwanderung des Volkes wird das Übel gewalt-
samer Unterdrückung vorgezogen. Diese Haltung nimmt Brecht allerdings erst
nach einer für die Nachwelt unmissverständlich inszenierten inneren Zerrissenheit an. Ohne den Begriff der Verantwortung zu gebrauchen, ist auffällig, dass
Brecht offenbar die Richtigkeit seiner Entscheidung mit seinem inneren
Zwiespalt geradezu beweisen möchte. Dass er darüber hinaus beschwichtigend
in den Konflikt eingreifen möchte, macht Brechts Verhalten mit der Forderung
Ernst Jüngers vergleichbar, die Leidenschaften der Menschen sollten durch
intellektuelle Autoritäten gemildert werden. Der rechte und der linke Intellektuelle sind sich in diesem Punkt einig: Der Intellektuelle kann und sollte
menschliche Leidenschaften abkühlen und dadurch der Gesellschaft einen
Nutzen bringen.

3.4 Jens Reich

Bernard–Henri Lévy hat von sich behauptet, ein Kind des Faschismus und Stalinismus zugleich zu sein. Die Tatsache seiner Geburt 1948 in Algerien - zeitlich und räumlich also fernab von beiden Totalitarismen - legt nah, dass Lévy dieses Bild im ideenhistorischen Sinne verstanden wissen möchte. Lévys Erfolg als Intellektueller beruht auf seiner vehementen Ablehnung der beiden totalitaristischen Konzepte. Unter unmittelbar persönlichem Einfluss einer der Ideologien hat Lévy aber nie gestanden. Anders verhält es sich bei Jens Reich:

„Geboren unter Hitler, aufgewachsen unter Stalin und Chruschtschow, gehöre ich zu einer Generation, die sich stets einer Ideologie unterworfen hat, zu Teilen begeistert, zu Teilen zynisch, zu Teilen mürrisch ablehnend. Ich habe von Anfang an zum mürrisch ablehnenden Teil der Intelligentsija gehört" (Reich 1997: 42).

Jens Reich wird 1939 in Göttingen als Sohn eines Arztes geboren. Seine Kindheit und seine Schulzeit verbringt er in Halberstadt im Ostharz. Der Großvater mütterlicherseits ist Chemiker und Fabrikbesitzer, in der Familie des Vaters sind einige Beamte, der Großvater ist Jurist. In der DDR, in der Reich heranwachsen wird, ist solch eine Herkunft wenig vorteilhaft. *„Intelligenz hieß das formal. Soziale Herkunft: Intelligenz; Kapitalist war schlimmer, aber dies war schon schwierig, wenn es zum Beispiel darum ging, zum Studium zugelassen zu werden"* (Reich 1994a: 94). Als Kind habe er Schriftsteller werden wollen, so Reich (1991: 7), oder vielleicht auch Konzertpianist (Reich 1994a: 93). Das Bildungssystem der DDR habe solchen Ambitionen jedoch alsbald entgegengewirkt und ihn in ein Medizinstudium gedrängt. *„So ist die DDR schuld (oder hat das Verdienst), dass ich kein rechter Intellektueller wurde"* (Reich 1991: 7).

Der Schriftsteller in Jens Reich aber bleibt nicht unbemerkt. 1993 wird er mit dem Anna–Krüger–Preis geehrt, der Wissenschaftlern zugesprochen wird, die ein hervorragendes Werk in guter und verständlicher Wissenschaftssprache geschrieben haben (Reich 1994c). Die Ausgangslage ist also bei Brecht und Reich vergleichbar. Ähnlich wie Bertolt Brecht hat auch Jens Reich Medizin studiert, anders als jener es aber auch zum Abschluss gebracht.

Nach dem Studium gelingt Reich eine akademische Karriere als Molekularbiologe, ein Beruf, den er bis heute im Max–Dellbrück–Zentrum für molekulare Medizin ausübt. Da Jens Reichs molekularbiologisches Werk keinen Aufschluss über seine Intellektuellen-und Gewalttheorie liefern kann und da ansonsten nicht sehr viele Publikationen zur Verfügung stehen, aus denen sich die Vielschichtigkeit der Problematik adäquat herauslesen ließe, wird in den nun folgenden Kapiteln auch auf ein Interview zurückgegriffen, das Jens Reich mit dem Verfasser am 3. Juli 2000 führte und das im Anhang nachzulesen ist.

Im September 1989 tritt Reich als Mitbegründer des Neuen Forums in Erscheinung. Reichs gesellschaftliches Engagement in der Politik findet nach dem Zusammenbruch der DDR noch kurzfristige Fortsetzung. Für das Bündnis

90 übernimmt er ein Volkskammer–Mandat von März bis Oktober 1990. 1994 wird seine Kandidatur als Bundespräsident angeregt, von der Bundestags-fraktion Bündnis 90/Die Grünen auch unterstützt, doch gewinnt die Wahl dann letztlich der CDU/CSU–Kandidat Roman Herzog. Seither tritt Reich wieder in erster Linie als molekularbiologischer Fachmann in Erscheinung.

3.4.1 Jens Reich als Intellektueller

Es hatte sich eingangs gezeigt, dass der ursprünglich russische Intelligentsija–Begriff in erster Linie auf die Schichtzugehörigkeit eines Intelligenzlers abhebt, während der Begriff des Intellektuellen, wie er in Frankreich 1898 als Substantiv entstand, besonders auf dessen Engagement verweist. Dieses Selbstverständnis, das sich in erster Linie aus der Zugehörigkeit zu einer gesellschaftlichen Schicht speist, deren Bildungsstand sich von dem der handarbeitenden Bevölkerung signifikant unterscheidet (Tschelowek i obschtschestwo 1997: 168–170), hat im unter russisch–sowjetischen Kultureinfluss stehenden Osteuropa bleibenden Eindruck hinterlassen. Die Scheidungslinie zwischen wissenschaftlich-technischer Intelligenz und Arbeiterschaft hat in der DDR die Wahrnehmung der Intelligenz als besondere Bevölkerungsschicht nachhaltig geprägt (Verfassung der DDR 1968: Art. 2.2.). Wie Erwin Scheuch (1974: 20)darlegt, geht die russische Sicht von der „Intelligentsija" davon aus, dass derjenige Kulturschaffende (oder auch Techniker), der ihr angehört, auf gar keinen Fall mit politischer Macht oder auch nur deren Verwaltung in Verbindung gebracht werden kann. Und Reich versteht sich tatsächlich als Intelligenzler eher als Ver-treter und Verteidiger einer „Kulturhoheit". Was das bedeutet, wird sich noch zu zeigen haben.

Jens Reich, der den Intelligentsija–Begriff in seine Reflexion seiner eigenen Rolle als Intellektueller eingeflochten hat, begründet seine Intellektualität nicht in erster Linie mit persönlichem Engagement, so wie das z.B. Lévy tut, sondern mit seinem Wissensvorsprung gegenüber anderen. Reich versteht sich als ein Intellektueller, der sein gesellschaftliches Engagement in erster Linie mit seinem beruflichen Sachverstand begründet. Dabei tritt die eigene Person hinter die soziale Gruppe der Intelligenz. Und doch fällt er aus dem Rahmen. Er sei, so beschreibt er sich selbst, ein

„Naturforscher mit hoher Denkerstirn. Als ich noch jung war, habe ich oft bewunderndes Staunen registriert: Erst Arzt, dann Biochemiker, dann Biomathematiker und Computermann, dazu drei Sprachen aktiv, weitere passiv, belesen nicht nur auf seinem Gebiet, redegewandt." (Reich 1991: 19)

So ist Reich fraglos mehr als ein Schichtvertreter, wenn er sich gesellschaftlich engagiert. Die Momente seiner energischsten Intellektualität im Herbst 1989 stehen demzufolge auch nicht mit seinem Arbeitsbereich der Biochemie in direktem Zusammenhang. Doch seine Erkenntnis als Naturwissenschaftler begründet sein späteres gesellschaftliches Auftreten. So warnt er im Juni 2000 in einem Artikel in der „Zeit" vor allzu großer Euphorie wie auch Panik angesichts der vollständigen Dechiffrierung menschlichen Erbgutes durch US–amerikanische Forscher. Sicherlich berge die Kenntnis des menschlichen Erbgutes Risiken, aber sie ermögliche auch z.B. die Behandlung bislang unheilbarer Krankheiten. Was mit der vorliegenden Erkenntnis anzufangen sei, müsse rational abgewägt werden. Sie schlichtweg abzulehnen hält Reich aber für falsch. So schlussfolgert Reich (2000: 1): „*Wir müssen nicht alles mitmachen, was von außen auf uns eindrängt; wir müssen allerdings die Konsequenzen des Verzichts rational abwägen - und dann ertragen.*"

Reich unterscheidet sich empfindlich von den anderen hier zur Sprache kommenden Intellektuellen darin, dass er nicht als Schriftsteller, Sozialforscher oder Berufsintellektueller eine Theorie zu Intellektuellen und zur Gewalt hat entwickeln können und müssen. Er ist während seiner längsten Lebenszeit Intelligenzler, also seinem eigenen Verständnis nach Vertreter einer gebildeten Sozialschicht, ohne Intellektueller im politisch–engagierten Sinne zu sein.

Die Entscheidung zum gesellschaftlichen Engagement im Herbst 1989 bedeutet einen Schritt, der den Gelehrten vom politisch engagierten Intellektuellen trennt. Für diese Arbeit ist Reichs Austritt aus dem alltäglichen Leben eines Molekularbiologen in ein gesellschaftliches Engagement von besonderem Interesse. Als ein Vertreter des Neuen Forums ist Reich in erster Linie engagierter Intellektueller. Nach der politischen Wende von 1989–1991 und schließlich nach dem Scheitern seiner Wahl als Bundespräsident 1994 tritt er wieder als ein Molekularbiologe an die Öffentlichkeit, der aufgrund seiner Erkenntnis Rationalität und wissenschaftliche Kühle in überhitzte soziale Diskurse zu bringen verspricht (Reich 1996a: 54f., 1999: 14). So steht Jens Reich fast schon exemplarisch für die Frage der Spannung zwischen Erkenntnis und Engagement, die diese Arbeit vorrangig interessiert.

3.4.2 Jens Reichs Intellektuellentheorie

Die eigene Erfahrung als Intellektueller, bzw. als Vertreter einer besonders geschulten und gebildeten Intelligenzschicht liegt Reichs Betrachtungen über die Rolle des Intellektuellen in der Gesellschaft zugrunde. Er, so Reich. „*habe nicht systematisch darüber gearbeitet,*" (Interview im Anhang) doch hat er einige Bemerkungen zu den Intellektuellem in unterschiedlichen Schriften festgehalten. Insbesondere sein „Abschied von den Lebenslügen. Die Intelligenz und die Macht" von 1992 ist als ein Versuch zu lesen, die als engagierter Intellektueller gemachte Erfahrung zu bündeln und resümierend zu verstehen. Im Mittelpunkt dieser Überlegungen steht eine Unterscheidung zwischen östlicher Intelligenz und westlichen Intellektuellen. Daraus resultieren Reflexionen über den sozialen und machtpolitischen Standpunkt des Intellektuellen in der Gesellschaft. Der

Intelligenzler, das ist das Resümee, das letztlich gezogen wird, ist zwangsläufig mit dem Herrschaftsapparat verwoben, kann aber aufgrund seiner auf lange Zeiträume ausgerichtete Denkweise nicht auf Dauer am politischen Alltagsgeschäft teilhaben. So erfährt Intelligenz immer wieder Momente der Überschneidung: Sie wird unabdingbarer Teilhaber politischer Macht. Doch muss sie das Feld letztlich räumen, da Intellektualität und Macht zu unterschiedliche gesellschaftliche Sphären sind, als dass sie auf Dauer vereint auftreten können.

Ein Intelligenzler ist, karikierend gesagt, für Jens Reich der, „*der die Brille auf der Nase hat und Bücher liest.*" (Interview im Anhang) Er ist, ganz allgemein gesprochen, „Wissensverwalter" (Reich 1992: 26) einer Gesellschaft. Ihn zeichnet in erster Linie aus, dass er durch seine Ausbildung und sein Studium Zugang zu Wissen erfahren hat, das den meisten anderen seiner Gesellschaftsmitglieder ihr Leben lang unbekannt bleiben wird. Dieses Wissen erlaubt dem Intellektuellen, sich ein Bild von möglichen und denkbaren Entwicklungsabläufen zu machen und somit eine Zukunftsvision zu entwickeln. Alle langfristige Gestaltung der und für die Gesellschaft „*kann nur der dafür Ausgebildete, der das Fachwissen, das Herrschaftswissen dazu hat, durchführen.*", (Interview im Anhang). Denn das Wissen des Intellektuellen erlaubt ihm eine Voraussicht, die weder der Privatmann, noch der Politiker in dem Ausmaß haben kann. Alles planende, voraussehende und auf langzeitige Wirksamkeit angelegte politische Handeln ist also Werk der Intelligenz.

3.4.2.1 Intelligenz in Ost und West

Das gilt für den Osten wie für den Westen. Osteuropa hat aber nun eine Intelligenzschicht hervorgebracht, die sich von der des Westens unterscheidet. Dieser Unterschied ist in erster Linie mit verschiedenen sozialökonomischen Ausrichtungen in sozialistischen und westlichen Staaten begründet:

„Die Trennung der privatwirtschaftlichen von der öffentlich–rechtlichen Sphäre legt im Westen andere soziologische Kategorien fest als die auf den bürokratischen Sozialismus zugeschnittene Klassenstruktur auf der Basis des Marxismus–Leninismus. Daher ist es verfehlt, östliche ‚Intelligenz' mit westlichen Intellektuellen gleichzusetzen" (Reich 1992: 318).

Der östliche Intelligenzler kann deswegen nicht jenseits der machtpolitischen Sphäre gedacht werden. „*Die Intelligenz ist Teil des Herrschaftssystems de facto*" (Interview im Anhang).

Der westliche Intellektuelle unterscheidet sich im Selbstverständnis wie auch Stil von dem östlichen Intelligenzler. Der westliche Intellektuelle z.B. verstehe sich selbst nicht als verantwortlicher Kulturträger, wie das der östliche Intelligenzler tue. Das führe zu einer zynischen Haltung[29] zum intellektuellen

---

29   „*Da kommt der zynische Intellektuelle des Westens und klopft dem Kollegen aus Osteuropa auf die Schulter. ‚Das mit dem subjektiven Faktor hatten wir schon, zuletzt 1968. Das ist alles nur ein kurzer Rausch. Danach arbeitet der Mechanismus und ihr werdet euch wiederfinden, wo die logisch–rationale Analyse euch den Platz zuweist. Weit unten'.*" (Reich 1992a: 155).

Beruf, der im Osten eine konservative Einstellung zur Wahrung kultureller Werte gegenübersteht:

„Der westliche Intellektuelle ist einer, der seinen Job macht, Arzt oder Rechtsanwalt, und die Aufgabe der Intelligenz nicht in irgendeiner Kulturhoheit sieht. Er sieht seinen Beruf wie jeden anderen. Man kann das dann vielleicht als einen generalisierten Mittelstand bezeichnen, der aber weniger kulturell definiert ist als vielmehr über die sozialen und finanziellen Möglichkeiten. Also ich denke, dass der Intellektuelle eher wirtschaftlich, sozial und wirtschaftlich definiert ist als kulturell." (Interview im Anhang).

Zwar stellt Reich (1992a: 26) fest, dass *„jede Gesellschaft ihre Intelligenz als Wissensverwalter"* habe, doch haben unterschiedliche Erfahrungen in Ost und West dazu geführt, dass im Westen die Rolle der Kulturgutverwaltung zunehmend als altertümlich wahrgenommen wurde, im Osten jedoch gerade das Privileg kultureller Wissensverwaltung ein Gutteil intellektuellen Selbstbewusstseins bestimmt habe.

Dieses kulturelle Selbstbewusstsein der Ost–Intelligenz ist das gemeinsame Band, das die Vertreter noch so unterschiedlicher Intelligenzberufe zusammenführt:

„Intelligenzler sind, je nach speziellem Fach, sagen wir mal der Computeringenieur weniger als der Lehrer oder weniger als ein Literaturwissenschaftler, hier aber alle miteinander durch das gemeinsame einigende Band der Kultur und der Sprache verbunden, die sie gemeinsam verteidigen gegen das Abschleifende im Modernismus, der durch die spätsozialistische Gesellschaft geht." (Interview im Anhang).

Diese Kultursphäre, die dem Intelligenzler eigen ist, ist als ein in sich geschlossener Wertbereich zu verstehen, der mit den beiden anderen gesellschaftlich denkbaren Lebenswelten, der politischen Machtsphäre einer-und der alltäglichen Lebenswelt andererseits nur bedingt zusammenhängt. Die Bereiche stehen vielmehr in Abhängigkeit zueinander, sind aber funktional als getrennt zu verstehen. Die Intelligenz stehe *„mit einem Bein im Herrschaftsapparat, mit dem anderen im Volk"* heißt es in „Abschied von den Lebenslügen" (1992: 151). Der Intelligenzler ist also aber auch genauso wenig in der Alltagswelt zu Hause, wie in der Welt unmittelbarer Machtausübung. Eine Kassiererin aus der Welt des Alltags z.B. ist für Reich *„ein Mensch, der genügend damit beschäftigt ist, sich in der Gegenwart über Wasser zu halten. Sie braucht kein Wissen, das in die Zukunft hineinreicht und sie wird es auch nicht erwerben"* (Interview im Anhang). Die Kassiererin ist also keine Vertreterin der Intelligenz. Der Intelligenzler wiederum ist kein Vertreter der Macht. Eher ist er ein machtpolitischer Laie, ein „Narr". *„Der Narr transzendiert das System im Wort. Er greift nicht zur Waffe, riskiert, mit Fußtritten bedacht zu werden"* (Reich 1991: 173).

3.4.2.2 Alltag, Macht und Intelligenz

Es ergibt sich ein Spannungsfeld aus dem Bereich A, der intellektuellen Welt, B, dem Bereich der Macht und der alltäglichen Lebenswelt C. Jede Veränderung dieses Zustandes birgt die Gefahr gesellschaftlicher Zersetzung. Das sei z.B. in den spätsozialisitschen Gesellschaften der Fall gewesen, in denen Intelligenz- und Machtsphäre ein allzu enges Verhältnis zueinander eingegangen seien:

„Der Technokrat ist in Welt A verhakt, der Bonze in Welt B, die Verkäuferin und der Transportarbeiter bleiben in Welt C. Gleicht man A und B einander an, indem man die völlig inkompatiblen Lebenslügen zurückzieht, dann brechen neue Rißstellen auf." (Reich 1992a: 67).

Die Sphäre intellektuellen Schaffens ist also nicht mit der politischer Macht identisch zu denken. So sehr sich Macht und Wissen auch überschneiden, so sehr sind sie doch voneinander zu unterscheiden. Der konservativ–akademische Stil der Auseinandersetzung steht für Reich (1991: 214) im Verhältnis zum politischen Kampf, „wie der Florettfechter zur Säbelpartie."

Die Intellektuellen im Osten Europas seien, „alle zugleich Zöllner und Pharisäer gewesen", so Reich (1991: 22), „die Komponenten unterschiedlich gemischt." Das sei die „Lebenslüge" mit der die östliche Intelligenz zu leben gelernt habe. In diesem gesellschaftlichen Schwebezustand, der zwar durch Beteiligung an der Macht, aber nicht durch ihre wirkliche Ausübung gekennzeichnet ist, hat sich die Intelligenz Osteuropas jahrzehntelang eingelebt und eingerichtet.

Die östliche Intelligenz nun hat sich nach Ansicht Reichs in einem Zustand permanenten Selbstbetrugs aufgehalten. Denn einerseits hat sie in ihren Berufen zur Aufrechterhaltung der sozialistischen Systeme beigetragen, auf der anderen jedoch habe man sich stets in der Rolle passiver Opfer gefallen, denen die Macht fehlt, die politische Lage wesentlich zu verändern und zu verbessern. „Die Position der Intelligenz krankte daran, dass sie objektiv Systemstabilisator war, obwohl die Individuen besonders in der Spätzeit den Glauben an das System verloren hatten und sich für Proletariat hielten" (Reich 1991a: 81).

Das spätsozialistische Osteuropa ist in den Augen Reichs eine Gesellschaft, die einerseits eine sozial relativ abgesicherte, verantwortungsfreie und im Herrschaftsapparat beteiligte Intelligenz kennt, andererseits aber auch eine Intellektualisierung der politischen Macht und ihrer Instanzen erfährt. Am deutlichsten wird das an der Staatssicherheit (Stasi), die zunehmend ihren polizeilstaatlich kämpferischen Charakter zugunsten eines intellektuellen verlor. „Der späten Stasi atrophierte der Kampfmuskel. Papier, Brille und Kugelschreiber verdrängten Pistole, Schlagstock und Knastzelle als Waffen im Klassenkampf. ... Schließlich bekam sie intellektuellen Habitus" (Reich 1992a: 84).

Nur zu Zeiten revolutionärer Veränderung kommt es zu kurzen Phasen richtiggehender politischer Relevanz und Macht der Intelligenz. Sie tritt dann als „Abwickler" auf, als politische Machtfigur, deren Einfluss nur von kurzer Dauer sein kann. Den politischen Eliten ist die Legitimation ihrer Macht entglitten, sie sind nicht mehr glaubwürdig. An ihre Stelle treten für kurze Zeit engagierte Intellektuelle, die den gesellschaftspolitischen Wandel einleiten, organisieren, „abwickeln", wie Jens Reich im Interview (s. Anhang) sagt.

„Das beste Beispiel ist Landsbergis in Litauen. Der ist ein typischer Intellektueller, Ein Musiker, Dirigent, und Komponist ..., der sich plötzlich an der Spitze einer Befreiungsbewegung, (in seinem Falle einer national orientierten Befreiungsbewegung) setzt und für einige Jahre an die Spitze gespült wird."

Die zumeist euphorische Bewegung, die Intellektuelle an die Macht spült, ebbt aber alsbald ab, folgt anderen Bahnen als die von den Intellektuellen vorgesehenen. Die Intellektuellen, die eben noch politische Relevanz genossen, werden zur Seite gespült, ihnen wird die Macht aus der Hand gerissen und sie werden von einer neu entstehenden politischen Klasse ersetzt, die die Bedürfnisse der Menschen besser zu betreuen und zu steuern weiß. Die Intellektuellen, die solche rasanten Entwicklungen nicht hatten voraussahen können und auch wollen, werden von den Ereignissen überrollt. Michail S. Gorbatschow sei in der UdSSR ein typisches Beispiel, so Reich, für einen Intellektuellen, der als „Abwickler" an die Macht kommt, um dann von den politischen Entwicklungen überrannt wird. „*Der saß sogar ganz oben und hatte quasi alle Macht und ist trotzdem weggespült worden als der Damm brach. Und dann hatte er seine Rolle eben erfüllt*" (Interview im Anhang).

3.4.3 Spezifisch intellektuelle Wege sozialer Erkenntnis

Die Überschneidung von politischer und intellektueller Sphäre führt in den sozialistischen Ländern dazu, dass Wissen politischen Fragestellungen unterworfen wird, was wiederum dazu führt, dass die Intelligenz an ihrer Erkenntnis gehindert wird. Soziale Erkenntnis ist dem Intelligenzler der DDR dementsprechend schwer gemacht. „*Wie sollte man unseren Zustand analysieren (wie es früher Marx in der Londoner Bibliothek konnte), wenn jedes Faktum, sobald es zu riechen beginnt, aus der Statistik verschwindet?*" (Reich 1991: 36).

Während also die sozialistische Macht intellektuelle Erkenntnis aus politischen Gründen sabotiert, betont die Intelligenzschicht zunehmend ihre politische Uninteressiertheit, die sie mit ihr spezifischen Wegen der Erkenntnis begründet. Für die Intelligenzschicht gelten Regeln, die Reich mit denen alter Ritterorden vergleicht, „*ein Ritterorden, mit eiserner Moral und unerschütterlichen Idealen.*" Diese Ideale sind:

„Gelehrtenrepublik, leidenschaftslose Analyse als Weltanschauung, von den Emotionen abstrahieren, dem Sachverhalt auf den Grund gehen, Toleranz gegenüber andersdenkenden Kollegen, Kooperation der Konkurrenz vorziehen, Erkenntnis vor Karriere stellen, nie Prestige zur Entscheidung einer Kontroverse einsetzen." (Reich 1991: 112).

Die ordensgleiche Konzentration auf Werte, die unmittelbar erstrebbaren materiellen und politischen gegenübergestellt werden, trägt zu dem konservativen Verhalten des osteuropäischen Intellektuellen bei, von dem schon die Rede war und das sich für Reich offenbar besonders anschaulich in „*Handkuss des polnischen Professors, wenn ihm eine Dame vorgestellt wird*" manifestiert (Interview im Anhang). Die politische Relevanz der eigenen Erkenntnis der Intelligenz wird verdrängt. Man neigt dazu, sich gegen Machtapparat auf der einen, und dem einfachen Volk auf der anderen Seite abzugrenzen und sich in der Rolle des missverstandenen Opfers des Systems einzuleben:

„Die Selbstdarstellung aller dieser Leute ... ist: Wir sind Opfer, unterdrückte Opfer. Unsere Kultur, unser Puschkin, unser ... Masaryk, diese Leute, die halten wir hoch und der Pöbel greift uns dafür an, weil wir anders aussehen, weil wir ein Buch in der Hand haben, weil wir uns für deren Vorstellung „geschwollen" ausdrücken und weil wir nicht proletarisiert genug sind." (Interview im Anhang).

Dabei kann sich auch die osteuropäische Intelligenz auf Dauer nicht darüber hinwegtäuschen, dass sie in der Lage ist, die auf die Gesellschaft zukommenden Katastrophen vorauszusehen. Es ist ihr Dilemma, so Reich (1992a: 136), dass *„Sie [zwar stets] weiß, wie es weitergehen muß, aber sie bringt den störrischen Esel nicht zum Ziehen."* Mit anderen Worten: Es ist der Intelligenz aufgrund ihres Wissensvorsprunges gegenüber der Restgesellschaft durchaus gegeben, gesellschaftliche Entwicklungen vorauszusehen, doch liegt es nicht in ihrer Hand, soziale Anpassungsprozesse auf diese Veränderungen einzuleiten. Da es nicht in ihrer Hand ist, politischen Wandel herbeizuführen, muss sich die Intelligenz als soziale Schicht mit ihrer gesellschaftlichen Erkenntnis begnügen. Das allerdings fällt dem Erkennenden oft schwer und er möchte den Machthabenden vor Ungeduld *„in den Hintern treten"*, wenn es zum Beispiel um die Einrichtung einer Jens Reich (1995: 42–49) zufolge nötigen „Öko–Diktatur" geht.

Intellektuelle sind also für Jens Reich Vertreter einer Bildungsschicht, die mittels ihres Wissens, das sie auszeichnet, an der Gestaltung und Aufrechterhaltung der Gesellschaft beteiligt sind. Dabei sind sie aber weder eine gesellschaftspolitische Machtelite, noch vollkommen ohnmächtige Privatleute. Ihr Wissen, das sie sehr von anderen Menschen unterscheidet, bringt die Intellektuellen in eine gesellschaftliche Mittellage, die verantwortlich, aber nicht mächtig ist. In historisch besonderen und überaus seltenen Zeiten werden Intellektuelle an die Macht gespült und sie gestalten die „Abwicklung" eines politischen Systems zugunsten eines anderen. Zumeist werden die Intellektuellen dann, wenn sie diese historische Aufgabe erfüllt haben, von der Macht gerissen und durch neue politische Eliten ersetzt.

Doch diese historischen Ausnahmesituationen sind selten. Die Rolle des Intellektuellen im Alltag bleibt dementsprechend ein Problem. Denn die machtlose Verantwortlichkeit und die dem Intellektuellen gegebene Fertigkeit der Zukunftsvision bringen ihn immer wieder in eine gesellschaftspolitische Lage, die zwar nicht von sich aus „frei–schwebend" ist, die Reich (1994a: 101) für sich persönlich aber als Ideal vorstellen könnte:

„Am liebsten würde ich das, was ich bin, der theoretische Genom–Forscher sein - aber in einer Gruppe, in der ich Ratgeber bin, mich einschalten kann, ohne administrativ oder hierarchisch eingebunden zu sein. ... Ich bräuchte nicht viel zu sagen zu haben, ich würde lieber freier herumschweben. Das ist so eine Art Schmetterlingsrolle, die ich mir vorstelle."

3.4.4 Jens Reich zur Gewalt

Nicht in der gleichen Deutlichkeit, doch auch in der Frage nach Gewalt beruft sich Reich auf seine Vorstellung gesellschaftlicher Gliederung in die Sphären des Alltags, der Macht und der Intelligenz. Es wird zwar nirgendwo explizit gesagt, doch offenbar steht es für Reich fest, dass Gewalt ein Phänomen der Alltagswelt ist, an der Intellektuelle nicht wirklich teilhaben. Inwieweit Reich einen Zusammenhang von Gewalt und politischer Machtsphäre sieht, wird sich noch zeigen.

3.4.4.1 Die Gewalt in den Sphären des Alltags und der Politik

Die Alltagssphäre jedenfalls ist „*rüpelhaft.*" Hier „*kommt es leichter zu Auseinandersetzungen, dass die Faust geballt und zugeschlagen wird*" (Interview im Anhang), wie sich auch aus der Schilderung einer Richtfestfeier in der DDR entnehmen lässt:

> „Die Bauarbeiter werden in ein anderes Quartier [als die Nomenklatura JG] einquartiert. Dort gibt es heiße Würstchen mit Senf und viel Bier und Schnaps. Sie dürfen sich in der verdienten Arbeitspause entspannen .... Später am Abend gibt es eine zünftige Schlägerei." (Reich 1992a: 42).

Gewalt ist also ein Phänomen, das eher in Kreisen weniger gebildeter Menschen vorkommt. Diese Gewalt ist nicht „*irgendeine strukturelle Gewalttätigkeit*" (s. Anhang), sondern ein Phänomen, das sich in den dazu neigenden sozialen Schichten antreffen lässt.

In der politischen Sphäre ist Gewalt eher selten. Launenhaftes Kokettieren mit der Gewalt als politischem Stilmittel ist für Reich eher eine Ausnahmeerscheinung. Zumeist neigt politische Macht dazu, sich über ihre Verwaltung zu erhalten und nicht über den Einsatz von Gewalt. Das zeigt sich für Jens Reich am Beispiel der Stasi:

> „Das ist nicht mehr der Mielke mit der Faust, sozusagen der Brutalo, jemand, der zuschlägt und der sagt: ‚Der Schuft der uns verrät, da zieh ich selber die Pistole und schieße ihn nieder'. Solche Töne klingen da nicht mehr an. Das ist eine regelrechte administrative Schicht geworden, die voll integriert ist in das Herrschaftssystem." (Interview im Anhang).

Nach revolutionären Umschwüngen mag Gewalt zu ihrem Stil gehören, doch ist Macht eine weitestgehend gewaltlose Angelegenheit. 1989 empört sich Reich deswegen: „*Seit wann darf man politische Konflikte mit Knüppeln austragen?*" (Reich 1991: 200). Wenn politische Macht sich mit Gewalt zu halten bemüht, bekommt sie in den Augen Reichs niedrigen Charakter. Die Staatsmacht und ihre Vertreter werden zu „*Schlägertypen*" (Reich 1994c: 22). Dass an der Gewalt etwas falsch sein muss, dass sie ethisch hochgradig anstößig ist, zeigt sich für Reich auch darin, dass die, die sie ausüben, sich nicht selten dafür schämen, wie in „Rückkehr nach Europa" (1991: 76) eindrucksvoll am Beispiel einer „Montagsdemonstration" beschrieben wird:

„Eva [Reich] war vor Empörung kaum zu halten und wollte sich einmischen. Eine andere Frau im mittleren Alter begann laut auf die grünen Polizisten einzureden, immer lauter, schließlich kreischend. Sie redete ihnen ins Gewissen, ob sie sich nicht schämten, sie könnte ihre Mutter sein, hier auf die Leute einzuprügeln. Viele von den Polizisten schämten sich ersichtlich."

Zwar ist Reichs im Interview geäußerten Meinung (s. Anhang) zufolge das *„Gewaltmonopol in einer Gesellschaft gut definiert bei den staatlichen Stellen"*, doch sieht er einen entscheidenden Unterschied zwischen Gewaltmonopol und polizeilicher Bespitzelung. *„Wir wollen vor Gewalt geschützt sein und dabei nicht einen Staat von Büttel und Spitzeln ertragen müssen,"* heißt es deswegen im Gründungsaufruf des Neuen Forums, den Reich (1991: 188) mitformuliert. So ist der Unterschied, den Reich zwischen Gewaltmonopol des Staates und dem Missbrauch dieses Gewaltmonopols sieht, so zu verstehen: *„Wir wollen, dass die Polizei da ist, wenn einer ums Haus schleicht, aber wir wollen die nicht als Büttel, als Polizeistaat, der sich in alle Einzelheiten einschnüffelt"* (Interview im Anhang).

3.4.4.2 Politischer Stillstand als Gewalt

Der DDR-Staat nun hat Reich zufolge seine Macht zum einen zur Bespitzelung seiner Bürger eingesetzt, zum anderen hat er eine Atmosphäre gesellschaftlichen Stillstandes erzwungen. *„Er hatte die Aura des Allwissenden, Allmächtigen. Man kam sich vor wie ein Kind, das Angst hat vor der übermächtigen Gewalt des Erziehers, des strengen Vaters"* (Reich 1992a: 107).

Die Macht des DDR-Staates wird konservativ. Und wenn, so Reich im Interview, *„die Macht extrem konservativ wird, erzeugt sie Langeweile."* So sei es auch die Langeweile gewesen, an der die DDR letztlich zusammengebrochen sei. *Im Herbst 1989 ist in der DDR der bessere Teil eines ganzen Volkes aufgebrochen aus Resignation und Langeweile"* (Reich 1991: 277). Damit vertritt er eine Ansicht, die auch andere DDR-Bürgerrechtler bestätigen: *„In Wirklichkeit war es entsetzlich langweilig. Die in den Westen gingen, gingen vor Langeweile davon, und gegen nichts als Langeweile wurde der Kampf geführt, der am 9. Oktober auf der Straße begann"* (Ziemer/Holger 1990: 26). Ob erzwungene Langeweile selbst eine Form der Gewalt ist oder ob sie ihr lediglich den Weg bahnt, bleibt offen. Doch ist Reich von ihrer „revolutionären Potenz" überzeugt.[30] Darauf angesprochen äußerte sich Jens Reich im Interview (siehe Anhang) wie folgt:

„Das ist einfach ein Naturgesetz. Man kann, glaube ich, Menschen auf die Dauer mit Langeweile ganz schön in Wut bringen. Und irgendwann kocht das dann über. ... Es gehört also zu den gefährlichsten Strategien einer an der Stabilisierung des Ganzen interessierten Schicht, jetzt im Allgemeinen historisch gesprochen, Ruhe herstellen zu wollen. Das ist der sicherste Weg, um eine hohe Akzeptanzprämie auf jede Ruhestörung auszurufen."

---

30 *„Ich glaube fest an die revolutionäre Potenz der Langeweile, die entstehen wird, wenn die Krawatten die Oberhand errungen haben"* (Reich 1992a: 169).

Das Bemerkenswerte an dieser Aussage ist, dass auch Bernard–Henri Lévy die Stagnation in den Bereich der Gewalt gerückt hat und ihre politische Wirklichkeit als einen besonders gefährlichen Zustand ansieht, der Gewalt erst entstehen lässt. Diese Sichtweise ist bei keinem der älteren hier vertretenen Intellektuellen auch nur in Erwägung gezogen worden, was zeigt, das es Themen und zeitbedingte Erkenntnisse gibt, die „Moden" in der Betrachtungsweise zur Gewalt entstehen lässt. Elias Canetti hat zwar in „Masse und Macht", das 1960 erschien, Macht als eine Form der Gewalt definiert, „die sich Zeit lässt" und somit auch die verlangsamte, nicht–rasante administrative Gewalt als Gewalt verstanden (zit. n. Bialas 1996: 113), doch ist auch Canetti letztlich nicht dahin gekommen, erzwungene Stagnation bzw. Langeweile als besondere Form der Gewalt oder zumindest ihrer Legitimation anzusehen. Das tun jedoch Reich und Lévy, jeweils unabhängig voneinander, in den späten 80er Jahren mitten im kalten Krieg.

Gewalt, das lässt sich zusammenfassend sagen, ist also für Reich ein Phänomen, das weitestgehend gesellschaftlichen Schichten vorbehalten bleibt, die wenig andere zivilisiertere Möglichkeiten haben, Konflikte auszutragen. Politische Konflikte unter Vertretern gebildeter Schichten jedoch stellt sich Reich als prinzipiell gewaltfrei vor. Wo gegen diese Vorstellung verstoßen wird, vermutet er Indoktrination oder ein Bündnis zwischen ungebildeten „Brutalos" und intelligenten Machtstrategen, wie sich ihm am Beispiel des durch die Staatssicherheit ungestraften „Aufmischens" von Protestveranstaltungen durch Skinheads zeigt.[31] Die unmittelbare, zuschlagende Gewalt der „Brutalos" ist die eine Seite von Reichs Gewaltverständnis.

Daneben kennt Reich noch die diffuse Gewalt der Langeweile, die eine Form der Unterdrückung sein kann und gegen die sich revolutionäre Leidenschaften richten können, die dann in der Bevölkerung hohe Akzeptanz erwarten können.

3.4.5 Jens Reichs Engagement im Herbst 1989

Der Herbst 1989, in dessen Verlauf das Herrschaftssystem der DDR zusammenbrach und Jens Reich für kurze Zeit zu besonders energischem intellektuellen Engagement verpflichtete, war kein Moment politischer Gewalt, wie sie in dieser Arbeit bisher untersucht worden sind. Alle hier bisher erwähnten Konflikte haben wesentlich mehr Blutvergießen und Morden erlebt als der Herbst 1989. Eine friedliche, manche sagen gar: samtene Revolution war es, die 1989 letztlich sogar zum Zusammenbruch der Supermacht UdSSR führte. Insofern mag kritisiert werden, dass Jens Reich sich nicht wirklich in einem Augen-

---

31   „Da war so eine Protestversammlung mit Musik mit jungen Punkern und draußen standen die Glatzen und haben die abgefangen und niedergeschlagen. Und die Stasi hat zugeguckt und fand das ganz gut, dass die da mal aufräumen.". Vgl. Interview im Anhang.

blick politischer Gewalt befunden habe. Die Erfahrung allerdings, dass die in Frage gestellte sozialistische Macht mit aller Härte reagieren konnte, hatte sich 1953 in der DDR und später z.B. in Ungarn, der Tschechoslowakei und Polen gezeigt. Die offene Gewalt der Staatssicherheit war zwar seit Ende der 50er Jahre in „weichere" Formen der Repression übergegangen, doch „*das bedeutete nicht, dass nicht die Drohung mit erneutem offenen Terror im Hintergrund erhalten blieb*" (Bouvier 1999: 7f.). Mit politischer Gewalt war also erfahrungsgemäß zu rechnen, auch wenn Kurt Sontheimer (1990: 186) Recht mit seiner Vermutung haben mag, dass der friedliche Charakter der deutschen Revolution von 1989 dem Umstand zu danken sei, „*daß die alte Herrschaft auf den Einsatz von Gewalt verzichtete.*" Auf die Gewaltlosigkeit der DDR–Führung war aber nicht unbedingt zu setzen. Immerhin hatte sie noch im Juni 1989 die chinesische Regierung unterstützt und die blutige Niederschlagung der Studentenunruhen auf dem Tienanmen–Platz als Akt nationaler Verteidigung gegen einen „konter-revolutionären Aufruhr" bezeichnet (Neubert 1997: 815).

Insofern wird Jens Reich also in einer Atmosphäre politisch aktiv, die mit dem Einsatz staatlicher Restriktionsgewalt jederzeit rechnen muss. Dass diese Gewalt nur sporadisch und verzweifelt zum Ausdruck kommt, mindert nicht die reale Möglichkeit ihres Einsatzes und ihre Relevanz für politische Überlegungen, gerade der Intellektuellen der Zeit. So schätzt auch Jens Reich (1997: 45) die Lage ein:

„Der typische DDR–Bürger dieser Generation ertrug die spätsozialistische Bürokratie. Er hatte gelernt und verinnerlicht, dass Aufstand dagegen nur zwecklose Blutopfer fordern würde. Bei allen politischen Unternehmungen hatte er stets die frühere stalinistische Terrorepoche im Gedächtnis, den 17. Juni 1953 in der DDR, den ungarischen Oktober von 1956, den gescheiterten Prager Frühling von 1968, den blutigen Danziger Dezember von 1970 und auch den offenbar gescheiterten Aufstand der Solidarnosc von 1980. Die Anpassungsstrategie bestand darin, den Stier nicht direkt anzugreifen, sondern ihn ins Leere laufen zu lassen."

Der Übergang vom Intelligenzler Jens Reich zum engagierten Intellektuellen vollzieht sich in langsamen Schritten. Jahrelang gibt sich Reich mit einem „Nischendasein" zufrieden, wie er es in nennt. Die Reserviertheit gegenüber dem sozialistischen System trägt Reich lange Zeit in sich („*in gewisser Hinsicht bin ich seit frühester Kindheit Dissident*" (Reich 1991: 14)), doch bleibt der Protest eine Privatangelegenheit: „*Stumm kontra sein und zu Hause laut schimpfen - das war unsere geistig–politische Hygiene*" (Reich 1991: 15). Das bedeutet zwar nicht eine absolute Akzeptanz der Glaubenssätze des politischen Systems, doch zumindest ein Anerkennen staatlicher Übermacht. So wählt er 1988 auch das Pseudonym „Thomas Asperger", unter dem er in der Westberliner „Lettre international" veröffentlicht, weil er ansonsten um seinen Arbeitsplatz fürchten muss.

„Außerdem wollte ich keine schlafenden Hunde wecken. Ich plante, eine Analyse meines, unseres, Lebens in der DDR zu schreiben und wollte das offen unter meinem Namen tun. Würde ich der Stasi vorher bekannt werden, so hätte sie die Möglichkeit gehabt, das zu verhindern. Deshalb das Pseudonym. Noch versteckte ich mich vor mir selber ... ." (Reich 1991: 42).

1988 also plant Reich den analytisch–kritischen Blick aus der Position des erkennenden Intelligenzlers. Dem geht eine längere Phase innerer Vorbereitung voran, die offenbar mit einem wachsenden Schamgefühl begleitet wird, das er ebenfalls 1988 formuliert. Wie, so fragt er sich, habe er *„die Fahrt schweigend mitmachen"* und Umweltverschmutzung, Zerstörung ostdeutscher innenstädtischen Lebensraums und energieintensiven Kleinkonsums passiv dulden können. *„Schämst Du Dich nicht"*, so schließ Reich (1991: 29) *„vor denen, die 2020 diesen Schutt, diese Bauödnis, dieses Waldelend geerbt haben werden?"*

Spätestens seit Mitte der 80er Jahre fällt Reich der Staatssicherheit als politisch verdächtig auf. In drei - in „Abschied von den Lebenslügen" unter dem Titel „Gespräche in entspannter Atmosphäre" protokollierten - Unterredungen wird er 1985 zum „Freitagskreis", zur eigenen politischen Haltung und zu seinen Westkontakten befragt (Reich 1992a: 118–135). Der Freitagskreis ist ein *„philosophisches Privatseminar, eine Art fliegender Universität"* in der *„Mediziner, Philosoph, Fotograf, Psychologe, Theatermann, Chemiker, Architekt usw."* zusammentreffen, um Freizeit zusammen zu verbringen und auch unterschiedliche politische, wissenschaftliche oder kulturelle Fragen zu erörtern (Reich 1991: 171f.).

Dass Reich (1991: 111) 1982 Bibeln in russischer Sprache nach Moskau schmuggelt, ist nicht Gesprächsthema, was als ein Hinweis darauf zu werten ist, dass dieses Tun nicht dem Kern seines subversiven Handelns zugerechnet wird. Der Freitagskreis ist der Stein des staatssicherheitlichen Anstoßes. Die - so muss es scheinen - subversiven Gespräche, die hier geführt werden, sind dem Staatsapparat verdächtig. Und aus ihrer Sicht ist der Verdacht der Stasi ja auch nicht falsch, denn der Freitagskreis ist eine der Quellen, die 1989 *„in die Initiativgruppe für das Neue Forum"* mündet (Reich 1991: 171f.).

Dieses Neue Forum will als ein Verein anerkannt werden, der sich zur Aufgabe macht, gerade auch dem willkürlichen Charakter der Staatsgewalt in der DDR ein Ende zu setzen. Die Kommunikation zwischen Staat und Gesellschaft sei gestört, stellt das Neue Forum in seinem Gründungsaufruf vom 9. September 1989 fest. Es sei in der *„gegenwärtigen krisenhaften Situation"* ein gesellschaftlicher Reformprozess notwendig, der möglichst viele Menschen beteilige (Judt 1998: 530f.). Das Ministerium des Inneren, das das Neue Forum um Anerkennung als Verein anspricht, ist anfangs an dieser politischen Partizipation nicht interessiert. Es argumentiert, dass *„keine gesellschaftliche Notwendigkeit für eine derartige Vereinigung"* bestehe (Neues Forum 1990: 305). Schließlich gipfelt der Umgang der Behörden mit dem Neuen Forum in dessen Einstufung als „staatsfeindlich". Obwohl noch viele andere Oppositionsgruppen um staatliche Anerkennung ringen, steht vor allen Dingen das Neue Forum im Interesse sowohl westlicher Medien als auch der Bürger der DDR. In den Wochen nach der

Ablehnung des Neuen Forums als Verein werden fast 200.000 Unterschriften gegen diese Entscheidung gesammelt (Judt 1998: 574).

Am 18. September unterstützen namhafte DDR–Rockmusiker den Gründungsaufruf des Neuen Forums. Das *„Anwachsen rechtsextremer und konservativ–nationaler Elemente"* auch in der DDR und *„das Beliefern gesamtdeutscher Anschauungen"* wird als *„Ergebnis fehlenden Reagierens auf angestaute Widersprüche"* gedeutet (Judt 1998: 331f.). Hier wird, noch klarer als im Gründungsaufruf, deutlich, wie sehr das Neue Forum an einer Reform innerhalb der DDR und wie wenig es an einer Vereinigung der beiden deutschen Staaten interessiert ist.

Dass Reich in dieser Gründungsphase des Neuen Forums in den Mittelpunkt des Medieninteresses gerät, erklärt Reich (1991: 185) sich selbst mit einer Erkältung. Die habe ihn in den Tagen nach der Veröffentlichung des Gründungsaufrufes des Neuen Forums dazu gezwungen, zu Hause zu bleiben und so sei er zum idealen Ansprechpartner für anrufende Journalisten geworden.

3.4.5.1 Die Losung „Keine Gewalt!" heißt auch: Keine Macht

Das Neue Forum sieht sich im Traditionszusammenhang osteuropäischen Dissidententums. Ein Ende der Deutschen Demokratischen Republik hat keiner der Aktivisten vor Augen. Vielmehr hat man sich auf ein langatmiges Ringen mit den Autoritäten um Dialog eingestellt: *„Wir rechneten mit jahrelangem Kampf (ähnlich dem KOR in Polen) gegen die Schikanen der Machthaber. Den schnellen Zusammenbruch des Machtsystems konnten wir nicht erwarten"* (Reich 1991: 190).

So ist das Neue Forum eine der vorsichtigsten systemkritischen Organisationen, die im Herbst 1989 entsteht. Reich (1991: 180) zitiert den Liedermacher Wolf Biermann zu diesem Thema mit folgenden Worten: *„Das Neue Forum soll ein staatsfeindlicher Zusammenschluß sein? Daß ich nicht lache! Ein Ausbund an Bescheidenheit ist das!"*

Zusammen mit den anderen Gruppierungen einigt man sich auf die Formel „Keine Gewalt!", unter der die zahlreichen Demonstrationen im Herbst 1989 stattfinden. Das führt zu einer gewissen Selbstverpflichtung der engagierten Bürger, sich Gewalt von allen Seiten entgegenzustellen. Sowohl die Polizei als auch aufgebrachte Demonstranten sollen in Schach gehalten werden:

> „In Leipzig und in anderen Städten bildeten die Bürgerbewegten Sperrketten, um die Erstürmung von Stasi-Burgen zu verhindern. Sie beruhigten die erbosten Demonstranten, von denen einige angetrunken waren. Sturm und Gewalt sollten verhindert werden." (Reich 1991: 180).

Die Formel „Keine Gewalt!" verpflichtet also zur Beschwichtigung der Gemüter, wozu sich ja auch in ihren gänzlich unterschiedlichen intellektuellen Momenten Ernst Jünger und Bert Brecht aufgerufen fühlten. Der Gewalt eine solch deutliche Absage zu erteilen bedeutet nun allerdings auch, dass der Griff zu Macht für das Neue Forum auch dann unmöglich bleibt als das politische System der DDR zusammenbricht.

„Die strikte Gewaltfreiheit ... war für kurze Zeit die einzig mögliche Strategie, hinderte uns später aber daran, an Machtübernahme überhaupt nur zu denken. ‚Wir werden verhaften müssen!' sagte Rolf Henrich immer wieder. ‚Wir müssen zu Verhaftungen schreiten, meine Herrschaften! ' ... Und genau davor schreckten wir zurück." (Reich 1991: 180–183).

Das aus einem Schamgefühl heraus geborene Verantwortungsbewusstsein, das den Schritt in die Politik auslöst, ist zu sehr an eine selbst gewählte Gewaltfreiheit gebunden, um zur Macht zu werden. So bleibt dem Neuen Forum im oppositionellen „Runden Tisch" wie dann über ihre Abgeordneten in der Volkskammer - unter anderem eben auch Jens Reich - nur die Rolle dessen, was Reich später den „Abwickler" nennen wird. Den Übergang von einem politischen System ins nächste möglichst verantwortlich zu gestalten, ist die letzte gesamtpolitische Aufgabe, die sich Jens Reich als Volkskammer–Abgeordneter dementsprechend stellt. In seiner letzten Rede vor diesem Gremium schließt er mit den Worten:

„*Videant consules. ne quid res publica detrimenti capiat!* Was für uns heißt: Die Gewählten sind verantwortlich, dass das Gemeinwesen keinen Schaden leide! Wir dürfen uns nicht aus der Verantwortung entfernen." (Reich 1991: 272).

3.4.5.2 Jens Reichs Begriff der Verantwortung

In welchem Sinnzusammenhang Scham und Verantwortung nun wiederum bei Reich stehen, führte er im Interview mit dem Verfasser dieser Arbeit am 3. Juli 2000 aus.

„Das war so ein Gefühl. Verantwortung ist so ein wenig aufgeladen. Also im Grunde genommen war es die Einsicht, jetzt mal von mir gesprochen: ich kann mir das nicht leisten, mein ganzes Leben lang, diese politisch passive Haltung weiterzumachen, in der ich relativ bequem leben konnte. Und währenddessen erlebt ringsherum das Land einen ökologischen und wirtschaftlichen Kollaps, die Leute laufen in Massen weg. Das war mir so ein Gefühl, wie, dass man nicht zugucken kann, wenn ein Feuer irgendwo ist. Da muss man dann handeln. Die Ausreden, die man bis dahin hatte, dass man sich passiv verhält, nicht seine Überzeugung laut macht, die wurden immer unglaubwürdiger. Und das kann man natürlich auch umgekehrt als Verantwortung interpretieren, dafür, dass man das Land nicht sich selbst überlassen will, selber weggeht, sondern versucht, in irgendeiner Weise etwas zu ändern. So können wir das dann also nennen: Verantwortung. Aber es ist meiner Meinung nach etwas niedriger, es ist kein heroischer Entschluß, Verantwortung zu übernehmen, sich ihr zu stellen, sondern mehr eine Notwendigkeit, ein Druck, ein Unbehagen mit der eigenen bisherigen Strategie. Und das wurde sehr verstärkt, wenn ich mitbekam, mit welchem Aktionismus die Leute in Polen, die Gleichgesinnten, agierten und etwas versuchten. Dann schämt man sich und das ist dann Verantwortung."

3.4.6 Zusammenfassung der bisherigen Ergebnisse zu Reich: Die Verantwortung des engagierten Intellektuellen ist, dass er sich schämt.

Die Selbstreflexion des Intellektuellen als Zugehöriger zur Intelligenzschicht, der auch Jens Reich sich zuordnet, ist ein Phänomen osteuropäischer Gesellschaften, die kulturell und politisch unter russisch–sowjetischem Einfluss gestanden haben. So unterscheidet sich Reichs Intellektuellentheorie auch nicht wesentlich von anderen, in Osteuropa gängigen Intellektuellentheorien. Schichtzugehörigkeit, Bildungsstand, aber auch Beteiligung an der Ver-und Erhaltung kultureller Werte haben hier einen wesentlich höheren Erkenntniswert über die Intelligenzija als die Frage des intellektuellen Engagements in Gesellschaft und Politik. Das Verhältnis zur Macht ist dementsprechend durch eine gewisse intellektuelle Zuarbeit des Intelligenzlers gekennzeichnet, der das politische System mit Hilfe seines Wissens stützt, auf Dauer vielleicht auch stürzt, aber nicht wirklich entscheidend mitgestaltet. Im Gegenteil ist dem Intelligenzler, der Reich vorschwebt, gesellschaftliches Engagement suspekt, sobald es den unmittelbaren Rahmen der wissenschaftlichen Kompetenz überschreitet.

Weil politische Gestaltung durchaus eine Frage des Gewaltmonopols ist, dessen Durchsetzung und Aufrechterhaltung Sache des Staates ist, den der Intellektuelle zwar stützt, nicht jedoch mitverwaltet, kommen Intelligenz und sich in Gewalt äußernde Macht zwar miteinander in Berührung, ohne jedoch lang anhaltende Allianzen eingehen zu können. Machterhalt, Gewaltmonopol und staatliche Bürokratie funktionieren zwar nicht ohne Intelligenz, sind aber in ihrer unmittelbaren Wirklichkeit von ihr unabhängig. Das liegt nicht zuletzt auch an der Orientierung der Intelligenz an Schichtgrenzen, die Kontakt zur rohen Gewalt als unschicklich dastehen lassen. Intellektuelle und Gewalt finden also, wenn überhaupt, nur in der Theorie und der Verwaltung zueinander, wobei der Kontakt oberflächlich und kurzzeitig sein muss.

Als Jens Reich dann 1989 vor der Frage politischer Gewalt steht, schreckt er tatsächlich vor ihrer letzten Konsequenz zurück. Verhaftungen im Namen des „Neuen Forums" finden nicht statt. Im Gegenteil richtet sich das Bemühen der „Bürgerbewegten" gegen jede Form der Eskalation. Die Beschwichtigung der Gemüter ist vorrangiges Ziel.

Die Strategie der Nicht-Gewalt gegen die Gewalt des Staates wird aufrechterhalten auch im Moment des Zusammenbruches des Systems. Dieser Zusammenbruch überrascht die ostdeutschen Intellektuellen der Wendezeit und wirft sie in eine Situation, in der sie sich nicht mehr auf etwaige intellektuelle Vorbilder berufen können. Die Revolution fragt weder nach einer theoretischen Begründung politischer Gewalt noch nach einer ausgefeilten Intellektuellentheorie. Der Intellektuelle, der sich hier engagiert, muss auf sozialistisch untermauerte, ständische Antworten verzichten, wenn er sich nach der Begründung seines Engagements fragt.

Jens Reich handelt nicht als Molekularbiologe, wenn er öffentlich spricht. Die Selbsteinordnung als Intelligenzler gilt vor und nach der Wende, nicht jedoch im Herbst 1989. Dass sich nun das politische Engagement Reichs mit einem „*Gefühl, wie daß man nicht zugucken kann, wenn irgendwo ein Feuer ist*" (Reich im Interview) begründet, ist bemerkenswert. Die Formulierung erinnert an die Webers, es gebe Momente, in denen dem Übel widerstanden werden müsse, wenn man nicht für seine Überhandnahme Verantwortung übernehmen wolle. Dass der Intellektuellen zu diesem Eingreifen durch ein Verantwortungsgefühl getrieben wird, das ethisch tariert, aber explizit nicht ethisch begründet ist, ist Weber und Reich hier gemeinsam. „*Da schämt man sich, und das ist dann Verantwortung*" als Bindeglied zwischen intellektueller Erkenntnis und gesellschaftlichem Engagement aufzuführen deutet an, dass eine hohe Bewertung des Gewissens eher für Reich geeignet ist, Erkenntnis und Engagement zusammenzuführen als es eine allgemeinmoralische Argumentation sein könnte. Reich geht durchaus von allgemein gültigen Wahrheiten aus, die der Intellektuelle, anders als der Alltagsmensch und der Politiker, erkennen kann. Diese Erkenntnis begründet auch die Unduldsamkeit, die Intellektuelle oft gegenüber dem politischen Apparat haben. Der Griff zum eigenen Engagement begründet sich zumindest für Reich aber in erster Linie durch das Verantwortungsgefühl, das einen inneren Druck auslöst, dem sich Reich fügt.

4 Endauswertung

Die oben zusammengetragenen Argumentationen werden nun, in sehr verkürzter Form, in einem Raster zusammengetragen, um einen direkten Vergleich zwischen französischen und deutschen Intellektuellen auf den verschiedenen Argumentationsniveaus herzustellen. Das Raster soll es erleichtern festzustellen, wo sich unter Umständen Unterschiede zwischen deutschen und französischen Intellektuellen finden lassen, und wo diese Unterscheide vielleicht eher auf philosophische Modeerscheinungen oder besondere Zeitumstände zurückzuführen sind. So das nicht der Fall ist, wird es wohl berechtigt sein, einen kulturell gegebenen Unterschied benennen zu können, dessen Ursprung in einem weiteren Schritt dann gesucht werden kann.

Darstellung der Ergebnisse im Raster: Deutsche Intellektuelle

	Weber	Jünger	Brecht	Reich
Intellek-tuellen-theorie	Parallele Ent-wicklung: Intellektualisie-rung und Ratio-nalisierung	„aktivistische Elite" (A. v. Martin). „Bändigung der absoluten Bewe-gung", Verantwor-tungsgefühl und Menschenliebe.	Forderung nach dem „neuen Intellektuellen": dem Volk nützlich, verbreitet der sein Wissen, das er dank seiner bürgerlichen Erziehung erwerben konnte.	„Der Technokrat ist in Welt A verhakt, der Bonze in Welt B, die Verkäuferin und der Transport-arbeiter bleiben in Welt C."
Erkennt-nistheorie	Handlungs-theorie: Grund-begriffe sind Ordnung und Handeln	„Es kommt darauf an, einen Punkt der Be-trachtung zu gewinnen, von dem aus die Orte des Verlustes als die Gesteinsmassen gesehen werden, die während der Bildung einer Statue vom Block verlorengehen."	sog. V–Effekt soll „vor allem soziale Prozesse durchschaubar machen und selbstverständlich Gewordenes und ideolo-gisch Kaschiertes neu vor den Blick bringen."	Leidenschaftslo-sigkeit der Ana-lyse, Toleranz anderen Meinun-gen gegenüber.
Gewalt-theorie	Rationali-sierung im Gewaltmono-pol des moder-nen Staates	Heroischer Realismus. „Das kühne Spielzeug eines Menschen-schlages, der sich mit Lust in die Luft zu sprengen vermag, und der in diesem Akte noch eine Bestätigung der Ordnung erblickt."	Bürgerliche Zwangs-gewalt vs. Gewalt des Aufbegehrens.	Gewalt gehört in die Sphären der Alltagswelt und der Politik und berührt die der Intelligenz nicht bzw. selten.
Engage-ment	„Du sollst dem Übel gewaltsam widerstehen, sonst bist du für seine Über-handnahme verantwortlich"	„Es gibt Untaten, die die Welt im ganzen, in ihrem sinnvollen Zu-sammenhang berühren; dann kann auch der musische Mensch sich nicht mehr dem Schö-nen, er muß sich der Freiheit weihen." „Die Verantwortung des Einzelnen ist ungeheuer groß"	„in dem augenblick, wo ich das proletariat (...) wiederum ausgeliefert dem klassenfeind sah, dem wieder erstarkenden kapitalismus der faschistischen ära, sah ich die einzige kraft, die mit ihm fertig werden konnte."	„Es ist kein heroi-scher Entschluß, Verantwortung zu übernehmen, ... sondern mehr (...), ein Druck, ein Unbehagen mit der eigenen bisherigen Strategie (...) Da schämt man sich und das ist dann Verantwortung."

Darstellung der Ergebnisse im Raster: Französische Intellektuelle

	Durkheim	Malraux	Sartre	Lévy
Intellek-tuellen–theorie	Intellektuelle sind Men-schen, die 1. „sich mit einem Urteil solange zurückhalten, wie sie nicht überzeugt sind" und 2. das Gesellschaftsleben „mit Wissen, Ideen und neuen Eindrücken bereichern."	Suchende nach der Wahrheit, der Ewigkeit, dem Heiligen, der condition humaine. Sie schaffen den Charakter einer Nation.	1. ein Mensch, der sich in Dinge einmischt, die ihn nichts angehen, 2. nutzt seine Be-rühmtheit aus, um Themen publik zu machen, und 3. kein Experte, sondern Vertreter einer übergeord-neten Erkenntnis.	„jemand, der denkt," „Ankläger des Bösen". „eine ebenso lebenswichtige Einrichtung für die Demokratie, wie (...) die Gewalten-teilung."
Erkennt-nistheorie	„Chosisme". „Ein Ding ist all das, was unserem Ver-stande nur zu erfassen gelingt, wenn er aus sich selbst herausgeht und ... von den äußerlichsten .... Eigenschaften zu den .... tieferliegenden fortschrei-tet."	Intellektuelle suchen in Biblio-theken, die sie als „nobler und weni-ger geschwätzig als das Leben" ansehen.	„Die Literatur einer Epoche ist die durch ihre Literatur verdaute Epoche."	„Die Schriftsteller (...) irren sich, das versteht sich, (...); aber haben sie sich beim Aufspü-ren großer Angele-genheiten so vertan, vom spanischen Bür-gerkrieg ... bis zu den ersten Schrit-ten des Faschis-mus in den 20er Jahren?"
Gewalt-theorie	Gewalt nimmt im Übergang von mechanischer zu organischer Solidarität ab.	1. der heroische Tod, 2. der Mythos.	„Die Welt ist voller Unbill; findest Du Dich damit ab, so bist Du schon ein Mitschuldiger, und wenn Du sie verändern willst, mußt Du zum Henker werden."	Wo böse Ideolo-gien überwiegen, kommt es zu Gewalt
Engage-ment	„Es giebt sittliche Kräfte, welche sich gleichmässig (..) sowohl den Völkern als den einzelnen Menschen aufdrängen. (...) Es giebt ein Gewissen und eine Meinung der Welt, deren Herrschaft man sich ebensowenig entziehen kann als der Herrschaft der Naturge-setze."	„Als wir mit den spanischen Repu-blikanern und Kommunisten zusammen kämpften, vertei-digten wir Werte, die wir für univer-sell hielten (und die ich für universell halte)"	„Seit sieben Jahren ist Frankreich ein verrückter Hund." „Lesen Sie dieses Buch und Sie werden sich schämen."	„Seit meiner ersten Reise nach Bos nien im Mai 1992 war mir klar, dass man auf der Seite der Bosnier stehen mußte (...), weil ihre Sache gerecht war und weil es unsere Sache war."

178

4.1 Intellektuellentheorien im Vergleich

Bei der Gegenüberstellung der in dieser Arbeit analysierten Intellektuellentheorien fällt zweierlei auf: Zum einen ist unter den französischen Intellektuellen eine Neigung zu beobachten, den Intellektuellen eine gesellschaftliche Bedeutung zuzurechnen, während die deutschen hier zu Skepsis neigen. Besonders augenfällig ist die Benutzung des Begriffes der „Idee" bei Malraux und Lévy. So wie hier mit dem Begriff umgegangen wird, wäre wohl eine Übersetzung mit „Welt-oder Leitbild" treffend, für dessen Entwicklung oder Entdeckung sich diese Intellektuellen zuständig sehen. Das Wort „Idée" wird bei Lévy und Malraux so gebraucht, als gelte es, ein allgemeines Wahres darzulegen, aus dem sich Handlungsmaximen schlussfolgern lassen, so als sei der Intellektuelle in diesen beiden Fällen ein Vermittler zwischen Wahrheit und Gesellschaft. Das betont keiner der hier behandelten deutschen Intellektuellen in jenem Ausmaß, doch auch Jünger (1923) z.B. vertritt mitunter eine vergleichbare Ansicht. Die Mittlerfunktion der Intellektuellen zwischen Mensch und Ideen ist ein Konzept, das in Deutschland also nicht unbekannt ist.[32] Doch lässt sich zumindest eine Selbstverständlichkeit im Umgang mit dem Begriff beobachten, die zwar nicht für alle hier untersuchten Intellektuellen zutrifft, jedoch eher für französische Intellektuelle sinnvoll ist.

Es lässt sich an dieser Stelle ein größeres Selbstbewusstsein der hier untersuchten französischen Intellektuellen *als* Intellektuelle feststellen. Sie neigen eher zur Vermutung, Intellektuelle hätten gesellschaftlichen Einfluss. Ihre Aufgabe in der Gesellschaft und die der Intellektuellen allgemein wird unter den französischen Intellektuellen eher als ein gegebener Aspekt gesellschaftlicher Realität wahrgenommen als von den deutschen. Auch wenn die deutschen Intellektuellen umgekehrt hinsichtlich ihrer eigenen individuellen Bedeutsamkeit in der Gesellschaft zuversichtlich sind, sind sie weniger als die französischen der Ansicht, dass die Intellektuellen allgemein eine definierbare gesellschaftliche Rolle spielen.

---

32 „Die modernen Bedeutungen ‚Vorstellung; Leitgedanke, Einfall usw.' entwickeln sich - zum Teil unter dem Einfluss von frz. idée - im 17. und 18. Jahrhundert. Ausgangspunkt ist der aus gr.–lat. idéa ableitbare Begriff des nur ‚geistig vorgestellten, Gedanklichen'. Es ist einerseits der dem schöpferischen Menschengeist vorschwebende ‚(Leit-)gedanke', der zur Verwirklichung in der künstlerischen Aussage drängt, auch der schöpferische Gedanke überhaupt, andererseits allgemein ‚der Gedanke, die Vorstellung' von etwas und der ‚Plan' zur praktischen Verwirklichung des Gedachten." (Duden 1963: 281).

4.2 Erkenntnistheorien im Vergleich

Sartre und Malraux fallen unter den hier beschriebenen Erkenntnistheoretikern damit auf, dass sie einen direkten Zusammenhang zwischen Erkenntnis und Engagement sehen. Während Weber, Durkheim, Jünger und Reich explizit zur erkennenden Distanz mahnen, aus der heraus dann vielleicht Engagement möglich wird, sehen die beiden erstgenannten den Prozess der Erkenntnis mit dem des Engagements verwoben. Brecht stellt sich das Problem der Erkenntnis überhaupt nicht und für Lévy stehen alle die, die von sich behaupten, zur objektiven Erkenntnis befähigt zu sein, unter Verdacht, eine böse Ideologie zu vertreten. Eine kulturell geprägte Eigenheit ist also letztlich auf dem Niveau der Erkenntnistheorie nicht auszumachen.

4.3 Gewalttheorien im Vergleich

Auf dem Niveau der Gewalttheorien verdeutlichen sich m.E. in erster Linie zeitbedingte Strömungen und Moden der Wahrnehmung, die nichts oder nicht viel über den kulturellen Zusammenhang der Intellektuellen verraten. Alain de Benoist behauptet, man habe sich *„in Frankreich in der Politik immer schon viel geschlagen"* (Grutzpalk 1997: 202). Es sei in Frankreich schon seit jeher eine größere Geneigtheit zu beobachten, gesellschaftliche Konflikte gewaltsam zu lösen. Doch offenbar ist diese Beobachtung nicht von Bedeutung, wenn es um die intellektuelle Definition von Gewalt geht. Hier sind die deutschen wie die französischen Intellektuellen gleichermaßen geneigt, Gewalt im Prinzip negativ zu bewerten und je nach Epoche andere positive Aspekte der Gewalt anzuerkennen.

Weber und Durkheim vertreten beide die Ansicht, dass Gewalt in der modernen Welt an Bedeutung verloren hat und nur noch in besonders heiklen gesellschaftlichen Krisensituationen vorkommt. Sie kommen zwar aus unterschiedlichen Perspektiven zu diesem Schluss, im Ergebnis sind sie sich jedoch einig: die Gewalt ist zur Steuerung gesellschaftlicher Prozesse weitestgehend unnötig geworden. Jünger und Malraux dagegen suchen Formen heroischer Selbsterfahrung in der Gewalt, die sie als Schriftsteller thematisieren. Sartre und Brecht sind sich einig, dass faschistische Gewalt das Übel der Zeit darstellt, dem es sich (gewaltsam) entgegenzustellen gilt. Besonders interessant ist, dass sowohl Lévy als auch Reich in der erzwungenen gesellschaftlichen Stagnation eine Form der Gewalt sehen können. Auch wenn sie dazu neigen, von „Gewalt" in konkreteren Sachzusammenhängen zu sprechen, zeigt sich hier wohl m.E. ein Niederschlag der persönlichen Lebenserfahrung während des kalten Krieges.

4.4 Engagement im Vergleich

Intellektuelles Engagement kann sehr unterschiedliche Formen annehmen. Während Max Weber und Émile Durkheim z.b. in Expertisen und verschriftlichten Analysen der Gegenwartslage ihre Stimme im ersten Weltkrieg erheben, rüstet André Malraux im spanischen Bürgerkrieg ein Fliegergeschwader aus, das aktiv in das Kampfgeschehen eingreift. Der als bewaffneter Schriftsteller berühmt gewordene Ernst Jünger schreibt im zweiten Weltkrieg heimlich Pamphlete zur Lage Deutschlands. Auch Sartres Engagement im Algerienkrieg ist weitestgehend schriftlich, während sich Brecht am 17. Juni 1953 dem Regime als Beschwichtiger anbietet. Lévy gründet die Schein–Partei „Liste pour Sarajevo" und Jens Reich den Verein „Neues Forum", die beide der etablierten Politik zur Bedrohung werden.

Ein Vergleich der Formen des Engagements zeigt also keinen nennenswerten Unterschied zwischen deutschen und französischen Intellektuellen. Um einiges aufschlussreicher erweist sich aber die Begründung des Engagements in Momenten der Gewalt.

Es zeigt sich dann, dass Durkheim seinen Theorierahmen überspringt und im ersten Weltkrieg für sich in Anspruch nimmt, im Namen allgemeiner Moral zu sprechen, während Weber an das Gewissen (das seine Rationalisierungsthese nicht kennt) des verantwortungsethisch handelnden Politikers appelliert. Malraux verteidigt in Spanien in seiner Funktion als Geistlicher der Moderne menschliche Werte, die in seiner Konzeption von der *condition humaine* keine Rolle spielen. Jünger erörtert im zweiten Weltkrieg die allgemeine Schuldbelastetheit, obwohl er zuvor seine eigene Zugehörigkeit zur Elite der Moderne mit der Fähigkeit Weniger begründet, mit der Last von Verantwortung umzugehen. Sartre hält den Franzosen während des Algerienkrieges den Spiegel moralischer Verwerflichkeit vor, ein Verhalten, das er für den modernen Literaten für unmöglich erklärt hatte. Brecht zerreißt sich, für die Nachwelt schriftlich belegt, innerlich, um dann der staatlichen Gewalt des 17. Juni 1953 zuzustimmen. Lévy sieht sich in seinem politischen Engagement zugunsten eines bewaffneten Eingreifens in Bosnien moralisch legitimiert, weil sein Instinkt als Intellektueller ihn zu solch einer Stellungnahme befähige. Reich zu guter Letzt schämt sich gegenüber politisch engagierten Freunden in Polen, dass ihm keine andere Wahl bleibt als sich im Herbst 1989 zu engagieren. Dieses Movens ist in seiner Wahrnehmung der Intelligentsija als Schicht nicht vorgesehen.

Kernbegriffe zur Begründung eines intellektuellen Engagements, das lässt sich hier feststellen, sind unter den deutschen Intellektuellen Gesinnung, Gewissen und besonders oft: Verantwortung, während unter den französischen Intellektuellen von Moral, Ideen oder Werten die Rede ist. Das deutet auf eine Verinnerlichung der Begründung intellektuellen Engagements in Deutschland hin. Das Gewissen wird auffällig oft als Instanz angegeben, die die Entscheidung zum Engagement begründet, während für die französischen Intellektuellen die Einsicht in eine allgemeingültige Moral gesellschaftlichem Engagement zugrunde liegt. Die Belastbarkeit der Seele ist ein Problem, das der deutsche Intellektuelle entweder mit dem politisch Verantwortlichen erörtert oder mit sich selbst aushandelt. In jedem Fall jedoch hat die Fähigkeit, innere Spannung zu ertragen, offensichtlich mit deutschen intellektuellem Engagement zu tun.

Allerdings ist diese Gegenüberstellung im Falle Brechts unsicher. Dessen Thematisierung seiner inneren Gewissensnot findet erst im Nachhinein statt und daraus ließe sich lesen, dass sie nicht zu seinem Engagement beigetragen hat. Im Falle Brechts trifft die Beschreibung deutscher Intellektueller als der Macht gegenüber unkritisch engagiert, die Manfred Bock (1998: 35–52) vorgeschlagen hat, durchaus zu. An den anderen Beispielen sollte sich aber deutlich gezeigt haben, dass der Unterschied weniger in der Kritik der Macht als in der Begründung eines Engagements zu finden ist.

4.5 Zusammenfassung des Ergebnisses: Moralische Autorität französischer und verantwortungsbewusste Innerlichkeit deutscher Intellektueller

Auf dem Niveau der Intellektuellentheorie und des Engagements werden Tendenzen erkenntlich, die sich als Unterschied zwischen deutschen und französischen Intellektuellen deuten lassen. Während Erkenntnis-und Gewalttheorie keine Aussage zulassen, weil hier eher individuelle oder zeitgebundene Sichtweisen Platz finden, scheint auf den erstgenannten Niveaus ein Unterschied erkennbar. Der lässt sich nun, stark vereinfachend, wie folgt beschreiben:

die hier zur Sprache kommenden französischen Intellektuellen neigen stärker als die deutschen dazu, den Intellektuellen als sozialem Phänomen in der Gesellschaft eine in moralischen Fragen einflussreiche Bedeutung zuzuschreiben;

gesellschaftliches Engagement begründet sich bei den hier untersuchten deutschen Intellektuellen aus der Auseinandersetzung mit dem eigenen Gewissen während die französischen Intellektuelle eher auf ihre besondere Erkenntnis verweisen, die ihnen eigen ist und die einen moralischen Überblick für sich in Anspruch nimmt. Der Begriff der „Verantwortung" beschreibt auffallend oft die Auseinandersetzung mit dem Gewissen, das die deutschen Intellektuellen thematisieren.

4.6 Wie lässt sich das Ergebnis soziologisch erklären? Einige Ansätze

Es sind mehrere Gründe dafür denkbar, dass intellektuelles Engagement sich in Deutschland eher mit innerem Leidensdruck und in Frankreich mit einem besonderen moralischen Überblick des Intellektuellen begründet wie auch für die Neigung, dem Intellektuellen eine einflussreiche Bedeutung in der Gesellschaft zuzumessen, wie sie bei den französischen „Testintellektuellen" auffällig war.

Der unterschiedliche Denkstil ist oft für die Unterschiede zwischen deutschen und französischen Intellektuellen verantwortlich gemacht worden. Die selbstbewusste und radikale Gesellschaftskritik französischer Intellektueller sei, so z.B. Richard Münch (1993b: 677f.), durch den kartesianischen Denkstil vorgeprägt:

„Seine nachhaltigste Gestaltung hat [der Rationalismus in Frankreich JG] durch Descartes gewonnen. Es ist eine Rationalität, die von intuitiv gewonnenen Prinzipien ausgeht und im deduktiven Verfahren die Realität in allen ihren Details zu erschließen versucht. Analytische Zerlegung der Gedanken und vollständige Erfassung der Realität gehören ... zu dieser methodischen Rationalität."

Nun lässt sich aber beobachten, dass Denkstile durch politische Gegebenheiten auf Dauer beeinflussbar sind. Die laut Münch typisch französische deduktive Denkweise z.B. hat sich im sowjetischen Einflussbereich Deutschlands gegenüber einer eher induktiven Problemlösungsstrategie durchgesetzt, wie Stefan Strohschneider (1996: 181) in einer Sammlung vergleichender psychologischer Studien zum Denken in Ost- und Westdeutschland zusammenfasst:

„Der wesentliche Unterschied zwischen diesen beiden Stilen [des Umgehens mit Unbestimmtheit JG] scheint in der generellen Strategie der Unbestimmtheitsreduktion zu liegen. Im einen Fall versucht der Denker, die Unbestimmtheit eines Problems dadurch zu reduzieren, dass er nach einem übergeordneten Erklärungsrahmen sucht, aus welchem sich Lösungsprinzipien ableiten lassen. Dieser Stil findet sich häufiger bei Menschen aus der ehemaligen DDR. Im anderen Fall konzentriert sich der Denker auf diejenigen Aspekte des Problems, die ihm besonders wichtig erscheinen .... Für diese Teilprobleme werden dann ad-hoc-Lösungen generiert in der Hoffnung, im weiteren Verlauf des Prozesses das Problem zunehmend besser zu verstehen, zunehmend besser in den Griff zu bekommen. Dieser Stil findet sich häufiger bei Menschen aus der alten BRD. In wissenschaftstheoretischen Begriffen könnte man das eine als deduktive, das andere als induktive Denkmethode bezeichnen."

Genetische Grundlagen für diese Unterschiede im Denken seien als Erklärungsansatz auszuschließen. Es könne also, so Strohschneider (1996: 188) weiter, davon ausgegangen werden, dass Denkstile kulturelle Variablen sind, die „*solange stabil und situationsübergreifend genutzt* [werden], *solange sie sich in einer bestimmten Umwelt als funktional erweisen.*"

Hieraus kann für die Soziologie geschlussfolgert werden, dass sie sich für die Bedingungen interessieren kann, unter denen sich Denkmodelle halten.

Umgekehrt kann sie aber nicht nach dem Einfluss bestimmter Denkstile oder Ideen fragen (Luhmann 1981: 49f.). Sie kann feststellen, dass eine Umwelt, in der sich ein deduktiver Denkstil als funktional erweist, dem intellektuellen Personal der Erkenntnis offenbar eine klarere soziale Position liefert als das in Umwelten der Fall ist, die induktives Denken fördern. Der Vergleich zwischen BRD und DDR auf der einen und der zwischen Frankreich und Deutschland auf der anderen Seite legt diese Erkenntnis nahe.

In erster Linie fragt Soziologie nach strukturellen Bedingungen, die Entwicklungen begünstigen oder erschweren und die Umwelten ermöglichen, die eine oder andere Problemlösungsstrategien favorisieren. Das soll im Falle der hier vorliegenden Ergebnisse in einem letzten Arbeitsschritt im Ansatz versucht werden.

4.6.1 Protestantismus und Katholizismus

Die Religion der einzelnen Intellektuellen hat sich sicherlich auf ihren Charakter ausgewirkt. Allerdings ist dieser sehr persönliche Zusammenhang zwischen Weltsicht und Konfession nicht von außen nachvollziehbar. Warum Ernst Jünger kurz vor seinem Tod zum Katholizismus konvertierte, wird eine ebenso offene Frage bleiben müssen wie die nach dem Zusammenhang zwischen Protestantismus und Intellektualismus bei Sartre. Religion mag auf den ersten Blick für moderne, säkularistische Intellektuelle überhaupt keine entscheidende Rolle spielen. Es kann aber vermutet werden, dass gesellschaftliche Erkenntnis, die zu einem sozialen Engagement wird, sich auf Standpunkte beruft, die ursprünglich zumindest dem „*Vorhof religiöser Erfahrung*" (Fürstenberg 1995: 182) zugerechnet wurden. Richard Münchs Beobachtungen zur Auseinandersetzung bzw.

Der hier interessierende Punkt ist also nicht die individuelle Konfessionalität, sondern die prägende Kraft der Konfessionen auf die Ausdifferenzierung deutschen und französischen Intellektualismus. Dabei ist eine Vereinfachung des Unterschiedes auf: französisch–katholisch und deutsch–protestantisch nicht zulässig. Vor allen Dingen in Deutschland hat sich der Protestantismus weniger als einheitliche Religion als vielmehr als Synonym für deutsche Kultur behauptet. Seine Verbreitung allerdings ist regional höchst unterschiedlich verlaufen (Ay 1995: 26–31) und kann mit dem Katholizismus und seiner Verbreitung in Frankreich nicht unmittelbar verglichen werden.

Martin Luther, dessen Form des Protestantismus in Deutschland vorrangig vertreten ist, hat den Bruch mit der katholischen Kirche und deren Traditionen nie mit der Vehemenz vollzogen wie z.B. der Reformer Calvin. Auch die religiöse Herausforderung an die staatliche Obrigkeit ist für Luther undenkbar. So bleibt der Lutheranismus zwischen traditioneller Schicksalsergebenheit und Revolution stehen. Aus diesem Konflikt entsteht Luthers Verständnis der zwei

Welten: der inneren, religiösen, rein persönlichen und unantastbaren Welt und der Welt der Obrigkeit, die über das äußere Leben waltet (Stenke 1995: 29–36).

Das führt zu einer „*Verinnerlichung der Religion*", die in Deutschland auch „*vor der Staatskirche nicht halt*" macht (Hattenhauer 1980: 118). Offenbar ist der Begriff der Innerlichkeit allein schon sprachlich eine sehr deutsche Eigentümlichkeit. „*In die meisten europäischen Sprachen kann man das deutsche Wort ohnedies nur mit Ausdrücken übersetzten, die einerseits Intimität nahelegen, andererseits an das Gefühlsleben erinnern*" (Lobkowicz 1997: 3). Wie sich aber am Beispiel der in dieser Arbeit untersuchten deutschen Intellektuellen gezeigt hat, besteht in der deutschen Kultur offenbar ein Zusammenhang zwischen verinnerlichter, sehr persönlicher Wahrheitssuche und dem Engagement in der Welt der Macht.

Sowohl in Deutschland als auch in Frankreich ist die Auseinandersetzung zwischen Religion und Nationalstaat im späten 19. Jahrhundert in erster Linie eine Auseinandersetzung zwischen Staat und katholischer Kirche gewesen. Die Parallelen hierbei sind vielzählig. So ist das Bildungssystem in beiden Ländern ein zentraler Streitpunkt zwischen katholischem Klerus und Verwaltung. Das führt in Frankreich zu einer radikalen laizistischen Opposition gegen kirchlichen Einfluss (Ouzouf 1982: 35), während in Deutschland, bis auf die kurze Phase der Kirchenkampfes, das Bildungssystem konfessionell gebunden bleibt (Jung 2000: 128f.). Nicht der laizistische Staat bietet sich als Alternative zum katholischen Ultramontanismus an, sondern der Protestantismus, der in verschiedenen liberalen Bewegungen sein politisches Zuhause findet. In Frankreich führt z.B. die Auseinandersetzung um das nationale Schulsystem zu einer radikalen Gegenpolierung von Staat und Kirche, die letztlich mit der Trennung der beiden gesetzlich festgeschrieben wird. Durch den radikalen Bruch entsteht Platz für Intellektuelle, die sich als laizistischer Klerus verstehen und gebietsweise die Aufgabe des entmachteten katholischen Klerus übernehmen, die Gesellschaft moralisch zu lenken (Le Bras 1964: 182).

Solch ein Einschnitt wie in Frankreich kommt in Deutschland nicht zustande. Hier stehen sich im Kulturkampf eher protestantisch geprägter Nationalliberalismus und katholischer Ultramontanismus gegenüber (Hübinger 1994). Intellektuelle können hier nicht die Position des nicht–theologischen Moralfachmannes übernehmen, weil durch den fehlenden Bruch zwischen Religion und Staat letztlich die Position der moralischen Menschenführung nicht vakant wird. Es ist bemerkenswert, dass die deutsche Antwort auf die katholische Forderung rechtgeleiteter sittlicher Menschenführung nicht wie in Frankreich die laizistische Menschenführung, sondern der Verweis auf „*die deutschen Einzelgewissen*" ist (Kölner Zeitung 1874). Hier also zeigt sich, dass die protestantische Verabsolutierung des Gewissens eine politische Bedeutung bekommt, die in Frankreich undenkbar geblieben ist. Sie trägt sicherlich zum Selbstbild der Intellektuellen in Deutschland bei.

4.6.2 Aufklärung

Schon die Begriffe „*lumières*" und „Aufklärung" machen eine unterschiedliche Vorstellung von Aufklärung im Frankreich und Deutschland des späten 17. Jahrhunderts deutlich. Während in Frankreich das Licht der Erkenntnis schlagartig zur Erleuchtung kommen soll, sehen sich die deutschen Aufklärer eher einer Idee sukzessiver Erhellung der Geister verpflichtet. Sie bleibt in Deutschland im Großen und Ganzen auf protestantisches Gebiet beschränkt und erfährt vielerorts staatliche Unterstützung. Ein Aufeinanderprallen aufklärerischen Geistes auf politische und religiöse Autoritäten, wie sie in Frankreich erlebt wird, findet in Deutschland nicht statt (Schneiders 1997: 55f.).

In der Tat ist es hier sogar *auch* der protestantische Klerus, der an der Verbreitung und Ausformulierung aufklärerischer Ideen beteiligt ist. In Deutschland tritt die Aufklärung deswegen zumeist in sozialreformerischer Gestalt auf. Ihr Ansinnen ist, wie in Frankreich, eine Veränderung der Lebensgrundlage der Menschen, doch spricht sie auch explizit das Innere des Individuums, sein Gemüt und Seelenleben an. Besonders deutlich wird das in der radikalen aufklärerischen Bewegung des „Sturm und Drang", was mit „*Tempête et Assaut*" ins Französische übersetzt worden ist (Sauder 1997: 54). Dabei geht allerdings der innere „Drang" vollkommen verloren und wird mit „*assaut*" als ein Andrang auf etwas verstanden. Das zeigt, wie sehr die protestantische Kultur mit ihrer Betonung der Innerlichkeit als selbständigem Wert prägend für das Selbstverständnis auch der Aufklärung in Deutschland gewesen ist. Die Vorstellung einer Verinnerlichung und Individualisierung der Aufklärung ist ins Französische nicht zu übersetzen. Für französische Aufklärer bleibt die Aufklärung eine Bewegung, die sich an den gegebenen Machtstrukturen orientiert und sich gegen sie durchzusetzen bestrebt ist. Insofern haben Intellektuelle, die sich in Frankreich auf die Tradition der *lumières* berufen, unter „Aufklärung" immer ein gesellschaftspolitisches Gesamtprojekt vor Augen, das in dieser Radikalität in Deutschland unbekannt geblieben ist. Dass sich die eine oder andere Form von Aufklärung hat durchsetzen können, ist selbstverständlich stark von den gesellschaftlichen Bedingungen abhängig, unter denen die Aufklärer auftreten. Dabei ist die Struktur des Nationalstaates und die Verwaltung von Kultur von entscheidender Bedeutung.

Eine moralische Berufung auf die Aufklärung, die für französische Intellektuelle oft programmatisch ist, ist in Deutschland insofern weniger sinnvoll als die Aufklärung sich hier nie als das allgemeinmoralische Projekt verstanden hat, das es in Frankreich war. Die deutsche Aufklärung hat im Gegensatz zur französischen die individuelle Gewissenhaftigkeit zum Programmpunkt erhoben, was sich sicherlich auf die Erscheinung der Intellektuellen auswirkt.

4.6.3 Der Nationalstaat und die Kultur

Der offensichtlichste sozialstrukturelle Unterschied zwischen dem modernen Frankreich und dem heutigen Deutschland ist auf politischem Niveau der zwischen Zentralismus und Föderalismus. Wenn angenommen wird, dass Intellektuelle sich bevorzugt mit der Verwaltung als national wertvoll geltender Kulturgüter beschäftigen, dann ist die Struktur des Nationalstaates und seine Verwaltung der Kultur wahrscheinlich auch richtungsweisend für die Ausdifferenzierung von Intellektualität.

So wird in Frankreich spätestens seit Beginn des 18. Jahrhunderts Paris bzw. Versailles *„Zentrum des staatlichen Aktivismus und des gesellschaftlichen Lebens insgesamt"* (Münch 1993b: 520). Zwar bleibt die kulturelle Autonomie der Provinz zum Teil erhalten, doch behält sich der Staat vor, nationale Kultur zu finanzieren und somit auch inhaltlich zu bestimmen. Die höfische französische Kultur wirkt in ganz Europa stilgestaltend auf diplomatische Etikette und feine Lebensführung (Duhamel 1985: 110).

In Frankreich ist die institutionalisierte Kultur darüber hinaus ein überaus stabiles Scharnier zwischen den unterschiedlichen politischen Systemen gewesen und hat eine nationale Kontinuität gestiftet, die sich auf politischem Niveau nicht erweisen konnte. Somit sind die Kultur und ihre staatliche Verwaltung in Frankreich eng an die Idee des Nationalstaates geknüpft.[33] Das im Vergleich große Selbstbewusstsein französischer Intellektueller könnte also schon mit der privilegierten nationalen Position der Kultur und der Kulturschaffenden in Frankreich erklärt werden.

Im Gegensatz zu Frankreich bleibt Deutschland über ein Gutteil seiner Geschichte ein in (Kleinst-) Souveränitäten zerstückeltes Land. Das deutsche Reich ist lange Zeit eine juristische Fiktion, keinesfalls jedoch eine politische oder gar kulturelle Realität. Nicht die staatlich verwaltete Kultur, sondern der Protestantismus wird als das Bindeglied zwischen den Deutschen angesehen, das von einer in Deutschland privilegierten Schicht von Bildungsbürgern gepflegt wird (Kaelble 1991: 69f.). Als politische Instanz tritt Kultur kaum in Erscheinung und hat bis heute einen weitestgehend regionalen Charakter bewahrt (Cramer 1996: 12–15). Als das Bürgertum des 19. Jahrhunderts eine Einigung der „deutschen Stämme" fordert, entstehen Mythen deutscher Einheit, die bis tief hinein in die germanische Vergangenheit zurückführen. Mit Lutherfesten wird im 19. Jahrhundert nicht nur der Reformator, sondern die gesamte Nation gefeiert (Baeumer 1977. 46ff.). Der Protestantismus steigt so zur definitorischen Größe auf, anhand derer *deutsche* Kultur gemessen wird.

---

33 *„Ce qui marque avant tout notre histoire, c'est plutôt cet aspect très ordonné, institutionnel pour tout dire, de la culture en France. C'est ce qui explique, par exemple, l'étonnante longévité de tant d'institutions, du Collège e France à la Comédie Française dans un pays dont le système politique a été (...) si changeant. (...) C'est en cela précisément que l'Empire constitue la charnière entre l'Ancien Régime et la France moderne."* (Rigaud 1995: 34).

Die Konzentration des Kulturlebens in einem Ort aber findet nicht statt. In mehreren deutschen Städten entwickeln sich gleichzeitig intellektuelle Zentren (Sauder 1997: 54). Das Fehlen eines geographischen Mittelpunktes könnte vielleicht die Verinnerlichung der Begründung eines intellektuellen Engagements erklären. Dort, wo klare Instanzen fehlen, die ein Engagement als berechtigt anerkennen oder nicht, begründet es sich eben aus der Haltung des Intellektuellen oder gar nicht. Solch eine Haltung könnte durch den Protestantismus als religiöse Weltanschauung noch begünstigt werden.

Ein Vergleich mit Russland, wo, ähnlich wie in Frankreich die Zentralisierung der Macht und der Kultur stark ausgeprägt ist, zeigt, dass eine staatliche Organisation des Kulturlebens zu radikalen intellektuellen Gegenbewegungen, zugleich aber auch zu einer Zentralisierung des Intellektualismus führt (Siegl 2001: VI). In Russland allerdings ist die Bewegung der Intelligenzija in erster Linie ein Schichtphänomen geblieben, während in Frankreich der kritische Intellektuelle als Individuum das Bild des Intellektuellen beherrscht. Zentralismus des politischen Systems erklärt also nicht allein die besondere Ausprägung intellektuellen Selbstbewusstseins in Frankreich.

Es lässt sich aber hier festhalten, dass ein zentralistisches Staatswesen eine Pointierung inoffizieller Regeln für intellektuelles Engagement fördert, während das in föderalistischen Strukturen nicht so ausgeprägt der Fall ist. Im Zusammenspiel mit anderen Faktoren begünstigt Zentralismus also ein Selbstvertrauen in die Macht der Intellektuellen als Fachleute in Fragen gesellschaftlichen Engagements.

4.6.4 Bildungssysteme

Wie sich bereits zeigte, ist die Ansicht vertreten worden, die unterschiedlichen Bildungssysteme in Frankreich und Deutschland begründeten den Unterschied zwischen den Intellektuellen in diesen beiden Ländern. Fritz Ringer sieht in seiner Studie zur französischen akademischen Kultur 1890–1920 den Unterschied zur deutschen Universität in den Begriffen „Bildung" und „*culture générale*" am pointiertesten beschrieben. „*The word* Bildung, „ so Ringer (1992: 95) „*in the German tradition means education in the large sense of self–development or ,cultivation*'. „ Bildung in diesem Sinne habe Wissenserwerb und individuelle Reifung zum Ziel. *Culture générale* im Gegensatz dazu habe ein prinzipielles Interesse daran, den Menschen zu einem Gesellschaftsmitglied zu formen und stehe deswegen dem Ziel deutscher individueller Bildung skeptisch gegenüber (Ringer 1992: 149). Wenn sich dieser scharfe Gegensatz auch beim genauen Hinsehen in dieser Klarheit nicht halten lässt, so lässt sich doch feststellen, dass die Bildungssysteme in Frankreich und Deutschland Unterschiede in ihrer Zielrichtung und Struktur aufweisen, die eine Verschiedenartigkeit der Intellektuellen in diesen Ländern wahrscheinlich macht.

Besonders deutlich wird das an der französischen Einrichtung der so genannten *grandes écoles*. Diese von den Universitäten und untereinander unabhängigen etwa 300 Einrichtungen unterstehen mehrheitlich den zuständigen Fachministern oder, wie die *Ecole Nationale d'Administration* (ENA), direkt dem Premierminister. Sie sind also wesentlich mehr ins politische Alltagsgeschäft eingebunden als es deutsche Bildungseinrichtungen sein können (Sirinelli 1994). Gegenüber den Universitäten zeichnen sich die *grandes écoles* durch besondere Studiengänge, Abschlüsse und vor allen Dingen Aufnahmebedingungen aus (Schwibs 1988). Der *concours*, dessen Bestehen einem Bewerber den Zugang zu einer *grande école* ermöglicht, verlangt besondere Vorbereitung, und die Zulassung zu einer solchen Schule ermöglicht zumeist die Zugehörigkeit zu sozialen Eliten.

Der meritokratische Zug des französischen Bildungssystems, das den Zugang zu Bildungseinrichtungen und auch den meisten staatlich zu vergebenen Berufen über *Concours* regelt, ist in Frankreich schon vor der Revolution entwickelt, nach ihr dann demokratisch legitimiert worden. Er prägt die Vorstellung einer fach-und sachgemäß erlesenen Elite, (Pierre Bourdieu (1992: 165) spricht gar von einem „Staatsadel") die in Frankreich die Schlüsselpositionen der Macht in der Hand hält und aus deren Reihen sich auch die meisten Intellektuellen rekrutieren.

Drei der vier in dieser Arbeit zur Sprache kommenden französischen Intellektuellen sind Schüler der (*grande*) *Ecole Normale Supérieure* (ENS) gewesen, die besonders viele herausragende Persönlichkeiten in Politik und Kultur hervorgebracht hat. Doch Malraux gilt als Intellektueller, ohne je an nur einem *Concours* teilgenommen zu haben und der dem System der *grandes écoles* skeptisch gegenüberstand.

Dennoch zeigt sich am Beispiel der *grandes écoles*, dass die Verbindung von Bildung und Elitenzugehörigkeit in Frankreich durch die *Concours* eindeutiger geregelt ist als in Deutschland. Ein vorgeschriebenes Modell intellektuellen Aufstiegs ist in der Form in Deutschland nicht bekannt. Mit Blick auf das Bildungssystem könnte Manfred Bocks (1998: 35–52) Betitelung der deutschen Intellektuellen als „Mandarine" eher auf die Intellektuellen Frankreichs Anwendung finden. Denn der Zugang zu staatlichen Ressourcen über vorgegebene Bildungsniveaus, so wie es auch in Frankreich zu beobachten ist, ist es doch, was den chinesischen Mandarin auszeichnet (Weber 1980: 602).

Das französische Bildungssystem sorgt vor allen Dingen über die *Concours* im Gegensatz zum deutschen zum einen für eine eindeutigere Elitenbildung, zum anderen ist der Kanon des Wissenswerten eher festgelegt, so dass Wissen graduell bewertbar wird. Im Zusammenhang mit der hohen Bewertung von Kultur in Frankreich als Aspekt gesellschaftlicher Ordnung ist der Erwerb von Kulturwissen in den Eliteschulen ein wichtiger Bestandteil französischer Intellektualität.

5 Kritik und Ausblick

Es hat sich gezeigt, dass sich bei einem Vergleich konkreter und vorher definierter Vergleichsniveaus ein Unterschied zwischen deutschen und französischen Intellektuellen beschreiben lässt. Nicht auf allen Niveaus ist das allerdings offensichtlich. Besonders interessant ist es aber, das Phänomen der Intellektuellen in die wissenssoziologisch relevanten Sphären der Erkenntnis einer und des Engagements andererseits zu teilen. Das ermöglicht, Theorie und Engagement differenziert zu betrachten und die verschiedenen Bereiche intellektuellen Auftretens auseinanderzuhalten, auch wenn die Differenzierung in manchen Fällen künstlich wirkt.

Ob nun in jedem Fall die Gewalttheorie Gegenstand einer Untersuchung sein muss, fragt sich mit Blick auf die Ergebnisse dieser Arbeit in diesem Bereich. Es hat sich gezeigt, dass Gewalttheorien sich offenbar eher an übernationalen Trends orientieren und deswegen wenig Aussagekraft über intellektuelle Erkenntnis haben. Die Festlegung eines Engagements auf einen Moment gesellschaftlicher Gewalt aber hat sich bewährt. Unterschiedliche Formen des Engagements sind auf diese Art vergleichbar gemacht worden, und es hat sich gezeigt, dass besonders auf diesem Niveau offenbar kulturell geprägte Unterschiede ausfindig gemacht werden können. Es hat sich gezeigt, dass das vage Moment der Gewalt hinreichend ist, Intellektuelle miteinander vergleichbar zu machen und ihr gesellschaftliches Engagement auf seine Begründung hin zu untersuchen.

Ein Schwachpunkt der hier vorgestellten Methode eines Kulturvergleiches von Intellektuellen zweier unterschiedlicher Kulturen könnte darin gesehen werden, dass *intra*kulturelle Unterschiede zwischen Intellektuellen nicht hinreichend beleuchtet werden. Der Fall Bert Brechts, dessen Engagement sich erst im Nachhinein ähnlich dem anderer deutscher Intellektueller begründet, zeigt, dass die Möglichkeit einer Abweichung zu wenig berücksichtigt wird. Dabei stößt allerdings ein solcher intrakultureller Vergleich auf die gleichen Probleme, die einstiegs bereits für den interkulturellen Bereich genannt worden waren: Intellektuelle entziehen sich weitestgehend dem soziologischen Zugriff. Dennoch zeigt sich, dass das Zusammenspiel von Religion, staatlicher Kulturpolitik, Bildungssystemen und politischem Umfeld sich auf die Ausprägung intellektueller Erscheinungsformen niederschlägt. Dieses Wissen kann unter Umständen dazu genutzt werden, auch die intrakulturellen Besonderheiten von Intellektuellen zu verdeutlichen. Zur Überprüfung dieser Vermutung wäre z.B.

ein Kulturvergleich flämischer und wallonischer Intellektueller in Belgien interessant. Der gemeinsame politische und religiöse katholische Hintergrund wird hier durch den unterschiedlichen sprachlichen Bezugsrahmen kontrastiert, und am belgischen Beispiel ließe sich sicherlich hervorragend die Möglichkeit intrakulturellen Intellektuellenvergleichs studieren. Das allerdings war nicht die Aufgabe, die sich diese Arbeit stellte. Sie hat versucht, die Möglichkeiten eines interkulturellen Intellektuellenvergleichs auszuloten und hat dabei soziologisch erklärbare Ergebnisse hervorgebracht.

Die hier präsentierte Methode eignet sich hinreichend, einen soziologischen Vergleich zwischen Intellektuellen unterschiedlicher Herkunft anzustellen. Selbstverständlich ist das Vorgehen ein wenig holzschnittartig, denn es setzt eine Unterschiedlichkeit voraus, die im persönlichen Bereich der Intellektuellen nicht immer gilt. Dennoch verdeutlicht sie kulturelle Ausprägungen in der tendenziellen Gestaltung intellektuellen Selbstverständnisses. Sie ist aber, was die Intellektuellen innerhalb einer Kultur angeht, auf die Weiterentwicklung eines soziologischen Werkzeugs angewiesen. Es hat aber hinreichend belegt werden können, dass, angeleitet durch die wissenssoziologische Fragestellung, ein qualitativer Vergleich zwischen Intellektuellen unterschiedlicher Kulturen möglich wird.

Literaturverzeichnis

Alighieri, Dante (1989): La divina commedia. Paradiso; Tommaso di Salvo (Hrsg.); Bologna: Zanichelli.

Allison, Lincoln (1984): Right Principles. A Conservative Philosophy of Politics; Oxford: Blackwell.

Altenburg, Matthias (1999): Wo bleibt das „Angaschemang"?; In: Die Woche vom 14. Oktober; S. 41.

Altwegg, Jörg (1989): Die Republik des Geistes. Frankreichs Intellektuelle zwischen Revolution und Reaktion; München: Piper.

Ambler, John (1966): The French Army in Politics 1945–1962; Ohio University Press.

André Malraux (1979); Génies et Réalités; Hachette: Paris

Arendt, Hannah (1995): Macht und Gewalt; München: Piper.

Arnold, Heinz Ludwig (1990): Krieger, Waldgänger, Anarch. Versuch über Ernst Jünger; Göttingen: Wallstein.

Arnold, Heinz Ludwig (1998): Die Frage nach dem Sinn des Krieges. Erich Maria Remarque und Ernst Jünger; In: Schweizer Monatshefte 78/79; S. 39–44.

Arnold, Heinz Ludwig (1998): Zum Tod von Ernst Jünger; In: Schweizer Monatshefte 78; S. 5.

Aron, Raymond (1957): Opium der Intellektuellen; Klaus Peter Schulz (Übers.); Köln Berlin: Kiepenheuer & Witsch.

Ashford, Sheena, Noel Timms (1992): What Europe Thinks. A Study of Western European Values; Aldershot: Dartmouth.

Ay, Karl–Ludwig (1995): Nachwirkungen der Konfessionalisierung in Wortkultur und Wirtschaftsethik deutscher Regionen. Landesgeschichtliche Beobachtungen über Max Webers Protestantismus–These; In: Sociologia Internationalis 33; S. 19–47.

Bacon, Francis (1964): Die Idolenlehre; Aus: Neues Organon; Berlin 1870; Zit. nach: Lenk, Kurt (Hrsg.): Ideologiekritik und Wissenssoziologie; Neuwied, Berlin: Luchterhand.

Baeumer, Max L. (1977): Lutherfeiern und politische Manipulation; In: Deutsche Feiern; R. Grimm und J. Hermand (Hrsg); Wiesbaden; S. 40–52.

Barbusse, Henri (1922): Das Messer zwischen die Zähne. Ein Aufruf an die Intellektuellen; Wieland Herzfelde (Übers.); Berlin: Malik.

Baring, Arnulf (1965): Der 17. Juni 1953; Köln, Berlin: Kiepenheuer & Witsch.

Baron, Ulrich (1995): Besuch auf Godenholm und Annäherungen an Drogen und Rausch; In: Ernst Jünger im 20. Jahrhundert; Hans–Harald Müller und Harro Segeberg (Hrsg.): München: Fink; S. 199–216.

Barrelmeyer, Uwe (1994): Der Krieg, die Kultur und die Soziologie. Georg Simmel und die deutschen Soziologen im Ersten Weltkrieg; In: Sociologia Internationalis 32; S. 163–190.

Barrès, Maurice (1966): Scènes et doctrines du nationalisme; In: L'Œuvre; Philippe Barrès (Hrsg.); Bd. 5; Paris: Club de l'Honnête Homme.

Bartsch, Heinz (1983): Von der „Nachricht zu Fuß" zur „Blitzmeldung". Die Entwicklung des Nachrichtenwesens; In: Von der Preßfreiheit zur Pressefreiheit. Südwestdeutsche Zeitungsgeschichte von den Anfängen bis zur Gegenwart; WLB Stuttgart (Hrsg.); Stuttgart: Theiss.

Baumann, Zygmunt (1992): Love in Adversity. On the State and the Intellectuals, and the State of the Intellectuals; In: Thesis Eleven 31; S. 81–104.

Baumann, Zygmunt (1996): Gewalt - modern und postmodern; In: Modernität und Barbarei. Soziologische Zeitdiagnose am Ende des 20. Jahrhunderts; Max Miller und Hans–Georg Soeffner (Hrsg.); Frankfurt a.M.: Suhrkamp.

Baumann: Zygmunt (1995): Modernity and the Holocaust; Cambridge: Polity Press.

Baumgarten, Eduard: Max Weber. Werk und Person; Tübingen: Mohr 1964.

Beauvoir, Simone de (1969): La Force de l'âge; Paris: Livre de Poche.

Beauvoir, Simone de (1983) (Hrsg.): Lettres au Castor et à quelques autres 1926–1939; Paris: Gallimard.

Beauvoir, Simone de (1990): Lettres à Sartre 1940–1963; Sylvie Le Bon de Beauvoir (Hrsg.); Paris: Gallimard.

Behr, Rafael (2000): Cop Culture. Der Alltag des Gewaltmonopols. Männlichkeit, Handlungsmuster und Kultur der Polizei; Opladen: Leske + Budrich.

Beilecke, François, Torsten Dunkel (1997): Denk–Meister, Denk–Fabriken. Intellektuelle in der französischen Gesellschaft (XIII. Frankreichforscherkonferenz, 27.–29.6. 1997); In: Lendemains 22; S. 93–97.

Bellah, Robert N. (1999): Max Weber and World–Denying Love. A Look at the Historical Sociology of Religion; In: Journal of the American Academy of Religion 67; S. 277–304.

Benda, Julien (1983): Der Verrat der Intellektuellen; Arthur Merin (Übers.); Frankfurt (M), Berlin, Wien: Ullstein.

Bendix, Reinhard (1960): Max Weber. An Intellectual Portrait; New York: Doubleday.

Benjamin, Walter (1967): Versuche über Brecht; Rolf Tiedemann (Hrsg.); Frankfurt a.M.: Suhrkamp.

Bense, Max (1950): Ptolemäer und Mauretanier oder die theologische Emigration der deutschen Literatur; Köln, Berlin: Kiepenheuer.

Benz, Wolfgang, Werner Bergmann (1997) (Hrsg.): Vorurteil und Völkermord. Entwicklungslinien des Antisemitismus; Bonn: Bundeszentrale für politische Bildung.

Berg, Günter (1995): Nachwort zu: Bertolt Brecht, Der Kinnhaken und andere Box-und Sportgeschichten; Günter Berg (Hrsg.); Frankfurt a.M.; Suhrkamp; S. 131–151.

Berger, Peter L., Thomas Luckmann (1970): Die gesellschaftliche Konstruktion der Wirklichkeit. Eine Theorie der Wissenssoziologie; M. Plessner (Übers.); Frankfurt a.M.: Fischer.

Bering, Dietz (1978): Die Intellektuellen. Geschichte eines Schimpfwortes; Stuttgart: Klett–Cotta.

Bialas, Wolfgang (1996): Vom unfreien Schweben zum freien Fall. Ostdeutsche Intellektuelle im gesellschaftlichen Umbruch; Frankfurt a.M.: Fischer.

Bissinger, Manfred und Daniela Hermes (1998) (Hrsg.); Zeit, sich einzumischen. Die Kontroverse um Günter Grass und die Laudatio auf Yaşar Kemal in der Paulskirche; Göttingen: Steidl.

Bock, Hans Manfred (1998): Der Intellektuelle und der Mandarin? Zur Rolle des Intellektuellen in Frankreich und Deutschland; In: Frankreich–Jahrbuch; S. 35–52.

Bock, Hans Manfred: Intellektuelle (1997): In: Fremde Freunde. Deutsche und Franzosen vor dem 21. Jahrhundert; Robert Picht e.a. (Hrsg.); München, Zürich: Piper; S. 72–78.

Boedecker, Sven (1999): Gute Bomben, schlechte Bomben; In: Die Woche 1.4.; S. 33.

Boese, Franz (1939): Geschichte des Vereins für Sozialpolitik 1872–1932; Schriften des Vereins für Sozialpolitik 188; Berlin: Duncker & Humblot.

Bolmand, Pascal (1993): Anti–Intellectualism in French Political Culture; In: Intellectuals in 20th Century France: Mandarins and Samurais. Jeremy Jennings (Hrsg.). New York: St. Martin's Press.

Bora, Alexandra (2001): „Gewalt ist etwas, was plötzlich über uns hereinbricht." Interview mit dem Soziologen Jonas Grutzpalk; Gemeindebrief der Lutherkirche Bonn; Sommer; S. 13–16.

Bouglé, Célestin (1930): Émile Durkheim; In: Encyclopedia of the Social Sciences; Bd. 5; Edwin Seligman (Hrsg.); New York: Macmillan;; S. 291 f.

Bourdieu, Pierre (1988): Homo Academicus. Bernd Schwibs (Übers.); Frankfurt a.M.: Suhrkamp.

Bourdieu, Pierre (1989): The Corporatism of the Universal. The Role of Intellectuals in the Modern World; In: Telos. A Quarterly Journal of Critical Thought 81 (Herbst); S. 99–110.

Bourdieu, Pierre (1992): Die verborgenen Mechanismen der Macht. Schriften zu Politik & Kultur 1; Jürgen Bolder u.a. (Übers.); Hamburg: VSA.

Bouvier, Beatrix (1999): Verfolgung und Repression in der SBZ/DDR von den vierziger bis zu den sechziger Jahren und ihre Wahrnehmung in Ost und West; In: Politische Repression in der SBZ/DDR und ihre Wahrnehmung in der Bundesrepublik; Friedrich–Ebert–Stiftung (Hrsg.); Bonn.

Brant, Stefan (1954): Der Aufstand. Vorgeschichte, Geschichte und Deutung des 17. Juni 1953; Stuttgart: Steingrüben.

Brecht, Bertolt (1970): Politische Schriften; Frankfurt a.M.: Suhrkamp

Brecht, Bertolt (1971): Über Politik und Kunst; Werner Hecht (Hrsg.): Frankfurt a.M.: Suhrkamp.

Brecht, Bertolt (1973): Arbeitsjournal; 2 Bde.; Frankfurt a.M.: Suhrkamp.

Brecht, Bertolt (1976a): Tui–Roman (Fragment); In: Bertolt Brecht: Stücke XIV; Frankfurt a.M.: Suhrkamp.

Brecht, Bertolt (1976b): Bemerkungen zu „Turandot"; In: Stücke XIV; Frankfurt a.M.: Suhrkamp.

Brecht, Bertolt (1976c): Kleines Organon für das Theater; Potsdam 1949; zit. nach; In: Gesammelte Schriften 16; Frankfurt a.M.: Suhrkamp.

Brecht, Bertolt (1976d): Schriften zum Theater I–III; In: Gesammelte Werke 15–17; Frankfurt a.M.: Suhrkamp.

Brecht, Bertolt (1976e): Schriften zur Politik und Gesellschaft 1919–1956; Frankfurt a.M.: Suhrkamp.

Brecht, Bertolt (1976f): Gedichte 1; Gesammelte Werke Bd. 8; Frankfurt a.M.: Suhrkamp.

Brecht, Bertolt (1976g): Gedichte 2; Gesammelte Werke Bd. 9; Frankfurt a.M.: Suhrkamp.

Brecht, Bertolt (1976h): Gedichte 3; Gesammelte Werke Bd. 10; Frankfurt a.M.: Suhrkamp.

Brecht, Bertolt (1981a): Turandot oder Der Kongreß der Weißwäscher; In: Die Stücke in einem Band; Frankfurt a.M.: Suhrkamp.

Brecht, Bertolt (1981b): Baal; München 1920; zit. nach: Die Stücke in einem Band; Frankfurt a.M.: Suhrkamp.

Brecht, Bertolt (1981c): Briefe; Günther Glaeser (Hrsg.); Frankfurt a.M.:Suhrkamp.

Brecht, Bertolt (1981d): Das Leben des Galilei; Berlin 1955; zit. nach: Die Stücke in einem Band; Frankfurt a.M.: Suhrkamp.

Brecht, Bertolt (1981e): Die Gewehre der Frau Carrar; London 1937; zit. nach: Die Stücke in einem Band; Frankfurt a.M.: Suhrkamp.

Brecht, Bertolt (1981f): Die Heilige Johanna der Schlachthöfe; Berlin 1932; zit.nach: Die Stücke in einem Band; Frankfurt a.M.: Suhrkamp.

Brecht, Bertolt (1981g): Furcht und Elend des Dritten Reiches; London 1937; zit. nach: Die Stücke in einem Band; Frankfurt a.M.: Suhrkamp.

Brecht, Bertolt (1981h): Im Dickicht der Städte; Berlin 1927; zit. nach: Die Stücke in einem Band; Frankfurt a.M.: Suhrkamp.

Breuer, Stefan (1994): Bürokratie und Charisma. Zur politischen Soziologie Max Webers; Darmstadt: WBG.

Brincout, André: André Malraux; In: Dictionnaire des intellectuels français. Les personnes, les lieux, les moments; Paris: Seuil 1996; S. 737.

Brochier, Jean–Jacques (1997): La sincérité de Bernard–Henri Lévy; In: Magazine Littéraire 359; S. 84.

Brulotte, Gaëtan (1995): La volonté de pureté d'après Bernard–Henri Lévy et Pascal Bruckner; In: Liberté 220; S. 142–157.

Büchner, Georg: Dantons Tod; In: Gesammelte Werke; München: Goldmann 1991.

Bullock, Marcus (1998): Walter Benjamin and Ernst Jünger: Destructive Affinities; In: German Studies Review 21; S. 563–581.

Bundesministerium für Gesamtdeutsche Fragen (1963) (Hrsg.): Es geschah im Juni 1953. Fakten und Daten; Bonn, Berlin: Hermes.

Bundesministerium für Gesamtdeutsche Fragen (Hrsg.) (1963): Es geschah im Juni 1953. Fakten und Daten; Bonn, Berlin: Hermes.

Caesar, Gaius Julius (1980): Der gallische Krieg; Marieluise Deissmann (Übers.); Stuttgart: Reclam.

Cahm, Eric (1994): L'Affaire Dreyfus: Hommes et évenements, Dreyfusards et antidreyfusards, forces politiques et réligieuses, classes sociales; Paris: Librairie Générale Française.

Calic, Marie–Janine (1996): Krieg und Frieden in Bosnien–Herzegovina; Frankfurt a.M.: Suhrkamp.

Capogrossi Colognesi, Luigi (2000): Max Weber e le economie del mondo antico; Roma, Bari: Laterza.

Carlier, Omar (1995): Entre nation et jihad. Histoire sociale des radicalismes algériens; Paris: Seuil.

Champetier, Charles (1993): L'été des dinosaurs; In: éléments pour une culture européenne 78.

Charle, Christophe (1990): Naissance des „intellectuels" 1880–1900; Paris: Minuit.

Charle, Christophe (1997): Vordenker der Moderne. Die Intellektuellen im 19. Jahrhundert; Michael Bischoff (Übers.); Frankfurt a.M.: Fischer.

Chesnais, Jean–Claude (1982): Storia della violenza in Occidente dal 1800 a oggi; Alessandro Serra (Übers.); Mailand: Longanesi.

Chikh, Slimane (1981): L'Algérie en Armes ou le temps des certitudes; Paris: Economica

Clemente, Pietro (1971): Frantz Fanon tra esistenzialiso e rivoluzione; Bari: Laterza.

Cohen–Solal, Annie (1985): Sartre 1905–1980; Paris: Gallimard.

Coleman, Janet (1990): Against the State. Studies in Sedition and Rebellion; London: BBC–Books.

Coser, Lewis (1968): Artikel: Sociology of Knowledge; In: International Encyclopedia of Social Sciences; David Sills (Hrsg.); Bd. 8; New York: Macmillan; S. 428–435.

Courtois, Gérard (1994): Des intellectuels veulent interpeller les gouvernants sur la „catastrophe yougoslave"; In: Le Monde vom 18. 5..

Cramer, Sybille (1996): Der Literaturpreis; In: Der Kulturbetrieb; Andreas Breitenstein (Hrsg.); Frankfurt a.M.: Suhrkamp; S. 12–15.

Crenchaw–Hutchinson, Martha (1978): Revolutionary Terrorism. The FLN in Algeria 1954–1962; Stanford: Hoover Institution Press.

Curtius, Ernst Robert (1975): Die französische Kultur; Bern: Francke.

D'Annunzio, Mario (1956): Mio padre Comandante di Fiume; Genua: Siglaeffe.

Dahms, Helmuth Günther (1962): Der spanische Bürgerkrieg 1936–1939; Tübingen: Wunderlich.

Davy, Georges (1973): L'homme, le fait social et le fait politique; La Haye, Paris: Mouton.

Davydov, Jurij (1995a): Max Weber und Lev Tolstoj; Verantwortungs-und Gesinnungsethik; In: Jurij Davydov und Piama Gaidenko (Hrsg.): Rußland und der Westen. Heidelberger Max Weber–Vorlesungen 1992; Frankfurt a.M.: Suhrkamp; S. 51-71.

Davydov, Jurij (1995b): Max Weber und die Vechi: Zwei Auffassungen von der russischen Intelligencja; In: Jurij Davydov und Piama Gaidenko (Hrsg.): Rußland und der Westen. Heidelberger Max Weber–Vorlesungen 1992; Frankfurt a.M.: Suhrkamp; S. 92–116.

Debray, Régis (1981): „Voltaire verhaftet man nicht!" Die Intellektuellen und die Macht in Frankreich; Friedrich Königsdorfer (Übers.); Hohenheim: Maschke.

Delporte, Christian (1996): Intellettuali e politica; Florenz: Giunti Casterman.

Demirovic, Alex (1999): Der nonkonformistische Intellektuelle. Die Entwicklung der Kritischen Theorie zur Frankfurter Schule; Frankfurt: Suhrkamp.

Deschamps, Jean–Claude (1990): Les Intellectuels: un ensemble flou et polymorphe; In: Cahiers Vilfredo Pareto. Revue européenne des sciences sociales 87; S. 11–20.

Dietka, Norbert (1994): Ernst Jünger. Vom Weltkrieg zum Weltfrieden; Bad Honnef: Keimer.

Domenach, Jean–Marie (1981): Violence and Philosophy; In: Violence and ist Causes; Unesco (Hrsg.); Paris: Unesco.

Drake, Richard (1995): The Aldo Moro Murder Case; Cambridge (Massachusetts) London: Harvard University Press.

Dreher, Eduard, Herbert Töndle (1993): Strafgesetzbuch und Nebengesetze; München: Beck (43. Aufl.).

Dreyfus, Albert (1901): Cinq années de ma vie 1894–1899; Paris: Charpentier.

Duden Etymologie (1963). Herkunftswörterbuch der deutschen Sprache; Wissenschaftlicher Rat der Dudenredaktion (Hrsg.); Mannheim, Wien, Zürich: Dudenverlag.

Duhamel, Alain (1985): Le complexe d'Astérix. Essai sur le caractère politique des français; Paris: Gallimard.

Dunning, Eric (1983);: Social Bonding and Violence in Sport; In: Sports Violence; Jefrey H. Goldstein (Hrsg.); NY, Berlin, Heidelberg, Tokyo: Springer S. 129–146.

Durkheim, Émile (1893): La Division du travail social; Paris: Alcan.

Durkheim, Émile (1968): Les formes élémentaires de la vie religieuse. Le système totémique en Australie; Paris: P.U.F (zuerst: Paris: Alcan 1912).

Durkheim, Émile (1970a): L'élite intellectuelle et la démocratie; In: Revue bleue; 5° séire; Bd. I; 1904; S. 705–706 zit nach: La Science sociale et l'action par Émile Durkheim; Jean–Claude Filloux (Hrsg.); Paris: P.U.F.

Durkheim, Émile (1970b): L'individualisme et les intellectuels; In: Revue bleue; 4° série, Bd. X; S. 7–13; zit nach: La Science sociale et l'action par Émile Durkheim; Jean–Claude Filloux (Hrsg.); Paris: P.U.F..

Durkheim, Émile (1970c): Les principes de 1789 et la sociologie; In: Revue internationale de l'enseignement; XIX; 1908; S. 450–456; zit. n.: La Science sociale et l'action par Émile Durkheim; Jean–Claude Filloux (Hrsg.); Paris: P.U.F..

Durkheim, Émile (1970d): Pacifisme et patriotisme; In: Bulletin de la Société Française de Philosophie; VII; 1908; S. 44–67; zit nach: La Science sociale et l'action par Émile Durkheim; Jean–Claude Filloux (Hrsg.); Paris: P.U.F..

Durkheim, Émile (1970e): Sur l'internationalisme; In: Libres entretiens; 2° série; 7° entretien; 1906; S. 392–436; zit nach: La Science sociale et l'action par Émile Durkheim; Jean–Claude Filloux (Hrsg.); Paris: P.U.F..

Durkheim, Émile (1970f): Cours de science sociale. Leçon d'ouverture; In: La Science sociale et l'action par Émile Durkheim; Jean–Claude Filloux (Hrsg.); Paris: P.U.F..

Durkheim, Émile (1975a): Deux lettres sur l'influence allemande dans la sociologie française. Réponse à Simon Déploige; In: Revue néo–scolastique 14 (1907); zit. nach: Textes 1. Eléments d'une théorie sociale; Victor Karady (Hrsg.); Paris: Minuit; S. 401–405.

Durkheim, Émile (1975b): Du droit pénal primitif; In: Année sociologique 8 (1905); S. 460–463; zit. nach: Textes 3. Fonctions sociales et institutions; Victor Karady (Hrsg.); Paris: Minuit; S. 338–341.

Durkheim, Émile (1975c): L'Etat, la morale et le militaire; In: L'Humanité nouvelle, Mai 1899; S. 50–52; zit. nach: Textes 3. Fonctions sociales et institutions; Victor Karady (Hrsg.); Paris: Minuit.

Durkheim, Émile (1975d): La famille conjugale; In: Revue philosophique 90 (1921); S. 2–14; zit. nach: Textes 3. Fonctions sociales et institutions; Victor Karady (Hrsg.); Paris: Minuit.

Durkheim, Émile (1975f): La sociologie et son domaine scientifique; In: Rivista italiana di sociologia 4 (1900) (italienische Textfassung); zit. nach Textes 1. Eléments d'une théorie sociale; Victor Karady (Hrsg.); Paris: Minuit; S. 13–36.

Durkheim, Émile (1975g): Note sur l'influence allemande dans la sociologie française; In: Mercure de France 44 (1902); zit. nach: Textes 1. Elements d'une théorie sociale; Victor Karady (Hrsg.); Paris: Minuit.

Durkheim, Émile (1975h): Notice biographique sur André Durkheim; In: Annuaire de l'Association amicale des anciens élèves de l'École Normale Supérieure; S. 201–205; zit nach: Émile Durkheim: Textes 1. Eléments d'une théorie sociale; Victor Karady (Hrsg.); Paris: Minuit; S. 446–452.

Durkheim, Émile (1975i): Le probème sociologique de la connaissance. Rezension zu Wihlem Jerusalem: Soziologie des Erkennens; In: Année sociologique 11 (1910); S. 42–45; zit. nach: Textes 1. Elements d'une théorie sociale; Victor Karady (Hrsg.); Paris: Minuit; S. 190–194.

Durkheim, Émile (1984): Die Regeln der soziologischen Methode; René König (Hrsg.); Frankfurt a.M.: Suhrkamp (zuerst: Les règles de la méthode sociologique; Paris: Alcan 1895).

Durkheim, Émile (1987): Schriften zur Soziologie der Erkenntnis; Michael Bischoff (Hrsg.); Frankfurt a.M.: Suhrkamp.

Durkheim, Émile (1995a): „Deutschland über alles." Die deutsche Gesinnung und der Krieg; Jacques Hatt (Übers.); Paris: Colin 1915 zit. nach: Émile Durkheim über Deutschland. Texte aus den Jahren 1887–1915; Franz Schultheis und Andreas Gipper (Hrsg.); Konstanz: UVK.

Durkheim, Émile (1995b): Der Selbstmord; Sebastian und Hanne Herkommer (Übers.); Frankfurt a.M.: Suhrkamp (zuerst: Le suicide. Etude de sociologie; Paris: Alcan 1897).

Durkheim, Émile (1998): Lettres à Marcel Mauss; Philippe Besnard und Marcel Fournier (Hrsg.); Paris: P.U.F..

Durkheim, Emile und Ernest Lavisse (1992): Lettres à tous les français; Paris: Armand Colin.

Eberle, Hermann Christoph: Spracherlebnis und Sprachrhythmus. Gedanken zur Psychologie des geistig–sprachlichen Schaffens; Dissertation Heidelberg 1924.

Egger, Stefan: Der totale Intellektuelle. Ein Gespräch mit Pierre Bourdieu über Jean–Paul Sartre; SZ am Wochenende, 15./16.4.2000.

Elias, Norbert (1981): Zivilisation und Gewalt; In: Lebenswelt und soziale Probleme. Verhandlungen des 20. Deutschen Soziologentages zu Bremen 1980; Frankfurt, New York: Campus.

Elias, Norbert (1983): Engagement und Distanzierung. Arbeiten zur Wissenssoziologie I; Michael Schröter (Hrsg.); Frankfurt a.M.: Suhrkamp.

Elias, Norbert (1994): Die höfische Gesellschaft. Untersuchungen zur Soziologie des Königtums und der höfischen Aristokratie; Frankfurt a.M.: Suhrkamp.

Elsenhans, Thomas (1914): Psychologie und Logik. Zur Einführung in die Philosophie; Berlin, Leipzig: Göschen'sche Verlagshandlung.

Engler, Wolfgang (1992): Selbstbilder. Das reflexive Projekt der Wissenssoziologie; Berlin: Akademie Verlag.

Erbe, Günter (1982): Arbeiterklasse und Intelligenz in der DDR; Opladen: Westdeutscher Verlag.

Etzioni, Amitai (1960/61): Max Weber as an Intellectual; In: The American Journal of Economics and Sociology, 20; S. 331–333.

Evola, Julius (1942?): Grundrisse der faschistischen Rassenlehre; J. Evola und A. Rasch (Übers.); Runge: Berlin.

Fanon, Frantz (1952): Peau noire - masques blancs; Paris: Seuil.

Fanon, Frantz (1981): Die Verdammten dieser Erde; Traugott König (Übers.); Frankfurt a.M.: Suhrkamp.

Farace, Dominic John (1982): The Sacred–Profane Dichotomy. A Comparative Analysis of its Use in the Work of Émile Durkheim an Mircea Eliade as far as Published in English; Dissertation; Utrecht.

Fauconnet, Paul (1938): L'Œuvre pédagogique de Durkheim. Vorwort zu: Durkheim, Émile: Education et sociologie; Paris: Alcan.

Ferber, Christian von (1970): Die Gewalt in der Politik. Auseinandersetzung mit Max Weber; Stuttgart, Berlin, Köln, Mainz: Kohlhammer.

Figal, Günter (2000): Lieber Herr Jünger, Lieber Herr Heidegger; In: Welt am Sonntag 13 (26.3.); S. 37.

Filloux, Jean–Claude (1977): Individualisme, socialisme et changement social chez Émile Durkheim; Promotion, Lille.

Filloux, Jean–Claude (1993): Émile Durkheim: au nom du social; In: Mil neuf cent. Revue d'histoire intellectuelle (Cahiers Georges Sorel) 11.

Fretz, Leo (1988): Knappheit und Gewalt. Kritik der dialektischen Vernunft; In: Sartre - ein Kongreß; Traugott König (Hrsg.); Hamburg: Rowohlt.

Frey, Daniel (1987): Un poète politique. Les images, symboles et métaphores dans l'œuvre de Bertolt Brecht. Thèse; Lausanne: L'âge d'homme.

Frisch, Werner und K.W. Obermeier (1997): Brecht in Augsburg. Erinnerungen, Dokumente, Fotos; Berlin: Aufbau.

Frommer, J. und S. (1994): Max Webers Krankheit. Soziologische Aspekte der depressiven Struktur; In: Fortschritte der Neurologie–Psychiatrie 61; S. 161–171.

Fuchs, Peter (1986): Bertolt Brecht, der aufdringliche Dichter. Das Selbstverständnis Bertolt Brechts im Kontext der Moderne; München: iudicium.

Fuhrmann, Manfred (1991): Die Anfänge der abendländischen Philosophie. Fragmente der Vorsokratiker; Michael Gründwald (Übers.); Zürich, München: Artemis, dtv.

Fukuyama, Francis (2001): Das Ende der Einsamkeit. Der heilsame Schock des 11. September; In: FAZ vom 22.9..

Furet, François (1997): Il passato di un'illusione. L'idea comunista nel 20. secolo; Maria Valensise (Übers.); Mailand: Mondadori.

Fürstenberg, Friedrich (1970) (Hrsg.): Religionssoziologie; Neuwied: Luchterhand.

Fürstenberg, Friedrich (1995): Soziale Handlungsfelder. Strukturen und Orientierungen; Opladen: Leske + Budrich.

Fürstenberg, Friedrich (1999): Die Zukunft der Sozialreligion; Konstanz: UVK.

Gabriel, Oskar W., Frank Brettschneider (1994) (Hrsg.): Die EU–Staaten im Vergleich. Strukturen, Prozesse; Politikinhalte; Opladen: Westdeutscher Verlag.

Galtung, Johan (1975): Strukturelle Gewalt. Beiträge zur Friedens-und Konfliktforschung; Hamburg: Rowohlt.

Galtung, Johan (1981): The Specific Contribution of Peace Research to the Study of Violence: Typologies; In: Violence and ist Causes; Unesco (Hrsg.); Paris: Unesco.

Galtung, Johan (1993): Kulturelle Gewalt. Zur direkten und strukturellen Gewalt tritt die kulturelle Gewalt; In: Aggression und Gewalt; Landeszentrale für politische Bildung Baden–Würtemberg (Hrsg.). Stuttgart, Berlin, Köln: Kohlhammer.

Gane, Nicholas (1997): Max Weber on the Ethical Irrationality of Political Leadership; In: Sociology. The Journal of the British Sociological Association 31; S. 549–564.

Gauchet, Marcel (1992): La droite et la gauche; In: Les lieux de mémoire, Les France; Bd. 1: Conflits et partages; Pierre Nora (Hrsg.), Paris: Gallimard; S. 394–467.

Gauger, Rosemarie (1971): „Littérature engagée" in Frankreich zur Zeit des Zweiten Weltkrieges. Die literarische Auseinandersetzung Sartres, Camus, Aragons und Saint–Exupérys mit der politischen Situation ihres Landes. Göppingen: Kümmerle.

Geiss, Imanuel (1993): Der Jugoslawienkrieg; Frankfurt a.M.: Diesterweg.

Gephart, Werner (1996): Die französische Soziologie und der Erste Weltkrieg. Spannungen in Émile Durkheims Deutung des Großen Krieges; In: Kultur und Krieg: Die Rolle der Intellektuellen, Künstler und Schriftsteller im Ersten Weltkrieg; Wolfgang J. Mommsen (Hrsg.); München: Oldenbourg; S. 49–63.

Gerber, François (1990): Malraux–De Gaulle. La nation retrouvée; Paris: l'Harmattan.

Gerz, Raimund (1983): Bertolt Brecht und der Faschismus; Bonn: Grundmann.

Giddens, Anthony (1971): Capitalism and Modern Social Theory. An Analysis of the Writings of Marx, Durkheim and Max Weber; London: Cambridge at the University Press.

Giddens, Anthony (1995): Konsequenzen der Moderne; Joachim Schulte (Übers.); Frankfurt a.m.: Suhrkamp.

Gipper, Andreas (1992): Der Intellektuelle. Konzeption und Selbstverständnis schriftstellerischer Intelligenz in Frankreich und Italien; Stuttgart: M&P Verlag für Wissenschaft und Forschung.

Girard, René (1972): La violence et le sacrée; Paris: Grasset.

Glaser, Hermann (1999): Deutsche Kultur 1945–2000; Berlin: Ullstein.

Gläser, Jochen (2002): Experteninterviews und qualitative Inhaltsanalyse als Instrumente rekonstruierenden Untersuchung; Opladen: Leske + Budrich.

Glucksmann, André (1983): La force du vertige; Paris: Grasset & Fasquelle.

Glucksmann, André (1997): Le Bien et le Mal; Paris: Laffont.

Gramsci, Antonio (1966): Gli intelletuali e l'organizzazione della cultura; Turin: Einaudi.

Gramsci, Antonio (1992): Gefängnishefte; Klaus Bochmann und Wolfgang Fritz Haug (Hrsg.); Wolfgang Fritz Haug u.a. (Übers.); Hamburg Berlin: Argumente–Verlag.

Grande dizionario della lingua italiana (1977); Salvatore Battaglia (Hrsg.); Bd.VIII; Turin: UTET.

Grover, Frédéric (1978): Six entretiens avec André Malraux sur des écrivains de son temps (1959–1975); Paris: Gallimard.

Grünewald, Ernst (1967): Das Problem der Soziologie des Wissens. Versuch einer kritischen Darstellung der wissenssoziologischen Theorien; Hildesheim: Olms.

Grutzpalk, Jonas (1997): Krieg der Köpfe. Rechtsintellektuelle Gewalttheoretiker in Frankreich und Italien; Magisterarbeit (unveröfftl. Manuskript); Bonn. Im Anhang: Interview mit Alain de Benoist.

Grutzpalk, Jonas (2000): Leidenschaft und Treue. Zur Ausdifferenzierung kultureller Liebescodes in Italien, Frankreich und Deutschland; In: Grenzen und Grenzüberschreitungen der Liebe; Kornelia Hahn und Günter Burkart (Hrsg.); Opladen: Leske + Budrich; S. 45–73.

Grutzpalk, Jonas (2002): Blood Feud and Modernity. Max Weber's and Émile Durkheim's Theories; In: Journal of Classical Sociology 2 (2); S. 115–134.

Grutzpalk, Jonas: Ritueller Terror und gesellschaftliche Ordnung. Der Fall Algerien aus der Sicht Frantz Fanons. Vortrag auf der Tagung „Kultivierung von Gewalt" der Sektion Kultursoziologie der D.G.S am 8.12.2000 in Berlin (Veröffentlichung demnächst in einem Sammelband zur Tagung).

Gutwirth, Rudolf (1996): La morale et la pratique politique de Sartre; Brüssel: Vubpress.

Habermas, Jürgen (1973): Erkenntnis und Interesse; Frankfurt a.m.: Suhrkamp.

Habermas, Jürgen (1990): Gewaltmonopol, Rechtsbewußtsein und demokratischer Prozeß. Erste Eindrücke bei der Lektüre des „Endgutachtens" der Gewaltkommission; In: P.A. Albrecht und O. Backes (Hrsg.): Verdeckte Gewalt; Frankfurt a.M: Suhrkamp; S. 180–188.

Habermas, Jürgen (1991): Rencontre de Sartre. Entretien avec Ulysses Santamaria et Richard Wolin; In: Les Temps Modernes 539.

Habermas, Jürgen (1996): Heinrich Heine und die Rolle der Intellektuellen in Deutschland; In: Merkur. Deutsche Zeitschrift für europäisches Denken 50; Heft 12; S. 1122-1137.

Hackenbroch–Kraft, Ida (1980) (Hrsg.): Jean Paul Sartre im Interview mit Radio France am 7. Februar 1973; In: Au Micro . Jean–Paul Sartre - Ecrivain, philosophe, journaliste; München: Langenscheidt–Hachette.

Hagen, Manfred (1993): „Wir sind doch nicht geschlagen?!" Erste Reaktionen der SED–Führung auf die Volkserhebung 1953; Vorträge aus dem Hannah–Arendt–Institut, Heft 2; Dresden.

Halbwachs, Maurice (1918): La doctrine d'Émile Durkheim; In: Revue Philosophique de la France et de l'Etranger; 85; S. 353–411.

Hameln, Jean–Paul (1998): Les Protestants. Enquête sur un million d'inconnus; In: L'Evénement du jeudi 693; S. 6–10.

Harnischmacher, Robert, Arved Semerak (1996): Deutsche Polizeigeschichte. Eine allgemeine Einführung in die Grundlagen; Stuttgart, Berlin, Köln, Main: Kohlhammer.

Harris, Geoffrey (1997): Malraux, Myth Political Commitment and the Spanish Civil War; In: Modern and Contemporary France 5; S. 319–328.

Hattenhauer, Hans (1980): Geschichte des Beamtentums; Köln, Berlin, Bonn, München: Heymann.

Haumann, Heiko (1996): Geschichte Rußlands; München, Zürich: Piper.

Hayman, Ronald (1956): A last interview with Bertolt Brecht; In: London Magazine 3; Nr. 11;; S. 47–52.

Hayman, Ronald (1987): Sartre. A Life; New York: Simon and Schuster.

Hayman, Ronald (1998): Bertolt Brecht. Der unbequeme Klassiker; Alexandra von Reinhard (Übers); München: Heyne.

Hecht, Werner (1973): Bertolt Brechts Arbeitsjournal. Anmerkungen; Frankfurt a.M.: Suhrkamp.

Hecht, Werner (Hrsg.) (1997): Bertolt Brecht Chronik 1898–1956; Frankfurt a.M.: Suhrkamp.

Hennis, Wilhelm (1996): Max Webers Wissenschaft vom Menschen; Tübingen: Mohr.

Henschel, Gerhard (1996): Moralismus als Karrriere; In: Merkur. Deutsche Zeitschrift für europäisches Denken 50; Heft 12; S. 781–790.

Hervier, Julien (1994): Le grand tournant. Comment Jünger a–t–il pu évoluer de l'activisme militariste à l'esthétisme politiquement engagé? In: Magazine Littéraire 326; S. 37–40

Herzinger, Richard (1996): Flucht aus der Politik? Deutsche Intellektuelle nach Srebrenica; In: Merkur 50; S. 375–388.

Hobbes, Thomas (1937): Leviathan; London: Everyman's Library.

Hoeges, Dirk (1994): Kontroverse am Abgrund: Ernst Robert Curtius und Karl Mannheim. Intellektuelle und „freischwebende Intelligenz" in der Weimarer Republik; München: Fischer.

Holbach, Dietrich Freiherr von (1964): Die Funktion religiöser Vorstellungen; Aus: Système de la nature ou des lois du monde physique et du monde morale; Paris 1820; Zit. nach: Lenk, Kurt (Hrsg.): Ideologiekritik und Wissenssoziologie; Neuwied, Berlin: Luchterhand.

Holthusen, Hans–Egon (1982): Sartre in Stammheim. Literatur und Terrorismus; Stuttgart: Klett–Cotta.

Hübinger Gangolf, Wolfgang J. Mommsen (1984): Einleitung; In: Max Weber zur Politik im Weltkrieg. Schriften und Reden 1914–1918; 15. Band der Max Weber Gesamtausgabe; Wolfgang J. Mommsen und Gangolf Hübinger (Hrsg.); Tübingen: Mohr.

Hübinger, Gangolf (1988): Gustav Stresemann und Max Weber. Interessenpolitik und Gelehrtenpolitik; In: Max Weber und seine Zeitgenossen; Wolfgang J. Mommsen und Wolfgang Schwentker (Hrsg.); Göttingen, Zürich: Vanderhoeck & Ruprecht; S.457 ff.

Hübinger, Gangolf (1994): Kulturprotestantismus und Politik. Zum Verhältnis von Liberalismus und Protestantismus im wilhelminischen Deutschland; Tübingen: Mohr.

Ibn Khaldun (1968): Discours sur l'histoire universelle (al–Muqaddima); 3 Bde.; Beyrouth: Commission Libanaise pour la traduction des chefs–d'œuvre.

Ikor, Roger (1979): L'aventure extrême–orientale d'André Malraux: du révolutionnaire au romancier; In: Malraux; Génies et Réalités; Hachette: Paris.

Inhetveen, Katharina (1997): Gesellige Gewalt. Ritual, Spiel und Vergesellschaftung bei Hardcorekonzerten; In: Soziologie der Gewalt; Trutz von Trotha (Hrsg.); Opladen: Westdeutscher Verlag; S. 235–262.

Jacobs, Jürgen (1969): Brecht und die Intellektuellen; In: Neue Rundschau ; S. 241–258.

Jarreau, Patrick (1994): La „liste Sarajevo" se retire des élections européennes; In: Le Monde 31.5.

Jaspers, Karl (1921): Max Weber. Rede bei der von der Heidelberger Studentenschaft veranstalteten Trauerfeier; Tübingen: Mohr.

Jhering, Herbert (1980): Bert Brecht hat das dichterische Antlitz Deutschlands verändert. Gesammelte Kritiken zum Theater Brechts; Klaus Völker (Hrsg.); München: Kindler.

Joas, Hans (1987): Durkheim und der Pragmatismus. Bewußtseinspsychologie und die soziale Konstitution der Kategorien; In: Émile Durkheim: Schriften zu Soziologie der Erkenntnis; Frankfurt a.M.: Surhkamp; S. 257–284.

Joas, Hans und Martin Kohli (1993) (Hrsg.): Der Zusammenbruch der DDR; Frankfurt a.M.: Suhrkamp.

Johnson, Paul (1987): A History of the Jews; New York: Harper.

Journal des savants (1898): publié sous les auspices de l'Institut de France (Académie des Inscriptions et Belles–lettres); 3.Série; 63.

Judt, Matthias (1998) (Hrsg.): DDR–Geschichte in Dokumenten; Bonn: Bundeszentrale für politische Bildung.

Jung, Martin (2000): Der Protestantismus in Deutschland von 1815–1870; Leipzig: Evangelische Verlagsanstalt.

Jünger, Ernst (1923): Revolution und Idee; In: Völkischer Beobachter 23./24.1..

Jünger, Ernst (1926): Feuer und Blut; Berlin: Frundsberg.

Jünger, Ernst (1927): Der neue Nationalismus; In: Völkischer Beobachter 23./24.1.

Jünger, Ernst (1929): Vorwort zu: Der Kampf um das Reich; Ernst Jünger (Hrsg.); Essen: Deutsche Betriebsstelle „Rhein und Ruhr" Wilhelm Kamp.

Jünger, Ernst (1930): Die totale Mobilmachung; In: Krieg und Krieger; Ernst Jünger (Hrsg.); Berlin: Junker & Dünnhaupt; S. 22 ff.

Jünger, Ernst (1932): Der Arbeiter. Herrschaft und Gestalt. Hamburg: HVA.

Jünger, Ernst (1934): Blätter und Steine; Hamburg: Hamburger Verlagsanstalt.

Jünger, Ernst (1936): Der Krieg als inneres Erlebnis; Berlin: Mittler.

Jünger, Ernst (1940): Das Wäldchen 125. Eine Chronik aus den Grabenkämpfen; Berlin: Mittler (zuerst: Berlin: Mittler 1925).

Jünger, Ernst (1950a): Das Abenteuerliche Herz. Zweite Fassung; Frankfurt a.M.: Klostermann.

Jünger, Ernst (1950b): Über die Linie; Frankfurt a.M.: Klostermann.

Jünger, Ernst (1953): Der gordische Knoten; Frankfurt a.M.: Klostermann.

Jünger, Ernst (1960): Der Weltstaat. Oranismus und Organisation; Stuttgart: Klett.

Jünger, Ernst (1968): Drogen und Rausch; In: Antaios 10; S. 1 ff.

Jünger, Ernst (1970/71): Annäherungen; In: Antaios 12.

Jünger, Ernst (1978): Sturm; Stuttgart: Klett–Cotta (zuerst: Hannoverscher Kurrier, 11.–27.4.1923).

Jünger, Ernst (1979a): Die Zwille; In: Sämtliche Werke; Stuttgart: Bd. 5; Klett–Cotta.

Jünger, Ernst (1979b): Strahlungen; In: Sämtliche Werke; Bd. 2 und 3; Stuttgart: Klett–Cotta.

Jünger, Ernst (1980): Der Friede; In: Sämtliche Werke; Bd. 7; Stuttgart: Klett–Cotta (zuerst: Handout 1944).

Jünger, Ernst (1984): Autor und Autorenschaft; Stuttgart: Klett–Cotta.

Jünger, Ernst (1987): Zwei Mal Halley; Stuttgart: Klett–Cotta.

Jünger, Ernst (1995): Auf den Marmorklippen; Berlin: Ullstein (zuerst: Hamburg: HVA 1940).

Jünger, Ernst (1998a): Afrikanische Spiele; München: dtv (zuerst: Hamburg: HVA 1936).

Jünger, Ernst (1998b): In Stahlgewittern; Stuttgart: Klett–Cotta (zuerst: Selbstverlag 1920).

Jünger, Ernst/Carl Schmitt (1999). Briefe 1930–1983; Helmuth Kiesel (Hrsg.); Stuttgart: Klett–Cotta.

Jünger, Ernst/Rudolf Schlichter (1997). Briefe 1935–1955; Dirk Heißerer (Hrsg.); Stuttgart: Klett–Cotta.

Jünger, Ernst/Valeriu Marcu (1991). Briefwechsel. Abgedruckt In: Der Pfahl. Jahrbuch aus dem Niemandsland zwischen Kunst und Wissenschaft 5; S. 125 ff.

Jünger, Friedrich Georg (1955): Erinnerungen an die Eltern; In: Freundschaftliche Begegnungen. Festschrift für Ernst Jünger zum 60. Geburtstag; Armin Mohler (Hrsg.); Frankfurt a.M.: Klostermann; S. 211 ff.

Jünger, Friedrich Georg (1959/60): Antaios; In: Antaios 1; S. 81–86.

Kaelble, Hartmut (1991): Nachbarn am Rhein. Entfremdung und Annäherung der deutschen und französischen Gesellschaft seit 1880; München: Beck.

Kantstein, Wulf (1999): Mandarins in the Public Sphere. Vergangenheitsbewältigung and the Paradigm of Social History in the Federal Republic of Germany; In: German Politics and Society 17; S. 95–109.

Kellner, Douglas (1980): Brecht's Marxist Aesthetics: The Korsch Connection; In: Bertolt Brecht. Political Theory and Literary Practice; Betty Nance Weber und Hubert Heinen (Hrsg.); Manchester: M.U.P.; S. 29–42.

Kesting, Marianne (1959): Bertolt Brecht in Selbstzeugnissen und Bilddokumenten; Reinbek bei Hamburg: Rowohlt.

Kiesel, Helmuth (1994): Wissenschaftliche Diagnose und dichterische Vision der Moderne. Max Weber und Ernst Jünger; Heidelberg: Manutius.

Kirsch, Hans–Christian (1967) (Hrsg.): Der spanische Bürgerkrieg in Augenzeugenberichten; Düsseldorf: Rauch.

Kleines politisches Wörterbuch (1983); Berlin (Ost): Dietz.

Knütter, Hans–Helmuth (1978): Politischer Extremismus an den Hochschulen; In: Extremismus im demokratischen Rechtsstaat; M. Funke (Hrsg.); Düsseldorf: Droste Verlag.

Kohtes, Michael (1999): Boxen. Eine Faustschrift; Frankfurt a.M.: Suhrkamp.

Kölnische Zeitung (1874): Das Gewissen, das Staatsgesetz und der Papst; 18 (18.1.).

König, René (1976): Émile Durkheim. Der Soziologe als Moralist; In: Klassiker des soziologischen Denkens; Dirk Käsler (Hrsg.); München: Beck.

König, Traugott (1986): Vorwort zu: Sartre Lesebuch. Den Menschen erfinden; Reinbek bei Hamburg: Rowohlt.

Konitzer, Martin (1993): Ernst Jünger; Frankfurt a.M., New York: Campus.

Kowalsky, Wolfgang (1991): Kulturrevolution? Die Neue Rechte im neuen Frankreich und ihre Vorläufer; Opladen: Leske + Budrich.

Krockow, Christian Graf von (1958): Die Entscheidung. Eine Untersuchung über Ernst Jünger, Carl Schmitt, Martin Heidegger; Stuttgart: Enke.

Krüger, Marlis (1981): Wissenssoziologie; Stuttgart, Berlin, Köln, Mainz: Kohlhammer.

Kulturpolitisches Wörterbuch (1978); Berlin (Ost): Dietz.

Lacouture, Jean (1979): André Malraux. Une vie dans le siècle; Paris: Seuil.

Lacouture, Jean (1983): Profils perdus. Cinquante–trois portraits de notre temps; Paris: Métailié.

Lacroix, Bernard (1981): Durkheim et le Politique; Paris: Presses de la fondation nationale des sciences politiques.

Laing, Ronald, David Cooper (1971): Raison et violence. Dix ans de la philosophie de Sartre (1950–1960); Jean–Pierre Coterau (Übers.); Paris: Payot.

Lange, Wolfgang (1999): Die späte patriotische Kehre. Bertolt Brecht, Thomas Mann und der Richtertisch; In: FAZ vom 13.11.

Larès, Maurice (1996): Le Démon de l'absolu; In: André Maltraux: Œuvres complètes; Band 3; Paris: Gallimard.

Larkin, Maurice (1988): France since the Popular Front. Government and People 1936–1986; Oxford: Claredon Press.

Le Bras, Gabriel (1964): Maßstäbe für die soziale Vitalität des Katholizismus in Frankreich; In: Religionssoziologie; Friedrich Fürstenberg und Heinz Maus (Hrsg.); Neuwied, Berlin: Luchterhand; S. 179–203.

Leenhardt, Jacques (1989): Zur Soziologie der Intellektuellen; Heidi Pengg–Bührlen und Hildegard Kremers (Übers.); In: Archiv für Kulturgeschichte 71; S. 209–225.

Lenk, Kurt (1964) (Hrsg.): Ideologiekritik und Wissenssoziologie; Neuwied, Berlin: Luchterhand.

Lepenies, Wolf (1989): Wissenskulturen. Ein Vergleich zwischen Frankreich und Deutschland; In: Kultur und Gesellschaft. Verhandlungen des 24. Deutschen Soziologentages 1988; Frankfurt a.M., New York: Campus; S. 21–32.

Lepenies, Wolf (1992): Aufstieg und Fall der Intellektuellen in Europa; Frankfurt a.M.: Campus.

Lepsius, Rainer (1997): Kritik als Beruf. Zur Soziologie der Intellektuellen; In: Kölner Zeitschrift für Soziologie und Sozialpsychologie; S. 75–91.

Lévy, Bernard–Henri (1977): La Barbarie à visage humain; Paris: Grasset.

Lévy, Bernard–Henri (1979): Le Testament de Dieu; Paris: Grasset.

Lévy, Bernard–Henri (1981): L'idéologie française; Paris: Grasset.

Lévy, Bernard–Henri (1983): Questions de principe un; Paris: Denoel/Gonthier.

Lévy, Bernard–Henri (1985): Les Indes rouges; Paris: Grasset. (zuerst: Bangla Desh. Nationalisme dans la révolution; Paris: Maspero 1973.)

Lévy, Bernard–Henri (1986): Questions de principe deux; Paris: Grasset.

Lévy, Bernard–Henri (1987): Eloge des intellectuels; Paris: Grasset.

Lévy, Bernard–Henri (1992a): Die abenteuerlichen Wege der Freiheit. Frankreichs Intellektuelle von der Dreyfus–Affäre bis zur Gegenwart; Michael und Susanne Farin (Übers.); München, Leipzig (zuerst: Les chemins de la liberté. Une histoire subjective des intellectuels; Paris: Grasset 1991).

Lévy, Bernard–Henri (1992b): Idées fixes. Questions de principe quatre; Paris: Librairie Générale Française.

Lévy, Bernard–Henri (1992c): Le Jugement dernier. Théatre; Paris: Grasset.

Lévy, Bernard–Henri (1995a): Bloc–notes. Questions des principe cinq; Paris: Librairie Générale Française.

Lévy, Bernard–Henri (1995b): L'appel de Vitrolles; In: La règle du jeu; 17; S. 6–16.

Lévy, Bernard–Henri (1995c): Gefährliche Reinheit; Maribel Königer (Übers.); Wien: Passagen–Verlag (zuerst: La pureté dangereuse; Paris: Grasset 1994.)

Lévy, Bernard–Henri (1996): Le Lys et la cendre. Journal d'un écrivain au temps de la guerre de Bosnie; Paris: Grasset.

Lévy, Bernard–Henri (1998); Choses vues en Algérie. La loi des massacres; In: Le Monde, Selection Hebdomadaire; 15. 1.; S. 6–7.

Lévy, Bernard–Henri (2000): Le siècle de Sartre. Enquête philosophique; Paris: Grasset.

Lipp, Wolfgang (1994): „ich Rauffe mich nicht gern mit zwergen". Ehrbegriff und Genieanspruch. Mozart im Umbruch seiner Zeit; In: Ehre. Archaische Momente in der Moderne; Ludgera Vogt u.a. (Hrsg.); Frankfurt a.M.: Suhrkamp; S. 57–78.

Lobkowicz, Nikolaus (1997): Ontologie der Innerlichkeit; In: Rationalität und Innerlichkeit; Hanna–Barbara Falkovitz u.a. (Hrsg.); Hildesheim: Olms; S. 1–20.

Londres, Albert (1990): D'Annunzio, conquérant de Fiume; Paris: Juillard.

Lorenz, Konrad (1998): Das sogenannte Böse. Zur Naturgeschichte der Aggressionen; München: dtv.

Luckmann, Thomas (1999a): Wirklichkeiten: individuelle Konstitution und gesellschaftliche Konstruktion; In: Hermeneutische Wissenssoziologie. Standpunkte zur Theorie der Interpretation; Roland Hitzler u.a. (Hrsg.); Konstanz: UVK; S. 17–29.

Luckmann, Thomas (1999b): Das kosmologische Fiasko der Soziologie; In: Hermeneutische Wissenssoziologie. Standpunkte zur Theorie der Interpretation; Roland Hitzler u.a. (Hrsg.); Konstanz: UVK; S. 309–318.

Luckscheiter, Roman (2000): Intellektuelle in der SBZ/DDR 1945–1989; In: Intellektuelle im 20. Jahrhundert in Deutschland; Jutta Schlich (Hrsg.). (11. Sonderheft des Internationalen Archivs für Sozialgeschichte der deutschen Literatur); Tübingen: Niemeyer; S. 343–366.

Luhmann, Niklas (1975): Macht; Stuttgart: Enke.

Luhmann, Niklas (1981a): Die Ausdifferenzierung von Erkenntnisgewinn: Zur Genese von Wissenschaft; In Wissenssoziologie; Sonderband der KZfSS 22, Nico Steht und Volker Meja (Hrsg.): Opladen: Westdeutscher Verlag; S. 102–139.

Luhmann, Niklas (1981b): Ideengeschichte in soziologischer Perspektive; In: Lebenswelt und soziale Probleme. Verhandlungen des 20. Deutschen Soziologentages zu Bremen 1980; Frankfurt a.M., New York: Campus.

Luhmann, Niklas (1992): Die Beobachtung der Beobachter im politischen System. Zur Theorie der öffentlichen Meinung; In: Wilke, Jürgen (Hrsg.): Öffentliche Meinung. Theorie, Methoden, Befunde ; Freiburg München.

Luhmann, Niklas (1993): Die Paradoxie des Entscheidens; In: Verwaltungs–Archiv 84; S. 287–310.

Luhmann, Niklas (1999): Gesellschaftsstruktur und Semantik. Studien zur Wissenssoziologie der modernen Gesellschaft; Bd. 4; Frankfurt a.M.: Suhrkamp.

Lukes, Steven (1973): Émile Durkheim. His Life and Work. A Historical and Critical Study; London: Penguin.

Lyotard, Jean–François (1996): La vie de Malraux doit être lue comme un receuil de légendes. Propos recueillis par Philippe Bennefis; In: Magazine Littéraire 347; S. 26–30.

Mackenzie, William (1975): Power, Violence, Decision; London: Penguin.

Maffesoli, Michel (1992): Vorwort zu: Durkheim, Emile und Ernest Lavisse: Lettres à tous les français; Paris: Armand Colin.

Malcolm, Noel: Geschichte Bosniens; Frankfurt a.M.: Fischer 1996,

Malraux, André (1935): Vorwort zu Andrée Viollis: Indochine S.O.S.; Paris: Gallimard.

Malraux, André (1955a): Pages choisis (Romans); Classiques Illustrés Vaubourdolle 76; Librairie Hachette (Hrsg.); Paris: Hachette.

Malraux, André (1955b): Psychologie der Kunst; Jan Lauts (Übers.): Baden–Baden: Klein (zuerst: Psychologie de l'art; 3 Bde.; Genf: Skira 1947–1950).

Malraux, André (1967): Antimémoires; Bd. 1; Paris: Gallimard.

Malraux, André (1973): Paroles et écrits politiques 1947–1972 (Espoir Nr. 2); Institut Charles de Gaulle Paris (Hrsg.): Plon.

Malraux, André (1996a): Antimémoires; In: Œuvres complètes; Bd. 3 Paris: Gallimard. (zuerst: Paris: Gallimard 1972 ff.)

Malraux, André (1996b): L'Espoir;. In Œuvres complètes; Bd. 2; Pairs: Gallimard (zuerst: Paris: Gallimard 1947).

Malraux, André (1996c): La condition humaine; In: Œuvres complètes; Bd. 1; Paris: Gallimard (zuerst: Paris: Gallimard 1933).

Malraux, André (1996d): Le Démon de l'absolu (Fragment); In: Œuvre complète; Bd. 2; Paris: Gallimard; S. 1666–1694.

Malraux, André (1996e): Le Miroir des limbes; In: Œuvres complètes; Band 3; Paris: Gallimard.

Malraux, André (1996f): Les Noyers d'Altenburg; In: Œuvres complètes; Band 2; Pairs: Gallimard (zuerst: Paris: Gallimard 1948).

Malraux, Anrdré (1973): Paroles et écrits politiques 1947–1972 (Espoir Nr. 2); Institut Charles de Gaulle (Hrsg.); Paris: Plon.

Malraux, Clara (1963): Le bruit de nos pas; Bd. I: Apprendre à vivre; Paris: Grasset.

Malraux, Clara (1969): Le bruit de nos pas Bd. III: Les Combats et les jeux; Paris: Grasset.

Malraux, Clara (1976): Le bruit de nos pas Bd. V: Le fin et le Commencement; Paris: Grasset.

Mannheim, Karl (1925): Das Problem der Soziologie des Wissens; In: Archiv für Sozialwissenschaft und Sozialpolitik 53; S. 639–651.

Mannheim, Karl (1926): Ideologische und soziologische Interpretation der geistigen Gebilde; In: Jahrbuch für Soziologie 2; S. 432 ff.

Marion, Denis (1996): Le cinéma selon André Malraux; Paris: Cahiers du cinéma.

Martin, Alfred von (1948): Geist und Gesellschaft. Soziologische Skizzen zur europäischen Kulturgeschichte; Frankfurt a.M.: Knecht.

Martin, Alfred von (1965): Mensch und Gesellschaft heute; Frankfurt a.M.: Knecht.

Marx, Karl (1964): Die Deutsche Ideologie; Berlin 1953; Zit. nach: Lenk, Kurt (Hrsg.): Ideologiekritik und Wissenssoziologie; Neuwied, Berlin: Luchterhand.

Maurras, Charles (1927): L'avenir de l'intelligence; Paris: Flammarion.

Maurras, Charles (1932): Dictionnaire politique et critique; Paris: Arthéme Fayard.

Mayer, Hans (1998): Erinnerungen an Brecht; Frankfurt a.M.: Suhrkamp.

Meyer, Martin (1990): Ernst Jünger; München, Wien: Hanser.

Michaud, Yves (1998): La violence; Que sais-je?; Bd. 2251; Paris: P.U.F.

Miquel, Pierre (1996): L'affaire Dreyfus; Que sais-je? Bd. 867; Paris: P.U.F..

Mitter, Armin, Stefan Wolle (1990): Ich liebe euch doch alle! Befehle und Lageberichte des MfS; Berlin: BasisDruck.

Mommsen, Wolfgang J. (1992): Max Weber. Ein politischer Intellektueller der Jahrhundertwende; In: Universitas 7.

Mommsen, Wolfgang J. (1993): Max Weber. Ein politischer Intellektueller im Deutschen Kaiserreich; In: Intellektuelle im Deutschen Kaiserreich; G. Hübinger und W.J. Mommsen (Hrsg.); Frankfurt a.M.: Fischer; S. 33 ff.

Mommsen, Wolfgang J., Gangolf Hübinger (1984) (Hrsg.): Max Weber zur Politik im Weltkrieg. Schriften und Reden 1914–1918; 15. Band der Max Weber Gesamtausgabe; Tübingen: Mohr.

Mommsen, Wolfgang J., Gerhard Hirschfeld (1982) (Hrsg.): Sozialprotest, Gewalt, Terror. Gewaltanwendung durch politische und gesellschaftliche Randgruppen im 19. und 20. Jahrhundert; Stuttgart: Klett–Cotta.

Mommsen, Wolfgang J., Wolfgang Schwentker (1988) (Hrsg.): Max Weber und seine Zeitgenossen; Göttingen, Zürich: Vanderhoeck & Ruprecht.

Mongin, Olivier (1996): André Glucksmann, Bernard–Henri Lévy, Alain Finkielkraut. La Résistance contre le mal; In: Magazine Littéraire 339; S. 41–43.

Monod, Jean–Claude (1999): Max Weber. Les conditions modernes de la politique; In: Magazine littéraire 380; S. 35–37.

Montaleone, Carlo (1970): Il concetto di anomia in Durkheim; In: Il significato del tragico; Remo Cantoni (Hrsg.): Milano: Goliardica.

Morera, Alfred, Gilles Neret (1986): La vie d'André Malraux; Paris: B.D.Editeurs.

Moretti, Mario (1998): Brigate Rosse, una storia italiana. Intervista di Carla Mosca e Rossana Rossanda; Mailand: Baldini&Castoldi.

Mosse, George L. (1992): Jüdische Intellektuelle in Deutschland. Zwischen Religion und Nationalismus; Christiane Spelsberg (Übers.); Frankfurt, New York: Campus.

Müller, Hans–Peter (1992): Durkheims Vision einer „gerechten" Gesellschaft; In: Zeitschrift für Rechtssoziologie 13; S. 17–43.

Müller, Otto Wilhelm (1971): Intelligencija. Untersuchung zur Geschichte eines politischen Schlagwortes; Frankfurt a.M.: Athenäum.

Münch, Richard (1993a): Das Projekt Europa. Zwischen Nationalstaat, regionaler Autonomie und Weltgesellschaft; Frankfurt a.M.: Suhrkamp.

Münch, Richard (1993b): Die Kultur der Moderne; Bd. 2: Ihre Entwicklung in Frankreich und Deutschland; Frankfurt a.M.: Suhrkamp,.

Nachbemerkungen des Herausgebers zum Tui–Roman (1967); In: Bertolt Brecht Stücke XIV; Frankfurt a.M.: Suhrkamp.

Naddaf, Roswitha (1994): Schon wieder und endlich - Bosnien. Der Philosoph Bernard–Henri Lévy und sein Dokumentarfilm „Bosna"; In: Filmdienst 15; S. 34 f.

Naudet, Jean–Baptiste (1994): Contre l'indifference. Bosna! de Bernard–Henri Lévy; In: Le Monde 17.5.

Nécrologie (1918); In: Revue Philosophique de la France et de l'Étranger, 85.

Nehru, Jawaharlal (1982): The Discovery of India; New Delhi u.a.: Indraprastha Press.

Némedi, Dénes (1995): Das Problem des Todes in der Durkheimschen Soziologie; In: Der Tod ist ein Problem der Lebenden. Beiträge zur Soziologie des Todes; Klaus Feldmann und Werner Fuchs–Heinritz (Hrsg.); Frankfurt a.M.: Suhrkamp.

Neubert, Erhart (1997): Geschichte der Opposition in der DDR 1949–1989; Bonn: Bundeszentrale für politische Bildung.

Neues Forum Leipzig (1990) (Hrsg.): Jetzt oder nie - Demokratie. Leipziger Herbst 1989; München: Bertelsmann.

Nevin, Thomas (1997): Ernst Jünger and Germany. Into the Abyss, 1914–1945; London: Constable.

Nietzsche, Friedrich (o.J.): Zur Genealogie der Moral; München: Goldmann.

Noack, Paul (1998): Ernst Jünger. Eine Biographie; Berlin: Alexander Fest Verlag.

Noelle–Neumann, Elisabeth (1998): Wahlkampf seit November 1995. Deutschland auf dem Weg zu einer anderen Demokratie; In: FAZ, 30.9; S. 5f.

Nora, Pierre (1993): About Intellectuals; Eugen Weber (Übers.); In: Intellectuals in 20th–Century France: Mandarins and Samurais; Jeremy Jennings (Hrsg.); Paris: St. Martin's Press.

Opitz, Peter (1976): Zwischen Rationalismus und Resignation: Max Weber; In: Das wilhelminische Bildungsbürgertum. Zur Sozialgeschichte seiner Ideen; Klaus Vondung (Hrsg.); Göttingen: Vandenhoek & Ruprecht.

Ory, Pascal, Jean–François Sirinelli (1986): Les intellectuels en France. De l'Affaire Dreyfus à nos jours; Paris: Colin.

Oswalt, Julia (1985): Intelligencija (Intelligenz); In: Lexikon der Geschichte Rußlands; Hans Joachim Torke (Hrsg.); München: Beck; S. 161–163.

Ozouf, Mona (1982): L'école, l'église et la république 1871–1914; Paris: Cana.

Paetel, Karl Otto (1958): Ernst Jünger und die Politik; In: Neues Abendland 3 (Sonderdruck).

Paetel, Karl–Otto (1962): Ernst Jünger. Mit Selbstzeugnissen und Bilddokumenten; Reinbek bei Hamburg: Rowohlt.

Pagès, Frédéric (1998): Le diable et le Bourdieu; In: Canard enchainé vom 15. Juli.

Parsons, Talcott (1969): The Intellectual. A Social Role Category; In: On Intellectuals; Philip Rieff (Hrsg.); New York: Doubleday & Company.

Pfiffig, Ambros (1975): Religio Etrusca; Graz: Akademische Druck-und Verlagsanstalt.

Pianigiani, Ottorino (1988): Vocabolario etimologico della lingua italiana; Genua: Letizia.

Pickering, William., N.J. Allen und W. Watts Miller (1998) (Hrsg.): On Durkheim's Elemtary Forms of Religious Life; London New York: Routledge.

Picon, Gaëtan (1953): Malraux par lui-même; Paris: Seuil.

Polin, Raymond (1974): Nietzschean Violence; In: Violence and Aggression in the History of Ideas. Phillip Wiener und John Fischer (Hrsg.); New Jersey: Rutgers Univerity Press; S. 65–77.

Popitz, Heinrich (1992): Phänomene der Macht; Tübingen: Mohr.

Popper, Karl (1982): Die offene Gesellschaft und ihre Feinde II. Falsche Propheten. Hegel, Marx und die Folgen; München (Tübingen): Francke (UTB).

Prades, José (1993): Durkheim; Que sais–je?; Bd. 2533; Paris.

Prezzolini, Giuseppe: Sul Fascismo; Mailand: Collana 1975.

Prochasson, Christophe (1993): Les intellectuels, le socialisme et la guerre, 1900–1938; Paris: Seul.

Redfield, Robert (1969): Thinker and Intellectual in Primitive Society; In: Primitive Views of the World; Stanley Diamond (Hrsg.); New York, London: C.U.P; S. 33–49.

Reemtsma, Jan Philipp (1995): Staatlicher Terror; In: 200 Tage und 1 Jahrhundert. Gewalt und Destruktivität im Spiegel des Jahres 1945; Hamburger Institut für Sozialforschung (Hrsg.); Hamburg: HIS-Verlagsgesellschaft.

Rehmann, Jan (1997): Max Weber. Modernisierung als Fordismus; In: Das Argument 222; S. 613–629.

Reich, Jens (1991): Rückkehr nach Europa. Zur neuen Lage der deutschen Nation; München, Wien: Hanser.

Reich, Jens (1992a): Abschied von den Lebenslügen. Die Intelligenz und die Macht; Berlin: Rowohlt.

Reich, Jens (1992b): Intelligenz und Klassenherrschaft in Osteuropa vor und nach 1989; In: Außenpolitik IV /; S. 315–323.

Reich, Jens (1994a): Ich glaube an eine Revolution im Kopf. Ein Gespräch; In: Politiklust; Gabriele von Arnim (Hrsg.); München: Knaur.

Reich, Jens (1994b): Im Gespräch mit Mathias Greffrath und Konrad Adam; München: Hanser.

Reich, Jens (1994c): Rede zur Verleihung des Anna–Krüger–Preises 1993; In: Zur Kandidatur von Jens Reich für das Amt des Bundespräsidenten; Bürgerpräsident Jens Reich e.V. (Hrsg.); Berlin, Potsdam: Ehlers & Weber.

Reich, Jens (1995): „In den Hintern treten". Der ostdeutsche Bürgerrechtler Jens Reich über Demokratiefrust und die Notwendigkeit einer Ökodiktatur; Interview mit Jan Fleischhauer und Gabor Steingart; In: Spiegel 14; S. 42–49.

Reich, Jens (1996a): Gentherapie? Ich würde darum bitten. Die neue Medizin ist noch eine Medizin der Zukunft. In: Bild der Wissenschaft 6; S. 54–55.

Reich, Jens (1996b): Wie mörderisch ist Utopie? Terror im Namen der „guten Sache"; In: Denken im Zwiespalt. Über den Verrat der Intellektuellen im 20. Jahrhundert; Werner von Bergen und Walter Pehle (Hrsg.); München: Fischer; S. 20–33.

Reich, Jens (1997): Der langsame Abschied von den Ideologien; In: Die Verführungskraft des Totalitären. Saul Friedländer, Hans Maier, Jens Reich und Andrzeij Szcypiorski auf dem Hannah–Arendt–Forum 1997 in Dresden; Klaus–Dietmar Henke (Hrsg.); Dresden: Hannah–Arendt–Institut; S. 39–48.

Reich, Jens (1999): Fanatische Datensammler; In: Bild der Wissenschaft 7; S. 14.

Reich, Jens (2000): Ein Fest der Forschung. Die Karte des Erbgutes liegt vor. Wir müssen lernen, sie zu lesen; In: Die Zeit 27 (29.6); S. 1.

Reichertz, Jo (1999): Über das Problem der Gültigkeit qualitativer Sozialforschung; In: Hermeneutische Wissenssoziologie. Standpunkte zur Theorie der Interpretation; Roland Hitzler u.a. (Hrsg.); Konstanz: UVK; S. 319–346.

Revel, Jean–François (1975): La tentation totalitaire; Paris: Laffont.

Richter, Horst–Eberhard (1990): Defensive Aggression. Ein unterschätztes Gewaltmotiv; In: P.A. Albrecht und O. Backes (Hrsg.): Verdeckte Gewalt; Frankfurt a.M: Suhrkamp.

Rieffel, Rémy (1993): La tribu des clercs. Les intellectuels sous la V. république; Paris: CNRS Editions.

Riemel, Walter (1998): Sartre. Mit Selbstzeugnissen und Bilddokumenten; Reinbek bei Hamburg: Rowohlt.

Rigaud, Jacques (1995): L'exeption culturelle. Culture et pouvoirs sous la Ve République; Paris: Grasset.

Ringer, Fritz K. (1983): Die Gelehrten. Der Niedergang der deutschen Mandarine 1890–1933; Klaus Laermann (Übers.); Stuttgart: Klett–Cotta.

Ringer, Fritz K. (1992): Fields of knowledge. French academic culture in comparative perspective, 1890–1920; Cambridge: Cambridge University Press.

Rivais, Rafaële (1994): La „liste Sarajevo" s'est perdue en route; In: Le Monde 14.6.

Rohden, Peter Richard (1941): Die französische Politik und ihre Träger. Advokat, Schriftsteller, Professor; München: Bruckmann.

Röhrich, Lutz (1994) (Hrsg.): Lexikon der sprichwörtlichen Redensarten; Digitale Bibliothek Bd. 42

Rosenzweig, Luc (1994): L'exeption française; In: Le Monde vom 18.5.

Rothstein, Paula (1976): Brechts „Baal" und die moderne Aggressionsforschung; Dissertation New York University: Xerox University Microfilms.

Rötzel, Karl (1917): Grundlagen des geistigen Rußland; Jena: Diederichs.

Rüstow, Alexander (1950–1957): Ortsbestimmung der Gegenwart; 3 Bde.; Erlenbach, Zürich, Stuttgart: Rentsch.

Rysselberghe, Maria von (1984): Das Tagebuch der kleinen Dame; Irène Kreindl–Kuhn (Übers.); Nympenburger Verlagsbuchhandlung.

Sadri, Ahmad (1992): Max Weber's Sociology of Intellectuals; New York, Oxford: Oxford University Press.

Sand, Shlomo (1986): Psychologie des classes et psychologie des foules; In: Georges Sorel. Michel Charzat (Hrsg.). Paris: L'Herne.

Sartre, Jean–Paul (1946): L'existentialimse est un humanisme; Paris: Nagel.

Sartre, Jean–Paul (1951): Der Pfahl im Fleische; Georg Breuner (Übers.); Reinbek bei Hamburg: Rowohlt (zuerst: Les Chemins de la liberté, Bd. 3: La mort dans l'âme; Parios: Gallimard 1948).

Sartre, Jean–Paul (1952): Mon cher Camus; In: Les Temps Modernes 82.

Sartre, Jean–Paul (1954): Im Räderwerk; Helmuth de Haas (Übers.); Darmstadt: Holle (zuerst: L'engrénage; Paris: Brodard & Taupin 1954).

Sartre, Jean–Paul (1956): Le colonialisme est un système; In: Les Temps Modernes 123..

Sartre, Jean–Paul (1957a): Le fantôme de Staline; In: Les Temps Modernes 129–131; S. 577–697.

Sartre, Jean–Paul (1957b): Vous êtes formidables; In: Les Temps Modernes 135.

Sartre, Jean–Paul (1958a): Une victoire. Nachwort zu Henri Allegs: La Question; Lausanne: La Cité–Editeur.

Sartre, Jean–Paul (1958b): Was ist Literatur? Hans Georg Brenner (Übers.); Reinbek bei Hamburg: Rowohlt (zuerst: Qu'est–ce que la littérature; Paris: Gallimard 1964).

Sartre, Jean–Paul (1961): Les somnambules; In: Les Temps Modernes; 191.

Sartre, Jean–Paul (1965a): Die Wörter; Hans Mayer (Übers.); Reinbek bei Hamburg: Rowohlt (zuerst: Les mots; Paris: Gallimard 1963).

Sartre, Jean–Paul (1965b): Vorwort zu Roger Stéphanes: Portrait de l'aventurier; T.E. Lawrence, Malraux, von Salomon, L.N. Rossel; Paris: Grasset.

Sartre, Jean–Paul (1967): Kritik der dialektischen Vernunft; Bd. 1; Traugott König (Übers.); Reinbek bei Hamburg: Rowohlt (zuerst: Critique de la raison dialectique; Paris: Gallimard 1960).

Sartre, Jean–Paul (1969a): Der Teufel und der liebe Gott; In: Gesammelte Dramen; Gritta Baerlocher (Übers.); Reinbek bei Hamburg: Rowohlt (zuerst: Le diable et le bon Dieu; Paris: Gallimard 1951).

Sartre, Jean–Paul (1969b): Die Fliegen; In: Gesammelte Dramen; Gritta Baerlocher (Übers.); Reinbek bei Hamburg (zuerst: Les mouches; Paris: Gallimard 1947).

Sartre, Jean–Paul (1972): Plaidoyer pour les intellectuels; Paris: Gallimard.

Sartre, Jean–Paul (1979): Die Abrüstung der Kultur. Rede vor dem Weltfriedenskongreß in Moskau vom 9.–14. Juli 1962; In: Sartre, Jean–Paul: Was kann Literatur? Interviews, Reden, Texte 1960–1976; Traugott König (Übers. und Hrsg.); Reinbek bei Hamburg: Rowohlt.

Sartre, Jean–Paul (1980): Vorwort zu André Gorz: Der Verräter; Eva Moldenhauer (Übers.); Frankfurt: Suhrkamp.

Sartre, Jean–Paul (1981): Vorwort zu Frantz Fanons: Die Verdammten dieser Erde; Traugott König (Übers.); Frankfurt a.M.: Suhrkamp.

Sartre, Jean–Paul (1983): Cahiers pour une morale; Paris: Gallimard.

Sartre, Jean–Paul (1984): Huis clos; Stuttgart: Klett.

Sartre, Jean–Paul (1986): Mallarmés Engagement; Traugott König (Übers. und Hrsg.); Reinbek bei Hamburg: Rowohlt (Mallarmé. La lucidité et sa face d'ombre. Arlette Elkaïm–Sartre (Hrsg.); Paris: Gallimard 1986)

Sauder, Gerhard (1997): Allemagne; In: Dictionnaire européen des lumières; Michel Delon (Hrsg.); Paris: P.U.F.; S. 51–58.

Saux, Jean–Louis (1994a): Dominique Baudis et Michel Rocard se sont entretenus avec Alija Izetbegovic; In: Le Monde 24.5.

Saux, Jean–Louis (1994b): M. Schwartzenberg et une partie des militants de la cause bosniaque veulent aller jusqu'au scrutin du 12 juin; In: Le Monde 1.6.

Scheffler, Thomas (1997): Vom Königsmord zum Attentat. Zur Kulturmorphologie des politischen Mordes; In: Soziologie der Gewalt; Trutz von Trotha (Hrsg.); Opladen: Westdeutscher Verlag.

Schelsky, Helmut (1975): Die Arbeit tun die anderen. Klassenkampf und Priesterherrschaft der Intellektuellen; Opladen: Westdeutscher Verlag.

Scheuch, Erwin K. (1974): Kulturintelligenz als Machtfaktor. Intellektuelle zwischen Geist und Politik; Zürich: Edition Interforum.

Scheuch, Erwin K. (2000): Meistens kommt es anders. Die Haltbarkeit von Voraussagen; In: FAZ 245 (21.10); S. III.

Schiller, Thomas (1997): Intellektuelle, Nation und Europa: Aspekte der Europa–Diskussion in Frankreich; Arbeitspapier der Konrad–Adenauer–Stiftung; Sankt Augustin, Januar.

Schlich, Jutta (2000): Geschichte(n) des Begriffs „Intellektuelle"; In: Intellektuelle im 20. Jahrhundert in Deutschland; Jutta Schlich (Hrsg.); (11. Sonderheft des Internationalen Archivs für Sozialgeschichte der deutschen Literatur); Tübingen: Niemeyer; S. 1–114.

Schluchter, Wolfgang (1971): Wertfreiheit und Verantwortungsethik. Zum Verhältnis von Wissenschaft und Politik bei Weber; Tübingen: Mohr.

Schluchter, Wolfgang (1980): Rationalität und Weltbeherrschung. Studien zu Max Weber; Frankfurt a.M.: Suhrkamp.

Schluchter, Wolfgang (1988): Religion und Lebensführung; 2 Bde.; Frankfurt a.M.: Suhrkamp.

Schmid, Bernhard: Die Rechten in Frankreich - von der französischen Revolution bis zum Front National; Berlin: Elephanten Press 1998.

Schneiders, Werner (1997): Das Zeitalter der Aufklärung; München: Beck.

Schwanitz, Dietrich (2000): Der Zirkel. Roman; München: Goldmann.

Schwartzenberg, M. (1994).: „Si nous arrêtions maintenant, nous serions des zozos"; In: Le Monde vom 28.5.

Schwibs, Bernd (1988): Erläuterungen zum französischen Hochschulsystem; In: Bourdieu, Pierre: Homo Academicus; B. Schwibs (Übers.); Frankfurt a.M.: Suhrkamp.

Schwilk, Heimo (1988) (Hrsg.): Ernst Jünger. Leben und Werk in Texten und Bildern; Stuttgart: Klett–Cotta.

Schwilk, Heimo (1995): Nachwort zu Ernst Jünger: Auf den Marmorklippen; Berlin: Ullstein.

Schwind, Hans Dieter, Jürgen Baumann (1990) (Hrsg.): Ursachen, Prävention und Kontrolle von Gewalt. Analysen und Vorschläge der unabhängigen Regierungskommission zur Verhinderung und Bekämpfung von Gewalt (Gewaltkommission); 4 Bde.; Berlin: Duncker und Humblot.

Segeberg, Harro (1989): Regressive Modernisierung. Kriegserlebnis und Moderne–Kritik in Ernst Jüngers Frühwerk; In: Wirkendes Wort. Deutsche Sprache und Literatur in Forschung und Lehre 39; S. 95–111.

Segeberg, Harro (1995): Prosa der Apokalypse im Medienzeitalter. Der Essay Über den Schmerz (1934) und der Roman Auf den Marmor–Klippen (1939); In: Ernst Jünger im 20. Jahrhundert; Hans–Harald Müller und Harro Segeberg (Hrsg.): München: Fink.

Semprun, Jorge (1979): Le combattant de la guerre d'Espagne; In: Malraux; Génies et réalités; Paris: Hachette.

Sergent, Alain (1951): Les Anarchistes. Scènes et portraits; Paris: Chambriand.

Sicard, Michel (1986): Vorbemerkung; zu: Jean–Paul Sartre: Mallarmés Engagement; Traugott König (Übers. und Hrsg.); Reinbek bei Hamburg: Rowohlt.

Sieferle, Rolf Peter (1995): Die Konservative Revolution. Fünf biographische Skizzen; München: Fischer.

Siegl, Elfie (2001): Ruhesitz der armen Poeten. Besuch in Peredelkino, dem russischen Schriftstellerdorf; In: F.A.Z. 8.9.; S. VI.

Sirinelli, Jean–François (1991): Les intellectuels français en guerre d'Algérie; In: Jean–Pierre Rioux und Jean–Framçois Sirinelli: La guerre d'Algérie et les intellectuels français; Brüssel: Editions Complexe; S. 11–32.

Sirinelli, Jean–François (1994): Génération intellectuelle. Khâgneux et normaliens dans l'entre–deux–guerres; Paris: PUF.

Sofsky, Wolfgang (1997): Die Ordnung des Terrors. Das Konzentrationslager; Frankfurt a.M.: Fischer.

Sonnay, Philippe (1982): La politique artistique de Cola di Rienzo; In: Revue de l'art 55; S. 35–43.

Sontheimer, Kurt (1976): Das Elend unserer Intellektuellen. Linke Theorie in der Bundesrepublik Deutschland; Hamburg: Hoffmann und Campe.

Sontheimer, Kurt (1990): Deutschlands politische Kultur; München, Zürich: Piper.

Sontheimer, Michael (1995): Kambodscha; In: 200 Tage und 1 Jahrhundert. Gewalt und Destruktivität im Spiegel des Jahres 1945; Hamburger Institut für Sozialforschung (Hrsg.); Hamburg: HIS–Verlagsgesellschaft.

Sorel, Georges (1981): Über die Gewalt. Ludwig Oppenheimer (Übers.). Frankfurt a.M.: Suhrkamp.

Spitmann, Ilse, Karl Wilhelm Fricke (1982) (Hrsg.): 17. Juni 1953. Arbeiteraufstand in der DDR; Köln: Verlag Deutschland Archiv.

Stenke, Wolfgang (1995): Staatsdiener. Über die Entstehung der Beamtenmoral; In: Kursbuch; Karl Markus Michel und Tilman Spengler (Hrsg.); Heft 120; Berlin; S. 29–36.

Stéphane, Roger (1948): Malraux et la Révolution; In: Esprit 149.

Stéphane, Roger (1965): Portrait de l'aventurier; T.E. Lawrence, Malraux, von Salomon, L.N. Rossel; Paris: Grasset.

Sterbling, Anton (1991): Eliten, Realitätsdeutung, Modernisierungsprozesse; Hamburg.

Sternhell, Zeev (1974): Irrationalism and Violence in the French Radical Right: The Case of Maurice Barrès; In: Violence and Aggression in the History of Ideas; Phillip Wiener und John Fisher (Hrsg.); New Jersey: Rutgers.

Strohschneider, Stefan (1996): Eine Nation - zweierlei Denken? In: Denken in Deutschland. Vergleichende Untersuchungen in Ost und West; Stefan Strohschneider (Hrsg.); Bern: Huber.

Sueton, Tranquillus (1999): Caesar. Lateinisch/Deutsch; Stuttgart: Reclam.

Taylor, Keith (1995): Saint Simon; In: The Blackwell Encyclopaedia of Political Thought; David Miller (Hrsg.); Oxford: Blackwell.

Ten years after (1999). Intellektuelle aus Ost und West im Gespräch; In: Ästhetik und Kommunikation 105; S. 23–40.

Thackrah, John Richard (1987): Encyclopedia of Terrorism and Political Violence; London N.Y.: Routledge and Kegan Paul.

Thiel, Manfred (1987): Jean–Paul Sartre. Schriftsteller oder Philosoph? Oder Schriftsteller für alle sucht Publikum; Heidelberg: Elpis.

Thiele, Dieter (1981): Der Autor als Produzent. Studien zum Selbstverständnis Brechts; Dissertation Marburg (Lahn).

Thornberry, Robert S. (1977): André Malraux et l'Espagne; Genf: Droz.

Todd, Olivier (2001): André Malraux. Une vie; Paris: Gallimard.

Traugott, Edgar (1938): Heroischer Realismus. Eine Untersuchung an und über Ernst Jünger; Dissertation; Wien.

Tschelowek i obschtschestwo (1997): Kratkii enziklopeditscheskii slowar'–sprawotschnik (politologija); Rostow am Don: Feniks.

Uthmann, Jörg von (1996): Attentat. Mord mit gutem Gewissen; Berlin: Siedler.

Verfassung der Deutschen Demokratischen Republik (1968) vom 6. April 1968; Berlin (Ost).

Verstraeten, Pierre (1972): Violence et étique. Esquisse d'une critique de la morale dialectique à partir du théâtre politique de Sartre; Paris: Gallimard.

Wachsmann, Nikolaus (1998): Marching under the Swastika? Ernst Jünger and National Socialism, 1918–1933; In: Journal of Contemporary History 33; S. 573–589.

Waechter, S.G. (1832/33): Revision der Lehre von dem Verbrechen der Gewaltthätigkeit (crimen vis). In: Neues Archiv des Criminalrechts; dreizehnten Bandes drittes Stück (1832), zwölften Bandes drittes Heft (1832) und dreizehnten Bandes erstes Heft (1833).

Walter, Eugene Victor (1969): Terror and Resistance. A Study of Political Violence; London Oxford New York: Oxford University Press,.

Weber, Marianne (1984): Max Weber. Ein Lebensbild; Tübingen: Mohr.

Weber, Max (1907): R. Stammlers „Überwindungen" der materialistischen Geschichtsauffassung; In: Archiv für Sozialwissenschaft und Sozialpolitik 24; S. 94–151.

Weber, Max (1917): Der Sinn der Wertfreiheit; In: Logos. Internationale Zeitschrift für Philosophie und Kultur; Bd. 7;.

Weber, Max (1921): Politik als Beruf; In: Gesammelte politische Schriften; Marianne Weber (Hrsg); München: Drei Masken Verlag,.

Weber, Max (1924): Agrarverhältnisse im Altertum. In: Handwörterbuch der Sozialwissenschaften, 3. Aufl. 1909; zit nach: Gesammelte Aufsätze zur Sozial-und Wirtschaftsgeschichte; Marianne Weber (Hrsg); Tübingen: Mohr:.

Weber, Max (1980): Wirtschaft und Gesellschaft; Tübingen: Mohr (zuerst: Grundriß der Sozialökonomik; Tübingen: Mohr 1921/22).

Weber, Max (1988a): Der verschärfte U–Bootkrieg; zuerst erschienen als Denkschrift (handout) 1916; zit. nach: Gesammelte politische Schriften; Johannes Winckelmann (Hrsg.); Tübingen: Mohr.

Weber, Max (1988b): Deutschland unter den Europäischen Weltmächten; zuerst erschienen in: Hilfe 22 (1916); S. 735–741; zit. nach: Gesammelte politische Schriften; Johannes Winckelmann (Hrsg.); Tübingen: Mohr.

Weber, Max (1988c): Deutschlands künftige Staatsform; zuerst erschienen in der Schriftenreihe „Zur deutschen Revolution"; Frankfurt 1919. zit. nach: Gesammelte politische Schriften; Johannes Winckelmann (Hrsg.); Tübingen: Mohr.

Weber, Max (1988d): Die Wirtschaftsethik der Weltreligionen; Die protestantische Ethik und der Geist des Kapitalismus; In: Gesammelte Aufsätze zur Religionssoziologie; Bd. 1; Tübingen: Mohr.

Weber, Max (1988e): Die Wirtschaftsethik der Weltreligionen.. Konfuzianismus und Taoismus In: Gesammelte Aufsätze zur Religionssoziologie; Bd. 1; Tübingen: Mohr.

Weber, Max (1988f): Die Wirtschaftsethik der Weltreligionen. Hinduismus und Buddhismus: In: Gesammelte Aufsätze zur Religionssoziologie; Bd. 2; Tübingen: Mohr.

Weber, Max (1988g): Die Wirtschaftsethik der Weltreligionen. Das antike Judentum; In: Gesammelte Aufsätze zur Religionssoziologie; Bd. 3; Tübingen: Mohr.

Weber, Max (1988h): Parlament und Regierung im Neugeordneten Deutschland; zuerst erschienen im Sommer 1918 in der Schriftenreihe „Die innere Politik"; zit. nach: Gesammelte politische Schriften; Johannes Winckelmann (Hrsg.); Tübingen: Mohr.

Weber, Max (1988i): Wahlrecht und Demokratie in Deutschland; zuerst erschienen in: Hilfe 23 (1917); 709–719; zit. nach: Gesammelte politische Schriften; Johannes Winckelmann (Hrsg.); Tübingen: Mohr.

Weber, Max (1988k): Zur Gründung einer National–Sozialen Partei; Zuerst abgedruckt in: Protokoll über die Vetreter–Versammlung aller National–Sozialen in Erfurt 23.–25. November 1896; Erfurt 1896; zit. nach: Gesammelte politische Schriften; Johannes Winckelmann (Hrsg.); Tübingen: Mohr.

Weber, Max (1988l): Zwischen zwei Gesetzen; zuerst erschienen; In: Die Frau, Februar 1916; zit. nach: Gesammelte politische Schriften; Johannes Winckelmann (Hrsg.); Tübingen: Mohr

Weber, Max (1988m): Zwischenbetrachtungen: Theorie und Stufen und Richtungen religiöser Weltablehnung; In: Gesammelte Aufsätze zur Religionssoziologie; Bd. 1; Tübingen: Mohr.

Weber, Max (1988n): „Das neue Deutschland". Bericht über eine am 1. Dezember 1918 in Frankfurt a.M. gehaltene politische Rede Max Webers. Sonderausgabe der Frankfurter Zeitung vom 1.12.1918; zit. nach: Gesammelte politische Schriften; Johannes Winckelmann (Hrsg.); Tübingen: Mohr.

Weber, Max (1991a): Die „Objektivität" sozialwissenschaftlicher Erkenntnis; In Archiv für Sozialwissenschaft und Sozialpolitik 19 (1904); S. 22–87; zit. nach: Schriften zur Wissenschaftslehre; Michael Sukale (Hrsg.); Stuttgart: Reclam; S. 21–102.

Weber, Max (1991b): Wissenschaft als Beruf; In: Geistige Arbeit als Beruf. Vier Vorträge vor dem Freistudentischen Bund; zit. n. Schriften zur Wissenschaftslehre; Michael Sukale (Hrsg.); Stuttgart: Reclam.

Weber, Max (1997): Der Sozialismus; In: Schriften zur Sozialgeschichte und Politik; Stuttgart: Reclam (zuerst: Wien: Phöbus o.J (1918)).

Webster, Douglas (1988): Max Weber: Überlegungen zu einer Biographie; In: Max Weber und seine Zeitgenossen; Wolfgang J. Mommsen u. Wolfgang Schwentker (Hrsg.); Göttingen, Zürich: Vanderhoeck & Ruprecht.

Weede, Erich (1998): Are Rebellion and Transfer of Power Determined by Relative Deprivation or by Rational Choice? In: Guru Nanak Journal of Sociology 19. Sonderdruck.

Weiller, Edith (1994): Max Weber und die literarische Moderne. Ambivalente Begegnungen zweier Kulturen; Stuttgart, Weimar: Wetzler.

Wekwerth, Manfred (1976): Brecht? Berichte, Erfahrungen, Polemik; München, Wien: Hanser.

Wernet, Andreas (2000): Einführung in die Interpretationstechnik; Opladen: Leske&Budrich.

Wertheimer, Jürgen (1986) (Hrsg.): Ästhetik der Gewalt. Ihre Darstellung in Literatur und Kunst; Frankfurt a.M.: Athenäum.

Wiese, Leopold von (1949/1950): Die in Oslo vorgelegten Berichte über die Pflege der Soziologie in den einzelnen Ländern; In: KZfS 2, S. 326–334.

Wilhelm, Bernard (1966): Hemmingway et Malraux devant la guerre d'Espagne; Porrentruy: La Bonne Presse.

Winock, Michel (1995): Barrès, Durkheim et la mort des Lycéens; In: L'Histoire; 6, S. 12–15.

Winock, Michel (1998): Die Intellektuellen in der Geschichte Frankreichs; In: Frankreich–Jahrbuch 1998; Deutsch–Französisches Institut (Hrsg.); Opladen: Leske + Budrich; S. 53–62.

Winock, Michel (1999): Le siècle des intellectuels; Paris: Seuil.

Winock, Michel, Jacques Juillard (1996) (Hrsg.): Dictionnaire des intellectuels français. Les personnes, les lieux, les moments; Paris: Seuil.

Wistrand, Magnus (1992): Entertainment and Violence in Ancient Rome. The Attitudes of Roman Writers of the first Century A.D.; Göteborg: Acta Universitatis Gothoburgensis.

Woods, Roger (1982): Ernst Jünger and the Nature of Political Commitment; Stuttgart: Heinz.

Zarander, Jean–Pierre (1996): Malraux ou la pensée de l'art; Paris: Editions Vinci.

Ziemer, Gundula, Holger Jackisch (1990): Wir sind das Volk - aber wer sind wir? In: Jetzt oder nie - Demokratie. Leipziger Herbst '89; Neues Forum Leipzig (Hrsg.); München: Bertelsmann.

Zimmer, Dieter (1982): Unsere erste Natur. Die biologischen Ursprünge menschlichen Verhaltens; Frankfurt a.M., Berlin.

Zimmermann, Hans Dieter (1992): Der Wahnsinn des Jahrhunderts. Die Verantwortung der Schriftsteller in der Politik; Stuttgart, Berlin, Köln: Kohlhammer.

Zwerenz, Gerhard (1972): Brecht und die Korruption. In: Der plebejische Intellektuelle. Essays; Frankfurt a.M.: Fischer; S. 41–49.

Anmerkung

Die in dieser Arbeit wiedergegebenen Zitate sind - so nicht explizit ein anderer Übersetzer in den Quellenangaben genannt wird - von mir selbst aus dem Französischen bzw. Italienischen übersetzt worden. Englische Originalzitate wurden nicht übersetzt. JG

Anhang: Telefonisches Interview mit Jens Reich am 3. Juli 2000

Jonas Grutzpalk: Wir fangen jetzt mit dem ersten Teil an: Die Rolle des Intellektuellen in der Gesellschaft. Da interessiert mich die Frage, ob die von Ihnen unternommene Unterscheidung westlicher Intellektueller von östlicher Intelligenz (Reich 1992: 318) immer noch von Ihnen so gesehen wird und ob diese Unterscheidung ein Ost–West–Problem ist und bleibt.

Jens Reich: Ja, das bleibt in dem Maße ein Ost–West–Problem, wie die östlichen Gesellschaften mit ihrer Integration und Transformation zurückhängen. Da sind nun natürlich die ganzen dekonstruierten Eliten, die sind nun auch noch alle da. Bei uns sind die dekonstruiert, abgewickelt im Großen und Ganzen, entweder angepasst oder einflusslos geworden. In den anderen östlichen Ländern ist das natürlich anders, weil da nicht eine Vereinigung, also der Beitritt, stattgefunden hat. Das ist ein bisschen schwierig zu beurteilen. Ich muss es da vermeiden, ein Gesamturteil abzugeben, aber es ist natürlich klar, dass die Intelligenzija in diesen Ländern nicht einfach vom Erdboden verschwunden ist, nicht emigriert ist und nicht durch eine West–Intelligenzija ersetzt worden ist. Sie ist noch da und spielt in diesem Prozeß der Transformation ihre Rolle. Ich denke schon, dass man das noch unterscheiden muss von normalen Intelligenzlern oder Akademikern des Westens.

JG: Sie sagen von ihrer Kontaktaufnahme mit Intellektuellen in Tschechien, dass Sie dort *„die formvollendete, korrekte Distanz des Citoyen"* (1991: 66) kennen lernten. Ist diese Förmlichkeit ein Phänomen des Intelligenzlers, vielleicht auch des „Akademik"?

JR: Ja, die Intelligenzija des europäischen Ostens ist altmodisch. Selbst diejenigen, die sich mit dem System identifiziert und eingelassen haben, streben alle nach einer Form von Selbstdarstellung, ja man kann fast sagen: nach einer bürgerlichen Form der Selbstdarstellung, was im Westen ja längst über alle Berge ist. Im Osten würde ich das so beschreiben, dass die bürgerlichen Lebensformen abgeschafft worden sind durch die proletarisch–kleinbürgerliche Revolution. Das erfasst natürlich auch den gesamten akademischen, den gebildeten, ausgebildeten Stand, also auch die technische Intelligenz. Da ist es also ein

Zeichen besonderer Distinktion, sich zu unterscheiden von den etwas rüpel-haften Benehmensmethoden der anderen Stände, aber auch von dem Bildungs-stand, der dem sozialistisch Sozialisierten eingeimpft wurde. Typisch war das in Dresden zum Beispiel, dass die dortigen Akademiker ihren inneren Widerstand gegen die Herrschaft in Berlin durch eine ganz besondere Betonung älterer Verhaltensformen und familiären Bindungen ausdrückten und dabei einen Rückgriff oder Anschluss an die Ideale der klassischen biedermaierlichen Familie und Lebensweise behalten haben. Dadurch wurden alle altmodisch. Der Handkuss des polnischen Professors, wenn ihm eine Dame vorgestellt wird, die ganze Art, wie er danach strebt, die klassische Diktion und Redeweise seines Kulturgebietes, seiner Sprache zu verteidigen ist hier typisch. Ein gewisser Widerstand gegen die Anglifizierung, die in alle Sprachen eindringt. Eine Distanz dem gegenüber. Das kann man in Russland, in Polen, in Tschechien, in Ungarn beobachten, auch in gewissem Rahmen in der Ex–DDR, obwohl da natürlich die Durchmischung, dieser Rührquirl–Effekt, da nun viel größer ist.

JG: Sie hatten in „Abschied von den Lebenslügen" (1992a: 155) den westlichen Intellektuellen als „zynisch" bezeichnet. Was zeichnet demgegenüber den öst-lichen Intelligenzler aus?

JR: Zynisch oder neutral in einem intellektuellen Sinne. In einem kultur-moralischen Sinn neutral. Der westliche Intellektuelle ist einer, der seinen Job macht, z.B. Arzt oder Rechtsanwalt, und die Aufgabe der Intelligenz nicht in irgendeiner Kulturhoheit sieht. Er sieht seinen Beruf wie jeden anderen. Man kann das dann vielleicht als einen generalisierten Mittelstand bezeichnen, der aber weniger kulturell definiert ist als vielmehr über seine sozialen und finan-ziellen Möglichkeiten. Ich denke, dass der westliche Intellektuelle eher sozial und wirtschaftlich definiert ist als kulturell. Und das war ja nun dieses besondere dieser bürgerlichen Intelligenz Osteuropas, dass die sich ganz ausgesprochen über Kultur definierte. Das denke ich ist weit im Rückgang im Westen und eigentlich eher nur noch ein Kennzeichen einer gewissen ablehnenden kultur-kritischen, kulturpessimistischen, konservativen Lebenshaltung, aber auch dort nach meinen Beobachtungen eher in der Defensive. So ein Mensch wie Konrad Adam bei der FAZ ist ja sogar dort in der Defensive, und er wird überrollt durch die neue Generation und durch neue Lebens-und Denkweisen und kultu-relle Codes.

JG: Sie hatten gerade das Problem der Schichtzugehörigkeit der östlichen Intel-ligenz angesprochen. In „Rückkehr nach Europa" (1991): 108) beschreiben Sie, wie Sie in Moskau als „*Intelligenzkacker*" und „*Brillensau*" beschimpft wurden. Inwieweit hat Sie das in doppeltem Sinne getroffen?

JR: Getroffen wird man natürlich, wenn man von jemandem angemacht wird. Bei rationaler Verarbeitung ist das natürlich die Kehrseite dessen, wie sich die Intelligenz in diesen Ländern dargestellt hat; diese doch zwiespältige Rolle. Die Selbstdarstellung aller dieser Leute (das habe ich ja lang und breit beschrieben und damit bin ich natürlich nicht sehr beliebt, wenn ich das ausspreche), die Selbstdarstellung ist: Wir sind Opfer, unterdrückte Opfer. Unsere Kultur, unser Puschkin, Mickiewicz, unser, nehmen wir mal ein tschechisches Beispiel, unser Masaryk, diese Leute, die halten wir hoch und der Pöbel greift uns dafür an, weil wir anders aussehen, weil wir ein Buch in der Hand haben, weil wir uns „geschwollen" ausdrücken. Für deren Vorstellung sind wir eben nicht proletarisiert genug. Und das ist dann die Kehrseite. Das haben die Kinder dieser Intelligenzschicht in der Schule durchzustehen, irgendwann später legt sich das, wenn man erwachsen ist, weil man sich in Kreisen bewegt, die abgeschlossen sind und in denen es wesentlich weniger aggressiv zugeht als in der Jugendlichen-und Kinderwelt.

JG: Sie schreiben, dass jede Gesellschaft ihre Intelligenz als Wissensverwalter habe (1992a: 26). Darüber hinaus stellen Sie fest, dass es das Dilemma der Intelligenz sei, dass „sie [zwar] weiß stets, wie es weitergehen muss", den „störrischen Esel" aber nicht zum ziehen bringt (1992a: 136). Sie hatten ja auch diese Aufteilung der Gesellschaft in a) Technokraten, b) Machthabern und c) reale Welt vorgenommen (1992a: 67). Wie ist der Zusammenhang von Wissensverwaltung auf der einen und Macht auf der anderen Seite zu sehen?

JR: In der modernen Gesellschaft regiert die instrumentelle Vernunft und die Wissenshalter der instrumentellen Vernunft werden *nolens volens* zu Mitgestaltern, zu Stabilisatoren dieser Gesellschaft. Der Ingenieur für Elektrotechnik oder Wasserwirtschaft braucht, um als solcher funktionieren zu können, und wenn er nicht aussteigen will, eine geregelte Gesellschaft, braucht Sicherheit gegen Zugriff, braucht sein Büro, braucht seine Arbeitsmittel. Er muss das haben, um seinem Beruf gerecht zu werden und wirkt dann natürlich auch stabilisierend. Er bekommt dann Vorschriften auf den Tisch, Sicherheitsvorschriften, Durchführungsvorschriften, alles Mögliche. Er wird also Teil des Ganzen, selbst wenn er sich geistig davon distanziert. Und das ist das Dilemma. Die Intelligenz ist *de facto* Teil des Herrschaftssystems. Es sind ja nicht alle Dissidenten, aber die meisten sind in einer distanzierten Haltung gegenüber der Macht. Sie neigen dazu, die Mitglieder der eigenen Kulturschicht, die mitmachen bei den Parteien und in der Macht als Verräter oder als Abgefallene zu betrachten, die sich sozusagen verkauft haben, und übersehen dabei, dass das alles nur graduelle Unterschiede des Erfüllens einer Funktion ist. Und die Funktion besteht eben darin, dieses System instrumenteller technischer Ratio am Leben zu halten.

Und dann kommt natürlich sofort dieser Zwiespalt heraus, wenn z.B. die Transformation, wenn die Revolution gelungen ist. Dann steht die Intelligenzija vor der Aufgabe: wie positioniere ich mich? Es kann ein Professor Geremek sich nicht mehr umstandslos mit dem Gewerkschafter und Elektriker Walesa solidarisieren. Sobald die Partei gestürzt ist und nun die neuen sozialen Umstände sich bilden, differenziert sich dann das Ganze und es entwickeln sich eben neue Schichtungen. Die Intelligenz kann dann diese Haltung des „Wir sind die Betrogenen, die eigentlich die Kultur am Laufen halten, denen aber alles vorgeschrieben wird, wir sind also dieser Esel, der nicht schnell genug ziehen will, ohne den es aber nicht geht," diese Haltung verliert dann ihren Gegenstand.

JG: Ich habe mal einige Begriffe zusammengestellt, die Sie zur Beschreibung der Intelligenz und ihrer Rolle anwenden. So geben Sie an, mit sich gehadert zu haben, als Intelligenzler „*kein wirkliches Widerlager*" (1991: 22) gewesen zu sein. Oder auch: der Narr (1991: 173) sei die eigentliche Rolle der Intelligenz, oder Sie sprechen von einer Schmetterlingsrolle (1994a: 101), die Sie sich selber zudenken können oder von Ihrem molekularbiologischen Schneckenhaus (1991: 212). Ist das ein Gesamtbild des Intellektuellen, das sich da zusammenstellen lässt?

JR: Das ist schwer zu sagen. Es gibt ja inzwischen auch andere, soziologische, Studien über diese Gesellschaft in den Ostländern. Ich habe nicht systematisch darüber gearbeitet. Meine Empfindung ist, dass dieses faktische, funktionelle Dilemma, was wir vorher besprochen haben, natürlich ein unguter Zustand ist für einen nachdenklichen Mensch ist, der einer solchen Schicht angehört, so dass er zwangsläufig über die innere Opposition dann auch mal zu einer Art, zunächst verdeckter und vielleicht offen zutage tretender äußerer Opposition kommen muss. Diese innere verdeckte Opposition besteht insbesondere in der stalinistischen Zeit, wenn man Angst ums Leben haben muss, in einem Sich–Verkriechen in einem Sein–Fach–Verteidigen und tun, was sich machen läßt und was notwendig ist, aber eine innere Reserve behalten, die nicht aktiv wird. Ja, und später dann kommen dann diese Bewegungen, z.B. beim Generationswechsel, dass die Jüngeren, die Kinder, das nicht mehr mitmachen und ausbrechen und verlangen, dass die Eltern aus ihrer Einsicht, aus ihrer höheren Einsicht, die sie nun einmal zu haben glauben, Kapital schlagen und eben aktiv werden. Es kommt dann diese andere Rolle der Intelligenz, dass sie gleichzeitig das kritische Ferment von Gesellschaften sein muss, weil sie z.B. den Wissensüberblick hat, Krisen der Gesellschaft zu formulieren und eine Überwindung überhaupt nur ins Auge zu fassen. Intelligenzler sind, je nach speziellem Fach, sagen wir mal der Computeringenieur weniger als der Lehrer oder weniger als ein Literaturwissenschaftler, hier aber alle miteinander durch das gemeinsame, einigende Bande der Kultur und der Sprache verbunden, die sie gemeinsam verteidigen gegen das Abschleifende im Modernismus, der durch die spätsozialistische Gesellschaft geht. Auf dieser Basis sind sie die einzigen, von denen eine Reform, eine Veränderung ausgehen kann. Ein Sinnbild für diese Bewegung ist Michail Gorbatschow, der Intelligenzler, der dadurch, dass er versucht, den Laden irgendwie zu reformieren, vielleicht auch, die Intelligenz an das Ende der Klassenmacht zu bringen, jedenfalls mit dem Versuch, Ordnung oder Fortschritt zu schaffen, zum Abwickler des Ganzen wird. Diese Abwickler treten dann in all diesen Gesellschaften auf. Das beste Beispiel ist Landsbergis in Litauen. Der ist ein typischer Intellektueller, ein Musiker, Dirigent, Komponist und was er alles ist, der sich dann plötzlich an die Spitze einer Befreiungsbewegung - in seinem Falle einer national orientierten Befreiungsbewegung - setzt und für einige Jahre an die Spitze gespült wird. Und das haben wir überall. Vaclav Havel, Adam Michnik, auch bei uns in der DDR, z.B. Konrad Weiss. Überall treten plötzlich Leute im Fernsehen auf, die vorher überhaupt nicht sichtbar waren, und für eine Übergangszeit dann plötzlich der Einreißer, der Abwickler, der Wortgeber für die Veränderung des Systems sind, immer mit reformatorischem Impetus, und denen dann der reformatorische Impetus aus der Hand gleitet und die überholt werden von den Ereignissen. Das sind wir alle: überholt worden und Gorbi [sic!] ist das beste Beispiel dafür. Der saß sogar ganz oben und hatte quasi alle Macht und ist trotzdem weggespült worden als der Damm brach. Und dann hatte er seine Rolle eben erfüllt. Aber bei den anderen stimmt das mehr oder weniger genauso. Havel ist so eine Seitenfunktion, ist als Repräsentativgestalt hineingekommen, hat aber auch dann diesen kritischen Impetus, mit dem er gelebt hat, natürlich aufgegeben oder modifiziert.

Also, die Intelligenz hatte nur einen kurzen Augenblick. Sie war vorher nur Verbündete und stand auf der Seite der eigentlichen Macht, lieferte lediglich die geistigen Inhalte, wird dann für eine kurze Zeit politisch wirksam, aktiv, kommt nach vorne, aber nur ganz kurz. Der Intelligenzler ist also der Einreißer des Ganzen, einer, der die Schleuse öffnet. Dann wird alles weggespült.

JG: Könnte man aus dem, was Sie da sagen den Schluss ziehen, dass prinzipiell der Intellektuelle für die Kurzfristigkeit der Politik nicht geeignet ist und eher Verantwortung, auch politische, zu tragen bemüht ist für „die *Zeit, die wir nicht mehr erleben werden*" (1994a: 100) also mit anderen Worten der Intellektuelle eher ein langfristig politisch wirksamer Faktor einer Gesellschaft ist?

JR: Da haben Sie Recht. Alles was es da gibt an langfristiger Gestaltung der Gesellschaft kann nach Lage der Dinge nur der dafür ausgebildete, der das Fachwissen, das Herrschaftswissen dazu hat, durchführen. Und in dem Sinne ist es Aufgabe der Intelligenz, nicht nur den gegenwärtigen Zustand zu stabilisieren, um arbeitsfähig zu bleiben, um genug Geld zu haben, um in Ruhe sein Abendessen essen zu können und nicht von irgendwelchen herumziehenden Raubrittern oder Ludenbanden ständig aufgestöbert zu werden. Das ist die eine Sache: die kurzfristige Stabilität.

Aber langfristig geht es gar nicht anders. Die innere Dialektik ist die, dass der Intellektuelle der Zerstörer des Systems sein muss. Weil er so weit denkt, dass es auch einmal anders sein könnte und dieses Anderssein im Vergleich mit der Gegenwart dann eben Spannung erzeugt und den Versuch, das Ganze entweder reformatorisch oder revolutionär zu überwinden. Ich wüsste nicht, wer sonst solche Zukunftsvisionen entwickeln sollte. Das kann man doch nicht von der Kassiererin an der Kasse vom Supermarkt verlangen. Und die hat auch überhaupt kein Interesse. Sie ist ein Mensch, der genügend damit beschäftigt ist, sich in der Gegenwart über Wasser zu halten. Sie braucht kein Wissen, das in die Zukunft hineinreicht und sie wird es auch nicht erwerben. Das ist eben das Problem der nicht–privilegierten Schichten, dass sie desinteressiert sind an der eigenen Zukunft und an den Dingen, die sie erwerben und vorbereiten müssen, um in Zukunft zu bestehen. Das ist das Dilemma, dass man sie nicht davon überzeugen kann. So wie jetzt zum Beispiel die Diskussion läuft, selber für sein Alter zu sorgen. Da ist einfach die kognitive Situation nicht da. Na ja, wer soll darüber reden als einer, der die Statistiken kennt und der die Entwicklung vorhersagen kann, wie die demographische und wirtschaftliche Entwicklung sein könnte. Da sind wir schon wieder bei der Intelligenz. Das kann nur einer sein, der die Brille auf der Nase hat und Bücher liest.

JG: Wir kommen jetzt zum nächsten Themenkomplex: Macht und Gewalt. Ich habe da eine Übergangsfrage. Sie haben geschrieben „*Der späten Stasi atrophierte der Kampfmuskel ... Später bekam sie intellektuellen Habitus*" (1992a: 84). Was ist schlimmer?

JR: Jaja, das ist ironisch gemeint. Einmal reichte mir irgend so ein Forscher der Stasi hunderte Seiten Kopien, von denen er meinte, dass sie für mich interessant wären. Das war nun langsam nicht mehr so interessant. Das waren endlose Betrachtungen darüber, wie die Krise der DDR–Gesellschaft aufgefangen werden kann. Das kam aus dem Ministerium. Es geht hier um „Technik und Wissenschaft", diese Abteilung der Stasi, die also weniger im Nahkampf mit widerborstigen Outdrops stand, sondern die die Tätigkeit der Intelligenz in diesem Lande verwaltete. Und die versuchen, mit den Mitteln einer administrativen Regulation irgendwie das Ganze in Gang zu halten, wieder zu reformieren oder in den Griff zu bekommen. Das ist nicht mehr der Mielke mit der Faust, sozusagen der Brutalo, der Klassenkampf, jemand, der zuschlägt und der sagt: „Der Schuft der uns verrät, da zieh ich selber die Pistole und schieße ihn nieder." Solche Töne klingen da nicht mehr an. Das ist eine regelrechte administrative Schicht geworden, die voll integriert ist in das Herrschaftssystem und mit ihm natürlich stürzen muss. Obwohl sogar da Ansätze sind, darüber nachzudenken, ob die Partei nicht vielleicht doch einen anderen Weg einschlagen sollte. Das kommt dann daher, dass die die ganze Misere besser sehen als das ZK in seinem abgeschotteten Gebäude. Es ist sogar dort in all diesem Fanatismus, in dieser Ordenshermetik, möglich, dass reformatorische Impulse kommen. Denken Sie an die reformatorischen Impulse, mit denen sich Markus Wolff geschmückt hat. Der ist ja auch so ein Vertreter der Intelligenzija des Ostblocks.

JG: Ich lese bei Ihnen zwischen den Zeilen, dass Gewalt auch ein Schichtphänomen sei. Sie beschreiben in „Abschied von den Lebenslügen" ein Richtfest: *„Die Bauarbeiter werden in ein anderes Quartier [als die Nomenklatura JG] einquartiert. Dort gibt es heiße Würstchen mit Senf und viel Bier und Schnaps. Sie dürfen sich in der verdienten Arbeitspause entspannen .... Später am Abend gibt es eine zünftige Schlägerei"* (1992a: 42). Sehen Sie einen Zusammenhang zwischen unmittelbarer Gewaltanwendung und Schichtzugehörigkeit oder habe ich da zuviel in Ihren Text hineingelesen?

JR: Als die Bauarbeiter dann so zusammen und betrunken waren .... , nach allem, was ich da so höre ... . Ich habe selten mit Bauarbeitern zu tun gehabt, aber ich habe Verwandte, die in der Sphäre gearbeitet haben. Na ja, das sind Leute, die nicht lange diskutieren, wenn sie irgendwelche Konflikte haben und das ist auch heute noch so. Ich meine nicht, dass das irgendeine strukturelle Gewalttätigkeit ist, sondern da kommt es leichter zu Auseinandersetzungen, dass dort die Faust geballt und zugeschlagen wird. Auf jeden Fall: Was typisch dabei ist, ist, dass die separiert wurden bei der Richtfestfeier des Gebäudes. Die mit den Würdenträgern zu mischen, das wäre eine allseits völlig verklemmte und unmögliche Situation geworden. Das haben die auch gemerkt. In früheren Jahren hat man ja immer versucht, die Bauarbeiter dazu zu stellen, wenn die Reden gehalten wurden z.B. bei der Taufe eines Schiffes. Und dann war anschließend ein Empfang mit Sekt und dann wurden Reden gehalten. Und dann bildeten sich die Quasselklubs der Parteileute um ihr Politbüromitglied, das sie mal handfest anfassen konnten. Und dazwischen dann die Zimmerleute und Maurer, das ging vor lauter Verklemmung nicht. Für die Werktätigen, die Arbeiterklasse, haben die dann in späteren Zeiten extra Feten veranstaltet. Und dort ging es dann etwas rustikaler zu.

Ich habe so eine Fete mal mit Konrad Naumann Anfang der achtziger Jahre mitgemacht. Der tritt dann da nur kurz auf, redet dort, und der beherrschte ja den Prolostil. Und der hält dann dort eine Rede, in der er klarzumachen versucht, dass er noch einer von den Proletariern ist, der aufpasst, dass die ganzen Sesselfurzer nicht überhand nehmen und im übrigen wünscht er ihnen dann einen schönen Abend und verschwindet mehr oder weniger freundlich beklatscht. Dann geht er zu den anderen und dort findet dann die übliche Feier statt. So was Ähnliches könnte dann auch bei Sony stattfinden, z.B. eine Einweihungsfeier, die dann ein etwas gepflegteres Niveau hat.

JG: Im Aufruf des Neuen Forum heißt es: „*Wir wollen vor Gewalt geschützt sein*" (1991: 188). Ist es prinzipielle Aufgabe des Staates, Menschen vor Gewalt zu schützen?

JR: Steht das im Aufruf des Neuen Forums? In der Formulierung bin ich mir jetzt nicht sicher. Aber es war sicher in dem Sinne gemeint: Wir wollen, dass die Polizei da ist, wenn einer ums Haus schleicht, aber wir wollen sie nicht als Büttel, als Polizeistaat, der sich in alle Einzelheiten einschnüffelt. So hat man das ja damals immer formuliert: so wollen wir das nicht, aber so. Da denke ich schon, dass das Gewaltmonopol in einer Gesellschaft gut definiert bei den staatlichen Stellen sein muss.

Gestern hat mein Enkelsohn im Wald gespielt und zwei ganz nagelneue Autoschilder gefunden. Na ja, was mache ich da? Da rufe ich die Polizei an. Dann kommen die, die kommen auch tatsächlich und nehmen die Schilder mit. Wer weiß, was da los war, ob das Auto geklaut worden ist, oder ob da jemand versucht hat, andere Schilder anzubringen, um unerkannt eine Fahrt zu machen oder einen Einbruch oder so etwas. Was soll ich denn da anderes machen? Dafür ist dann die Staatsgewalt da, zu klären, was da los ist, wenn ich etwas Merkwürdiges beobachte. Und das machen alle Leute so, wenn sie etwas Verdächtiges sehen und sie die Angst kriegen, dass das etwas Krummes sein könnte, dann holen sie die Polizei.

JG: Die Schwierigkeit, die Sie mit der Staatsgewalt hatten, war dann also das Büttelhafte? Sie vergleichen die DDR–Staatsgewalt immerhin mit einem „*Schlägertypen*" (1994c: 22).

JR: Ja, natürlich. Die schickten ja die Schläger vor, um die Kinder, die Kerzen in der Hand hatten, zu verhaften und zu schurigeln. Die haben einfach ihre eigentlichen hoheitlichen Aufgaben nicht mehr wahrgenommen. Es konnte ja passieren, dass die Glatzen die Punks in den Kirchenversammlungen niedergeschlagen haben. Das ist ja passiert. Ich habe das mal miterlebt im Prenzlauer Berg. Da war eine Protestversammlung mit Musik mit jungen Punkern und draußen standen die Glatzen und haben die abgefangen und niedergeschlagen. Und die Stasi hat zugeguckt und fand das ganz gut, dass die da mal aufräumen.

JG: Elias Canetti schreibt: „*Wenn die Gewalt sich mehr Zeit läßt, wird sie zur Macht*" (zit. n. Bialas 1996: 113). Bei Ihnen (1991: 277) aber auch anderenorts (Ziemer/Jakisch 1990: 26) habe ich gelesen, dass es die Langeweile gewesen sei, die unerträglich war in der DDR. Ist das eine Form der Gewalt, wenn Gewalt so sehr verlangsamt, dass sie zur Langeweile wird?

JR: Ja, das kann man so interpretieren. Der Deckel, der über der Gesellschaft gehalten wurde, war doch in den mittleren bis späten Zeiten der DDR der, dass alles verboten war, was nicht ausdrücklich angeordnet war. Es waren keine kreativen Freiheitsfelder da. Es durfte alles nicht passieren, was nicht irgendwie den Normen und Sitten des sozialistischen Zusammenlebens entsprach. Das sieht man ja, wie die mit der Literatur umgegangen sind, mit dem Theater, den Filmen, der Musikszene und Rockszene und all diesen Sachen. Da sieht man, dass sie überall nur wie ein schlechter Erzieher, der immer nur verbietet oder immer nur eingrenzt, tätig gewesen sind. Und das, was übrig blieb, war dann natürlich von drückender Langeweile. Die stabilisierende, die konservative Macht erzeugt natürlich Langeweile. Das ist immer so. Wenn die Macht konservativ, extrem konservativ wird, erzeugt sie Langeweile, nicht unbedingt Brutalität, das muss nicht sein. Es reicht aus, die Gesellschaft grau werden zu lassen.

JG: Sie schreiben: „*Ich glaube fest an die revolutionäre Potenz der Langeweile, die entstehen wird, wenn die Krawatten die Oberhand errungen haben*" (1992a: 169). Ist dann eine Revolte gegen die Langeweile in gewisser Hinsicht auch legitim?

JR: Das ist einfach ein Naturgesetz. Man kann, glaube ich, Menschen mit Langeweile ganz schön in Wut bringen auf die Dauer. Und irgendwann kocht das dann über. Man sucht sich kreativere Formen des Zusammenlebens. Es gehört also zu den gefährlichsten Strategien einer an der Stabilisierung des Ganzen interessierten Schicht, jetzt im Allgemeinen historisch gesprochen, Ruhe herstellen zu wollen. Das ist der sicherste Weg, um eine irrsinnige Akzeptanzprämie auf jede Ruhestörung auszurufen.

JG: Sie beschreiben sich schämende Polizisten während der Montagsdemonstrationen im Herbst 1989 (Reich 1991: 76). Ist das Gewissen eine Instanz, die gegen Gewalt immunisiert und können Intellektuelle auf dieses Gewissen Einfluss nehmen?

JR: Tja, das weiß ich nicht. Also eher als die Polizisten haben sich wohl die Rekruten geschämt, die zur Polizei eingezogen waren. Es gab da Polizeieinheiten, das waren einfach 18jährige, die zur Armee eingezogen waren. In Basdorf gab es so eine Volkspolizeieinheit, die nicht in der Armee, sondern als Hilfe der Polizei tätig war. Die standen dann da und wurden als Kettenbildner eingesetzt. Die standen natürlich da herum und machten einen sehr kläglichen Eindruck. Oder in Polen habe ich das gesehen zur Zeit des Bürgerkriegs in den 80er Jahren, wenn dann die Jungen vom Dorf an den Dorfbrunnen im Anger gestellt wurden mit der Knarre und dort aufpassen mussten, dass das Volk nicht Aufstand macht, und sie natürlich angepflaumt wurden von den Leuten und sich schämten.

Polizei ist insofern zwiespältig, als sie ja Indoktrinationen der Macht unterworfen ist, so wie Staatssicherheit und Partei, dass aber bei ihnen eine interne Paradoxie oder ein interner Widerspruch dadurch entsteht, dass sie kooperieren müssen mit der Bevölkerung. Der Polizist der DDR wollte natürlich auch, dass das gestohlene Autoschild angemeldet wird bei ihm. Dazu brauchten sie ein Verhältnis mit der Bevölkerung, das eben besser gestellt war als z.B. das, was die Staatsgewalt in der Bronx in New York hat, nämlich dass die Menschen selbst dann, wenn sie gefährdet sind, wenn es um Verbrechensverhinderung geht, selbst dann nicht bereit sind, mit der Polizei zu kooperieren. So ein verdorbenes Verhältnis durften die ja hier nicht haben, die Polizei. Deswegen waren die auch immer in dem inneren Widerspruch, dass sie Freund und Helfer sein wollten und gleichzeitig als verlängerter Arm der administrativen Macht aufzutreten hatten. Es war immer schwierig und es gab immer welche, die das irgendwie versucht haben, das auch zu zeigen, dass ihnen das zwiespältig ist. Oder es gab auch die, die dann dazu übergingen, sich besonders brutal oder besonders bürokratisch zu verhalten. Polizei ist schwierig. Polizei hat Verbindung zum Volk. Indoktrinieren kann man viel besser bei der juristischen Fakultät der Hochschule der Staatssicherheit in Potsdam–Eiche. Dort konnte man Hass akkumulieren auf intellektuellem Wege.

JG: Sie schreiben zum Herbst 1989: „*Die strikte Gewaltfreiheit ... war für kurze Zeit die einzig mögliche Strategie, hinderte uns später aber daran, an Machtübernahme überhaupt nur zu denken. ‚Wir werden verhaften müssen!' sagte Rolf Henrich immer wieder. ‚Wir müssen zu Verhaftungen schreiten, meine Herrschaften!' ... Und genau davor schreckten wir zurück*" (1991: 180–183). Ist das ein Phänomen, dass Intellektuelle so etwas nicht tun können, oder war es ein Problem des Augenblicks, weil Sie sich auf die Methode der strikten Gewaltfreiheit geeinigt hatten.

JR: Das war eher eine besondere Situation. Diese Verinnerlichung dessen, dass man den Rubikon nicht überschreiten darf, weil es da vier oder fünf eindringliche historische Lehrstunden gegeben hatte. 1953, 1956, 1968, 1970, 1981. Ich denke, das ist eine besondere Situation. Diese ausgesprochene Gandhi–Strategie ist das Gegenstück zur radikalen Variante, zur Robespierre–Strategie. Der Intellektuelle, der wild wird, der brutal wird. Diese Möglichkeit war hier nicht gegeben. Die Bevölkerung ist auch mitgegangen bei dieser Strategie des passiven Widerstandes, des Nicht–Herausforderns der bewaffneten Macht.

JG: Sie hatten sich die ganze Sache wesentlich langatmiger vorgestellt. Wie war das dann? Hatten Sie intellektuelle Vorbilder, als dann doch alles so rasant vonstatten ging? Sie haben gerade Gandhi angesprochen.

JR: Der jahrelange Kampf, den Gandhi geführt hat, ist natürlich, von diesem Aspekt her, dass man unterlaufen muss, dass man auf dem reformerischen Weg die Revolution durchsetzen muss, das ist natürlich verwandt mit unserer Strategie. Aber ich kann mich nicht erinnern, dass jemals jemand Gandhi zitiert hätte. Dazu ist dann der historische Bildungsstand des sozialistischen Intellektuellen wohl doch zu gering gewesen. Sich zu informieren über die Biographie von Gandhi, um daraus politische Lehren abzuleiten, also da kenne ich keinen, der das ernsthaft betrieben hätte.

JG: Andere Vorbilder fallen Ihnen jetzt nicht ein?

JR: Nein. Es gab wenig ausgesprochene Vorbilder. Die vorhandenen waren Sacharow, Havemann; Havel hatte einen Einfluss in intellektuellen Kreisen mit seinem „Versuch, in der Wahrheit zu leben" gehabt. Aber jedenfalls bei uns nicht. Es mag sein, dass das in den anderen Ostblockländern anders gewesen ist, die eine andere lebendigere nationale Vergangenheit des Aufstandes und der Revolution haben.

JG: Am Donnerstag, dem 26. Oktober 1989 haben Sie mit Sebastian Pflugbeil den Berliner SED–Chef Günter Schabowski getroffen. Wie kam es dazu, und in welcher Rolle sind Sie zu diesem Gespräch gegangen?

JR: Da habe ich hier, wo ich jetzt sitze, einen Anruf gekriegt vom Parteisekretär der Akademie des Wissenschaften, ob ich bereit wäre, mit dem Genossen Schabowski zu reden. Der hätte den Wunsch ausgedrückt, sich zu informieren, was wir so treiben, was unsere politischen Ziele sind. Wie es dazu kam, dass ich mit Sebastian hingegangen bin, weiß ich nicht mehr. Ob der auch die Einladung hatte, oder ob ich den mitgenommen habe, ist mir nicht mehr gegenwärtig. Jedenfalls sind wir dann am nächsten Tag dorthin geeilt und haben mit ihm ein Gespräch gehabt. Das war Teil von deren Strategie, die wollten dann ein Kommuniqué nach draußen bringen, das war das Einzige, was die interessierte.

JG: Hatten Sie da nicht Angst, instrumentalisiert zu werden?

JR: Ja, natürlich. Wir haben ganz furchtbare Ruderbewegungen gemacht. Wir fanden einerseits, man könne nicht Nein sagen, wenn man die ganze Zeit von Dialog und vom Neuen Forum und von Öffnung und so weiter geredet hat. Andererseits haben wir gerudert, denn wir hatten große Angst, dass die versuchen, das Neue Forum zum Verbündeten der Staatsmacht zu machen, um die anderen, z.B. die SDP–Gründung, kriminalisieren zu können, die ganze September–Oktober–Bewegung zu spalten. Da haben wir eigentlich nur krebsartige Rückzugsbewegungen an der Leine gemacht. Wir haben denen gesagt, dass es sich hier nur bessern kann, wenn die anderen Gruppen auch anerkannt werden und nicht nur das Neue Forum. Außerdem gab es einen verbissenen Kampf um die Interpretation der Demonstrationen, wo Schabowski auf dem Standpunkt stand, dass das Pöbel ist, der auf der Straße ist, der den Leuten Angst macht. Die Stasi, sagte er, erhalte dauernd angsterfüllte Anrufe. Und wir haben dann gesagt: meine Tochter war dabei. Das drehte sich dann ständig um dieses

Thema: ob der Mob noch kontrolliert ist, ob der noch gutmütig ist. Wir standen hier auf dem Standpunkt, dass von Mob nicht die Rede sein kann. Das war nicht sehr ergiebig.

JG: Mir ist aufgefallen, dass in Ihrer Artikelsammlung „Rückkehr nach Europa", die ein Gutteil Ihrer schriftlichen politischen Äußerungen von den Siebzigern bis Ende 1990 zusammenfasst, der Begriff der Verantwortung überhaupt erst mit Ihrer persönlichen Nähe zur politischen Gestaltung in Ihrem Diskurs auftritt, dann aber gehäuft. Liegt das an meiner Hellhörigkeit diesem Begriff gegenüber, ist Ihnen das vielleicht selbst aufgefallen und wie ließe sich das Phänomen erklären?

JR: Das war so ein Gefühl. Verantwortung ist so ein wenig aufgeladen. Also im Grunde genommen war es die Einsicht, jetzt mal von mir gesprochen: ich kann mir das nicht leisten, mein ganzes Leben lang, diese politisch passive Haltung weiterzumachen, in der ich relativ bequem leben konnte. Und währenddessen erlebt ringsherum das Land einen ökologischen und wirtschaftlichen Kollaps, die Leute laufen in Massen weg. Das war mir so ein Gefühl, wie, dass man nicht zugucken kann, wenn ein Feuer irgendwo ist. Da muss man dann handeln. Die Ausreden, die man bis dahin hatte, dass man sich passiv verhält, nicht seine Überzeugung laut macht, die wurden immer unglaubwürdiger. Und das kann man natürlich auch umgekehrt als Verantwortung interpretieren, dafür, dass man das Land nicht sich selbst überlassen will, selber nicht weggeht, sondern versucht, in irgendeiner Weise etwas zu ändern. So können wir das dann also nennen: Verantwortung. Aber es ist meiner Meinung nach etwas niedriger, es ist kein heroischer Entschluss, Verantwortung zu übernehmen, sich ihr zu stellen, sondern mehr eine Notwendigkeit, ein Druck, ein Unbehagen mit der eigenen bisherigen Strategie. Und das wurde sehr verstärkt, wenn ich mitbekam, mit welchem Aktionismus die Leute in Polen, die Gleichgesinnten, agierten und etwas versuchten. Dann schämt man sich und das ist dann Verantwortung.

JG: Das waren meine Fragen. Ich danke Ihnen, Herr Reich

Made in the USA
Las Vegas, NV
12 November 2024

11566705R00129